Seit nunmehr 14 Jahren bestehend, hat die Zeitschrift unentwegt an ihrem Programm,

Förderung und Unterweisung der Ehren- wie der Berufsbeamten, Erleichterung des geschäftlichen Verkehrs, Durchdringung der Amtsverwaltungen mit dem Geiste der Selbstverwaltung,

festgehalten und die fortwährend steigende Abonnentenziffer beweist die Anerkennung, die sie bei allen Interessenten gefunden.

Wir stellen Probe-Nummern und Probe-Abonnements gern zur Verfügung und bitten gefl. verlangen zu wollen.

Wer sich einmal an das Blatt gewöhnt, mag es nicht wieder missen.

Die älteren Bände geben wir, soweit noch vorhanden, zu nachstehenden Preisen ab:

Jahrgang	1893	in Leinen gebunden	(statt Mk. 8,50)	nur Mk. **3,—**
„	1894	„ „ „	„ „ 8,50	„ „ **3,—**
„	1895	vergriffen		
„	1896	vergriffen		
„	1897	in Leinen gebunden	„ „ 8,50	„ „ **3,50**
„	1898	„ „ „	„ „ 8,50	„ „ **4,50**
„	1899	„ „ „	„ „ 8,50	„ „ **5,—**
„	1900	„ „ „	„ „ 8,50	„ „ **5,50**
„	1901	„ „ „	„ „ 8,50	„ „ **6,50**
„	1902	„ „ „	„ „ 8,50	„ „ **6,50**
„	1903	„ „ „	„ „ 12,—	„ „ **10,—**
„	1904	„ „ „	„ „ 12,—	„ „ **10,—**

Alle 10 Jahrgänge — wenn auf einmal bezogen — zu dem Preise von **50 Mk.** (statt 92 Mk.).

J. Guttentag, Verlagsbuchhandlung,

G. m. b. H.,

Berlin W. 35, Lützowstr. 107/8.

Das Gesetz

betreffend die

Anlegung und Veränderung von Straßen und Plätzen in Städten und ländlichen Ortschaften.

Vom 2. Juli 1875.

Des Kommentars

von weil. Oberverwaltungsgerichtsrat **R. Friedrichs**

fünfte, völlig neubearbeitete Auflage

von

Dr. jur. Hugo v. Strauß und Torney,
Senatspräsident des Oberverwaltungsgerichts

Berlin 1905.
J. Guttentag, Verlagsbuchhandlung,
G. m. b. H.

Vorwort.

Schon vor nahezu 5 Jahren war die 4. Auflage des Kommentars vergriffen. Durch umfangreiche Arbeiten und sonstige persönliche Hindernisse war es leider trotz der liebenswürdigsten Mahnungen der Herren Verleger mir nicht möglich, sofort die Neubearbeitung des Werkes so weit zu fördern, daß die 5. Auflage rechtzeitig erschien. Dazu kam, daß inzwischen die Rechtsprechung in weitem Umfange Neues aus dem schwierigen Gesetze entwickelte, so daß es angezeigt erschien, in dieser Beziehung erst einen gewissen Abschluß abzuwarten. Nicht minder wirkte der Umstand mit, daß von verschiedenen Seiten angekündigt wurde, es werde eine Umänderung des Fluchtliniengesetzes an maßgebender Stelle geplant, und wenigstens solle das in Aussicht gestellte Wohnungsgesetz auch Änderungen des Fluchtliniengesetzes mit sich bringen. Es war deshalb sicher geboten, zunächst abzuwarten, wie weit diese Absichten sich verwirklichen würden. Aus dem zu Nr. VI der Einleitung Dargelegten geht nun hervor, daß einmal die Verabschiedung des Wohnungsgesetzes noch in weitem Felde steht, und dann die im Entwurf geplanten Abänderungen des Fluchtliniengesetzes nur in ganz geringem und unwesentlichem Maße die bisherige Rechtsprechung berühren würden, daß ferner eine Abänderung des Fluchtliniengesetzes nach der bestimmten Erklärung der Regierung überhaupt nicht in Aussicht genommen ist. Unter diesen Umständen war ein längeres Abwarten wertlos und der Abschluß und die Ausgabe der neuen Auflage eine gebieterische Notwendigkeit.

Die Neubearbeitung und Erweiterung des Werkes ist eine erhebliche und wesentliche. Ich habe mich bemüht, die Ergebnisse der Rechtsprechung bis in die neueste Zeit — bis zum Mai 1905 — möglichst vollständig zu benutzen und wiederzugeben, auch einige neue Gesichtspunkte hervorzukehren und zu bearbeiten. Wenn ich auch manches überflüssig Gewordene über Bord geworfen habe, so ist der Umfang der Arbeit doch nicht unerheblich größer geworden. Trotzdem habe ich mich der bisherigen Einteilung durchweg angeschlossen. Dadurch sind allerdings die einzelnen Unterabteilungen der Erläuterungen sehr umfangreich geworden. Maßgebend für mich war die Erwägung, daß in der bisherigen Rechtsprechung und in Kommentaren und Aufsätzen nach der bisherigen Einteilung zitiert ist, und daß es deshalb für die Benutzung des Kommentars ohne Zweifel zur Erleichterung dient, wenn diese Einteilung nach Nummern und Buchstaben dieselbe bleibt. Um aber die Verwertung des Buches für den praktischen Gebrauch erheblich leichter zu gestalten, ist sowohl dem Inhalts-Verzeichnis im Eingange, als auch dem Sachregister am Schlusse die größte Sorgfalt gewidmet. Es sind namentlich in dem letzteren nicht nur die Stichworte angegeben, sondern ganz kurz dabei die weitere rechtliche und sachliche Beziehung vermerkt, so daß es jedem leicht werden wird, das zu finden, was er haben will und braucht. Die Register hat Herr Kammergerichts-Referendar Dr. jur. Israël hier in sorgfältiger, ausgiebiger Weise bearbeitet, dem ich dafür aufrichtigen Dank schulde. Sie werden der Benutzung des Buches sehr zustatten kommen.

Den Herren, welche durchweg die 4. Auflage des Kommentars in so überaus wohlwollender Weise besprochen haben, sage ich an dieser Stelle meinen besten Dank. Sie werden aus dieser Auflage ersehen, daß ihre Bemerkungen von mir in eingehender Weise beachtet und benutzt sind, daß ich sie auch da, wo ich glaubte, auf meiner Ansicht beharren zu müssen, zu widerlegen versucht habe. Möge auch diese Arbeit eine wohlwollende Aufnahme finden, das würde für mich die größte Befriedigung für meine nicht geringe Mühe und Arbeit sein.

Berlin, den 28. Juni 1905.

Dr. v. Strauß und Torney.

Inhaltsverzeichnis.

§§ 13, 14.

Abkürzungen.

AH. = Abgeordnetenhaus.
ALR. = Allgemeines Landrecht.
E. = Entscheidung.
Gruchot = Gruchot, Beiträge zur Erläuterung des Deutschen Rechts.
HH. = Herrenhaus.
HS. = Hilfssenat
JMBl. = Justiz-Ministerial-Blatt.
JW. = Juristische Wochenschrift.
Komm. = Kommission.
KAG. = Kommunalabgabengesetz
MBl. = Ministerialblatt für die innere Verwaltung
OTr. = Ober-Tribunal.
OVG. = Oberverwaltungsgericht.
PrVerwBl = Preußisches Verwaltungsblatt.
RG. = Reichsgericht.
StenB. = Stenographische Berichte.
Strieth. = Striethorst, Archiv für Rechtsfälle.
ZS. = Zivilsenat.

Einleitung.

Das Bedürfnis einer Regelung, wie sie durch das Gesetz vom 2. Juli 1875 erfolgt ist, war bereits seit längerer Zeit in dringender Weise hervorgetreten Namentlich die in raschem Anwachsen begriffenen größeren Städte hatten fortgesetzt lebhafte Klagen darüber erhoben, daß ihnen die Verpflichtung, für Herstellung und Unterhaltung der Straßen und Plätze zu sorgen, eine Last aufbürde, die immer drückender werde und schließlich zum finanziellen Ruine des städtischen Haushaltes führen müsse. Die Staatsregierung sah sich deshalb veranlaßt, in den Entwurf der Wegeordnung, der dem Landtage im Januar 1865 zur Beschlußfassung zuging,[1]) unter den §§ 37 und 38 Bestimmungen, wodurch dies Gebiet neugeordnet werden sollte, aufzunehmen und diese später, als das Abgeordnetenhaus die Wegeordnung ablehnte, in einem besonderen, dem Landtage kraft Allerhöchster Ermächtigung vom 6. Februar 1866 vorgelegten Gesetzentwurfe zusammenzustellen.[2]) Wegen Schlusses der Session gelangte der Entwurf nur in der dazu eingesetzten Kommission des Herrenhauses zur Beratung,[3]) wurde aber noch im Laufe desselben Jahres auf Grund Allerhöchster Genehmigung vom 19. November 1866 mit einigen, den Beschlüssen der Herrenhaus-Kommission entsprechenden Abänderungen nochmals eingebracht[4]) und auch vom Herrenhause im wesentlichen unverändert ange-

[1]) Nr. 11 der Drucksachen des HH 1865

[2]) Nr. 11 der Drucksachen des HH. 1866.

[3]) Nr. 14 der Drucksachen des HH 1866.

[4]) Nr. 31 der Drucksachen des HH. 1866, II. Sitzungsperiode.

nommen.[1]) In der Kommission des Abgeordnetenhauses vermochte man sich dagegen über die maßgebenden Grundsätze nicht zu einigen und so blieb der Entwurf liegen.

Erst am 28. Januar 1875 unterbreitete die Staatsregierung dem Hause der Abgeordneten von neuem einen Gesetzentwurf,[2]) woraus demnächst das Gesetz vom 2. Juli 1875 hervorgegangen ist. Der Entwurf wurde vom Abgeordnetenhause einer besonderen Kommission überwiesen und hier einer durchgreifenden Umgestaltung unterzogen.[3]) Das Haus selbst nahm dann wieder verschiedene, zum Teil ebenfalls erhebliche Abänderungen vor.[4]) Im Herrenhause dagegen fand der so festgestellte Entwurf ohne vorgängige Kommissionsberatung Annahme; auch bieten die verhältnismäßig kurzen Verhandlungen für die Auslegung keine Momente von Bedeutung.[5])

Die Regierungsvorlage verfolgt nach der ihr beigegebenen Begründung den Zweck, die Interessen der Gemeinden mit denen der Grundeigentümer auszugleichen, will im übrigen soviel als tunlich an den bisher in der Verwaltung angenommenen und als praktisch bewährten Grundsätzen festhalten, berücksichtigt dabei indes auch die neue allgemeine Bauordnung für das Königreich Württemberg vom 6. Oktober 1862, sowie das Großherz. Badensche Gesetz, die Anlage von Ortsstraßen und die Feststellung der Baufluchten sowie das Bauen längs der Landstraßen und Eisenbahnen betr., vom 20. Februar 1868. Sie zerfällt in vier Abschnitte:

I. Verfahren bei Festsetzung der Fluchtlinien (§§ 1—9, im Gesetze §§ 1—10).

II. Entschädigung der Grundeigentümer (§§ 10 und 11, im Gesetze §§ 13 und 14)

III. Erleichterung der Gemeinden in Tragung der Kosten für neuanzulegende Straßen (§ 12, im Gesetze § 15).

---

[1]) StenB. des HH. 1867 S. 209.

[2]) Nr. 28 der Drucksachen des AH 1875.

[3]) Nr. 279 der Drucksachen des AH. 1875.

[4]) Zweite Beratung StenB. S. 2027—2047, dritte Beratung S. 2115—2128; vgl. Nr. 316, 354, 404, 417, 421, 423—425, 430 der Drucksachen.

[5]) StenB. des HH. S. 613, 614. S. 648, 649. Wo in den späteren Erläuterungen die Seitenzahl allein zitiert wird, sind die StenB. des AH. gemeint.

IV. Ausführungs- und Übergangsbestimmungen (§§ 13—17, im Gesetze §§ 16—20).

I. Vor Erlaß des Gesetzes hatte über die Anordnung von Fluchtlinien lediglich die Polizeibehörde zu befinden. Ihre Befugnis dazu gründete sich in dem Gebiete des ALR. auf die Vorschriften der §§ 65 ff. Titel 8 Teil I daselbst, wonach Bauten nur mit Erlaubnis der Obrigkeit vorgenommen werden dürfen und diese darauf zu achten hat, daß die Bauten nicht zum Schaden des gemeinen Wesens oder zur Verunstaltung der Städte und öffentlichen Plätze gereichen. Das hieraus abgeleitete Recht der Polizeibehörden, in einzelnen Fällen Fluchtlinien vorzuschreiben, bestand in unangefochtener Geltung und war auch in den meisten, auf Grund des Gesetzes über die Polizeiverwaltung vom 11. März 1850 erlassenen Baupolizei-Ordnungen ausdrücklich anerkannt. Der Gemeindevorstand wurde wohl gehört, eine maßgebende Einwirkung besaß er aber nicht. — Gleiche oder ähnliche Vorschriften[1]) galten in den übrigen Landesteilen, wo allerdings zum Teil in den Städten eine eigene Polizeiverwaltung nicht besteht, vielmehr der Gemeindevorstand auch die Polizei handhabt.

Auf derselben gesetzlichen Grundlage ruhte das Recht der Polizeibehörde zur Aufstellung von Bebauungsplänen, da ein Bebauungsplan nichts anderes enthält, als die im voraus und nach einem einheitlichen Plane vorgenommene Festsetzung von Fluchtlinien für eine größere Fläche. Der enge Zusammenhang mit den kommunalen Interessen und die einschneidende Bedeutung der Bebauungspläne hatten indes dahin geführt, hier einesteils den Gemeindebehörden, anderenteils den Regierungen eine weiterreichende Mitwirkung einzuräumen. Der Erlaß des Ministers für Handel &c. vom 12. Mai 1855 (MBl. S. 100) überwies im allgemeinen die Initiative der Gemeindebehörde, behielt aber den Regierungen die Befugnis vor, in solchen Fällen, wo die Gemeindebehörde aus unzureichenden Gründen mit der Entwerfung eines sich als notwendig erweisenden Bebauungsplanes zögern sollte, anderweit für eine Ausführung durch die Ortspolizeibehörde zu sorgen. Einer besonderen Behandlung wurden die sogenannten

[1]) Sie sind in Nr. 28 der Drucksachen des AH. 1875 S. 10 bis 11 in der Anmerkung aufgeführt.

Retablissementspläne, Pläne für die Wiederbebauung ganzer durch Feuer zerstörter Ortsteile unterworfen; für sie war ein jedesmaliges unmittelbares Eingreifen der Regierung angeordnet.

Der Gesetzentwurf sah nun von einer Beteiligung der Regierungen völlig ab und gewährte der Gemeindebehörde einen größeren Einfluß; er hielt aber die Unterscheidung zwischen den angedeuteten drei Fällen fest. Die Aufstellung von Retablissementsplänen wurde unbedingt vorgeschrieben, die Anregung zur Aufstellung von sonstigen Bebauungsplänen sowohl dem Gemeindevorstande wie der Polizeibehörde freigegeben und die Entwerfung beider Pläne dem Gemeindevorstande im Einverständnisse mit der Gemeinde und der Ortspolizeibehörde übertragen, dagegen die Festsetzung von Fluchtlinien für einzelne Fälle der Ortspolizeibehörde im Einverständnisse mit dem Gemeindevorstande zugewiesen. Bei Meinungsverschiedenheiten zwischen Ortspolizeibehörde und Gemeindevorstand sollte überall der Kreisausschuß, in Stadtkreisen der Bezirksausschuß entscheiden. Im Anschluß hieran war auch das weitere Verfahren geordnet. Behufs Erhebung etwaiger Einwendungen sollten Retablissements- und Bebauungspläne öffentlich ausgelegt, andere Pläne den angrenzenden und den gegenüberliegenden Eigentümern schriftlich mitgeteilt werden. Über die Einwendungen entschied wieder der Kreis- oder Bezirksausschuß

Die Kommission des Abgeordnetenhauses verwarf diese verschiedenartige Behandlung und gab zugleich der Ortspolizeibehörde eine andere Stellung In letzterer Beziehung machten sich unter den Mitgliedern die abweichendsten Meinungen geltend. Während ein Teil die Einwirkung der Polizeibehörde ganz beseitigen zu können glaubte oder der Polizeibehörde wenigstens nur das Recht zur Erhebung von Einwendungen gegen den Fluchtlinienplan gleich den sonst beteiligten Behörden und Eigentümern zugestehen wollte, vertrat ein anderer Teil den Standpunkt der Staatsregierung, daß der Polizeibehörde im öffentlichen Interesse eine ausschlaggebende Stimme nicht versagt werden dürfe und namentlich die Befugnis, eine Fluchtlinienfestsetzung zu fordern, gewahrt bleiben müsse. Schließlich entschied sich die Mehrheit dafür, die Initiative ausnahmslos in die Hand der Gemeindebehörde zu legen, diese aber durchweg einerseits an das Einverständnis der Gemeinde, andererseits an die Zustimmung der Polizeibehörde zu binden. —

Hieraus ergab sich die Notwendigkeit, den ganzen Abschnitt systematisch neu zu ordnen; es geschah dies in den §§ 1—10 des Gesetzes. An die Spitze wurde der eben bezeichnete Grundsatz gestellt und im übrigen das Verfahren für sämtliche vorkommende Fälle -- also für die Veränderung bestehender Straßen, für die Anlegung neuer Straßen und für die Aufstellung von Bebauungsplänen — gleichmäßig gestaltet, indem man durchgängig, außer bei Festsetzungen für einzelne Grundstücke, die öffentliche Auslegung des Planes vorschrieb. Bei umfassenden Zerstörungen durch Brand oder andere Ereignisse ward die Gemeinde für verpflichtet erklärt, schleunigst darüber zu beschließen, ob und inwiefern ein neuer Bebauungsplan zu entwerfen sei.

Die Kommission schaltete in das Gesetz außerdem zwei neue Paragraphen (§§ 11 und 12) ein. Ersteren erachtete man hauptsächlich aus dem Grunde für nötig, um gegenüber einer abweichenden Auffassung der Staatsregierung klarzustellen, daß es nach der Festsetzung von Fluchtlinien zur Entziehung und Beschränkung des in die Straße fallenden Grundeigentums nicht mehr einer Königlichen Verordnung in Gemäßheit des Enteignungsgesetzes vom 11. Juni 1874 (§ 2) bedürfe. Durch den § 12 sollte den Gemeinden eine Handhabe geboten werden, um sich gegen das Bauen an unfertigen Straßen und gegen den hieraus hervorgehenden Zwang zur Herstellung von sonst nicht notwendigen Straßen zu schützen.

Das Abgeordnetenhaus trat zunächst den Anheimgaben der Kommission überall bei. Einen lebhaften Kampf riefen zwar die §§ 1 und 5, die das Verhältnis zwischen Ortspolizeibehörde und Gemeindevorstand regeln, hervor; aber auch hier wurden die gestellten Änderungsanträge bei der zweiten Beratung abgelehnt. Erst bei der dritten Beratung gelangten zwei Anträge des Abgeordneten Tiedemann zur Annahme, welche, den Standpunkt der Staatsregierung wahrend, der Ortspolizeibehörde das Recht wiedergaben, eine Festsetzung von Fluchtlinien zu verlangen und einer Weigerung des Gemeindevorstandes gegenüber die höhere Instanz anzurufen.

II. Hinsichtlich der Entschädigungsfrage erschien eine gesetzliche Regelung im Interesse der Gemeinden besonders erwünscht. Früher waren Verwaltung und Rechtsprechung darin einig gewesen, daß zwar der Besitzer eines bebauten Grundstückes Entschädigung fordern könne, sobald ihm wegen einer neuen Fluchtlinie der Wiederaufbau von Gebäuden oder der Ausbau innerhalb der alten Fluchtlinie untersagt werde, daß dagegen dem Besitzer eines unbebauten Grundstückes ein Entschädigungsanspruch erst dann zustehe, wenn die von der Bebauung ausgeschlossene Fläche tatsächlich zur Straße gezogen werde. Abweichend hiervon hatte aber das Obertribunal später den Grundeigentümern eine Entschädigung auch in den Fällen zuerkannt, wo ein unbebautes Grundstück von der Fluchtlinie getroffen und deshalb dem Besitzer die Bebauung verwehrt wurde.

Die Staatsregierung sah hier einen Entschädigungsanspruch fortwährend als unbegründet an Demgemäß waren in den Entwurf jene früheren Grundsätze aufgenommen. Die Begründung wies darauf hin, wie schon nach allgemeinen Rechtsregeln der Eigentümer sich die Beschränkung der Baufreiheit infolge einer Fluchtlinienfestsetzung ebenso wie die Einschränkungen aus Rücksichten der Feuer- oder Gesundheitspolizei gefallen lassen müsse, wie außerdem aber auch die beteiligten Grundbesitzer bei Anordnung neuer Fluchtlinien in der Regel durch die Umwandlung ihrer Grundstücke in Bauplätze einen erheblichen Gewinn machten und wie endlich nur auf diese Weise unerlaubten Spekulationen vorgebeugt sowie das Zustandekommen der im öffentlichen Interesse gebotenen Verbesserungen gesichert werden könne.

Im wesentlichen fand diese Anschauung bei der Kommission des Abgeordnetenhauses Billigung. Wenn man auch weniger Wert auf die Folgerungen aus allgemeinen Rechtsgrundsätzen legte, so glaubte man doch, daß bei billiger Abwägung der miteinander streitenden Interessen für die durch neue Fluchtlinien erfolgte Einschränkung ein Entschädigungsanspruch bei bebauten Grundstücken anzuerkennen, dagegen bei unbebauten abzulehnen sei. Eine ausnahmsweise Behandlung ließ man dem Falle zu teil werden, wenn ein unbebautes Grundstück an einer bereits fertiggestellten Straße liegt und dann von einer neuprojektierten Querstraße getroffen wird, weil hier, wie man meinte, der Eigentümer die Fläche mit Recht als einen Bauplatz habe betrachten können.

Im übrigen wurde den §§ 10 und 11 des Entwurfes diejenige veränderte Gestalt gegeben, welche sich jetzt in den §§ 13 und 14 des Gesetzes wiederfindet. Die Kommission erachtete insbesondere für unerläßlich, einmal im Anschluß an das Enteignungsgesetz den Unterschied zwischen Entziehung und Beschränkung des Eigentums in der Fassung zum Ausdruck zu bringen und sodann den Zeitpunkt genauer zu bestimmen, wann der Eigentümer Entschädigung verlangen kann. Die Vorschrift des Entwurfes, wonach Entschädigung gewährt werden sollte, wenn der Wiederaufbau von Gebäuden in den früheren Grenzen oder der Ausbau innerhalb der alten Fluchtlinien versagt werde, hielt man für ungenügend, weil der Eigentümer es danach in der Hand habe, den Zeitpunkt der Entschädigung, etwa durch Einreichung eines Gesuches um Erteilung des Baukonsenses, willkürlich herbeizuführen. Man ersetzte sie durch die Anordnung, daß Entschädigung, außer bei wirklicher, von der Gemeinde beanspruchter Abtretung des Grundeigentums, nur dann gefordert werden könne, wenn ein bebautes Grundstück bis zur neuen Fluchtlinie von Gebäuden freigelegt wird und wenn in dem oben erwähnten Ausnahmefalle — bei Projektierung einer neuen Querstraße — die Bebauung des bisher unbebauten Grundstücks in der Fluchtlinie der neuen Straße erfolgt.

Die Vorschläge der Kommission wurden vom Abgeordnetenhause ohne Widerspruch angenommen.

III. Durch den § 12 der Regierungsvorlage sollte den Gemeinden eine Erleichterung in ihrer Verpflichtung, für die Anlegung und Unterhaltung der Straßen und Plätze zu sorgen, gewährt werden. Über die Notwendigkeit einer derartigen Maßregel waren, wie sich bereits bei anderen Gelegenheiten gezeigt hatte, die gesetzgebenden Faktoren einverstanden; über das zu wählende Auskunftsmittel hatte sich indes eine Einigung bisher nicht erreichen lassen. Vom Herrenhause war früher eine gesetzliche Bestimmung in Anregung gebracht, wonach bei teilweiser Enteignung eines Grundstückes zum Zwecke einer Straßenanlage der Mehrwert, den das Restgrundstück durch die Lage an der Straße erhält, auf die für die Enteignung zu leistende Entschädigung in Gegenrechnung kommen sollte. Die Staatsregierung bezeichnete aber in Übereinstimmung mit der Ansicht, welche die zur Beratung des Enteignungsgesetzes vom Abgeordnetenhause niedergesetzte

Kommission hierüber ausgesprochen hatte, einen solchen Weg als unzulässig. Ebenso erklärte sie sich gegen ein in anderen Ländern eingeschlagenes Verfahren, wonach die Gemeinden ermächtigt werden, den gesamten bei der Straßenanlage beteiligten Grundbesitz zu erwerben und das für die Anlage entbehrliche Terrain zu den entstehenden höheren Preisen wieder zu veräußern. Sie knüpfte vielmehr an ein für das Weichbild von Berlin bestehendes Regulativ vom 31. Dezember 1838 an, das den städtischen Behörden die Befugnis beilegte, „bei der Anlage einer neuen Straße oder bei der Verlängerung einer schon bestehenden von dem Unternehmer der neuen Anlage oder von den angrenzenden Eigentümern die Legung des ersten Straßenpflasters oder den Betrag der hierzu erforderlichen Kosten zu verlangen"; und sie eröffnete in dem § 12 den Gemeinden die Möglichkeit, entsprechende ortsstatutarische Bestimmungen zu treffen, hierbei aber neben den Kosten der Pflasterung auch die Ausgaben für Freilegung, Entwässerung usw. zu berücksichtigen.

In der Kommission des Abgeordnetenhauses stimmte man dem Gedanken zu. Die Vorschriften wurden nur nach mehreren Richtungen hin schärfer gefaßt. Daneben beschränkte man die Verpflichtung der angrenzenden Eigentümer auf ein bestimmtes Maß — die Hälfte der Straßenbreite, höchstens 13 m — und fügte die Anordnung hinzu, daß die gesamten Kosten von den Eigentümern nach Verhältnis ihrer die Straße berührenden Grenze zu tragen seien.

Der Paragraph ist in der Fassung der Kommission unverändert in das Gesetz als § 15 übergegangen; er empfing nur bei der zweiten Beratung im Abgeordnetenhause einen das Berliner Regulativ vom 31. Dezember 1838 einstweilen aufrecht erhaltenden Zusatz.

Durch § 10 des Kommunalabgabengesetzes vom 14. Juli 1893 (GS. S. 152) ist den Gemeinden freigegeben, einen anderen, als den im § 15 vorgesehenen Maßstab für die Verteilung der Beiträge auf die Anlieger einzuführen.

IV. Wie schon bei den Bemerkungen zum ersten Abschnitte angedeutet ist, ging der Regierungsentwurf davon aus, daß die nach Maßgabe des Gesetzes erforderlichen Entscheidungen über Festsetzung von Fluchtlinien durch die Selbstverwaltungsbehörden, soweit diese bereits geschaffen waren, zu treffen seien. Als solche waren der Kreisausschuß, der Bezirksausschuß und der Provinzialausschuß in Aussicht genommen. An die Stelle der beiden letzteren traten demnächst infolge der bei Beratung der Provinzialordnung vom Landtage gefaßten Beschlüsse der Bezirksrat und der Provinzialrat.

Die Frage, ob man statt der Beschlußbehörden die Verwaltungsgerichte mit der Entscheidung zu betrauen habe, wurde zwar angeregt, indes sowohl in der Kommission wie im Hause selbst verneinend beantwortet.

Dagegen stellte die Kommission die Städte mit mehr als 10000 Einwohnern ebenso in erster Instanz unter den Bezirksrat, wie dies der Entwurf mit den Stadtkreisen getan hatte. Das Abgeordnetenhaus trat dem zuerst bei, nahm aber schließlich bei der dritten Beratung einen Antrag des Abgeordneten Rickert an, wonach für Stadtkreise die erste Instanz durch den Provinzialrat, die zweite durch den Minister für Handel gebildet ward. Maßgebend waren hierfür die von mehreren städtischen Vertretern im Herrenhause geäußerten Wünsche, die im wesentlichen darauf beruhten, daß von der mit den besten technischen Kräften ausgerüsteten Ministerial-Instanz eine den Verhältnissen angemessene Entscheidung mit größerer Sicherheit zu erwarten sei.

Diese Bestimmungen haben, nachdem inzwischen die Befugnisse des Ministers für Handel auf den Minister der öffentlichen Arbeiten übergegangen waren, eine wesentliche Änderung mit demjenigen Zeitpunkte erfahren, in welchem das Landesverwaltungsgesetz vom 30. Juli 1883 und das Zuständigkeitsgesetz vom 1. August 1883 für die einzelnen Landesteile in Kraft getreten sind. Der Bezirksrat ist durch den Bezirksausschuß ersetzt; die §§ 17 und 18 sind aufgehoben (§ 146 des Zuständigkeitsgesetzes); nach den nunmehr bestehenden Vorschriften regelt sich die Zuständigkeit dahin:

für Landgemeinden und für Stadtgemeinden bis zu 10000 Einwohnern beschließt in erster Instanz der Kreisausschuß, in zweiter der Bezirksausschuß;

für Stadtkreise und für Stadtgemeinden mit mehr als 10000 Einwohnern beschließt in erster Instanz der Bezirksausschuß, in zweiter der Provinzialrat;

für den Stadtkreis Berlin beschließt in den Fällen der §§ 5, 8 und 9 der Minister der öffentlichen Arbeiten, in den Fällen der §§ 12 und 15 der Minister des Innern.

Das Verfahren bezüglich der Beiträge aus § 15 des Gesetzes hat durch das oben schon erwähnte Kommunalabgabengesetz (§§ 69 ff., §§ 87 und 88) erhebliche Veränderungen erfahren. Das wesentlichste wird in den Bemerkungen zu § 15 erwähnt werden. Im übrigen ist auf die Kommentare zum genannten Gesetz von Adickes, Nöll, Oertel, Schwarz und Strutz zu verweisen.

V. Aus der Entstehungsgeschichte des Gesetzes hat Dr. Reinartz in zwei Aufsätzen: „Die Rechte der Gemeinden aus §§ 11 und 12 des Fluchtliniengesetzes" — PrVerwBl. 18 Nr. 39 — und „Die Befugnisse der Polizeibehörden bei Anlegung und Veränderung von Straßen" — ebendas. 19 Nr. 23, 24 — Schlußfolgerungen gezogen, die auf Mißverständnis des Gesetzes beruhen. Ihm hat in gewisser Beziehung Bering in einem Aufsatze „Polizei und Gemeindebehörde" — PrVerwBl. 19 Nr. 47 — sekundiert. Die Anschauungen obiger Aufsätze sind eingehend beleuchtet und widerlegt durch Dr. Anschütz: „Kritische Bemerkungen" — PrVerwBl. 19 Nr. 27 — und durch Löhlein: „Noch einmal die Befugnisse der Polizeibehörde" — ebendas. 19 Nr. 30 —. Es kann hier auf die genannten Aufsätze nur hingewiesen werden. Vgl. auch Verwaltungsarchiv 6 S. 661. Im übrigen wird auf die Bemerkungen zu den §§ 11 und 12 verwiesen.

Die kleine Abhandlung von C. Ottermann, welche im Anschluß an die 3. Auflage des Friederichsschen Kommentars einige Fragen aus der Praxis behandelt, ist zur Orientierung ganz zweckmäßig, aber mit einiger Vorsicht zu gebrauchen. Vgl. Verwaltungsarchiv 6 S. 664.

Zu erwähnen ist hier noch das vortreffliche Werk: Preußisches Baupolizeirecht, von Dr. jur. Constanz Baltz, Regierungspräsident, 3. Aufl., Berlin, Carl Heymanns Verlag. Bezüglich der Bestimmungen des Fluchtliniengesetzes wird im allgemeinen darin auf diesen meinen Kommentar verwiesen.

Ein ausführliches, höchst lehrreiches Werk ist: das Badische Ortsstraßenrecht, von Dr. Walz, Bürgermeister in Heidelberg, Heidelberg, Adolf Emmerling & Sohn, 1900. Wenn das badische Recht auch zum Teil auf anderer Rechtsgrundlage beruht, so sind doch sehr viele Berührungspunkte mit unserem Gesetze vorhanden und ein Studium des Werkes auch zum Verständnisse unseres Gesetzes von wesentlichem Vorteile, es kann nur dringend empfohlen werden.

Endlich soll noch darauf hingewiesen werden, daß außer dem Werke von v. Kamptz usw. vor kurzem das Werk: Die Rechtsgrundsätze des Königlich Preußischen Oberverwaltungsgerichts, vierte gänzlich neubearbeitete und bis zur Gegenwart ergänzte Auflage, von Fr. Kunze und Dr. G. Kautz bei J. Guttentag, Berlin 1905, bis jetzt in dem ersten Bande erschienen ist. In demselben werden die wesentlichen in diesem Kommentar angeführten Entscheidungen zu finden sein und dadurch deren Benutzung erleichtert werden.

VI. Für Frankfurt a. M. ist zur Herbeiführung einer zweckmäßigen Gestaltung von Baugrundstücken und aus Gründen des öffentlichen Wohles zur Erschließung von Baugelände für überwiegend unbebaute Teile des Gemeindebezirks, für die der Bebauungsplan endgültig festgestellt ist, ein besonderes Gesetz vom 28. Juli 1902 (GS. S. 273) erlassen. Es beeinflußt das Fluchtliniengesetz etwa nur durch seinen § 23. Er hat folgenden Wortlaut:

> „Die Kommission bestimmt nach Anhörung der Straßenbaupolizeibehörde, innerhalb welcher Zeit die Straßen und Plätze des Anlegungsgebietes für den öffentlichen Verkehr und den Anbau fertig herzustellen sind. Dabei kann für diese Zwecke eine nur vorläufige Herstellung zugelassen und als ausreichend anerkannt werden. Die Frist kann für verschiedene Teile des Umlegungsgebietes verschieden bemessen werden. Nach Ablauf der Frist kann die Bauerlaubnis aus dem Grunde, daß die Herstellung der Straße noch nicht erfolgt ist, nicht versagt werden. . . . .“

Hierin liegt eine Modifikation des § 12 des Fluchtliniengesetzes, soweit dieser die Voraussetzungen des Bauverbots betrifft. Eine erhebliche Anwendung des Gesetzes wird bei seinem komplizierten Verfahren wohl kaum in Aussicht stehen. Siehe dazu den eingehenden und vortrefflichen Aufsatz: Zum nächsten Preußischen Städtetage (eine vorzeitige Glosse) von Stadtrat Kappelmann in Erfurt im PrVerwBl. 25 S. 879 ff., namentlich S. 883.

VII. Weit wichtiger für das Fluchtliniengesetz ist der im „Reichsanzeiger" veröffentlichte Entwurf eines Gesetzes zur Verbesserung der Wohnungsverhältnisse. Der Art. 1 des Entwurfes lautet folgendermaßen:

Artikel 1.

Baugelände und Straßenkostenbeiträge.

Das Gesetz, betreffend die Anlegung und Veränderung von Straßen und Plätzen in Städten und ländlichen Ortschaften, vom 2. Juli 1875 (GS. S. 561) wird dahin geändert:

1. Im § 1 erhält

a) der Abs. 2 folgende Fassung:

Die Ortspolizeibehörde kann die Festsetzung von Fluchtlinien verlangen, wenn die von ihr nach § 3 wahrzunehmenden Rücksichten die Festsetzung fordern.

b) der Abs. 4 Satz 2 folgende Fassung:

Aus besonderen Gründen kann aber eine hinter die Straßenfluchtlinie zurückweichende Baufluchtlinie festgesetzt werden.

2. Im § 3 wird

a) dem Abs. 1 folgende Vorschrift hinzugefügt:

Zu den bei der Festsetzung wahrzunehmenden Rücksichten gehört ferner die Rücksicht auf das Wohnungsbedürfnis.

b) dem Abs. 2 folgende Vorschrift hinzugefügt:

Desgleichen ist darauf Bedacht zu nehmen, daß in ausgiebiger Zahl und Größe Plätze (auch Gartenanlagen, Spiel- und Erholungsplätze) vorgesehen, daß für Wohnzwecke Baublöcke von angemessener Tiefe entsprechend dem verschiedenartigen Wohnungsbedürfnis, auch Straßen von geringerer Breite geschaffen und daß durch die Festsetzung Baugelände entsprechend dem Wohnungsbedürfnisse der Bebauung erschlossen wird.

3. Im § 5 erhält der Abs. 1 folgende Fassung:

Die Zustimmung der Ortspolizeibehörde (§ 1) darf nur versagt werden, wenn die von ihr nach § 3 wahrzunehmenden Rücksichten die Versagung fordern.

4. Als § 14a werden folgende Vorschriften eingestellt:

Erfordert die von der Ortspolizeibehörde wahrzunehmende Rücksicht auf das Wohnungsbedürfnis (§ 3), daß Straßen oder Straßenteile, für die Fluchtlinien festgesetzt sind, als Ortsstraßen fertiggestellt werden, so kann die Ortspolizeibehörde unter Zustimmung derjenigen Behörde, welche die Aufsicht des Staates über die Verwaltung der Angelegenheiten der Gemeinde führt, die Fertigstellung anordnen.

Gegen die Anordnung der Ortspolizeibehörde finden die Rechtsmittel des § 56 des Gesetzes über die Zuständigkeit der Verwaltungs- und Verwaltungsgerichtsbehörden vom 1. August 1883 (GS. S. 237) statt.

Zur Fertigstellung und zur Unterhaltung dieser Straßen oder Straßenteile als Ortsstraßen ist die Gemeinde öffentlich-rechtlich verpflichtet. Dies gilt auch dann, wenn die Umwandelung schon bestehender öffentlicher Wege, deren Unterhaltung bisher anderen Pflichtigen öffentlich-rechtlich obgelegen hat, in Ortsstraßen erfolgen soll. Wird davon eine Chaussee (Kunststraße) betroffen, so bedarf die Anordnung der Fertigstellung der Zustimmung der Chausseebaupolizeibehörde. Die bisher zur Unterhaltung öffentlich-rechtlich Verpflichteten haben der Gemeinde für die Übernahme der Unterhaltung nach billigem Ermessen Entschädigung zu gewähren. Eine Entschädigung wird nicht gewährt, soweit die Unterhaltung des Weges bisher den Besitzern der angrenzenden Grundstücke öffentlich-rechtlich obgelegen hat.

Streitigkeiten über die Entschädigung werden im Verwaltungsstreitverfahren entschieden. Zuständig ist in erster Instanz der Kreisausschuß, in Städten mit mehr als 10000 Einwohnern und, sofern es sich um Chausseen handelt, oder ein Provinzialverband, Landeskommunal- oder Kreiskommunalverband als solcher, oder — in der Provinz Hannover — ein Wegeverband beteiligt ist, der Bezirksausschuß.

Unberührt bleiben die Vorschriften in § 18 Abs. 4 des Gesetzes, betreffend die Ausführung der §§ 5 und 6 des Gesetzes vom 30. April 1873 wegen der Dotation der Provinzial- und Kreisverbände, vom 8. Juli 1875 (GS. S. 497) sowie die Vorschriften über die öffentlich-rechtliche Verpflichtung der Besitzer der angrenzenden Grundstücke zur Fertigstellung und Unterhaltung der Bürgersteige.

5. Im § 15 werden

a) hinter Abs. 2 folgende Vorschriften als Abs. 3 eingefügt:

Die Beiträge sollen in der Regel nur zu einem Teile, und zwar höchstens zu drei Vierteln erhoben werden, wenn sie wegen der Errichtung solcher Wohngebäude zur Hebung gelangen, welche vorwiegend dazu bestimmt sind, minderbemittelten Familien gesunde und zweckmäßig eingerichtete Wohnungen zu gewähren. Als solche Wohngebäude gelten insbesondere diejenigen der

1. Aktiengesellschaften, Genossenschaften und Gesellschaften mit beschränkter Haftung, deren satzungsmäßig bestimmter Zweck ausschließlich darauf gerichtet ist, minderbemittelten Familien gesunde und zweckmäßig eingerichtete Wohnungen in eigens erbauten oder angekauften Häusern zu billigen Preisen zu verschaffen, und deren Satzung den an die Gesellschafter zu verteilenden Jahresgewinn auf höchstens vier vom Hundert ihrer Anteile beschränkt, auch den Gesellschaften für den Fall der Auflösung der Gesellschaft nicht mehr als den Nennwert ihrer Anteile zusichert, den etwaigen Rest des Gesellschaftsvermögens aber für gemeinnützige Zwecke bestimmt;
2. Arbeiter und diesen wirtschaftlich gleichzustellenden Personen, wenn die Wohngebäude dazu bestimmt sind, von ihnen ausschließlich oder außer von ihnen nur von höchstens zwei anderen derartigen Familien bewohnt zu werden.

b) an Stelle des bisherigen Abs. 3 Satz 1 folgende Vorschriften eingestellt:

Das Ortsstatut hat die näheren Bestimmungen für die Festsetzung und Erhebung der Beiträge innerhalb der Grenzen vorstehender Vorschriften zu treffen, insbesondere für den Fall einer Änderung in den Voraussetzungen der im vorstehenden Absatze geregelten Begünstigung die Nachforderung der Beiträge zu regeln; die Heranziehung zu dem vollen Beitragssatze ist nicht mehr zulässig, wenn ein Wohngebäude

20 Jahre hindurch den für die Gewährung der Begünstigung maßgebenden Bestimmungen genügt hat. —

Siehe dazu die Begründung. Beides auch abgedruckt im Reichs-Arbeitsblatt 2, 1904, S. 411ff und S. 510ff.

Wesentlich eingreifend in die Judikatur würden diese Abänderungen nicht erscheinen, wenn sie auch in wohnungspolitischer Hinsicht von großer Bedeutung sind. Es hat sich an diesen Gesetzentwurf eine erhebliche Literatur geknüpft und die Stimmen für und wider haben sich mit großer Lebhaftigkeit geltend gemacht. Jedenfalls sind die Meinungsverschiedenheiten noch so groß, daß nicht zu erwarten steht, daß in kürzerer Zeit der Entwurf in irgend einer Form Gesetz wird. Von Wichtigkeit in dieser Beziehung ist die Erklärung des Regierungskommissars in der Sitzung des Herrenhauses vom 30. März 1905, welche er auf eine Anregung des Oberbürgermeisters Bender aus Breslau bezüglich des Wohnungsgesetzentwurfes und des Wunsches, eine Neu-Kodifikation des Fluchtliniengesetzes herbeizuführen, abgab. Sie lautet:

„Meine Herren, ob die Bestimmungen, welche der bekanntgegebene Wohnungsgesetzentwurf über die Änderung des Fluchtliniengesetzes enthält, in demjenigen Entwurfe, welcher seinerzeit dem Landtage vorgelegt werden soll, wieder so in die Erscheinung treten werden, wie sie jetzt sind, ist noch fraglich. Der Entwurf wird einer nochmaligen Durcharbeitung unterzogen. Eine allgemeine Änderung des Fluchtliniengesetzes ist seitens der Staatsregierung nicht beabsichtigt."

Danach wird das Wohnungsgesetz kaum in nächster Zeit zum Abschluß gelangen.

VIII. Endlich soll zu § 10 des KAG. noch ein Aufsatz in Nr. 231 der Kölnischen Zeitung vom 24. März 1902 (Morgen-Ausgabe) erwähnt werden, welcher eine bemerkenswerte Kritik der v. Miquelschen Vorschläge enthält.

I.

Gesetz, betreffend die Anlegung und Veränderung von Straßen und Plätzen in Städten und ländlichen Ortschaften.

Vom 2. Juli 1875.

(Gesetz-Samml. 1875, Nr. 40, S. 561.)
(Ausgegeben zu Berlin am 20. August 1875.)

Wir Wilhelm, von Gottes Gnaden König von Preußen ꝛc. verordnen, mit Zustimmung beider Häuser des Landtages, für den ganzen Umfang der Monarchie, was folgt:

§. 1.[1])

Für die Anlegung oder Veränderung von Straßen und Plätzen in Städten und ländlichen Ortschaften sind die Straßen- und Baufluchtlinien vom Gemeindevorstande im Einverständnisse mit der Gemeinde, bezüglich deren Vertretung, dem öffentlichen Bedürfnisse entsprechend unter Zustimmung der Ortspolizeibehörde festzusetzen.

Die Ortspolizeibehörde kann die Festsetzung von Fluchtlinien verlangen, wenn die von ihr wahrzunehmenden polizeilichen Rücksichten die Festsetzung fordern.

Zu einer Straße im Sinne dieses Gesetzes gehört der Straßendamm und der Bürgersteig.

---

[1]) Erläuterungen S. 12—40.

Die Straßenfluchtlinien bilden regelmäßig zugleich die Baufluchtlinien, das heißt die Grenzen, über welche hinaus die Bebauung ausgeschlossen ist. Aus besonderen Gründen kann aber eine von der Straßenfluchtlinie verschiedene, jedoch in der Regel höchstens 3 Meter von dieser zurückweichende Baufluchtlinie festgesetzt werden.

§. 2.[1])

Die Festsetzung von Fluchtlinien (§. 1) kann für einzelne Straßen und Straßentheile oder, nach dem voraussichtlichen Bedürfnisse der näheren Zukunft, durch Aufstellung von Bebauungsplänen für größere Grundflächen erfolgen.

Handelt es sich in Folge von umfassenden Zerstörungen durch Brand oder andere Ereignisse um die Wiederbebauung ganzer Ortstheile, so ist die Gemeinde verpflichtet, schleunigst darüber zu beschließen, ob und inwiefern für den betreffenden Ortstheil ein neuer Bebauungsplan aufzustellen ist und eintretenden Falls die unverzügliche Feststellung des neuen Bebauungsplanes zu bewirken.

§. 3.[2])

Bei Festsetzung der Fluchtlinien ist auf Förderung des Verkehrs, der Feuersicherheit und der öffentlichen Gesundheit Bedacht zu nehmen, auch darauf zu halten, daß eine Verunstaltung der Straßen und Plätze nicht eintritt.

Es ist deshalb für die Herstellung einer genügenden Breite der Straßen und einer guten Verbindung der neuen Bauanlagen mit den bereits bestehenden Sorge zu tragen.

---

1) Erläuterungen S. 41, 42.

2) Erläuterungen S. 43.

§. 4.[1])

Jede Festsetzung von Fluchtlinien (§. 1) muß eine genaue Bezeichnung der davon betroffenen Grundstücke und Grundstückstheile und eine Bestimmung der Höhenlage, sowie der beabsichtigten Entwässerung der betreffenden Straßen und Plätze enthalten.

§. 5.[2])

Die Zustimmung der Ortspolizeibehörde (§. 1) darf nur versagt werden, wenn die von derselben wahrzunehmenden polizeilichen Rücksichten die Versagung fordern.

Will sich der Gemeindevorstand bei der Versagung nicht beruhigen, so beschließt auf sein Ansuchen der Kreisausschuß.

Derselbe beschließt auf Ansuchen der Ortspolizeibehörde über die Bedürfnißfrage, wenn der Gemeindevorstand die von der Ortspolizeibehörde verlangte Festsetzung (§. 1 Alinea 2) ablehnt.

An Stelle des Kreisausschusses tritt in Stadtkreisen und den einem Landkreise angehörigen Städten von mehr als 10000 Einwohnern der Bezirksausschuss, in Berlin der Minister der öffentlichen Arbeiten.

§. 6.[3])

Betrifft der Plan der beabsichtigten Festsetzungen (§. 4) eine Festung, oder fallen in denselben öffentliche Flüsse, Chausseen, Eisenbahnen oder Bahnhöfe, so hat die Ortspolizeibehörde dafür zu sorgen, daß den betheiligten Be-

---

1) Erläuterungen S. 44, 45.
2) Erläuterungen S. 46, 47.
3) Erläuterungen S. 48—55.

hörden rechtzeitig zur Wahrung ihrer Interessen Gelegenheit gegeben wird.

§. 7.[1])

Nach erfolgter Zustimmung der Ortspolizeibehörde, bezüglich des Kreisausschusses (§. 5), hat der Gemeindevorstand den Plan zu Jedermanns Einsicht offen zu legen. Wie letzteres geschehen soll, wird in der ortsüblichen Art mit dem Bemerken bekannt gemacht, daß Einwendungen gegen den Plan innerhalb einer bestimmt zu bezeichnenden präklusivischen Frist von mindestens vier Wochen bei dem Gemeindevorstande anzubringen sind.

Handelt es sich um Festsetzungen, welche nur einzelne Grundstücke betreffen, so genügt statt der Offenlegung und Bekanntmachung eine Mittheilung an die betheiligten Grundeigenthümer.

§. 8.[2])

Ueber die erhobenen Einwendungen (§. 7) hat, soweit dieselben nicht durch Verhandlung zwischen dem Gemeindevorstande und den Beschwerdeführern zur Erledigung gekommen, der Kreisausschuß zu beschließen. An Stelle des Kreisausschusses tritt in Stadtkreisen und den einem Landkreise angehörigen Städten von mehr als 10000 Einwohnern der Bezirksausschuss, in Berlin der Minister der öffentlichen Arbeiten. Sind Einwendungen nicht erhoben oder ist über dieselben endgültig (§. 16) beschlossen, so hat der Gemeindevorstand den Plan förmlich festzustellen, zu Jedermanns Einsicht offen zu legen und, wie dies geschehen soll, ortsüblich bekannt zu machen.

---

[1]) Erläuterungen S. 56—59

[2]) Erläuterungen S. 59—64.

§. 9.[1])

Sind bei Festsetzung von Fluchtlinien mehrere Ortschaften betheiligt, so hat eine Verhandlung darüber zwischen den betreffenden Gemeindevorständen stattzufinden.

Ueber die Punkte, hinsichtlich deren eine Einigung nicht zu erzielen ist, beschließt der Kreisausschuß.

An Stelle des Kreisausschusses tritt in Stadtkreisen und den einem Landkreise angehörigen Städten von mehr als 10000 Einwohnern der Bezirksausschuss, in Berlin der Minister der öffentlichen Arbeiten.

§. 10.[2])

Jede, sowohl vor als nach Erlaß dieses Gesetzes getroffene Festsetzung von Fluchtlinien kann nur nach Maßgabe der vorstehenden Bestimmungen aufgehoben oder abgeändert werden.

Zur Festsetzung neuer oder Abänderung schon bestehender Bebauungspläne in den Städten Berlin, Potsdam, Charlottenburg und deren nächster Umgebung bedarf es Königlicher Genehmigung.

§. 11.[3])

Mit dem Tage, an welchem die im §. 8 vorgeschriebene Offenlegung beginnt, tritt die Beschränkung des Grundeigenthümers, daß Neubauten, Um- und Ausbauten über die Fluchtlinie hinaus versagt werden können, endgültig ein. Gleichzeitig erhält die Gemeinde das Recht, die durch die festgesetzten Straßenfluchtlinien für Straßen und Plätze bestimmte Grundfläche dem Eigenthümer zu entziehen.

---

[1]) Erläuterungen S 64, 65.

[2]) Erläuterungen S. 65—76.

[3]) Erläuterungen S. 76—101.

§. 12.[1])

Durch Ortsstatut kann festgestellt werden, daß an Straßen oder Straßentheilen, welche noch nicht gemäß der baupolizeilichen Bestimmungen des Orts für den öffentlichen Verkehr und den Anbau fertig hergestellt sind, Wohngebäude, die nach diesen Straßen einen Ausgang haben, nicht errichtet werden dürfen.

Das Ortsstatut hat die näheren Bestimmungen innerhalb der Grenze vorstehender Vorschrift festzusetzen und bedarf der Bestätigung des [Bezirksrathes] Bezirksausschusses, in Berlin des Ministers des Innern. Gegen den Beschluß des [Bezirksrathes] Bezirksausschusses ist innerhalb einer Präklusivfrist von [einundzwanzig Tagen] zwei Wochen die Beschwerde bei dem Provinzialrathe zulässig.

Nach erfolgter Bestätigung ist das Statut in ortsüblicher Art bekannt zu machen.

§. 13.[2])

Eine Entschädigung kann wegen der nach den Bestimmungen des §. 12 eintretenden Beschränkung der Baufreiheit überhaupt nicht, und wegen Entziehung oder Beschränkung des von der Festsetzung neuer Fluchtlinien betroffenen Grundeigenthums nur in folgenden Fällen gefordert werden:

1. wenn die zu Straßen und Plätzen bestimmten Grundflächen auf Verlangen der Gemeinde für den öffentlichen Verkehr abgetreten werden;

---

[1]) Erläuterungen S. 101—136.

[2]) Erläuterungen S. 138—156.

2. wenn die Straßen- oder Baufluchtlinie vorhandene Gebäude trifft und das Grundstück bis zur neuen Fluchtlinie von Gebäuden freigelegt wird;
3. wenn die Straßenfluchtlinie einer neu anzulegenden Straße ein unbebautes, aber zur Bebauung geeignetes Grundstück trifft, welches zur Zeit der Feststellung dieser Fluchtlinie an einer bereits bestehenden und für den öffentlichen Verkehr und den Anbau fertig gestellten anderen Straße belegen ist, und die Bebauung in der Fluchtlinie der neuen Straße erfolgt.

Die Entschädigung wird in allen Fällen wegen der zu Straßen und Plätzen bestimmten Grundfläche für Entziehung des Grundeigenthums gewährt. Außerdem wird in denjenigen Fällen der Nr. 2, in welchen es sich um eine Beschränkung des Grundeigenthums in Folge der Festsetzung einer von der Straßenfluchtlinie verschiedenen Baufluchtlinie handelt, für die Beschränkung des bebaut gewesenen Theiles des Grundeigenthums (§. 12 des Gesetzes über Enteignung von Grundeigenthum vom 11. Juni 1874) Entschädigung gewährt.

In allen obengedachten Fällen kann der Eigenthümer die Uebernahme des ganzen Grundstücks verlangen, wenn dasselbe durch die Fluchtlinie entweder ganz oder soweit in Anspruch genommen wird, daß das Restgrundstück nach den baupolizeilichen Vorschriften des Ortes nicht mehr zur Bebauung geeignet ist.

Bei den Vorschriften dieses Paragraphen ist unter der Bezeichnung Grundstück jeder im Zusammenhange stehende Grundbesitz des nämlichen Eigenthümers begriffen.

§. 14.[1])

Für die Feststellung der nach §. 13 zu gewährenden Entschädigungen und die Vollziehung der Enteignung kommen die §§. 24 ff. des Gesetzes über Enteignung von Grundeigenthum vom 11. Juni 1874 zur Anwendung.

Streitigkeiten über Fälligkeit des Anspruchs auf Entschädigung gehören zur gerichtlichen Entscheidung.

Die Entschädigungen sind, soweit nicht ein aus besonderen Rechtstiteln Verpflichteter dafür aufzukommen hat, von der Gemeinde aufzubringen, innerhalb deren Bezirk das betreffende Grundstück belegen ist.

§. 15.[2])

Durch Ortsstatut kann festgesetzt werden, daß bei der Anlegung einer neuen oder bei der Verlängerung einer schon bestehenden Straße, wenn solche zur Bebauung bestimmt ist, sowie bei dem Anbau an schon vorhandenen bisher unbebauten Straßen und Straßentheilen von dem Unternehmer der neuen Anlage oder von den angrenzenden Eigenthümern — von letzteren sobald sie Gebäude an der neuen Straße errichten — die Freilegung, erste Einrichtung, Entwässerung und Beleuchtungsvorrichtung der Straße in der dem Bedürfnisse entsprechenden Weise beschafft, sowie deren zeitweise, höchstens jedoch fünfjährige Unterhaltung, beziehungsweise ein verhältnißmäßiger Beitrag oder der Ersatz der zu allen diesen Maßnahmen erforderlichen Kosten geleistet werde. Zu diesen Verpflichtungen können die angrenzenden Eigenthümer nicht für mehr als die Hälfte der Straßenbreite, und wenn die

---

1) Erläuterungen S. 138—156.

2) Erläuterungen S. 158—284.

Straße breiter als 26 Meter ist, nicht für mehr als 13 Meter der Straßenbreite herangezogen werden.

Bei Berechnung der Kosten sind die Kosten der gesammten Straßenanlage und beziehungsweise deren Unterhaltung zusammen zu rechnen und den Eigenthümern nach Verhältniß der Länge ihrer, die Straße berührenden Grenze zur Last zu legen.

Das Ortsstatut hat die näheren Bestimmungen innerhalb der Grenze oder einem anderen Massstabe, insbesondere auch nach der bebauungsfähigen Fläche, vorstehender Vorschrift festzusetzen. Bezüglich seiner Bestätigung, Anfechtbarkeit und Bekanntmachung gelten die im §. 12 gegebenen Vorschriften.

[Für die Haupt- und Residenzstadt Berlin bewendet es bis zu dem Zustandekommen eines solchen Statuts bei den Bestimmungen des Regulativs vom 31. Dezember 1838.]

§. 16.[1])

[Gegen die Beschlüsse des Kreisausschusses steht dem Betheiligten in den Fällen der §§. 5, 8, 9 die Beschwerde bei dem Bezirksrathe innerhalb einer Präklusivfrist von einundzwanzig Tagen zu.

In den Fällen, in denen es sich um Wiederbebauung ganzer durch Brand oder andere Ereignisse zerstörter Ortstheile handelt, tritt an die Stelle dieser Präklusivfrist eine solche von einer Woche.]

§. 17.[2])

[Die durch die §§. 5, 8 und 9 dem Kreisausschusse und in höherer Instanz dem Bezirksrathe beigelegten Befugnisse

---

1) Erläuterungen S. 285, 286.

2) Erläuterungen S. 286.

und Obliegenheiten werden in den einem Landkreise angehörigen Städten mit mehr als 10,000 Einwohnern, oder wenn unter mehreren betheiligten Gemeinden (§. 9) sich eine solche Stadt befindet, von dem Bezirksrathe und in höherer Instanz von dem Provinzialrathe, in den Stadtkreisen, oder wenn unter mehreren betheiligten Gemeinden (§. 9) sich ein Stadtkreis befindet, von dem Provinzialrathe und auf Ansuchen der Gemeinde in höherer Instanz von dem Minister für Handel wahrgenommen.

In den Hohenzollernschen Landen tritt an die Stelle des Kreisausschusses der Amtsausschuß und steht auch diesem die Bestätigung der Ortsstatuten (§§. 12 und 15) zu. Die Beschwerde-Instanz bildet der Landesausschuß.]

§. 18.[1])

[Bis dahin, daß in den verschiedenen Provinzen der Monarchie die Kreisausschüsse und die Bezirks- und Provinzialräthe gebildet sind, hat die Bezirksregierung (Landdrostei) die denselben durch dieses Gesetz überwiesenen Geschäfte wahrzunehmen.

Die Beschlußfassung in der höheren Instanz steht in den Fällen der §§. 5, 8 und 9 dem Minister für Handel, im Falle der §§. 12 und 15 dem Oberpräsidenten zu.

Für die Stadt Berlin liegt bis zur Bildung einer besonderen Provinz Berlin die Wahrnehmung der in den §§. 5, 8 und 9 dem Kreisausschusse beigelegten Funktionen dem Minister für Handel ꝛc., die Bestätigung der Statuten nach den §§. 12 und 15 dem Minister des Innern ob.]

---

[1]) Erläuterungen S. 286, 287.

§. 19.[1])

Alle den Bestimmungen dieses Gesetzes entgegenstehenden allgemeinen und besonderen gesetzlichen Vorschriften werden hierdurch aufgehoben.

Alle Bestimmungen der im Verwaltungswege erlassenen Bauordnungen, sonstigen polizeilichen Anordnungen und Ortsstatuten, welche mit den Vorschriften dieses Gesetzes in Widerspruch stehen, treten außer Kraft.

§. 20.[2])

Der Minister [für Handel] der öffentlichen Arbeiten wird mit der Ausführung dieses Gesetzes beauftragt.

Urkundlich unter Unserer Höchsteigenhändigen Unterschrift und beigedrucktem Königlichen Insiegel.

Gegeben Bad Ems, den 2. Juli 1875.

[L. S.] Wilhelm.

Fürst v. Bismarck. Camphausen. Gr. zu Eulenburg.
Leonhardt. v. Kameke. Achenbach.

---

[1]) Erläuterungen S. 287—294.

[2]) Erläuterungen S. 294.

II.

Erläuterungen.

§. 1.

Für die Anlegung oder Veränderung von Straßen und Plätzen in Städten und ländlichen Ortschaften sind die Straßen- und Baufluchtlinien vom Gemeindevorstande im Einverständnisse mit der Gemeinde, bezüglich deren Vertretung, dem öffentlichen Bedürfnisse entsprechend unter Zustimmung der Ortspolizeibehörde festzusetzen.

Die Ortspolizeibehörde kann die Festsetzung von Fluchtlinien verlangen, wenn die von ihr wahrzunehmenden polizeilichen Rücksichten die Festsetzung fordern.

Zu einer Straße im Sinne dieses Gesetzes gehört der Straßendamm und der Bürgersteig.

Die Straßenfluchtlinien bilden regelmäßig zugleich die Baufluchtlinien, das heißt die Grenzen, über welche hinaus die Bebauung ausgeschlossen ist. Aus besonderen Gründen kann aber eine von der Straßenfluchtlinie verschiedene, jedoch in der Regel höchstens 3 Meter von dieser zurückweichende Baufluchtlinie festgesetzt werden.

1. Der erste Satz grenzt zunächst, in Übereinstimmung mit der Überschrift des ganzen Gesetzes, das sachliche Gebiet ab, welches durch das für den Umfang der Monarchie*) erlassene Gesetz geregelt werden soll. — Die bei der Beratung des Entwurfs vom Jahre 1866

*) Auf die später mit Preußen vereinigte Insel Helgoland ist das Gesetz bisher nicht ausgedehnt.

im Herrenhause eingehend erörterte Frage, ob das Gesetz auf die Städte zu beschränken sei, ist bei den Verhandlungen des Jahres 1875 nicht wieder aufgenommen. Im großen und ganzen wird freilich die Anwendung auf ländliche Ortschaften nur seltener sein, und vorwiegend da eintreten, dann aber auch von Wert für die Gemeinden sein, wo die Industrie vorherrscht, und in der Nähe größerer Städte.

2. Die Regierungsvorlage enthielt in der Überschrift wie im § 1 statt des Wortes „Veränderung" den Ausdruck „Bebauung". Der Komm. d. AH. erschien dies nicht zutreffend; durch die gewählte Fassung sollte sofort erkennbar gemacht werden, daß es sich lediglich um Anlegung neuer und Veränderung alter Straßen, nicht aber um Vorschriften einer Bauordnung handele.

3. Was das Gesetz unter „**Straßen**" versteht, wird nicht näher angegeben. Daß dazu nicht alle Wege innerhalb der Feldmark gehören, ist ohne weiteres klar; darauf deuten auch bestimmt die Worte „in Städten und ländlichen Ortschaften" hin. Hieraus allein ist indes etwas Sicheres nicht unter allen Umständen zu entnehmen, denn nach der Entwickelung der Gegenwart läßt sich eine Linie, wo die Stadt aufhört und die Feldmark beginnt, nur selten noch ziehen; abgesehen davon würde aber auch das Gesetz nicht entgegenstehen, Straßen über den bisher etwa noch streng abgeschlossenen Kreis der Stadt hinaus anzulegen und eben damit die Stadt zu erweitern oder einen neuen Stadtteil zu schaffen, der nicht einmal räumlich mit der alten Stadt zusammenzuhängen braucht. Die §§ 1 und 2 dieses Gesetzes hindern die Stadtgemeinden in keiner Weise, Bebauungspläne und Straßenfluchtlinien für die ganze Ausdehnung des Gemeindebezirks aufzustellen, um so den eben genannten Zweck zu erreichen (OVGE. v. 5. Juni 99 Bd. 36 S. 412). Man wird deshalb noch einen anderen Gesichtspunkt hereinziehen müssen. Straßen sind nach dem gewöhnlichen Sprachgebrauche die für den Verkehr innerhalb der Ortschaften und in erster Linie zugleich für den Anbau bestimmten Wege (OVGE. v. 9. Dez. 96 Nr. II 2434). Die letztere Zweckbestimmung hat im Absatz 4 einen bezeichnenden Ausdruck gefunden und ist namentlich für die Anwendung der §§ 12 und 15 von besonderer Bedeutung (OVGE. Bd. 29 S. 377). Auf die Bemerkungen zu diesen beiden Paragraphen wird deshalb hier verwiesen. Wenn

danach die Straßenfluchtlinien regelmäßig zugleich die Baufluchtlinien bilden und hiervon abweichend nur eine hinter der Straßenfluchtlinie zurückbleibende Baufluchtlinie festgesetzt werden kann, so schafft nach dem Gesetze jede Fluchtlinienfestsetzung notwendig auch eine Baufluchtlinie; das erscheint freilich insofern selbstverständlich, als Straßenterrain seiner Natur nach niemals bebaut werden darf und folglich mindestens über die Straßenfluchtlinie hinaus eine Bebauung in der Regel unstatthaft sein muß. Gerade der Umstand aber, daß der Gesetzgeber die Bedeutung der Straßenfluchtlinie nach dieser Richtung noch besonders feststellt, zeigt, wie er die Möglichkeit des Anbaues als etwas mit dem Begriffe der Straße von selbst Gegebenes wenigstens der Regel nach voraussetzt. Dadurch wird zunächst nicht ausgeschlossen, daß die Straße nur auf einer Seite bebauungsfähig ist; solche Straßen finden sich vielfach (OVGE. Bd. 14 S. 401 und v. 26. Okt. 87 Nr. I 1184). Weiter kann aber auch ausnahmsweise ein dem inneren Verkehre dienender Weg als Straße anzusehen sein, obgleich eine Bebauung der angrenzenden Grundstücke nach den gegebenen Verhältnissen nicht möglich ist. Dergleichen lediglich für den Verkehr bestimmte Straßen kommen in den Städten hie und da vor (OVGE. v. 22. Juni 00 Nr. II 853 im PrVerwBl. 22 S 133); es gehören dahin z. B. Strecken, welche die innere Stadt durch einen sie umgebenden Gürtel von Promenaden und Anlagen mit den Vorstädten verbinden. Ob ein solcher besonderer Tatbestand vorliegt, muß in jedem einzelnen Falle festgestellt werden (OVGE. Bd. 24 S. 81, PrVerwBl. 14 S. 367). Sollen aber für die Unterscheidung dieser Strecken von sonstigen Verkehrswegen innerhalb der Feldmark charakteristische Merkmale aufgestellt werden, so muß — neben der Art der Einrichtung, welche häufig sofort ersehen lassen wird, daß eine für den inneren Verkehr in Aussicht genommene Straße in Frage steht — vor allem der Zusammenhang mit den bebauten Straßen als das Entscheidende betrachtet werden (OVGE. v. 17. März 93 Nr. II 303). Straßen sind demnach nur solche Wegestrecken, welche entweder für den Anbau bestimmt sind oder wenigstens als Glieder in dem Netze der bebauten Straßen — sei dies nun das gegenwärtige oder ein für die Zukunft festgestelltes — dem inneren Verkehre dienen sollen (OVGE. v. 22. Jan. 03 Nr. IV 152). Ist die Straße für den Anbau bestimmt, so entscheidet ebensowenig die Art ihres Ausbaues — ob sie durch Pflaster, Kiesdeckung oder gar nicht befestigt ist — wie die Art ihres Gebrauchs — ob sie für Fuhrwerke und Reiter oder nur für Fußgänger offen steht (OVGE. v. 15. Okt. 87 Nr. I 1134, PrVerwBl. 9 S. 474; OVGE. v. 14. März 89 Nr. III 296; vgl. übrigens Bem. 10 zu § 1 und Bem. 5b zu § 12).

An dem Erfordernisse eines Zusammenhanges mit dem Straßennetze ist auch für die „Plätze" festzuhalten.

Die in einem Orte vorkommenden schiffbaren Wasserstraßen (Flüsse, Kanäle) und die damit verbundenen Häfen lassen sich, obwohl sie auch dem inneren Verkehr dienen und von Gebäuden umgeben sein können, niemals als Glieder des Straßennetzes behandeln; es würde das eine völlige Verschiebung des dem Gesetze zugrunde liegenden Gedankens in sich schließen (OVGE. Bd. 23 S. 365; E. v. 12. Juli 97 Nr. IV 1273). Ist also in dem Bebauungsplan ein Terrain mit der Bestimmung vorgesehen, daß es ein Hafen werden soll, so ist dies kein Platz im Sinne dieses Gesetzes und es kann namentlich die Bebauung auf Grund des § 11 nicht verhindert werden. Die Gemeinde wird die Freihaltung der Fläche nur durch Enteignung erlangen können. Plätze und Straßen aber z. B. an Flüssen und Kanälen, die nur zu Ladezwecken und zur Lagerung von Frachtgütern bestimmt sind, sind in der Regel den öffentlichen Plätzen und Straßen des Gesetzes zuzurechnen, soweit nicht einzelne Abschnitte des Terrains aus dem öffentlichen Platze bestimmungsgemäß ausgeschieden und der ausschließlichen Nutzung und Verfügung der Kommune vorbehalten bleiben. Durch die tatsächliche Benutzung zur kürzeren oder längeren Lagerung von einzuladenden oder auszuladenden Gütern wird die rechtliche Bestimmung des Platzes für den öffentlichen Verkehr nicht aufgehoben. Wesentlich ist allein, daß der Platz eine verkehrs**polizeiliche** Anstalt bleibt, nicht zur freien Verfügung der **Kommune** steht, sondern der Bestimmung der **Polizei** unterliegt. Vielfach werden öffentlich Plätze tatsächlich auf kürzere oder längere Zeit zu anderen als eigentlichen Verkehrszwecken benutzt, so zu Wochen- und Jahrmärkten; auch Schmuckanlagen auf öffentlichen Plätzen entziehen die betreffenden Flächen zwar tatsächlich dem öffentlichen Verkehr, rechtlich bleiben sie aber, wie die Marktstände, Teile des öffentlichen Platzes, sie stehen nach wie vor zur Verfügung der Polizei, die nach ihrem Ermessen die anderweit benutzten Flächen jederzeit wieder für den öffentlichen Verkehr heranziehen kann. Endlich ist es auch ohne entscheidende Bedeutung, ob die Stadt zur Lagerung der Güter auf solchen Ladeplätzen und Straßen Gebühren erhebt, das geschieht auch bei Marktständen, dadurch wird aber der Charakter solcher Straßen und Plätze nicht berührt (OVGE. v. 24. Jan. 98 Nr. IV 171, PrVerwBl. 20 S. 48). Bezüglich der Unterstellung von Ladestraßen unter den § 15 vgl. Bem. 9c zu § 15.

4. Das Gesetz bedient sich durchweg des Ausdruckes „Straßen“ und „Plätze“, ohne die Bezeichnung „öffentlich“ hinzuzufügen. Gleichwohl kann es nach dem Inhalte des Gesetzes keinem Zweifel unterliegen, daß nur öffentliche Straßen und Plätze davon betroffen werden; das Gesetz kennt die Festsetzung von Fluchtlinien nur für die Anlegung von öffentlichen Straßen (OVGE. Bd. 19 S. 368, Bd. 20 S. 225 v. 16. Mai 82 Nr. II 461; v. 30 Dez. 90 Nr. IV 1362). Den Gegensatz hierzu bilden die sog. **Privatstraßen.** Unter diesem Namen werden indes häufig Wege von ganz verschiedenem rechtlichen Charakter zusammengefaßt, nämlich einesteils Straßen, die zwar für den öffentlichen Verkehr und den Anbau bestimmt sind, aber von den Unternehmern der Anlage oder von den Eigentümern der angrenzenden Grundstücke unterhalten werden und sich noch im Privateigentume befinden; anderenteils Straßen, die zunächst und an sich nur als Zugang zu den angrenzenden Grundstücken dienen sollen, im übrigen aber dem öffentlichen Verkehre entzogen sind oder doch jederzeit entzogen werden können, da sie der Verfügungsgewalt der Eigentümer unterliegen (vgl. Doehl, Repertorium des Baurechts rc. S. 339; OVGE. Bd. 19 S. 368, Bd. 27 S. 168, PrVerwBl. 11 S. 611). Auf die erste Klasse wird der Ausdruck „Privatstraße“ zu Unrecht angewendet, weil der Charakter einer öffentlichen Straße ebensowenig wie der eines anderen öffentlichen Weges davon berührt wird, ob der Grund und Boden im Privateigentume eines Dritten steht und die Unterhaltung einem anderen als dem regelmäßig Wegebaupflichtigen obliegt (OVGE. Bd. 5 S. 236, Bd. 9 S. 189, 211 ff., 251, Bd. 12 S. 271, 290). Die zweite Klasse erscheint als eine Zwitterbildung von mehr als zweifelhaftem Werte, die im regelmäßigen Verlaufe der Dinge — unter ausdrücklicher oder stillschweigender Zustimmung der Polizeibehörde — in eine Privat-

straße der ersteren Gattung überzugehen pflegt. Beide Arten schaffen aber leicht unklare Verhältnisse und deshalb Schwierigkeiten für das etwa notwendig werdende Eingreifen der Polizeigewalt. Seit Erlaß des Gesetzes können öffentliche Straßen ohne Einwilligung der Gemeinde nicht mehr angelegt werden und auch in denjenigen Fällen, wo die Herstellung gemäß § 15 durch Unternehmer oder die Anlieger erfolgt, darf diesen ortsstatutarisch die Unterhaltung höchstens für einen Zeitraum von fünf Jahren auferlegt werden; wenn nun diese Verpflichtung, wie das meist der Fall, dahin geregelt ist, daß die Gemeinde selbst die Unterhaltung übernimmt und nur die Kosten von den Verpflichteten wieder einzieht, so wird ein nach allen Seiten hin normaler Rechtszustand herbeigeführt. Die Anlegung einer wirklichen Privatstraße ist dagegen durch das Gesetz weder ausdrücklich verboten, noch mittelbar ohne weiteres untunlich gemacht; sie läßt sich nur auf Grund des § 12 und eines zu seiner Ausführung erlassenen Ortsstatutes durch Untersagung des Anbaues in dem Falle verhindern, wenn nach den Umständen die Annahme gerechtfertigt erscheint, daß die Straße, obgleich vom Unternehmer als Privatstraße bezeichnet, doch tatsächlich von vornherein eine öffentliche Straße werden soll oder sich wenigstens infolge der Bebauung notwendig in eine öffentliche Straße verwandeln muß (vgl. Bem. 5a zu § 12).

5. Eine Fluchtlinienfestsetzung ist nicht bloß für die **Anlegung**, sondern auch für die **Veränderung** von Straßen vorgesehen. Es können also auch in schon bestehenden und bebauten Straßen neue Fluchtlinien, namentlich zum Zwecke einer Erweiterung der Straße, und um für ältere Straßen das Enteignungsrecht des § 11 zu erlangen, gezogen werden. Der Kommissionsbericht des AH. hebt das bei Erörterung der Bestimmung im § 13 Nr. 2 besonders hervor (S. 1707).

Die Festsetzung von Fluchtlinien ist aber keine notwendige Bedingung für eine nach Erlaß des Gesetzes vorzunehmende Neuanlegung oder Verlängerung von Straßen. Das Gesetz gibt der Gemeinde (bezw. der Polizeibehörde) nur die Möglichkeit, die Fakultät, die Anlegung von Straßen und deren Anbau an denselben durch Festsetzung von Fluchtlinien zu regeln, nicht aber die Obligation (PrVerwBl. 15 S. 500, OVGE. v. 6. Juni 94

Nr. IV 728; v. 30. Juni 91 Nr. IV 651; vgl. Bem. 10 zu diesen § 1 und Bem. 7a zu § 15). Die Anlegung von Straßen kann auch ohne Festsetzung neuer Fluchtlinien vor sich gehen (OVGE. v. 22. Sept. 94 Nr. II 1249, PrVerwBl. 16 S. 85). Eine Straße kann schon durch fortgesetzte Bebauung eines Weges und die straßenmäßige Herstellung desselben tatsächlich ohne weiteres neu entstehen oder über den bisherigen Bestand ausgedehnt werden (OVGE. Bd. 14 S. 403; OVGE. v. 5. Juni 99 Bd. 36 S. 412; OVGE. v 15. Mai 02 Nr. IV 897. Irrig ist die Darlegung von Reinartz im VerwArch. VII S. 95). Und selbst, wenn einer solchen neuen Anlage nach den obwaltenden Umständen der Charakter einer öffentlichen Straße nicht sollte beigelegt werden können, der Weg daher als eine sog. Privatstraße betrachtet werden müßte, würde die Polizeibehörde bei vorhandenem Bedürfnisse die Umwandlung in eine öffentliche Straße fordern können, ohne daß sie erst den Weg des § 5 Abs. 3 zu beschreiten brauchte (OVGE. v. 9. März 87 Nr. I 280, PrVerwBl. 8 S. 316; OVGE. Bd. 27 S. 168; vgl Bem. 4 u 5 zu § 10). Freilich wird es sich hierbei meist um Ausnahmefälle handeln; die überwiegende Regel dürfte — zumal in den größeren Ortschaften — eine vorgängige Fluchtlinienfestsetzung bilden. Das OVG. hat in einigen Entscheidungen die Ansicht angedeutet, ohne sie näher zu begründen, daß da, wo die Polizeibehörde von der Gemeinde die Anlegung einer neuen, tatsächlich noch nicht vorhandenen Straße erzwingen wolle, die vorgängige Festsetzung von Fluchtlinien erforderlich sei (OVGE. Bd. 14 S. 275, PrVerwBl. 8 S. 111; OVGE. v. 8. Okt. 87 Nr. I 1104). Löhlein in PrVerwBl. 20 S. 206f. ist der Ansicht, daß, wenn es auch der Gemeinde freistehe, bei Anlegung einer Straße von vorgängiger Fluchtlinienfestsetzung abzusehen, die Ausübung einer solchen Fakultät doch nicht von dritter Seite erzwungen werden könne, und beruft sich dafür auf die Entstehungsgeschichte des Gesetzes; aber wohl mit Unrecht, zumal der von der Regierung vorgelegte Entwurf sich nur mit Baufluchtlinien beschäftigte. Das Gesetz selbst gibt jedenfalls dafür keinen Anhalt, und es sind Fälle denkbar, in denen eine solche vorgängige Aktion weder erforderlich, noch von besonderem Werte erscheint, wenn z. B. die neue Straße ganz in der Gemeinde gehöriges Gelände fällt. Es ist aber zuzugeben, daß regelmäßig der

Zweck sich nur durch vorgängige Festsetzung von Fluchtlinien wird erreichen lassen, sowie daß die Gemeinde selbst selten sich wird in der Lage befinden, von der Festsetzung von Fluchtlinien vor Ausführung der Straßen absehen zu können (vgl Bem. 5 zu § 10). Vor Erlaß des Gesetzes sind selbst in Städten, und zwar nicht bloß in älterer Zeit, mehrfach Straßen ohne eine ausdrückliche, die ganze Straße umfassende Fluchtlinienfestsetzung angelegt worden. In einem Falle, wo es sich um die Erzwingung der Anlegung eines öffentlichen Weges durch die Wegepolizeibehörde handelt, hat das OVG. in dem Erkenntnis v. 23. April 00 Nr IV 661 ausgeführt, daß für den im Ortsbereich liegenden Teil des Weges — für den beabsichtigt sei, ihn zu einer städtischen Straße zu machen — in Betracht komme, wie es in der Regel doch als das allein sachgemäße betrachtet werden müsse, daß, wenn die Polizeibehörde von der Gemeinde die Anlegung einer neuen städtischen Straße erzwingen wolle, die Festsetzung von Fluchtlinien vorherzugehen habe. Es wird dann noch darauf hingewiesen, daß gerade in dem Verfahren des Gesetzes v. 2 Juli 75 Gelegenheit gegeben wäre, alle in Betracht kommenden Gesichtspunkte ausgiebig zu erörtern. Dem kann nur beigetreten werden

In dem Gesetze ist durchweg nur von „Festsetzung" der Fluchtlinien die Rede. Darunter fällt die Aufhebung bestehender Fluchtlinien ohne Anordnung neuer Fluchtlinien an sich nicht; nach § 10 kann aber eine jede sowohl vor als nach Erlaß des Gesetzes getroffene Festsetzung nur nach Maßgabe der Bestimmungen des Gesetzes aufgehoben werden; damit ist die bloße Kassierung von Fluchtlinien der Festsetzung ganz gleichgestellt

Fluchtlinienfestsetzungen, die nicht zum Zwecke der Anlegung oder Veränderung von Straßen und Plätzen vorgenommen werden, z. B. für Bauten an öffentlichen Flüssen 2c., fallen nicht unter das Gesetz (vgl. OVGE Bd. 8 S. 331 ff., v. 13. Jan. 87 Nr. III 39 und v. 17. Juni 87 Nr. II 584, PrVerwBl 8 S. 223 u. 396)

6. Der Absatz 1 enthält die das ganze Gesetz beherrschende Grundregel, daß die Fluchtlinien in allen Fällen, sowohl bei Veränderung bestehender Straßen, wie bei Anlegung einzelner neuer Straßen und bei Aufstellung von Bebauungsplänen — vom **Gemeindevorstande** festzusetzen sind. Damit ist das früher der Polizeibehörde zustehende Recht erloschen, die Genehmigung eines Baues

von Innehaltung einer nach ihrem Ermessen festgesetzten Fluchtlinie abhängig zu machen (OVGE. v. 23. Juni 91 Nr. IV 623). Zu Zweifeln kann es Anlaß geben, ob einem Fluchtlinienplane Rechtswirksamkeit zusteht, wenn seine formelle endgültige Festsetzung auf dem Plane und in den Akten durch die Polizeibehörde und nicht vom Gemeindevorstande erfolgt ist. Hat die vorgeschriebene Beschlußfassung und Mitwirkung des Gemeindevorstandes und der Gemeinde tatsächlich stattgefunden, so wird die Rechtswirksamkeit — namentlich für die Anwendung des ersten Absatzes des § 11 — nicht an dem formalen Mangel scheitern, zumal wenn aus der Bekanntmachung die erfolgte Mitwirkung der Gemeindekörperschaften erhellt. Übrigens wird es immer auf die tatsächlichen Umstände und Vorgänge ankommen, eine allgemeine Regel läßt sich nicht aufstellen. Wegen der zu erfüllenden Formen vgl. die §§ 4 und 7 Abs 2. Das Reichsgericht hat bei einer Entschädigungsklage aus §§ 13 und 14 dieses Gesetzes sehr geringe Anforderungen an die zu beobachtenden Voraussetzungen gestellt; für ein einzelnes Grundstück war eine Fluchtlinie durch einen Bescheid, der nur von dem Stadtbaurat unterschrieben war, ohne weitere Bezugnahmen festgesetzt. Das RG. hält es für genügend, daß festgestellt sei, der Stadtbaurat habe nach Anhörung der von der Gemeindevertretung bestellten Baukommission und im wenigstens stillschweigenden Einverständnisse mit dem Oberbürgermeister (in der Rheinprovinz) die Entscheidung getroffen. Vgl. E. d. RG. II. ZS. v 3. Nov. 99, PrVerwBl. 21 S. 210 Dem wird nicht zugestimmt werden können; die im Gesetz (§ 1) der Gemeindevertretung zuerteilte Zuständigkeit kann durch Anhörung einer von der Gemeindevertretung gewählten Baukommission nicht ersetzt werden. — In einigen Provinzen sind Polizeiverordnungen erlassen, wonach da, wo Baufluchtlinien nicht bestehen, in einer bestimmten Entfernung von der Kronenkante eines öffentlichen Weges Gebäude nicht errichtet werden dürfen. Eine solche Bestimmung widerspricht den Vorschriften des Gesetzes v. 2. Juli 75 nicht und die betreffenden Polizeiverordnungen sind deshalb nicht etwa rechtsungültig. Denn eine Fluchtlinie mit den ihr zukommenden rechtlichen Wirkungen (§ 1 u. § 11) wird so nicht geschaffen, sondern nur der Anbau an Straßen nach besonderen polizeilichen Gesichtspunkten geregelt. Das liegt in der Zuständigkeit der Polizeibehörde allein (OVGE. Bd. 11 S. 374 ff.,

Bd. 26 S. 346, PrVerwBl. 15 S. 500; OVGE. v. 18. Febr. 01 und Bd. 39 S. 363; OVGE. v. 26. Mai 02 Nr. IV 958. Das Nähere siehe in Anm. 10 zu diesem Paragraph).

Der Gemeindevorstand ist einerseits an das Einverständnis der **Gemeinde** bezw. deren Vertretung, andererseits an die Zustimmung der **Ortspolizeibehörde** gebunden. Beide Voraussetzungen für das Zustandekommen einer Fluchtlinie müssen bis zum Abschlusse des Verfahrens, also bis zu der förmlichen Feststellung und Auslegung des Planes, deren § 8 am Schlusse gedenkt, vorhanden sein, und die Behörden, insbesondere die Verwaltungsgerichte können sich, wenn die Entscheidung davon abhängt, ob eine Fluchtlinie rechtsgültig festgesetzt sei, bei obwaltenden Zweifeln der Prüfung nicht entziehen, inwiefern es etwa an jenen Voraussetzungen mangelt. Denn durch die Festsetzung von Fluchtlinien wird eine Rechtsnorm geschaffen, deren Anwendung voraussetzt, daß sie auf ordnungsmäßige Weise zustande gekommen ist Das Reichsgericht hat in einem Erkenntnisse (V. ZS. v. 28 Sept. 91, PrVerwBl. 13 S. 342) den förmlich festgesetzten Fluchtlinienplan als einen öffentlich-rechtlichen Titel bezeichnet, welcher öffentlich bekannt gemacht wird und einen Bestandteil der „Verfassung" der Gemeinde bildet. Für die Prüfung durch den Verwaltungsrichter ist aber die Unterscheidung zwischen dem Resultate der Festsetzung des Planes und den Motiven derselben wesentlich. Die zur Anwendung kommende Rechtsnorm darf in materieller Hinsicht nicht mit dem materiellen Inhalte des Gesetzes und dem sonst etwa auf die Sache bezüglichen objektiven Rechte in Widerspruch stehen. Hierüber hat der Verwaltungsrichter gegebenenfalls zu entscheiden, nicht aber darüber, ob die Motive, welche die zuständige Behörde zur Festsetzung der Rechtsnorm geführt haben, richtige sind (OVGE. Bd. 25 S. 387). — Wenn festgestellt wird, daß der festgesetzte Plan mit der in der Natur vorhandenen Örtlichkeit nicht übereinstimmt, so entbehrt er des unumgänglich notwendigen Inhalts, und der Verwaltungsrichter wird ihm die Rechtswirkung versagen müssen (OVGE. Bd. 18 S. 378. Siehe auch Bem. zu § 4). Das OVG. hat in einem Falle, wo die Stadtverordneten ihr anfängliches Einverständnis später zurückgezogen hatten, trotzdem aber der Plan vom Magistrate schließlich festgestellt und ausgelegt war, die Fluchtlinie als zu Recht bestehend nicht anerkannt. E. v. 16. Sept. 80

Nr. II 1293. Auch wenn nach erfolgter Zustimmung der Polizeibehörde seitens der Gemeindekörperschaften noch Änderungen in dem Fluchtlinienplane vorgenommen werden und er so, ohne nochmals der Polizeibehörde vorgelegen zu haben, festgesetzt und bekannt gemacht wird, bleibt der Plan ohne Rechtswirkung. Dieselbe Wirkung muß es haben, wenn der Gemeindevorstand, etwa auf Wunsch von Einsprechenden oder der Polizeibehörde, noch Änderungen vornimmt, ohne dazu die Zustimmung der Gemeinde eingeholt zu haben (OVGE. v. 4. April 98 Nr. IV 628). Und dieses wird in der Regel auch die Fluchtlinien betreffen, welche von dieser Änderung nicht betroffen wurden, da für die Zustimmung der Polizeibehörde der Gesamtplan in seinem Zusammenhange in Betracht kommt. Anders kann es liegen, wenn die einzelnen Fluchtlinien nicht in Zusammenhang stehen oder ein Teil des Planes von einem anderen ganz örtlich getrennt liegt (vgl. Bem. 3 zu § 8). Eine rechtzeitige Zurücknahme der Zustimmung von seiten der Polizeibehörde wird die gleiche Wirkung haben müssen. Diese Sätze würden nur anzufechten sein, wenn anzunehmen wäre, daß die Gemeinde und die Polizeibehörde das einmal erklärte Einverständnis zu widerrufen nicht befugt seien. Dafür dürfte es indes, solange das Verfahren schwebt, an einem Rechtsgrunde fehlen; weder die Erklärung der Gemeinde noch die Äußerung der Polizeibehörde stellt ein Rechtsverhältnis mit dem Gemeindevorstande her, von dem nicht jeder Teil zurücktreten könnte, und anderweite Grundsätze, die einer Zurücknahme solcher Erklärungen die rechtliche Wirksamkeit entzögen, bestehen nicht. — Die Möglichkeit eines derartigen Vorgehens für die Polizeiverwaltung ist auch deshalb von Bedeutung, weil hiermit die Aufsichtsbehörde — was namentlich bei Bebauungsplänen wichtig sein kann — in die Lage gebracht wird, ihrerseits nachträglich einzuschreiten. Denn die Befugnis der Aufsichtsbehörde, die Polizeiverwaltung mit Anweisung zu versehen, ihr also die Versagung ebenso wie umgekehrt die Erteilung der Zustimmung aufzugeben, läßt sich nicht bezweifeln.

Wo es an einer von dem Gemeindevorstande verschiedenen Ortspolizeibehörde fehlt, weil die Funktionen beider von demselben Organe (Bürgermeister — wie in der Rheinprovinz —, Magistrat — wie in der Provinz Hannover der Regel nach —, Amts- und

Gemeindevorsteher) wahrgenommen werden, bedarf es selbstredend keiner besonderen Zustimmung der Ortspolizeibehörde. In denjenigen Städten, wo Königliche Polizeibehörden bestehen, der Magistrat aber die Straßenbaupolizei verwaltet, bildet nach dem ausdrücklichen Anerkenntnisse der Staatsregierung (StenB. des AH. S. 2121) der Magistrat die Polizeibehörde im Sinne des Gesetzes. Diese hauptsächlich im Hinblick auf die hannoverschen Städte abgegebene Erklärung ist indes nicht unvereinbar mit einer Regelung, wie sie die Ressortminister für Berlin getroffen haben; obgleich dieser Stadtgemeinde durch Allerhöchste Order v. 28. Dez. 75 „die gesamte, auf die Anlegung, Regulierung, Entwässerung und Unterhaltung der Straßen und Brücken bezügliche örtliche Polizei" zur eigenen Verwaltung überlassen ist, haben die Minister auch dem Königlichen Polizeipräsidium (neben der örtlichen Straßenbau-Polizeiverwaltung) eine Einwirkung als Ortspolizeibehörde zuerkannt, weil dasselbe die Verkehrs-, Feuer- und Gesundheitspolizei zu verwalten und deren Interessen gegenüber der Straßenbaupolizei wahrzunehmen habe. Diese Auffassung, die zwei Ortspolizeibehörden gleichberechtigt nebeneinander stellt und unter ähnlichen Verhältnissen auch auf andere Städte zu übertragen sein würde, entspricht nur dem Wesen der Sache Wo die örtliche Polizeiverwaltung geteilt ist, gebührt jedem bei der Fluchtlinienfestsetzung beteiligten Zweige eine Mitwirkung, und wenn sich nicht leugnen läßt, daß Fluchtlinienfestsetzungen auch die Interessen der Feuersicherheit und der öffentlichen Gesundheitspflege unmittelbar berühren, so kann die auf diesem Gebiete zur Fürsorge berufene Behörde von dem Verfahren nicht füglich ausgeschlossen werden. Das Gesetz steht einer solchen Auslegung nicht entgegen; es beruft die „Ortspolizeibehörde"; bei diesem Ausdrucke mag, dem regelmäßigen Zustande entsprechend, zunächst an eine einheitliche örtliche Polizeiverwaltung gedacht sein; damit ist indes keineswegs festgestellt, daß die Vertretung aller in Betracht kommenden polizeilichen Interessen stets nur Einer Behörde überwiesen sein solle. Auch praktisch bietet das gleichzeitige Eingreifen zweier Ortspolizeibehörden keine besonderen Schwierigkeiten; denn für den Ausgleich von Meinungsverschiedenheiten unter den beteiligten Lokalbehörden, der an sich schon durch Anrufen der vorgesetzten Aufsichtsbehörde herbeigeführt werden könnte, ist außerdem im Gesetze durch die Anordnung eines besonderen Verfahrens in den §§ 5 ff. gesorgt (OVGE. v. 25. Nov. 85 Nr. 1 1315). Anders liegt die Sache, wenn nur einzelne, bestimmte Geschäfte der Ortspolizeibehörde entzogen und einer höheren Behörde vorbehalten sind. Ein solches Verhältnis besteht z. B. in der Provinz Hessen-Nassau, wo die Genehmigung zu Neubauten und Bauveränderungen nach § 28 der Kreisordnung v. 7. Juni 85 nicht von dem im übrigen die gesamte Orts- und insbesondere auch die Baupolizei verwaltenden Bürgermeister, sondern von dem Landrate zu erteilen ist. Hier kann als Ortspolizeibehörde nur der Bürgermeister betrachtet werden; dem Landrate eine Mitwirkung einzuräumen, erscheint um so weniger nötig, als er in der Lage ist, seine Auffassung jederzeit durch Anweisung des Bürgermeisters zur Geltung zu bringen.

Welche Behörde auf dem Lande die Ortspolizei zu verwalten hat, ist in den provinziellen Gesetzen (vgl. insbesondere die Kreisordnungen) näher bestimmt.

Für den Fall, daß eine ländliche Ortschaft in einem **selbständigen Gutsbezirke** liegt, läßt das Gesetz im Stich. Man hat wohl angenommen, daß der Gutsbesitzer (Gutsvorsteher) an die Stelle des Gemeindevorstandes trete, während das Erfordernis eines Einverständnisses der Gemeinde wegfalle. Hiergegen sprechen jedoch erhebliche Bedenken. Wie soll es gerechtfertigt werden, daß das bestimmte Erfordernis des Einverständnisses der Gemeinde „wegfalle"? Eine Lücke des Gesetzes so auszufüllen, dürfte nicht zulässig sein. Für Gutsbezirke ist in dem Gesetze kein Raum (vgl. Bem. 2 zu § 12 dieses Gesetzes).

Das Einverständnis der Gemeinde oder deren Vertretung wird vom Gesetze unbedingt verlangt. Ist es nicht zu erreichen, so kann es durch eine Entscheidung der Kommunalaufsichtsbehörde, die sonst etwa bei Meinungsverschiedenheiten zwischen Gemeindevorstand und Vertretung der Gemeinde den Ausschlag zu geben hat, nicht ersetzt werden. Es bleibt dann nur der Ausweg übrig, daß die Ortspolizeibehörde von dem ihr nach Absatz 2 zustehenden Rechte Gebrauch macht. Weigert der Gemeindevorstand rein formale Verwaltungsakte, — z. B. wenn es sich um die Offenlegung des Planes (§ 7) handelt, nachdem über die mangelnde Zustimmung der Gemeinde auf Ansuchen der Ortspolizeibehörde durch den Kreisausschuß oder Bezirksausschuß beschlossen ist (§ 5

Abs. 3), — so wird er zur Vornahme solcher disziplinarisch angehalten werden können.

7. **Wenn die Polizeibehörde ihre Zustimmung versagt**, so gibt § 5 die Norm für das weitere Verfahren.

Die Polizeibehörde ist aber nicht auf eine negative Einwirkung beschränkt, sie kann nach Absatz 2 auch, positiv eingreifend, die Festsetzung von Fluchtlinien verlangen, wenn die von ihr wahrzunehmenden polizeilichen Rücksichten die Festsetzung fordern. Welche Rücksichten hier in Betracht kommen, erläutert das Gesetz selbst im § 3 (vgl. Bem. 1 dazu); es sind dieselben, welche auch der Gemeindevorstand zu beachten hat, wenn er die Fluchtlinien „dem öffentlichen Bedürfnisse entsprechend" festsetzen will: die Förderung des Verkehrs, der Feuersicherheit sowie der öffentlichen Gesundheit und die Abwehr von Verunstaltungen der Straßen und Plätze. Wie nun auf der einen Seite diese Ausdrücke bei ihrer Dehnbarkeit eine verschiedenartige Beurteilung der gegebenen Verhältnisse zulassen, so ist auf der anderen Seite auch keine scharfe Grenze dafür zu finden, ob die gedachten Rücksichten eine Fluchtlinienfestsetzung „fordern". Ein Bericht der Petitionskommission d. AH. über eine Beschwerde der städtischen Behörden zu Hannover (Nr. 137 der Drucksachen 1877) gibt hiervon eine ungemein enge Auslegung; danach hat die Polizei sich nur durch den Gesichtspunkt der öffentlichen Sicherheit bestimmen zu lassen; bloße Verkehrserleichterungen sollen niemals in das polizeiliche Gebiet fallen, die Polizeibehörden vielmehr nur dasjenige, was nötig, nicht aber was nützlich ist, verlangen dürfen. Das AH. hat zwar dem Vorschlage der Kommission gemäß die Petition der Staatsregierung zur schleunigsten Abhilfe überwiesen; damit ist indes die in dem Berichte niedergelegte Auffassung wohl um so weniger in ihrem ganzen Umfange gebilligt, als von der Kommission wie im Hause selbst noch anderweite Momente zur Unterstützung des Antrages geltend gemacht wurden. Später haben über eine Petition des Magistrats zu Königsberg i. Pr. nochmals eingehende Erörterungen in der Komm. d. AH. (Nr. 123 der Drucksachen 1886) und im Hause selbst (Sitzung v. 31. März 86, StenB. S. 1579 ff.) stattgefunden, wobei einerseits die Befugnis der Polizeibehörde, aus allen im § 3 hervorgehobenen Gesichtspunkten auf die Festsetzung von Fluchtlinien zu dringen, anerkannt, andererseits aber wieder betont wurde, daß ein wesentlicher Unterschied zwischen dem für den Gemeindevorstand maßgebenden „öffentlichen Bedürfnisse“ und den von der Polizeibehörde wahrzunehmenden „polizeilichen Rücksichten“ bestehe. Hiergegen mag nichts Erhebliches zu erinnern sein; der Gemeindevorstand kann bei Abmessung des öffentlichen Bedürfnisses auch auf Herstellung von Anlagen, die nur zweckmäßig oder wünschenswert erscheinen, Bedacht nehmen und überhaupt in weitem Umfange über dasjenige hinausgehen, was von der Polizeibehörde nach Maßgabe des § 3 gefordert werden muß. Insofern läßt sich der in dem Kommissionsberichte vom Jahre 1877 vertretenen Anschauung zustimmen, daß die Polizeibehörde sich auf das Notwendige, im Gegensatz zu dem bloß Nützlichen, zu beschränken habe. Jedenfalls darf aber die Polizei zunächst nicht ausschließlich auf die Fürsorge für die öffentliche Sicherheit verwiesen werden; das entspricht weder ihrer allgemeinen Aufgabe (§ 10 Titel 17 Teil II ALR, § 6 des Gesetzes über die Polizeiverwaltung v. 11. März 50, § 8 der Verordnung über die Polizeiverwaltung in den neu erworbenen Landesteilen v. 20 Sept 67: „Ordnung, Sicherheit und Leichtigkeit des Verkehrs auf öffentlichen Straßen, Wegen und Plätzen, Brücken, Ufern und Gewässern“), noch den ihr gerade auf diesem Gebiete übertragenen Pflichten, wie sie schon im § 66 Titel 8 Teil I ALR abgegrenzt waren und daneben im vorliegenden Gesetze selbst (§ 3) eine ausdrückliche Bestätigung gefunden haben. Weiter ist zu beachten, daß es für die im öffentlichen Interesse notwendig zu stellenden Anforderungen kein absolut geltendes Maß gibt, das Bedürfnis sich vielmehr je nach den obwaltenden Umständen durchaus verschieden bestimmt. Was vor längerer Zeit allgemein befriedigte, kann gegenwärtig als völlig ungenügend erscheinen, und Einrichtungen, welche für kleinere Orte vollkommen ausreichen, mögen sich für große Städte als zweifellos ungeeignet ausweisen (OVGE. v. 12. Sept 88 Nr. I 969, PrVerwBl. 10 S 182. Vgl. auch die Ausführungen in dem Erk. PrVerwBl. 17 S. 259 f.). Eben deshalb überträgt das Gesetz beim Mangel einer Verständigung zwischen dem Gemeindevorstande und der Polizeibehörde die Entscheidung den geordneten Instanzen (§ 5 Abs. 3; §§ 16—18), die in jedem einzelnen Falle unter sorgfältiger Berücksichtigung aller in Betracht kommender Verhältnisse die erforderliche Bestimmung zu treffen haben. Ist die örtliche

Polizeiverwaltung unter zwei Behörden derart geteilt, daß beide bei der Fluchtlinienfestsetzung mitzuwirken haben (Bem. 6 oben), so muß jede, soweit die von ihr wahrzunehmenden polizeilichen Rücksichten dies erheischen, zu dem Verlangen einer Festsetzung berechtigt sein.

8. Durch den von der Komm. d. AH. eingeschobenen Absatz 3 hat klargestellt werden sollen, daß im Sinne des Gesetzes auch der **Bürgersteig** zur Straße gehöre. Der daneben erwähnte „**Straßendamm**“ bezeichnet nicht bloß den Fahrdamm, sondern umfaßt alle übrigen Bestandteile der Straße, auch wenn sie nur bestimmten Zwecken dienen, wie Reitwege, Promenaden 2c. Darüber, ob die letzteren zur Straße gehören, können allerdings, zumal wenn sie sich zu sog. Anlagen erweitern, Zweifel entstehen; indes ergibt sich bei Straßen, die in Gemäßheit des Gesetzes neu angelegt sind, die räumliche Ausdehnung der Straße regelmäßig schon aus dem Fluchtlinienplane; alles, was zwischen den beiden Straßenfluchtlinien liegt, muß — sofern nicht das Gegenteil aus dem Plane klar erhellt — zur Straße gerechnet werden. Ist eine Fluchtlinie bloß auf einer Seite gezogen, so läßt sich die Grenze auf der anderen Seite nur nach den Verhältnissen des einzelnen Falles bestimmen; dies gilt insbesondere auch dann, wenn neben der Straße ein öffentlicher Platz liegt (OVGE. v. 30. Nov. 82 Nr. II 941, PrVerwBl. 4 S. 155; v. 23. Okt. 84 Nr. II 895, v. 7. März 85 Nr. I 273, PrVerwBl. 6 S. 244; v. 12. Nov. 85 Nr. II 1121, PrVerwBl. 7 S. 118 und v. 15. Juni 92 Nr. I 652). Die Berliner Baupolizeiordnung, und ihr nachgebildet manche andere Bauordnung, enthält den Satz, daß in der Regel alle Baulichkeiten an Straßen nur so hoch sein dürfen, wie die Straße oder der Straßenteil vor ihnen zwischen den Straßenfluchtlinien breit ist, jedoch in Straßen, welche nur an einer Seite zum Anbau bestimmt sind, sowie an Plätzen, welche mindestens 22 m breit sind, die Höhe bis 22 m betragen darf. Das ist so ausgelegt worden, als ob der beim Verfahren der Fluchtlinienfestsetzung zum Ausdruck gebrachte Wille der Behörden nach dieser Richtung maßgebend sei. Das ist aber irrig. Die rechtliche Bedeutung der Fluchtlinien besteht nicht darin, festzustellen, wo überhaupt das Bauen erlaubt ist, sondern zu kennzeichnen, welche Flächen zu öffentlichen Straßen und Plätzen vorbehalten werden sollen und deshalb *nicht* bebaubar

sind (vgl. OVGE. Bd. 21 S. 375 ff., 366). Die Voraussetzung der obigen Bestimmung liegt nur vor, wenn die Straße lediglich an einer Seite bebaut werden kann, wenn das auf einer Seite der Straße liegende Gelände dauernd unbebaubar ist, wenn das Terrain von der Bebauung aus subjektiven (z. B. wenn es zu einem öffentlichen Platz bestimmt ist oder wegen der Rayonbeschränkungen in Festungen) oder objektiven (z. B. der tatsächliche Zustand der Flächen: öffentliche Flüsse, Kanäle, steile Bergabhänge) Gründen dauernd ausgeschlossen ist. Das Fehlen einer Fluchtlinie kann dem angrenzenden Gelände die Bebaubarkeit, wenn es sie sonst besitzt, nicht nehmen (OVGE. v. 11. Juli 01 Bd. 40 S. 363). Die Fluchtlinienfestsetzung ist übrigens nicht dazu bestimmt, die **Einteilung der Straßen** (Fahrdamm, Bürgersteig, Reitweg usw.) zu regeln. Der Plan braucht deshalb darüber gar keine Vorschriften zu enthalten. Sind solche dennoch getroffen, so kann jederzeit von ihnen abgegangen werden, natürlich unter Zustimmung der Wegepolizeibehörde (OVGE v. 22. Sept. 94 Nr. II 1249, PrVerwBl. 16 S. 85). Was im übrigen bei älteren Straßen als Zubehör des Straßendammes und des Bürgersteiges anzusehen ist, richtet sich ebenfalls nach den besonderen Umständen (OVGE. Bd. 1 S 260 ff, v. 15. Okt. 87 Nr. I 1134, PrVerwBl. 9 S. 474; v. 7. Sept. 89 Nr. I 1083, PrVerwBl. 11 S. 97 und v. 12. April 90 Nr. I 393; OVGE. v. 11. Juli 01 Bd. 40 S. 363 ff.).

9. Der Entwurf beschäftigte sich nur mit Baufluchtlinien. Die Komm. d. AH. hielt es aber für angemessen, den Unterschied zwischen Straßen- und Baufluchtlinien klarzustellen und damit den sog. **Vorgärten**, die eine von der Straßenfluchtlinie verschiedene, hinter ihr zurücktretende Baufluchtlinie zur Voraussetzung haben, eine gesetzliche Grundlage zu geben. Die Vorgärten waren schon seit langer Zeit bekannt (vgl. Doehl, Repertorium des Baurechts S. 389): die Ministerialanweisung v. 12. Mai 55 (MBl. S. 100) hatte sie im § 3 als zu Recht bestehend anerkannt, die Einrichtung hatte, wie dieses in der OVGE. v. 22. Okt. 89 Bd. 18 S. 376 angedeutet ist, lange vorher zu Recht bestanden und in Berlin war durch eine eigene Polizeiverordnung v. 27. Okt. 55 nur die schon bestehende Verpflichtung näher geregelt worden; die engen Beziehungen, in welchen die Vorgärten teils zu den Baugrundstücken,

teils zu der Straße stehen, machten eine solche Regelung notwendig, die schon zu Recht bestehende Verpflichtung bildete die Grundlage (OVGE. v. 16. Dez. 01 Nr IV 2278; OVGE. Bd. 34 S 421). Vorgärten fanden sich aber auch in anderen größeren Städten und man nahm damals auf ihre weitere Einführung mit Vorliebe Bedacht. Die Komm. d. AH. verwandelte nun im Absatz 1 das Wort „Baufluchtlinien" in „Straßen- und Baufluchtlinien" und fügte daneben den ganzen Absatz 4 neu hinzu. In diesem traf sie zugleich durch eine Bestimmung, wonach die Baufluchtlinie höchstens 3 m von der Straßenfluchtlinie zurückweichen sollte, Fürsorge, daß die Anlieger, denen für die Verpflichtung, einen Teil ihres Eigentums als Vorgarten liegen zu lassen, regelmäßig keine Entschädigung gewährt wird, durch eine solche Maßregel nicht zu hart getroffen würden. Im AH. bestritt man aber, daß vom Gesetzgeber ein bestimmtes Maß für die Breite der Vorgärten festgestellt werden könne, und berief sich namentlich darauf, daß hie und da bereits breitere Vorgärten zu Recht beständen; demgemäß wurden nach dem Antrage des Abgeordneten Haken die Worte „in der Regel" eingeschaltet. — Damit ist allerdings den Gemeindebehörden ein weitgehender Spielraum gelassen: immerhin bleibt aber die Vorschrift in solchen Fällen, wo die Anlieger gegen die Breite der Vorgärten Einwendungen erheben, für die entscheidende Behörde ein Fingerzeig, daß über 3 m nur hinauszugehen ist, sofern ein besonderes öffentliches Interesse obwaltet. Die Beschlußbehörden werden diesen Gesichtspunkt um so mehr festhalten müssen, da vielfach das Bestreben bei den Gemeindebehörden besteht, die Breite der Vorgärten über Gebühr zu vergrößern, ohne Rücksichtnahme auf die materiellen Nachteile der Grundstückbesitzer. In neuerer Zeit ist in vielen Städten das Bestreben hervorgetreten, selbst in Straßen, bei denen erst vor einiger Zeit durch Festsetzung von Fluchtlinien ein gewisser Abschluß erreicht war, durch erneute Fluchtlinienfestsetzung größere Vorgärten zu erreichen, ohne daß ein besonderes öffentliches Interesse erkennbar wäre, nur um im allgemeinen schöne, breite Straßen zu bekommen, und die Bezirksausschüsse sowie die Provinzialräte sind dem keineswegs mit der nötigen Energie entgegengetreten. Es entspricht nicht dem Sinne des Gesetzes, daß die Anlieger über 3 m hinaus der Gemeinde zur bloßen Verschönerung der Stadt materielle Opfer zu bringen gezwungen werden sollen. Das darf — wie die Worte „in der Regel" unzweideutig kundgeben — nur verlangt werden, wenn ein erhebliches öffentliches Interesse es fordert (vgl. auch § 75 der Einl. z. ALR.) Es dürfte wünschenswert sein, daß die Beschlußbehörden hier die Interessen der Anlieger in erhöhterem Maße berücksichtigten.

Ist aber in dem vorgeschriebenen Verfahren die Breite der Vorgärten durch Festsetzung der Fluchtlinien endgültig festgesetzt, so unterliegen die Motive dafür — auch wenn sie irrige sein sollten — nicht der Prüfung des Verwaltungsrichters (OVGE. Bd. 25 S. 391). Übrigens wird die Gemeinde sich unter allen Umständen einen breiteren Raum durch Verhandlung mit den Grundeigentümern schaffen können. Auch steht das Gesetz nicht im Wege, wenn etwa der Unternehmer einer Straßenanlage bei Veräußerung der angrenzenden Grundstücke die Käufer zum Liegenlassen breiterer Vorgärten durch vertragsmäßige Bestimmung verpflichten will. Vorgärten im rechtlichen Sinne werden dadurch allein allerdings nicht geschaffen (OVGE. Bd. 33 S. 422, 423). — Die „besonderen Gründe" für die Anordnung einer eigenen Baufluchtlinie können verschieden sein; die Vorgärten dienen nicht nur zum Schmuck, sondern gewähren auch den Vorteil, daß bei einer geringeren Breite der Straße und folglich bei geringeren Kosten der Herstellung und Unterhaltung dennoch Licht und Luft der Straße in ausreichender Weise zugeführt wird; sie sollen nicht nur als Mittelglied zwischen Straße und Haus den Zugang zwischen beiden vermitteln, sondern, soweit sie nicht Zugang sind, auch weiter, — worauf ihre Bezeichnung als „Vorgärten", ihr Ursprung, nämlich das für ihre Einrichtung namentlich in Städten seit lange bestehende und verbreitete Herkommen, und endlich ihre Lage hinweisen, — als Gärten die Salubrität der Wohnplätze durch Zuführung von Luft und Licht und durch Pflanzenwuchs fördern und zugleich Verunstaltungen der Straßen ausschließen. Die Vorgärten bieten zugleich die Möglichkeit, einem etwa später hervortretenden Bedürfnisse zur Verbreiterung der Straße ohne übermäßige Aufwendungen gerecht werden zu können.

Wie die Verhandlungen der Kommission des AH. und des Hauses selbst über den § 1 der Regierungsvorlage zu dem Gesetze ergeben, wurde die Bestimmung des Absatz 4 zu dem Zwecke aufgenommen, um so für die schon lange bekannte und geübte Einrichtung der Vorgärten zwischen der Straße und den Häusern die rechtliche Grundlage zu geben, wobei besonders betont wurde, daß bis dahin eine solche Befugnis den Polizeibehörden zugestanden habe (Nr. 279 der Drucksachen des AH. v. 1875, StenB. S. 2027ff.; OVGE. v. 23. Mai 94 Nr. IV 645). Es wäre aber erwünscht gewesen, wenn das Gesetz diesen Punkt näher geregelt hätte. Das sog. Vorgartenland bleibt Eigentum des Anliegers und würde daher von ihm an sich — wenn auch nicht zur Bebauung, so doch im übrigen — nach Belieben benutzt werden können. Daß dies nicht gestattet werden kann, liegt auf der Hand; die aus polizeilichen Gesichtspunkten geschaffenen und nicht nur privaten, sondern öffentlichen Interessen dienenden Vorgärten sind der freien Verfügung ihrer Eigentümer durch ihre Bestimmung entzogen. Wie ihr Bestand überhaupt, so untersteht auch ihre Einrichtung und Verwendung insoweit der polizeilichen Obhut, als es sich um die Erhaltung ihrer Bestimmung handelt (OVGE. v. 23. Mai 94 Nr. IV 645). Wenn die ganze Einrichtung der Vorgärten nicht von vornherein ihren Zweck verfehlen soll, muß dafür gesorgt werden, daß die zwischen der Straßen- und Bauflucht liegende Fläche von sämtlichen Anliegern als Gartenland verwendet und in guter Ordnung erhalten wird. Bei Beratung des Gesetzes herrschte darüber auch allgemeines Einverständnis, daß die Fläche nur in dieser Weise benutzt werden dürfe; anscheinend ging man, obgleich der Berichterstatter im AH. nach den in Berlin gemachten Erfahrungen ausdrücklich hiervor warnte, von der Anschauung aus, die Anlieger würden selbst die Vorteile zierlicher Vorgärten zu schätzen wissen. In großen, stark anwachsenden Städten zeigt sich aber immer von neuem die naturgemäße Entwickelung, daß Straßen, die ursprünglich villenmäßig bebaut waren, sich allmählich in Geschäftsstraßen verwandeln, und daß nunmehr die Eigentümer, um das Erdgeschoß als Laden mit Schaufenstern zu verwerten, eine Beseitigung der Vorgärten anstreben. Ist die Entwickelung bereits bis zu einem gewissen Grade vorgeschritten, oder mit Sicherheit im voraus zu berechnen, so kann die Gemeindeverwaltung den Verhältnissen dadurch Rechnung tragen, daß die bisherigen Baufluchtlinien zu Straßenfluchtlinien gemacht werden. Allein dies stößt wegen der damit verbundenen Kosten öfters auf Schwierigkeiten, und in der vielfach Jahrzehnte dauernden Übergangszeit sind jedenfalls Zwangsmaßregeln zur Erhaltung der Vorgärten unvermeidlich; diese werden außerdem einzelnen widerwilligen Eigentümern gegenüber stets notwendig bleiben, wie sich das bei der fortschreitenden Entwickelung Berlins, aber auch anderer Städte, wie Breslau, in zahlreichen Fällen herausgestellt hat; die Pflichten der Anlieger müssen deshalb genauer festgestellt werden. Hierbei ist davon auszugehen, daß die Verpflichtung der Eigentümer, die Vorgartenflächen als Gartenland einzurichten und zu unterhalten, im Gesetze zwar nicht bestimmt ausgesprochen, aber stillschweigend vorausgesetzt ist und damit als feststehend betrachtet werden muß (OVGE. Bd. 18 S. 371 ff., PrVerwBl. 11 S. 273; OVGE. v. 23. Mai 94 Nr. IV 645; v 3. April 95 Nr. IV 536). Es kann sich dabei aber immer nur um die Flächen handeln, welche durch die Fluchtlinienfestsetzung rechtlich den Charakter als Vorgärten erhalten haben (OVGE. v. 27. Sept 00 Nr. IV 1535). Die Verpflichtung der Hauseigentümer nach diesen Gesichtspunkten liegt also nicht vor für Flächen, welche zwischen dem hinter der Baufluchtlinie errichteten Gebäude und der Baufluchtlinie liegen. — Wo bei fortschreitender Entwickelung es im Interesse sowohl der Hausbesitzer als auch der Verkäufer liegt, daß die Vorgärten allmählich verschwinden, haben die Hausbesitzer namentlich da, wo sie Läden eingerichtet haben, wohl unter stillschweigender Duldung der Polizeibehörde das Vorgartenterrain gepflastert und als Trottoir behandelt. Das hat aber, da das Terrain Privateigentum der Hauseigentümer blieb und rechtlich nicht Straßenland wurde, zu Schwierigkeiten geführt. Weigern sich in solchen Fällen die Hausbesitzer, das Terrain in das Eigentum der Gemeinde unentgeltlich zu übertragen, so steht der Polizei das Recht zu, die Wiedereinrichtung der Vorgärten zu gärtnerischen Anlagen zu verlangen, um gesicherte und geordnete Verhältnisse zu schaffen. Wenn sie auch damit den Zweck verbindet und erkennbar macht, die Eigentümer zur Hergabe des Terrains zu veranlassen, so geht sie damit nicht über ihre Befugnisse hinaus, da die Polizei ein wesentliches Interesse daran hat, daß nicht der öffentliche Verkehr auf Terrain verwiesen wird, über welches ihr nur ein eingeschränktes Verfügungsrecht zusteht (OVGE. v. 3. April 95 Nr. IV 536). — Die Verpflichtung der Hausbesitzer zur Einrichtung der Vorgartenflächen als Gartenland kann der Natur der Sache nach nur eine öffentlich-rechtliche, von der **Polizeibehörde** zu erzwingende Verpflichtung sein OVGE. Bd. 18 S. 371; v. 21. März 05, Nr. VIII 473. Deshalb ist eine ortsstatutarische Regelung wodurch die Pflicht zu einer Gemeindelast gemacht werden würde, ausgeschlossen. Durch Polizeiverordnung kann aber nur die Art der Errichtung von Vorgärten und ihrer Einfriedigungen geregelt, nicht aber ohne entsprechende Fluchtlinienfestsetzung die Herstellung von Vorgärten angeordnet werden (OVGE. Bd. 33 S. 422). Berufen zu der näheren Regelung ist die Baupolizeibehörde (OVGE. v. 3. April 95 Nr. IV 536). Die Vorgärten sind rechtlich nicht etwa Teile der Straße, sie bilden vielmehr ein Mittelglied zwischen Straße und Baugrund (OVGE. Bd. 33 S. 422, Bd. 34 S. 421), setzen schon begrifflich eine Bebauung des Grundstückes voraus und entstehen erst mit dieser, sind demgemäß nichts weiter, als Zubehörungen der auf dem Grundstücke errichteten Bauwerke, über deren Beschaffenheit, Einrichtung und Verwendung die Baupolizeibehörde in gleicher Weise wie bei allen sonstigen Nebenanlagen der Bauwerke (Höfen usw.) zu bestimmen hat. Wenn demnach in Bauordnungen eine Vorschrift enthalten ist, daß die Höhe der Gebäude sich nach der Breite der Straße richtet, können die Vorgärten nicht mit in Rechnung gezogen werden (OVGE. v. 14. Nov. 96 Nr. IV 1837). Die Verpflichtung, den Vorgarten in der von der Fluchtlinienfestsetzung bestimmten Breite anzulegen, entsteht aber auch erst, wenn die tatsächliche Ausführung des Fluchtlinienplanes durch Anlegung der Straßen nach Maßgabe des Fluchtlinienplans erfolgt ist (OVGE. Bd. 27 S. 396, E. v. 20. Mai 96 Nr. IV 844; OVGE Bd 33 S. 422, Bd. 34 S. 421). Die Fluchtlinienfestsetzung an sich hat nur die Wirksamkeit, welche ihr der § 11 des G. beilegt, die übrigen aus der Veränderung der Straße folgenden tatsächlichen und rechtlichen Wirkungen treten erst mit der Durchführung des Projektes zur Straßenveränderung ein, welche nicht ohne weiteres allein in der Macht der Polizeibehörde liegt (OVGE. v 2. Dez. 96 Nr. IV 1967; v. 20. März 96 Nr. II 627; Bochmann Mitteilungen Bd. 2 S. 387; OVGE. Bd. 33 S. 422). Wird durch eine neue Straßenfluchtlinie eine bestehende Straße verschmälert, so wird das Projekt der Vorgärten erst zur Durchführung gelangen können, wenn eine Vereinbarung mit den Besitzern schon vorhandener Häuser herbeigeführt ist, durch welche das in die Vorgärtenfläche fallende bisherige Straßenland in das Eigentum der Hausbesitzer übergegangen und demnächst auf dem vorgeschriebenen Wege seiner Eigenschaft als Straßenland entkleidet ist. Zu letzterem ist das Verfahren des § 57 des ZustG. in der Regel nicht erforderlich, weil es sich lediglich um Korrekturen, um geringfügige Regulierung der Straße handelt (OVGE. v. 20. April 03, Bd. 43 S. 24; vgl. auch E. d. RG. VII. ZS. v. 22. Mai 00; PrVerwBl. 22, S. 277). — Da der Vorgarten rechtlich erst mit der Bebauung entsteht — vorher ist er lediglich Projekt — so können die Besitzer anliegender unbebauter Grundstücke zur Anlegung als Gartenland nicht gezwungen werden. Ebenso fehlt es für diesen Fall an einer rechtlichen Grundlage, die Besitzer zu solcher Einfriedigung zu nötigen, welche nur für Vorgärten vorgeschrieben ist (OVGE. v. 4. April 98 Nr. IV 627, E. Bd. 33 S. 422). Über das Verhältnis der Vorgärten bei Berechnung der Anliegerbeiträge nach § 15 des G. siehe Bem. 9a zu § 15. Die genaueren Anordnungen, die sich auch auf die Einfriedigung des Vorgartens behufs seiner Abschließung von der Straße zu erstrecken haben, werden zweckmäßig im Wege der Polizeiverordnung zu treffen sein, in welcher auch die Art und Weise, wie die Herstellung der Einfriedigung zu erfolgen hat, vorgeschrieben werden kann, OVGE. Bd. 18 S 379, Bd. 33 S. 423; ist eine solche überhaupt nicht oder nicht in erschöpfender Weise erlassen, so ist das Erforderliche durch polizeiliche Einzelverfügungen vorzuschreiben (OVGE. v. 28. Febr. 90 Nr. IV 206; v. 3. März 91 Nr. IV 211, PrVerwBl. 12 S. 405; v. 29. Juni 92 Nr. I 170 und v. 18. Okt. 92 Nr. IV 972, PrVerwBl. 14 S. 114; v. 3. April 95 Nr. IV 536), wobei allerdings mannigfache Zweifel über das Maß der polizeilich zustellenden Anforderungen entstehen können. Im allgemeinen wird hierfür entscheidend bleiben, ob der Vorgarten durch seine Einrichtung den Charakter einer zu Gartenanlagen bestimmten Fläche erhält und ob ihm dieser Charakter durch die Art der Benutzung nicht wieder entzogen wird. Die Herstellung von Wegen zu den Hauseingängen ist dem Eigentümer selbstverständlich unverwehrt; doch hat er keinen unbedingten Anspruch darauf, daß zu jedem Eingange von der Straße her ein besonderer Weg in gerader Richtung führe; eine Umfahrt an die Haustür ist jedenfalls da zulässig, wo bei tiefen Vorgärten von erheblichem Umfange noch so viel gartenmäßig angelegtes Terrain verbleibt, daß durch die Umfahrt der gartenmäßige Charakter nicht verloren geht (OVGE. v. 20. Febr. 95 Nr. IV 297; v 9. Nov. 88 Nr. II 1062; v. 25. Nov. 89 Nr. IV 542; v. 2. Dez. 90 Nr. IV 1250, PrVerwBl. 12 S. 304 und v 21. April 91 Nr. IV 390). Die Verwendung des Vorgartens zur Ausstellung von Gewerbserzeugnissen, insbesondere von größeren Gegenständen (Maschinen usw.) ist vom OVG. für unstatthaft erklärt worden; ebenso die Benutzung einer innerhalb der Vorgartenfläche liegenden Einfahrt als Halte- und Futterplatz für Fuhrwerke und Zugtiere, sowie zum Aufstellen von Wagen behufs ihrer Ausbesserung (E. v. 3. März 91 Nr. IV 211, PrVerwBl. 12 S. 405; v. 29. Juni 92 Nr. I 710 und v 18. Okt. 92 Nr. IV 972, 973, 974, PrVerwBl. 14 S. 114). Dagegen hat das OVG. das Aufrichten zweier großer Firmenschilder in einem Vorgarten nach den besonderen Verhältnissen des Falles für zulässig erklärt (E. v. 14. Febr. 93 Nr. IV 155). Ebenso die Aufstellung einer Tafel, welche die Vermietung einer leer stehenden Wohnung ankündigte und ihrem Zwecke entsprechend nicht auf die Dauer, sondern nur vorübergehend stattfindet (E. v 4. Juli 96 Nr. IV 1127). Von diesen Gesichtspunkten aus kann auch der Benutzung der Vorgärten zu Schankzwecken entgegengetreten werden, nicht nur weil dadurch der Charakter als Gartenland meist erheblich beeinträchtigt wird, sondern auch, weil die engen Beziehungen des Vorgartens zur Straße und die Möglichkeit der Berührung der Gäste mit dem Publikum auf der Straße Ruhe und Ordnung, unter Umständen auch die Sittlichkeit gefährden kann (OVGE. Bd. 18 S. 367, v. 10. Mai 94 Nr. III 576; v. 23. Mai 94 Nr. IV 645; v. 6. Juli 95 Nr. IV 1016).

Diese Grundsätze finden Anwendung auch bei den aus der Zeit vor Erlaß des Gesetzes stammenden Vorgärten, die auf einer ordnungsmäßigen, dem damaligen Rechte entsprechenden Anordnung beruhen. Denn sie stehen den auf Grund des Gesetzes geschaffenen Vorgärten rechtlich gleich und die gesetzliche Anerkennung, die dem Institute als solchem durch den Abs. 4 des § 1 zuteil geworden ist, stellt die Befugnis der Polizeibehörde zur Aufrechterhaltung der Einrichtung auch hier außer Zweifel. Das OVG. hat dies wiederholt, namentlich auch gegenüber der für Berlin erlassenen, übrigens wenig glücklich abgefaßten Polizeiverordnung v. 27. Okt. 55 anerkannt (E. Bd 18 S. 371ff., v. 16. Mai 81 Nr. II 747; v. 25. Nov. 89 Nr. IV 542 und v. 2. Dez. 90 Nr. IV 1250, PrVerwBl. 12 S. 304; v. 23. Mai 94 Nr. IV 645; für Breslau E. v. 20. Febr. 95 Nr. IV 296). Über die Entstehung der Vorgärten im Bereiche des durch die Allerhöchsten Erlasse aus den Jahren 1862 und 1872 genehmigten Bebauungsplanes für Berlin und Umgebung vgl. übrigens E. v. 20. Juni 90 Nr. IV 643 und v 10. März 91 Nr. IV 239, PrVerwBl. 11 S. 572 und 12 S. 554; OVGE. Bd. 34 S. 421ff.). Danach wurde durch Allerh. KabOrder v. 26. Juli 62 der vorgelegte Bebauungsplan mit der Maßgabe genehmigt, daß das hierdurch zu Straßen und öffentlichen Plätzen bestimmte Terrain von der Bebauung frei zu erhalten sei Ferner wurde der Minister für Handel und Gewerbe ermächtigt, die Bestimmung darüber, welche Einrichtung jeder einzelnen Straße zu geben, insbesondere, welcher Teil des zwischen den Baufluchtlinien belegenen Terrains an Besitzer zur einstweiligen Benutzung als Vorgärten zu belassen sei, bei der Ausführung jeder einzelnen Anlage zu treffen. Dies hatte die rechtliche Bedeutung, daß dem Minister die Festsetzung einer besonderen von der Baufluchtlinie verschiedenen Straßenfluchtlinie anvertraut war und daß, wenn infolgedessen der Minister früher Vorgärten angeordnet hat, diese den Vorgärten des G. v. 2. Juli 75 insofern gleichstehen, als sie nicht einen Teil der Straße bilden (OVGE Bd. 34 S. 424f; OVGE. v. 27. Sept. 00 Nr. IV 1535). Insoweit der Minister von dieser Ermächtigung nicht Gebrauch machte, konnte die festgesetzte Fluchtlinie nur wiederum durch landesherrlichen Akt abgeändert werden. Andere Behörden, insbesondere das Polizeipräsidium zu Berlin, waren dazu nicht befugt. Dagegen war die Polizeibehörde berechtigt, in Fällen, in denen rechtswirksam nur eine Fluchtlinie festgesetzt war, mithin Straßen- und Baufluchtlinie bei endgültiger Regelung zusammenfallen sollte, von der Anlegung der Straße in ihrer ganzen Breite einstweilen abzusehen und eine anderweitige vorübergehende Gestaltung zu gestatten, bei deren Ausführung die vorläufig nicht zur Straße gezogenen Flächen einstweilen dem Eigentümer verblieben. Durch die Ausübung dieser Befugnis sind namentlich in Charlottenburg vielfach sog. provisorische Vorgärten entstanden, welche noch keine wirklichen Bestandteile der Straße sind, sich aber in derselben Lage befinden, wie jedes andere Grundeigentum, worüber eine noch nicht in Angriff genommene Straße im Bebauungsplane gelegt ist, und welches insofern künftiges Straßenland bildet (OVGE. v. 13. Juni 98 Nr. IV 1110; OVGE. Bd. 34 S. 421). Für diese sog. provisorischen Vorgärten kann die Polizeibehörde einen Zwang für ihre Herstellung und Einrichtung nicht ausüben, es fehlt dazu an jeder rechtlichen Grundlage (OVGE. v 20 Juni 90, PrVerwBl. 11 S. 572ff; OVGE. v. 27. Sept. 00 Nr IV 1535). Die dem Minister erteilte Ermächtigung ist nach Erlaß des G. v. 2. Juli 75 fortgefallen (vgl. Bem. 5 zu § 10).

10. Straßen- und Baufluchtlinien brauchen nicht immer zu gleicher Zeit festgesetzt zu werden. Eine Straßenfluchtlinie ohne Bestehen einer Baufluchtlinie ist freilich nicht denkbar; denn wenn keine von der Straßenfluchtlinie abweichende Baufluchtlinie angeordnet ist, gilt erstere notwendig auch als Baufluchtlinie, da über die Straßenflucht hinaus auf der Straße nicht gebaut werden darf Insofern enthält die gesetzliche Bestimmung, daß die Straßenfluchtlinien regelmäßig zugleich die Baufluchtlinien bilden, nur eine aus der Natur der Sache von selbst folgende Vorschrift. Wo aus tatsächlichen oder rechtlichen Gründen eine Bebauung der hinter der Straßenflucht liegenden Grundstücke ausgeschlossen ist, tritt allerdings die Bedeutung der Fluchtlinie als Bauflucht nicht hervor; die Fluchtlinie wird aber sofort auch in dieser Eigenschaft wirksam, wenn jene Hinderungsgründe wegfallen. Hieraus ergibt sich, daß auch für die Zeit vor Erlaß des Gesetzes die Festsetzung einer nicht zugleich als Bauflucht bezeichneten Straßenfluchtlinie nicht etwa dahin aufgefaßt werden kann, als habe das an die Straßenflucht grenzende Grundeigentum von der Bebauung ausgeschlossen werden sollen. Das Wesentliche einer Straßenfluchtlinienfestsetzung ist immer nur die Anordnung, daß die in die Straße fallenden Flächen der Bebauung entzogen werden; das **Recht zur Bebauung** der angrenzenden Grundstücke wird davon an sich nicht berührt, richtet sich vielmehr nach den sonst bestehenden baupolizeilichen Vorschriften. Zweifelhaft kann die Frage erscheinen, ob es zulässig ist, durch Polizeiverordnung für Straßen

vorzuschreiben, daß die Gebäude eine gewisse Entfernung von der Straßenlinie innehalten müssen, oder ob nicht dadurch das G. v. 2. Juli 75 umgangen wird. So bestehen in verschiedenen Provinzen Polizeiverordnungen, welche vorschreiben, daß da, wo eine Baufluchtlinie nicht besteht, Gebäude (allgemein oder solche mit Tür- und Fensteranlagen, oder von Fachwerk usw.) nur in einer bestimmten Entfernung von dem öffentlichen Wege, der Straße rc. errichtet werden dürfen. Das OVG. hat sich in verschiedenen Entscheidungen mit Recht für die Rechtsgültigkeit einer solchen Bestimmung da ausgesprochen, wo förmlich festgesetzte Fluchtlinien nicht bestehen. Durch eine solche Bestimmung wird eine Fluchtlinie im rechtlichen Sinne mit den rechtlichen Wirkungen des § 11 und des § 1 Abs. 4 d. G. nicht geschaffen; es wird zwar so für einen Streifen Landes eine gewisse Unbebaubarkeit hergestellt, eine Eigenschaft, die aber auch sonst die rechtlich zulässige Folge von polizeilichen Vorschriften sein kann, ohne daß dadurch ein Konflikt mit den Bestimmungen d. G. v. 2. Juli 75 herbeigeführt wird, z. B das Verbot, in einer bestimmten Entfernung von Pulvermühlen, Gasanstalten usw. zu bauen Unerläßliche Voraussetzung ist allerdings, daß solchen Bestimmungen berechtigte polizeiliche Motive zugrunde liegen, polizeiliche Interessen, zu deren Wahrung die Behörde zuständig ist und rechtlichen Schutz verlangen kann. Als solche sind Interessen der Ordnung, Sicherheit und Leichtigkeit des Verkehrs, der genügenden Abtrocknung der Wege, der Feuersicherheit usw. anzusehen (OVGE. Bd. 11 S. 374, Bd. 26 S 338f., 346f., PrVerwBl. 15 S. 500; E. v. 22. Mai 95 Nr. IV 802; v 30. Juni 91 Nr. IV 651). Von dieser rechtlichen Anschauung ausgehend, hat auch die Wegeordnung für die Provinz Sachsen v. 11. Juni 91 im § 40 Abs. 2 ausdrücklich die Befugnis der Wegepolizei bestätigt, da, wo Straßen- und Baufluchtlinien auf Grund des Gesetzes v. 2. Juli 75 nicht bestehen, für alle baulichen Anlagen eine gewisse Entfernung vom Rande der Wege vorzuschreiben (OVGE. v. 18. Febr. 01, Bd. 39 S. 360; OVGE. v. 26. Mai 02 Nr. IV 958). Eine Bestimmung, wie sie im § 5, Nr. 6 der Baupolizeiverordnung für die Vororte von Berlin v. 5. Dez. 92 erlassen ist, wonach in Landhausquartieren alle Baulichkeiten von der Straßenfluchtlinie 4 m entfernt bleiben müssen, kann nicht als rechtsgültig angesehen werden Denn wenn damit auch keine Fluchtlinie mit deren rechtlichen

Wirkungen geschaffen wird, so kommt jedenfalls in Betracht, daß in einem solchen Falle die Gesichtspunkte der Förderung des Verkehrs, der Feuersicherheit und der öffentlichen Gesundheit nicht mehr als polizeiliche Motive in Frage kommen können, da die Berücksichtigung dieser schon bei der Festsetzung der Fluchtlinien nach § 3 dieses G. erschöpft werden. Der Zweck kann bei Straßen, für die bereits eine Straßenfluchtlinie festgesetzt ist, nur dadurch erreicht werden, daß nachträglich eine von der Straßenfluchtlinie verschiedene Baufluchtlinie festgesetzt wird. (Vgl. indessen OVGE. Bd. 26 S. 323, PrVerwBl. 15 S. 275; E. v. 6. Juni 95 Nr. IV 1017; v. 4. Dez. 95 Nr. IV 1713, PrVerwBl. 17 S. 124.) — Flächen, die weder zu Straßen noch zu Plätzen ausgewiesen sind, können allein durch die Fluchtlinienfestsetzung weder endgültig noch auch nur einstweilen von der Bebauung ausgeschlossen werden (OVGE. Bd. 21 S. 375 ff., Bd. 23 S. 361 ff., PrVerwBl. 13 S. 229). Die mehrfach hervorgetretene Ansicht, daß ein Grundstück das Recht der Bebaubarkeit erst dadurch erlange, daß Baufluchtlinien an dasselbe gelegt werden, ist irrig. Für die Bebaubarkeit eines Grundstücks sind die Fluchtlinien an sich ohne Bedeutung, sie haben nur die Wirkung, welche das Gesetz ihnen beilegt (§ 11), die Bebaubarkeit von Flächen richtet sich danach, ob sie nach Maßgabe des Bebauungsplans als für den öffentlichen Verkehr ꝛc. bestimmte ausgewiesen sind, oder nicht Eine Baufluchtlinie gibt einer Fläche weder die Bebaubarkeit, noch wird diese an sich dadurch ausgeschlossen, daß eine Baufluchtlinie nicht festgesetzt ist (OVGE. v. 24. Jan. 98 Nr. IV 171; OVGE. Bd. 40 S. 363. Vgl. oben Anm. 8 zu diesem Paragraphen).

Im übrigen kann eine vorhandene Straßen- oder Baufluchtlinie für sich allein verändert werden. In den Verhandlungen des Landtages ist namentlich des Falles gedacht, wo behufs nachträglicher Einrichtung von Vorgärten die bisher mit der Straßenfluchtlinie zusammenfallende Baufluchtlinie weiter auf die angrenzenden Grundstücke zurück verlegt wird (siehe vorigen Abs.). Umgekehrt kann, um bestehende Vorgärten zu beseitigen, eine gegen die Bauflucht vortretende Straßenflucht aufgehoben und die Bauflucht zugleich zur Straßenflucht gemacht werden. Vgl. auch OVGE. Bd. 2 S. 371.

Die Baufluchtlinie bildet die Grenze, über welche hinaus die

Bebauung ausgeschlossen ist; Näheres hierüber enthält § 11. Nach jener Begriffsbestimmung ist aber dem einzelnen Anlieger ein **Zurückweichen hinter die Baufluchtlinie** mit seinem Baue nicht verwehrt (OVGE. v. 11. Sept 91 Nr. IV 819, PrVerwBl. 13 S. 165; E. d. RG. VII. ZS. v. 22. Mai 00, PrVerwBl. 22 S. 278). Darin unterscheidet sich — ohne daß der Grund ersichtlich ist – unser Gesetz von der Badenschen und Württembergschen Gesetzgebung, wonach die Gebäude auf der Baulinie errichtet werden müssen (das Nähere siehe Walz, Das badische Ortsstraßenrecht S. 56 u S. 118ff.; die durch G. v. 20. Febr. 68 gestattete Ausnahme bei einem mit der Fluchtlinie parallel auszuführenden Baue ist durch die Novelle v. 26. Juni 90 wieder beseitigt) und Ausnahmen (für Württemberg) nur in Gemäßheit der Anordnungen im Ortsstatute gestattet sind. Da ein Zurücktreten hinter die Baufluchtlinie nicht überall ins Belieben der Grundbesitzer gestellt werden kann, wenn nicht schließlich die Gefahr einer groben Verunstaltung der Straßen entstehen soll, empfiehlt es sich, die Lücke in den Baupolizeiordnungen oder durch besondere Polizeiverordnung auszufüllen. Ist dieses geschehen und z. B. bestimmt, daß jedes nach der Straße gelegene Haus in die festgesetzte Fluchtlinie gestellt werden muß, so kann da, wo bei vorhandenen Straßen eine neue Fluchtlinie so gelegt wird, daß Straßenland abgeschnitten wird, auch bei Neubauten die Durchführung der Bestimmung erst verlangt werden, wenn das neue Straßenprojekt ausgeführt ist. Vgl. Bem. 9 zu diesem Paragraphen, OVGE. v 2. Dez. 96 Nr. IV 1967. — Nur durch Polizeiverordnung für bestimmte Straßen Vorgärten vorzuschreiben, ohne gleichzeitige Festsetzung von Fluchtlinien ist unzulässig (OVGE. v. 4. April 98 Nr. IV 627, Bd. 33 S. 422), ebenso kann der Aufstellung eines Planes, welcher — um etwa möglichst viel freies, unbebaubares Terrain im Sanitätsinteresse zu schaffen — keine Straßenfluchtlinien, sondern nur Baufluchtlinien festsetzen will, die Bedeutung der Festsetzung von Fluchtlinien im Sinne des G. v. 2. Juli 75 überhaupt nicht beigelegt werden (OVGE. v. 28. April 98 Nr. IV 799, Bd. 33 S. 425).

§. 2.

Die Festsetzung von Fluchtlinien (§. 1) kann für einzelne Straßen und Straßentheile oder, nach dem voraussichtlichen Bedürfnisse der näheren Zukunft, durch Aufstellung von Bebauungsplänen für größere Grundflächen erfolgen.

Handelt es sich in Folge von umfassenden Zerstörungen durch Brand oder andere Ereignisse um die Wiederbebauung ganzer Ortstheile, so ist die Gemeinde verpflichtet, schleunigst darüber zu beschließen, ob und inwiefern für den betreffenden Ortstheil ein neuer Bebauungsplan aufzustellen ist und eintretenden Falls die unverzügliche Feststellung des neuen Bebauungsplanes zu bewirken.

1. Zu dem Ausdrucke: „**Straßenteil**", der im Gesetz noch öfter wiederkehrt (§§ 12 und 15), im § 2 aber von der Komm. d. AH. eingefügt ist, bemerkt der KommB. an einer anderen Stelle (zum § 15), daß er als sehr unbestimmt und dehnbar Bedenken erregen könne. Hier dürfte dies weniger zutreffen. Da eine Fluchtlinienfestsetzung nach § 7 Abs. 2 auch für ein einzelnes Grundstück zulässig ist, wird hier unter „Straßenteil" jeder beliebige Abschnitt, zweifellos auch die eine Seite der Straße zu verstehen sein (OVGE. v. 7. Juli 02, Bd. 41 S. 143).

2. Durch die Hinzufügung der Worte: „nach dem voraussichtlichen Bedürfnisse der näheren Zukunft" wird angedeutet, daß die Aufstellung von **Bebauungsplänen** für weiter hinausliegende Zeiten zu vermeiden ist, weil derartige Pläne erfahrungsmäßig sich vielfach wegen eingetretener Veränderungen später als nicht mehr passend erweisen und folglich während der Zwischenzeit eine ungerechtfertigte Beschränkung der beteiligten Besitzer in der Verwertung ihres Grundeigentums herbeiführen. Gemeinde- und Polizeibehörden wird es oft zum Vorwurf gemacht, daß sie erst dann mit Festsetzung von Fluchtlinien oder Bebauungsplänen vorgehen, wenn Baugesuche für Gegenden eingehen, die noch ohne Fluchtlinien sind, und daß dadurch unliebsame Verzögerungen im Bau bewirkt werden. Der Vorwurf ist im allgemeinen nicht gerechtfertigt. Denn oft zeigt sich das Bedürfnis nach der Festsetzung von Fluchtlinien erst durch die mit einem Baugesuch kundgegebene Absicht der Bebauung. Und da das Baugesuch an sich dem Baulustigen noch kein Recht gibt, meist aber erst durch Festsetzung der

Baufluchtlinie eine geordnete Bebauung und die Rechte aus § 11 gewahrt werden, so handeln die Behörden nur im öffentlichen Interesse, wenn sie zunächst das Verfahren aus dem G. v. 2. Juli 75 veranlassen.

3. Der Absatz 2 soll vor allem sicherstellen, daß jedesmal vor Beginn des Wiederaufbaues erwogen wird, ob ein neuer Bebauungsplan zu entwerfen ist; er macht daneben den Gemeindeorganen die tunlichste Beschleunigung des Verfahrens zur Pflicht. Die Regierungsvorlage verlangte für solche Fälle unbedingt die Aufstellung eines Retablissementsplanes; die Komm. d. AH. hielt es aber ihrem Grundgedanken gemäß auch hier für genügend, die Entscheidung, inwiefern ein Bedürfnis zur Anfertigung eines Bebauungsplanes bestehe, den Gemeindeorganen zu überlassen. Im Gegensatz zum § 1, wo „Gemeinde" als Bezeichnung für Gemeindeversammlung gebraucht wird, hat man hier unter „Gemeinde" die Korporation als solche aufzufassen. Eine Abweichung von der Regel des § 1 ist nicht beabsichtigt; der Gemeindevorstand hat wie gewöhnlich die Angelegenheit in die Hand zu nehmen, sich seinerseits schlüssig zu machen und die Beschlußfassung der Gemeindeversammlung oder der Gemeindevertretung zu veranlassen — zunächst freilich über die Vorfrage, ob und in welchem Umfange ein Bebauungsplan entworfen werden soll. In gleicher Weise kann die Ortspolizeibehörde nach § 1 Abs 2 die Aufstellung eines Planes verlangen, wenn sie diese, entgegen dem Beschlusse der Gemeindeorgane, für erforderlich erachtet.

Auch die alten, vor 1875 festgesetzten, und durch KabOrder genehmigten Retablissementspläne haben die Bedeutung von Bebauungsplänen und setzen die für die Bebauung maßgebenden Fluchtlinien fest. Vgl. Anweisung v. 12. Mai 55 (MinBl. f. d. i. V. S. 100). OVGE. v. 18. April 98 Nr. IV 723.

§. 3.

Bei Festsetzung der Fluchtlinien ist auf Förderung des Verkehrs, der Feuersicherheit und der öffentlichen Gesundheit Bedacht zu nehmen, auch darauf zu halten, daß eine Verunstaltung der Straßen und Plätze nicht eintritt.

Es ist deshalb für die Herstellung einer genügenden Breite der Straßen und einer guten Verbindung der neuen Bauanlagen mit den bereits bestehenden Sorge zu tragen.

1. Die Förderung der Feuersicherheit und der öffentlichen Gesundheit hatte in dem Entwurfe keine Erwähnung gefunden es war das Hauptgewicht darauf gelegt, daß die Fluchtlinien „dem öffentlichen Bedürfnisse entsprechend" festzusetzen seien; außerdem sollte auf die Beförderung der Sicherheit und Bequemlichkeit des Verkehrs Bedacht genommen sowie eine Verunstaltung der Straßen verhütet werden. Jenes erste Hauptersordernis ist in dem an die Spitze gestellten Satze des § 1 festgehalten. Zu seiner Erläuterung dient nunmehr § 3, und hier erschien es der Komm. d. AH. ratsam, unter den bei Festsetzung von Fluchtlinien zu beachtenden Rücksichten auch die der Feuersicherheit und öffentlichen Gesundheit aufzuführen. Damit sind diejenigen Gesichtspunkte, welche nicht außer acht gelassen werden dürfen, vollständig angegeben. Die Gemeindeorgane mögen darüber hinaus sich noch von anderen Erwägungen, etwa dem Bestreben, eine besonders geschmackvolle oder schmuckreiche Anlage zu schaffen, leiten lassen; für das Maß der von der Polizei zu stellenden Anforderungen bleibt dagegen § 3 allein die Richtschnur; es ist deshalb auch da, wo Fluchtlinien nach diesen Gesichtspunkten bereits festgesetzt sind, nicht zulässig, daß durch Polizeiverordnungen nun wieder aus denselben Gründen für die Gebäude größere Entfernungen von der Fluchtlinie vorgeschrieben werden, wie im § 5 Nr. 6 der Baupolizeiverordnung für die Vororte Berlins v. 5. Dez. 92 (vgl. Bem. 7 u. 10 zu § 1). Ob und inwieweit die Gemeinden für das, was sie über das Maß des § 3 hinaus leisten, Ersatz durch Anliegerbeiträge verlangen können, wird bei § 15 d. G. erörtert.

2. Über die Breite, die regelmäßig den Straßen zu geben ist, und über das zu wählende Längengefälle spricht sich die unter den Anlagen abgedruckte Ausführungsver ordnung v. 28. Mai 76 im § 7 näher aus.

§. 4.

Jede Festsetzung von Fluchtlinien (§. 1) muß eine genaue Bezeichnung der davon betroffenen Grundstücke und

Grundstückstheile und eine Bestimmung der Höhenlage, sowie der beabsichtigten Entwässerung der betreffenden Straßen und Plätze enthalten.

Der § 4 ist von der Komm. d. AH. neugebildet. Der Entwurf schrieb nur vor, daß Retablissements- und Bebauungspläne das Nivellement enthalten müßten.

Die **genaue Bezeichnung der Grundstücke** rc. ist **wesentlich**; wo sie fehlt, entbehrt die Fluchtlinienfestsetzung der rechtlichen Wirkung. Schon der KommB. weist darauf hin, die Spezialisierung der betroffenen Grundstücke sei hier ebenso notwendig, wie in dem Plane, dessen der § 18 des Enteignungsgesetzes v. 11. Juli 74 gedenkt. Die beteiligten Eigentümer wären auch in der Tat ohnedies nicht in der Lage, ihre Rechte dem Gesetze (§ 7) entsprechend zur Geltung zu bringen.

Als selbstverständlich ist vorauszusetzen, daß der Plan, auf Grund dessen die Festsetzung der Fluchtlinien erfolgt ist, mit der in der Natur vorhandenen Örtlichkeit übereinstimmt. Ist danach in Verbindung etwa mit der Erläuterung des Fluchtlinienplanes nicht ohne weiteres klar erkennbar, welche Fluchtlinie in Wirklichkeit hat festgestellt werden sollen, so entbehrt der Fluchtlinienplan des unumgänglich notwendigen Inhalts und es kann deshalb dem formellen Verwaltungsakte der Fluchtlinienfestsetzung eine Rechtswirkung nicht beiwohnen (OVGE. Bd. 28 S. 375; v. 24. März 98 Nr. IV 572).

Ob der Mangel einer Bestimmung in betreff der Höhenlage und der Entwässerung die gleiche Folge nach sich zieht, läßt sich bezweifeln. Die Höhenlage ist, abgesehen von den selteneren Fällen, wo eine ungewöhnlich starke, möglicherweise zu Bedenken Anlaß gebende Steigung beabsichtigt und deshalb auch die Angabe der Höhenlage schwerlich je unterbleiben wird, von Bedeutung nur für die Entwässerung und für die Verbindung mit den nächsten Straßen. Während nun in letzterer Beziehung nicht leicht Bedenken entstehen werden, erscheint allerdings, wie auch der KommB. betont, eine Rücksichtnahme auf die Entwässerung durch die Erfahrung geboten, daß später Unzuträglichkeiten hervorzutreten pflegen, wenn nicht von vornherein für eine ausreichende Ableitung des Wassers gesorgt ist. Allein häufig wird nach Lage der

Sache die Entwässerung bereits in völlig genügender Weise geregelt sein, z. B. bei einer Fluchtlinienfestsetzung für einzelne Grundstücke oder für eine Seite der Straße, bei Anordnung einer neuen Baufluchtlinie unter Belassung der alten Straßenfluchtlinie. Hier bloß deshalb, weil etwa die Eintragung der feststehenden Höhenlage und der vorhandenen Entwässerung in dem Plan versäumt ist, dem ganzen Verfahren die Gültigkeit abzusprechen, dürfte um so bedenklicher sein, als auch die Ausführungsverordnung v. 28. Mai 76 (§ 13) sich in einfachen Fällen mit einem bloßen Situationsplane begnügt.

Von erheblicher Wichtigkeit kann die Eintragung oder Nichteintragung der Höhenlage da sein, wo es sich darum handelt, festzustellen, ob ein Platz oder ein Terrain in den Bebauungsplan hineingezogen ist oder nicht (OVGE. v. 24. Jan. 98 Nr. IV 171).

Über die Einwirkung der festgestellten Höhenlage auf die Bauten an der Straße mit Beziehung auf § 11 vgl Bem. 3 zu letzterem Paragraphen

Nicht richtig ist die mehrfach ausgesprochene Ansicht, daß ein Fluchtlinienplan, welcher nicht genau den Anforderungen der zum G. v. 2. Juli 75 erlassenen Ausführungsverordnung v. 28. Mai 76 (vgl die Anlagen) entspreche, rechtsunwirksam sei. Die Verordnung kündigt sich selbst nur als eine Anweisung an die Behörden zur Herbeiführung eines gleichmäßigen Verfahrens an (auch in der Zirkularverfügung des Ministers f. H. u. öff. Arb. v. 12. Mai 55, MBl. d. i. V. S. 100), es hat ihr ferngelegen, neue Normen für die Rechtswirksamkeit des Verfahrens aufzustellen oder das Gesetz ergänzen zu wollen (OVGE. v. 24. März 98 Nr. IV 572, Bd. 33 S. 430; v. 24. Febr. 02 Nr. IV 369).

§. 5.

Die Zustimmung der Ortspolizeibehörde (§. 1) darf nur versagt werden, wenn die von derselben wahrzunehmenden polizeilichen Rücksichten die Versagung fordern.

Will sich der Gemeindevorstand bei der Versagung nicht beruhigen, so beschließt auf sein Ansuchen der Kreisausschuß.

Derselbe beschließt auf Ansuchen der Ortspolizeibehörde über die Bedürfnißfrage, wenn der Gemeindevorstand die von der Ortspolizeibehörde verlangte Festsetzung (§. 1 Alinea 2.) ablehnt.

An Stelle des Kreisausschusses tritt in Stadtkreisen und den einem Landkreise angehörigen Städten von mehr als 10 000 Einwohnern der Bezirksausschuss, in Berlin der Minister der öffentlichen Arbeiten.

1. Wegen Absatz 1 vgl. Bem. 6 u. 7 zum § 1.

2. Absatz 3 spricht nur von der Ablehnung durch den „Gemeindevorstand". Eine solche liegt aber im Ergebnisse auch vor, wenn der Gemeindevorstand zwar seinerseits zustimmt, dagegen die Gemeinde oder deren Vertretung der Festsetzung widerspricht; denn hier muß die Erklärung, die der Gemeindevorstand schließlich der Polizeibehörde abzugeben hat, ebenfalls verneinend lauten Daß in diesem Falle die Bestimmung des Absatz 3 keine Anwendung finden solle, kann daneben nicht in der Absicht des Gesetzgebers gelegen haben.

3. Der Kreisausschuß hat nach dem Wortlaute des Gesetzes nur darüber zu befinden, ob die Polizeibehörde ihre Zustimmung mit Recht versagt hat (Abs. 2) und ob ein Bedürfnis zur Festsetzung von Fluchtlinien vorliegt (Abs. 3). — Von dem Abg. Grafen von Wintzingerode wurde bei der zweiten Beratung im AH. zum Absatz 2 ein Zusatz dahin beantragt: „Dieser (der Kreisausschuß) ist im Falle der Zustimmung berechtigt, dieselbe an besondere Bedingungen zu knüpfen." Das Haus verwarf indes den Antrag, nachdem darauf aufmerksam gemacht war, daß die Gemeinden sich solchen, mit unberechenbaren Lasten verbundenen Auflagen nicht aussetzen könnten und daß die Kreisausschüsse sich hierdurch für die künftig von ihnen über die Einwendungen gegen die Pläne (§§ 7 u. 8) zu treffenden Entscheidungen in eine schiefe Lage bringen würden. Auch die Staatsregierung erkannte bei der dritten Beratung ausdrücklich an, daß weder hier noch im Falle des Absatz 3 eine materielle Feststellung bezüglich des Planes durch die oberen Instanzen stattfinden dürfe. — Hiergegen wird in der Praxis der Beschlußbehörden noch häufig verstoßen. Einem Plane,

der lediglich vom Kreis- oder Bezirksausschusse festgesetzt ist, ohne daß die Festsetzung durch den Gemeindevorstand hinzutritt, wird eine Rechtswirksamkeit nicht zuerkannt werden können. Jedenfalls fehlt aber die Rechtswirksamkeit, wenn die Beschlußbehörden Bedingungen oder Maßgaben hinzufügen und den Plan so festsetzen (vgl. die Ausführungen zu Bem. 6 u. 7 zum § 1). Solche Bedingungen und Maßgaben können nur dann rechtswirksam werden, wenn ihnen nachträglich die Gemeinde oder deren Vertretung und die Ortspolizeibehörde zustimmen und mit ihnen der so veränderte Fluchtlinienplan vom Gemeindevorstande festgesetzt wird.

Weigert der Gemeindevorstand (auf Anregung der Polizeibehörde) sich überhaupt auf die Festsetzung einer Fluchtlinie einzulassen, weil er das Bedürfnis leugnet, so haben die Beschlußbehörden zunächst nur über diese Bedürfnisfrage zu entscheiden. Die Frage, ob für diese Beschlußfassung bereits eine bestimmte Fluchtlinie vorliegen muß, läßt sich nicht allgemein beantworten. Es kommt auf die Lage des einzelnen Falles an. In der Regel wird freilich die Möglichkeit einer sachgemäßen Entscheidung nur vorliegen, wenn es sich um eine bestimmte in Aussicht genommene Fluchtlinie handelt. Steht die Bedürfnisfrage nach endgültigem Beschlusse fest, so tritt das weitere Verfahren zur Festsetzung der konkreten Fluchtlinie ein. Lehnt der Gemeindevorstand dabei seine Mitwirkung ab, so wird er zu den formellen Verwaltungsakten, welche zur definitiven Festsetzung der Fluchtlinie nach den Gesetzen erforderlich sind, nach Maßgabe der bestehenden Gesetze durch die Aufsichtsbehörde disziplinarisch angehalten werden können. Schwierigkeiten können sich dabei noch in erheblichem Maße ergeben (z. B. wenn die Gemeindevertretung ihre Zustimmung versagt, nachdem die Bedürfnisfrage festgestellt ist) und es wäre zweckmäßig gewesen, wenn das Gesetz diese Frage einer Regelung unterworfen hätte.

4. Der Kreisausschuß fungiert als Beschlußbehörde; gegen seine Entscheidung kann von der einen wie von der anderen Seite der Bezirksausschuß (früher Bezirksrat) angerufen werden (§ 16).

§. 6.

Betrifft der Plan der beabsichtigten Festsetzungen (§. 4) eine Festung, oder fallen in denselben öffentliche Flüsse,

Chausseen, Eisenbahnen oder Bahnhöfe, so hat die Ortspolizeibehörde dafür zu sorgen, daß den betheiligten Behörden rechtzeitig zur Wahrung ihrer Interessen Gelegenheit gegeben wird.

1. Zu den beteiligten Behörden im Sinne des § 6 gehören nur diejenigen, welche die Interessen der Festungen, öffentlichen Flüsse, Chausseen, Eisenbahnen und Bahnhöfe wahrzunehmen haben. Doch sind die Polizeibehörden durch den Erlaß der Minister des Innern und der öffentlichen Arbeiten v. 17. Juli 91 (MBl. S. 156) angewiesen, auch denjenigen fiskalischen Behörden, denen die Verwaltung der an einer neuen Fluchtlinie beteiligten fiskalischen Grundstücke zusteht, rechtzeitig von dem Plane besondere Nachricht zu geben.

2. Der Gesetzgeber hat es offenbar als unangemessen betrachtet, die beteiligten Behörden auf den Weg der Erhebung von Einwendungen (§ 7) zu verweisen; dabei mag einesteils die Rücksichtnahme auf die Stellung der Behörden, anderenteils die Erwägung mitgewirkt haben, daß häufig eine zweckmäßige Entwerfung des Projektes von vornherein nur unter sorgfältiger Beachtung der durch jene Behörden wahrzunehmenden Interessen tunlich ist. Von diesem Gesichtspunkte aus beantragte der Abg. Stuschke, die Benachrichtigung der Behörden nicht der Ortspolizeibehörde, sondern dem Gemeindevorstande, in dessen Händen die Initiative liege, aufzugeben. Das AH. lehnte dies indes ab. Wenn der Berichterstatter dagegen anführte, nach der Anschauung der Kommission sollten erst die Gemeinde- und die Polizeibehörde untereinander einig sein, bevor andere Behörden mit der Angelegenheit behelligt würden, so wird das umgekehrte Verfahren das richtige sein. Ein vorgängiges Benehmen des Gemeindevorstandes mit der Eisenbahnverwaltung, der Festungsbehörde usw. ist immer ratsam. Nur dadurch werden Konflikte, welche sich bei der Ausführung der Pläne — wenn sie etwa in die Hoheitsrechte des Staates eingreifen — ergeben können, vermieden werden. Ebenso ist es zu empfehlen, daß die Polizeiverwaltung mit den beteiligten Behörden in Verbindung tritt, ehe sie ihre Zustimmung erklärt, um dadurch noch die wünschenswerte Verständigung mit der Gemeindebehörde möglich zu machen. Vgl. Bem. 4.

3. Welche Folgen die Nichtbeachtung der Vorschrift nach sich zieht, hängt davon ab, ob man die Benachrichtigung als eine **notwendige Voraussetzung** für die Gültigkeit des ganzen Verfahrens ansieht, oder in der Vorschrift nur eine **Anweisung** für die Polizeibehörde erblickt, deren Verletzung auf den rechtlichen Bestand des Verfahrens ohne Einfluß bleibt. In einem Falle, wo die Festungsbehörde trotz nicht erfolgter Benachrichtigung rechtzeitig Einwendungen in Gemäßheit des § 7 erhoben hatte, damit aber zurückgewiesen war und später bei Gelegenheit einer Klage wegen Versagung des Baukonsenses die geschehene Fluchtlinienfestsetzung wegen Verletzung der Vorschrift im § 6 als rechtsunwirksam bezeichnete, hat das OVG. diese Anschauung verworfen und der Festsetzung bindende Kraft beigemessen (E. v. 19. Jan. 80 Nr. II 251). Hierbei war allerdings Gewicht darauf gelegt, daß die Behörde ihre Interessen, zu deren Sicherung die Benachrichtigung dienen soll, tatsächlich in ordnungsmäßiger Weise vollständig wahrgenommen hatte. Allein mehr oder weniger hatte man sich damit doch zugleich für die zweite der oben hingestellten Alternativen ausgesprochen; denn ist die Benachrichtigung nach dem Gesetze ein unbedingtes Erfordernis, so kann ihr Fehlen durch anderweite Vorgänge nicht wohl ersetzt werden. Andererseits läßt sich nicht verkennen, daß den betr. Behörden durch das Unterbleiben der Benachrichtigung die Wahrung ihrer Interessen tatsächlich abgeschnitten werden kann, weil sie es im Vertrauen auf die gesetzliche Bestimmung leicht versäumen mögen, ihr Augenmerk auf die Einleitung eines derartigen Verfahrens zu richten und ihre Einwendungen rechtzeitig anzubringen. Der Wortlaut des § 6 läßt kaum eine andere Auslegung zu, als daß es sich nur um eine instruktionelle Vorschrift handelt Wäre man davon ausgegangen, daß die Nichtbeachtung der Vorschrift die Rechtswirkung des Verfahrens aufhöbe, so würde man — dem Antrage des Abg. Stuschke entsprechend — die Benachrichtigung der beteiligten Behörden sicher in die Hand der das Verfahren leitenden Gemeindebehörde gelegt, oder wenigstens eine Andeutung dafür gegeben haben, daß bei dem Verfahren der §§ 7ff. eine Prüfung auch darüber stattzufinden habe, ob die Benachrichtigung des § 6 erfolgt sei. In einem Erk. v. 24. Okt. 94 Nr. II 1431 (PrVerwBl. 16 S. 109 und Bochmann, Mitteilungen 2 S. 126) wird denn auch bestimmt

ausgesprochen, daß die Vorschrift des § 6 nur instruktioneller Natur sei, so daß eine definitive Feststellung der Fluchtlinie einer Straße wegen einer etwaigen Nichtbefolgung der Vorschrift keineswegs nichtig sein kann. Auch in einem neueren Erkenntnisse v. 5. Febr 00 Nr IV 197 ist ausgesprochen, „daß die Nichtbeachtung der Vorschrift des § 6 noch nicht ohne weiteres die Rechtswirkung des Verfahrens aufhebe". Um so mehr ist der Polizeibehörde eine sorgfältige Beachtung der Vorschrift dringend zu empfehlen.

4. Einen grundsätzlich abweichenden Standpunkt nahm der Minister der öffentlichen Arbeiten in seinem Erlasse v. 15. Dez. 82 (MBl. 1883 S. 13; PrVerwBl. 4 S. 177) ein Im Anschluß an den in den OVGE Bd. 2 S. 409ff. näher entwickelten Satz, daß die Ortspolizeibehörden nicht befugt sind, anderen Staatsbehörden die Normen für die von diesen zu vollziehenden **Akte der Staatshoheit** vorzuschreiben, sondern die ihnen anvertrauten Interessen nur durch Benehmen mit den beteiligten Behörden sowie durch Beschwerde bei den Aufsichtsinstanzen wahren können, wird angenommen, durch das Gesetz v 2. Juli 75 sei ebenfalls weder den Ortspolizeibehörden noch auch — in höherer Instanz — den Verwaltungsbeschlußbehörden eine hierüber hinausgehende Befugnis beigelegt; auf dem vom OVG. bezeichneten Wege seien daher alle Meinungsverschiedenheiten, die zwischen den zur Wahrnehmung ihrer Interessen auf Grund des § 6 und den das Gesetz handhabenden Ortspolizei- und Verwaltungsbeschlußbehörden entstehen, zum Austrage zu bringen. Wiederholt und weiter ausgedehnt sind diese Anweisungen durch die Verfügung desselben Ministers v. 23. Dez. 96 (MBl. 1896 S. 237; PrVerwBl. 18 S. 193). Der Minister geht darin im Anschluß an die Vorschriften des oben genannten Erlasses vom 15. Dez. 82 davon aus, daß den in § 6 genannten Behörden bei der Festsetzung von Fluchtlinien die Wahrung von Staatshoheitsrechten obliege und dazu nicht ausreichende Gelegenheit gegeben worden sei. Es könne ein Plan als zur Offenlegung reif nicht erachtet werden, in welchem die in Ausübung der Staatshoheitsrechte aus §§ 4 und 14 des G. über die Eisenbahnunternehmungen v. 3. Nov. 38 geltend zu machenden Bedürfnisse des Eisenbahnbaues und Betriebes (vgl. Endurteil des OVG. v. 3. März 83 Bd. 9 S. 383) unberücksichtigt geblieben sind. Es sollen des-

halb die Ortspolizeibehörden angewiesen werden, daß sie vom Standpunkte der polizeilichen Interessen erst dann zu einem Fluchtlinienplane Stellung zu nehmen und dem Gemeindevorstande eine — zustimmende oder die Zustimmung versagende — Erklärung gemäß § 5 d. G. abzugeben haben, wenn feststeht, daß der Plan auf Grund von Staatshoheitsrechten gemäß § 6 nicht beanstandet wird Die Ortspolizeibehörden sollen die Benachrichtigung auch dann (§ 6) bewirken, wenn es ihnen zweifelhaft erscheinen sollte, ob die Voraussetzung des § 6 gegeben sei, da die Ortspolizeibehörden nicht wohl endgültig darüber entscheiden könnten, ob der Plan die Geltendmachung von Staatshoheitsrechten notwendig mache. In einem neuerlichen Erlasse v. 20 Juni 02 (MBl. S. 139), abgedruckt im PrVerwBl. 23 S. 717, haben die Minister der öffentlichen Arbeiten und des Innern aus Anlaß vorgekommener Einzelfälle die Stellung der Polizeibehörde einer erneuten Prüfung unterzogen. Sie führen aus, daß, wenn auch die Offenlegung und förmliche Feststellung eines mit der Ausübung von Staatshoheitsrechten kollidierenden Fluchtlinienplanes zweckwidrig wäre, weil seine endgültige Ausführung auf unüberwindliche Hindernisse stoßen müßte (z. B. die Ausführung von Fluchtlinien im Bahnhofsgebiet oder in Festungsanlagen § 11 Satz 2 dieses G., § 4 des Eisenbahngesetzes v. 3. Nov. 38 usw., vgl. OVGE. Bd. 24 S. 227, 228), und wenn gerade deshalb dem § 6 die Aufgabe zugewiesen sei, nicht nur die Feststellung, sondern auch schon die Offenlegung mit jenen öffentlichen Interessen kollidierender Pläne zu verhüten, doch diese öffentlichen Interessen nicht von der Ortspolizeibehörde wahrzunehmen seien, deren Erklärung vielmehr lediglich von den im § 5 des Gesetzes genannten Rücksichten abhängig sei. Die Minister bestimmen daher des weiteren: „Besteht der Gemeindevorstand auf Abgabe der polizeilichen Erklärung über den Fluchtlinienplan, obwohl vorhandene Gegensätze in den nach § 6 zu führenden Verhandlungen nicht ausgeglichen sind, so hat die Ortspolizeibehörde eine ausdrücklich auf die von ihr selbst wahrzunehmenden polizeilichen Rücksichten beschränkte Äußerung abzugeben. Gleichzeitig hat sie aber zu betonen, daß der Plan nach der Mitteilung der zuständigen Behörde mit Rechten, die auf Grund der Staatshoheit wahrzunehmen seien, im Widerspruche stehe und dieser Widerspruch noch nicht beglichen sei. Von ihrer

Äußerung hat die Ortspolizeibehörde den gemäß § 6 beteiligten Behörden sofort Mitteilung zu machen. Für den Fall, daß diese zur Wahrung der von ihnen zu vertretenden öffentlichen Interessen die Kommunalaufsichtsbehörden anrufen sollten, werden die letzteren hierdurch angewiesen, unverzüglich unter Vorlage der Vorgänge an die zuständigen Ressortminister zu berichten. Um seinerzeit die dem § 5 Abs 1 des G. entsprechende Erklärung abgeben zu können, haben sich die Ortspolizeibehörden, gegebenenfalls durch Benehmen mit der beteiligten Staatsbehörde oder dem Gemeindevorstande, über den jeweiligen Stand der Sache in Kenntnis zu erhalten. Es darf indessen auch künftig angenommen werden, daß die auf Grund des § 6 anzuknüpfenden Verhandlungen die Ausgleichung bestehender Gegensätze und die Abgabe einer Erklärung gemäß § 5 in der Regel ohne übermäßigen Zeitverlust ermöglichen werden, zumal den Gemeindebehörden gegen jede unbegründete Verzögerung der Sache durch die beteiligte Staats- oder Ortspolizeibehörde die Beschwerde an die vorgesetzte Instanz offen steht. Die wünschenswerte Beschleunigung einer von der Vorschrift des § 6 betroffenen Planfeststellung wird sich übrigens dadurch am besten erreichen lassen, daß allen späteren Auseinandersetzungen infolge der Vorschrift des § 6 durch frühzeitiges Einvernehmen der Behörden vorgebeugt wird. Den Gemeindevorständen ist daher anzuempfehlen, daß sie bereits bei der ersten Aufstellung der Pläne, und zwar tunlichst frühzeitig, sich unmittelbar mit den beteiligten Staatsbehörden über die Gestaltung dieser Pläne verständigen, damit den Ortspolizeibehörden demnächst nach Möglichkeit nur Pläne zur Zustimmung vorgelegt werden, gegen die wegen ihrer Übereinstimmung mit den öffentlichen Interessen ein Einspruch auf Grund des § 6 nicht zu erwarten ist. Den Eisenbahnbehörden ist die tunlichst schnelle und entgegenkommende Erledigung derartiger Anträge der Gemeindevorstände zur Pflicht gemacht worden. Endlich wird aber auch da, wo die Ausgleichung widerstreitender öffentlicher Interessen noch auf Grund des § 6 in Frage kommt, aber wegen anzustellender Untersuchungen oder in der Sache selbst liegender Schwierigkeiten voraussichtlich längere Zeit erfordern wird, in Erwägung zu ziehen sein, ob nicht nach Anhörung der beteiligten Staatsbehörde der kollidierende Planteil zur besonderen Feststellung ausgeschieden und zunächst nur für den übrigen Plan die ortspolizeiliche Zustimmung nachgesucht werden kann. Es wird ersucht, auch auf die Anwendung dieses Mittels zur Beschleunigung der Planfeststellung hinzuwirken Die nachgeordneten Behörden sind mit Anweisung zur Beachtung dieses Erlasses zu versehen." Dieser Erlaß trägt der Ansicht des OVG. schon mehr Rechnung.

In einem Aufsatze des Geh.-Ober-Reg.-Rats Pannenberg im „Archiv für Eisenbahnwesen" 1902 S. 1209 ff. wird sehr eingehend die Ansicht verteidigt, daß unbedingt die Mitteilung der Polizeibehörde nach § 6 der Zustimmung nach § 5 vorauszugehen habe, weil sonst der Zweck nicht erfüllt werde, und weil, so lange eine Kollision noch bestehe, es an einem zur Offenlegung reifen Plane fehle. Deshalb dürfe, solange die Möglichkeit einer Kollision nach § 6 noch bestehe, die Polizeibehörde überhaupt keine Erklärung abgeben. Es wird dann weiter aus der Geschichte der Entstehung des Gesetzes nachzuweisen versucht, daß das Verfahren des § 8 zur Entscheidung über die Interessen des § 6 überhaupt nicht gegeben sei und die Beschlußbehörden dazu nicht zuständig seien, daß vielmehr die Ausgleichung der Gegensätze zwischen Eisenbahnanlagen und Fluchtlinien nicht bis zur Zwangsvollstreckung verschoben werden dürfe, sondern vor der Offenlegung des Planes zu erfolgen habe, diesem Zwecke solle der § 6 dienen.

Diesen Ausführungen kann in mancher Beziehung — zum Teil in Abweichung von den Darlegungen der früheren Auflagen — beigestimmt werden. Die Auffassung der Stellung und der Aufgaben der Ortspolizeibehörden in dem Gesetze wird aber nicht richtig beurteilt. In dieser Beziehung ist folgendes zu bemerken: Zweifellos ist den Ortspolizeibehörden nicht das Recht eingeräumt, bei Meinungsverschiedenheiten mit den im § 6 erwähnten Behörden über die Richtigkeit der von diesen vertretenen Ansichten zu befinden; in eine derartige Lage bringt sie aber das Gesetz überhaupt nicht. Die Ortspolizeibehörden haben über die Festsetzung von Fluchtlinien nicht zu entscheiden, sondern nur Erklärungen abzugeben oder Anträge zu stellen; bei der „Handhabung" des Gesetzes treten sie gewissermaßen in der Rolle einer Partei dem Gemeindevorstande oder den sonst Beteiligten gegenüber auf und haben die Entscheidung wegen der bestehenden Streitpunkte von den Verwaltungsbeschlußbehörden entgegenzunehmen. Für ihr

Verhalten in dem Verfahren sind außerdem an sich lediglich die von ihnen wahrzunehmenden polizeilichen Rücksichten maßgebend (§ 1 Abs. 2, § 5 Abs. 1); sie haben deshalb die Vertretung aller außerhalb dieses Rahmens liegenden Interessen den dazu berufenen Behörden überlassen; gerade zu dem Zwecke sollen sie dafür sorgen, daß diesen Behörden „rechtzeitig zur Wahrung ihrer Interessen Gelegenheit gegeben" werde (§ 6). Nun mag nichts dagegen zu erinnern sein, daß sie sich auf die Seite dieser Behörden stellen und deren Anschauungen in dem Verfahren auch ihrerseits zur Geltung bringen; dann aber sind ihre Einwendungen, ebenso wie in allen sonstigen Fällen, hier gleichfalls dem Ausspruche der Verwaltungsbeschlußbehörden unterworfen, soweit diese Behörden überhaupt für eine Entscheidung zuständig sind. Jedenfalls hat die Stellung der letzteren Behörden mit der Stellung der Ortspolizeibehörden nicht das mindeste gemein. Die Verwaltungsbeschlußbehörden bilden keineswegs eine „höhere Instanz" der Ortspolizeibehörden; sie sind vielmehr die gesetzlich berufenen Organe, welche in einem besonders geordneten Instanzenzuge über Meinungsverschiedenheiten einesteils zwischen Gemeindevorstand und Polizeibehörde, anderenteils zwischen diesen beiden Organen und den beteiligten Interessenten zu befinden haben. Das allerdings muß zugegeben werden, daß die Beschlußbehörden nicht berufen sind, über Staatshoheitsrechte zu entscheiden und in diese einzugreifen Für diese ist das Verfahren des § 8 nicht gegeben, das hat Pannenberg in seinem oben bezeichneten Aufsatze zutreffend nachgewiesen und einer Entscheidung darüber haben sich die Verwaltungsbeschlußbehörden zu enthalten. Handelt es sich aber um Einwendungen der im § 6 genannten Behörden, welche mit der Handhabung der Staatshoheitsrechte an sich nichts zu tun haben, so erscheinen die Verwaltungsbeschlußbehörden durchaus befugt, auch über die von jenen Staatsbehörden — mag man sie den Polizeibehörden gleichstellen oder zu den Interessenten rechnen — erhobenen Widersprüche zu entscheiden und sie demgemäß auch eintretendenfalls für unbegründet zu erklären. Aus dem Gesetze ist nicht der geringste Anhalt dafür zu entnehmen, daß Einwendungen der fr. Behörden einer Erledigung in dem vorgeschriebenen Verfahren nicht unterliegen sollen. Hätte es in der Absicht gelegen, hier die regelmäßig eintretende Entscheidungsbefugnis der

Verwaltungsbeschlußbehörden auszuschließen, so mußte das im Gesetze völlig klar gestellt werden; es findet sich aber weder im Gesetze selbst noch in den Verhandlungen der gesetzgebenden Körperschaften eine dahin gehende Andeutung. Abgesehen hiervon liegt es auch für die Verwaltungsbeschlußbehörden ganz außerhalb der ihnen gesetzlich zugewiesenen Tätigkeit, eine Ausgleichung der etwa mit anderen Staatsbehörden in dem Festsetzungsverfahren hervortretenden Meinungsverschiedenheiten durch Erhebung von Beschwerden bei den Aufsichtsinstanzen jener Staatsbehörden herbeizuführen (OVGE. v. 5. März 98 Nr. II 377). Die dafür aus der Rechtsprechung des OVG. angezogenen Grundsätze passen daher ist keiner Weise. Pannenberg ist — hiervon ist auch oben ausgegangen — rückhaltlos zuzustimmen, daß es unter allen Umständen das zweckmäßigste und richtigste ist, wenn die Gemeindebehörden aus eigener Initiative, ehe sie einen Fluchtlinienplan zum Festsetzungsverfahren herausgeben, mit den im § 6 genannten Behörden — sofern es überhaupt in Betracht kommt — in Verbindung treten, um widerstreitende Interessen zum Ausgleich zu bringen. Sollte das versäumt sein, so bietet der § 6 Gelegenheit, die Behörden dazu zu veranlassen, ihrerseits schleunigst mit der Gemeindebehörde zu diesem Zwecke in Verbindung zu treten. Sollte dieses nicht geschehen sein oder nicht zum Ziele führen, oder sollte die Beschlußbehörde über Hoheitsrechte entscheiden, wozu sie nicht zuständig ist, so wird im Vollzugsstadium sich herausstellen, ob daran die Ausführung des Planes scheitert. Ist letzteres der Fall, so muß eventuell das ganze Verfahren wiederholt werden. Wenn Pannenberg aber noch meint, daß, um die Gemeinde zu zwingen, in vorherige Verhandlung mit den Behörden zu treten, die Polizeibehörde überhaupt keine Erklärung abgeben solle — ein Standpunkt, den die Minister aufgegeben haben —, so widerspricht ein solches Verfahren entschieden dem Wortlaute und Sinne des Gesetzes, wie aus dem oben Dargelegten klar hervorgeht. Vgl. auch C. Ottermann, Das Fluchtliniengesetz, 1897, S. 8 ff., welcher aber das Gebiet der „Interessen" der beteiligten Behörden zu eng auffaßt, das Gesetz gibt keinen Anhalt für eine Beschränkung.

§. 7.

Nach erfolgter Zustimmung der Ortspolizeibehörde, beziehungsweise des Kreisausschusses (§. 5), hat der Gemeindevorstand den Plan zu Jedermanns Einsicht offen zu legen. Wie letzteres geschehen soll, wird in der ortsüblichen Art mit dem Bemerken bekannt gemacht, daß Einwendungen gegen den Plan innerhalb einer bestimmt zu bezeichnenden präklusivischen Frist von mindestens vier Wochen bei dem Gemeindevorstande anzubringen sind.

Handelt es sich um Festsetzungen, welche nur einzelne Grundstücke betreffen, so genügt statt der Offenlegung und Bekanntmachung eine Mittheilung an die betheiligten Grundeigenthümer.

1. Durch die §§ 7 u. 8 ist nach dem Vorgange der Badenschen und Württembergschen Gesetzgebung ein Verfahren eingeführt, das, wie die Begründung des Entwurfs besagt, „eine allseitig gründliche und durchaus unbefangene Erörterung aller Einsprüche und Einwendungen ermöglichen und eine sachgemäße und ausgleichende Entscheidung sichern" soll. Nach den Vorschlägen der Komm. d AH. tritt es in allen Fällen einer Fluchtlinienfestsetzung gleichmäßig ein; nur da, wo bloß einzelne Grundstücke betroffen werden, glaubte man eine Vereinfachung zulassen zu können und schaltete zu dem Ende den Absatz 2 ein.

2. Regel bildet die **öffentliche Auslegung**. Sie geschieht zu „jedermanns Einsicht". Damit spricht das Gesetz aus, daß zur Erhebung von Einwendungen „jedermann" befugt ist. Das Recht steht demnach nicht bloß den von der Fluchtlinie betroffenen Grundbesitzern oder etwa den Anwohnern der fraglichen Straße zu. Auch in Beziehung auf die Art der Einwendungen zieht das Gesetz keine Schranke; sie können sowohl darauf, daß ein Privatinteresse geschädigt werde, als darauf, daß ein öffentliches Interesse nicht gehörig berücksichtigt sei, gestützt werden. Zwar liegt die Beachtung der öffentlichen Interessen (soweit zu deren Vertretung nicht die im § 6 bezeichneten Behörden besonders berufen sind, vgl. Bemerkungen zu diesem Paragraphen) schon dem Gemeindevorstande und

der Polizeibehörde von Amts wegen ob; allein dem einzelnen ist es unbenommen, seine von der Auffassung dieser Organe abweichende Meinung ebenfalls geltend zu machen. Bei den Privatinteressen reicht es selbstverständlich nicht hin, daß dem Beteiligten irgend ein Vermögensnachteil erwächst; vielmehr wird ein Einwand hieraus mit Aussicht auf Erfolg nur dann entnommen werden können, wenn sich dartun läßt, daß den öffentlichen Interessen mit größerer Schonung der Privatinteressen Genüge geschehen kann, also die Maßregel entweder ganz entbehrlich oder in anderer, als der beabsichtigten Weise ausführbar ist. Entscheidend bleibt demgemäß die Abwägung zwischen den Anforderungen des öffentlichen Wohles auf der einen Seite und dem Schutze, der den Beteiligten hier ebenso wie in dem Enteignungsverfahren bei Feststellung des Planes angedeihen soll, auf der anderen Seite In manchen Städten haben die Gemeindevorstände das Bestreben gezeigt, dadurch auf Kosten der Anlieger recht breite Straßen zu schaffen, daß sie Vorgärten von erheblicher Tiefe in den Fluchtlinienplänen vorsahen. Da das Gesetz als die Regel eine Tiefe von 3 m vorsieht, so müssen schon besondere öffentliche Interessen für die Festsetzung einer größeren Tiefe vorliegen. Auch für die Abwägung dieser ist das Verfahren recht eigentlich gegeben. Es muß hier nochmals nachdrücklich darauf hingewiesen werden, wie nach den gemachten Erfahrungen die Gemeindevorstände nur zu leicht geneigt sind, auf Kosten der Anlieger bei Fluchtlinienfestsetzungen das Wünschenswerte und Ästhetische herbeizuführen, was sie auf Kosten der Gemeinde nie als notwendig im öffentlichen Interesse ausführen würden (Tiefe der Vorgärten, außergewöhnliche Breite der Straßen usw.), und daß die Beschlußbehörden auch ihrerseits nur zu oft geneigt sind, über die Schädigungen des Privatinteresses in solchen Fällen zu leicht hinwegzugehen. Das entspricht nicht den Absichten des Gesetzes.

3. Die öffentliche Auslegung ist ein wesentliches Erfordernis; sollte sie ganz versäumt oder in einer derartig fehlerhaften Weise, daß den Beteiligten die Einsichtnahme des Planes untunlich gemacht wäre, bewirkt sein, so würde das Verfahren mit einem Mangel behaftet erscheinen, der die Rechtsgültigkeit der Festsetzung ausschlösse (OVGE. v. 22. Juni 85 Nr. II 678, PrVerwBl. 7 S. 69).

4. Nach der Fassung des Absatzes 2 kann die hier gegebene Vorschrift nicht auf den Fall beschränkt werden, wo nur ein Grundstück in Frage kommt. Deshalb bestimmt es sich nach den jedesmaligen Verhältnissen, ob die Voraussetzungen für eine Anwendung des Absatzes 2 gegeben sind; theoretisch läßt sich nicht sagen, bei welcher Zahl von Grundstücken der Begriff „**einzelne Grundstücke**" noch paßt oder nicht mehr zutrifft. Da es sich aber um eine Ausnahme von der Regel handelt, wird der Gemeindevorstand sich dieses Weges zweckmäßiger Weise nur da bedienen, wo er nach keiner Richtung hin Bedenken hervorruft. Es dürfte dabei noch zu beachten sein, daß eine Offenlegung zu jedermanns Einsicht selbst bei dem unzweifelhaften Vorhandensein der im Gesetz hingestellten Bedingung aus anderen Rücksichten unerläßlich sein kann. So wird möglicherweise bei Anlegung einer völlig neuen, für einen ganzen Stadtteil bedeutungsvollen Straße, deren Lage vielleicht Gegenstand lebhaften Streites ist, nur ein Grundstück betroffen. Hier verstieße es entschieden gegen den Geist des Gesetzes, wenn der Gemeindevorstand sich auf eine Mitteilung an den betreffenden Eigentümer beschränken wollte, zumal es nicht ohne Zweifel ist, ob im Falle des Absatzes 2 andere Personen, als die beteiligten Grundbesitzer, zur Erhebung von Einwendungen gegen den Plan, von dem sie sich etwa unter der Hand Kenntnis verschafft haben, rechtlich befugt sind.

5. Die in Absatz 1 hinsichtlich der Frist gegebene Vorschrift gilt auch für Absatz 2. Das Reichsgericht stellt es in dem E. v. 3. Nov. 1899 (PrVerwBl. 21 S. 209) nach der Fassung des Gesetzes als zweifelhaft hin, ob die Setzung der vierwöchentlichen Ausschlußfrist auch im Falle des Absatzes 2 für erforderlich zu erachten sei. Wie es, auch angesichts der Erwägungen in Bemerkung 4, zu einer solchen Auffassung gelangen konnte, ist nicht recht erklärlich. Der Absatz 2 hat auch seiner Wortfassung nach die Ausschlußfrist gar nicht berühren wollen, er sagt nur, daß statt der „Offenlegung und Bekanntmachung" eine „Mitteilung an die beteiligten Grundeigentümer" genüge. Der Inhalt dieser Mitteilung wird gar nicht berührt. — Da die Frist nach ausdrücklicher Anordnung des Gesetzes präklusivisch ist, sind später erhobene Einwendungen nicht zu berücksichtigen. Die Wohltat der **Wiedereinsetzung in den vorigen Stand**, die der § 52 Abs. 2 des Landes-

verwaltungsgesetzes in Fällen unverschuldeter Versäumung von Beschwerdefristen gewährt, kommt hier den Beteiligten nicht zugute.

§. 8.

Ueber die erhobenen Einwendungen (§. 7) hat, soweit dieselben nicht durch Verhandlung zwischen dem Gemeindevorstande und den Beschwerdeführern zur Erledigung gekommen, der Kreisausschuß zu beschließen. An Stelle des Kreisausschusses tritt in Stadtkreisen und den einem Landkreise angehörigen Städten von mehr als 10000 Einwohnern der Bezirksausschuss, in Berlin der Minister der öffentlichen Arbeiten. Sind Einwendungen nicht erhoben oder ist über dieselben endgültig (§. 16) beschlossen, so hat der Gemeindevorstand den Plan förmlich festzustellen, zu Jedermanns Einsicht offen zu legen und, wie dies geschehen soll, ortsüblich bekannt zu machen.

1. Das Gesetz verweist in erster Linie auf eine Erledigung der Einwendungen durch Verhandlungen mit den Beschwerdeführern. Dabei hat vermutlich die Annahme vorgeschwebt, die Beschwerdeführer würden zum größten Teile bei einer näheren Darlegung der für den Plan maßgebend gewesenen Gründe sich von der Notwendigkeit oder Zweckmäßigkeit der Maßregel selbst überzeugen und die Einwendungen zurücknehmen. Eine Verhandlung in dem Sinne, daß Gemeindevorstand und Beschwerdeführer sich über eine Abänderung des Projektes verständigen sollten, kann nicht wohl gemeint sein; denn jede wesentliche Änderung würde nach dem Grundsatze des § 1 wieder das Einverständnis der Gemeinde und die Zustimmung der Polizeibehörde erfordern, auch regelmäßig eine neue Auslegung des Planes nötig machen. Vgl. die Ausführung in Bem. 6 zu § 1.

Die vorgängige Verhandlung mit den Beschwerdeführern ist nicht unbedingt vorgeschrieben; der Kreisausschuß kann daher, auch wenn der Gemeindevorstand etwa wegen voraussichtlicher Erfolglosigkeit davon abgesehen haben sollte, in die Erörterung und Beschlußfassung eintreten.

2. Der Kreisausschuß fungiert auch hier wieder als Beschlußbehörde. Das Verfahren wird sich meistens so gestalten, daß der Gemeindevorstand dem Kreisausschusse die Akten einreicht und sich dabei über die erhobenen Einwendungen soweit erforderlich näher äußert. Ob dann der Kreisausschuß sofort entscheiden oder noch weitere Ermittelungen vornehmen, vielleicht auch zu einer mündlichen Verhandlung schreiten will, hängt von seinem Ermessen ab. Ein Antrag des Abg. Stuschke, zu dem Verfahren immer die Ortspolizeibehörde zuzuziehen, fand im AH. die Mehrheit nicht.

Erachtet der Kreisausschuß die Einwendungen für unbegründet, so weist er sie einfach zurück. Hält er sie aber für begründet, so entstehen Zweifel, wie weit er in seiner Entscheidung zu gehen hat Dem Regierungsentwurfe zufolge sollte der Kreisausschuß nach Verhandlung über die Einwendungen und nach näherer Prüfung des Planes diesen feststellen; er hatte daher den Plan seinerseits so umzugestalten, wie dies gemäß der über die Einwendungen getroffenen Entscheidung notwendig wurde. Das Gesetz weist aber dem Kreisausschusse nur die Entscheidung über die Einwendungen zu, während die der Entscheidung entsprechende förmliche Feststellung des Plans demnächst von dem Gemeindevorstande vorzunehmen ist. Man könnte annehmen, dem so geordneten Verfahren liege derselbe Gedanke zugrunde, von welchem das AH. sich bei den Beratungen über die §§ 1 und 5 hat leiten lassen (vgl. Bem. 3 zu § 5); damit würde man zu dem Schlusse gelangen, der Kreisausschuß müsse sich darauf beschränken, die Einwendungen für begründet zu erklären, und habe sich eines Ausspruches, daß und wie der Plan abzuändern sei, zu enthalten. Der Entschließung des Gemeindevorstandes bliebe es dann überlassen, ob er den Plan entweder ganz fallen lassen oder in einer anderen Gestalt — sei es in derjenigen, welche der ergangenen Entscheidung entspricht, sei es in irgend einer neuen — wieder aufnehmen und in diesem Falle das Verfahren von frischem beginnen will. — Nun wird man dem Gemeindevorstande die Befugnis, den Plan bis zum vollständigen Abschlusse des Verfahrens jederzeit zurückzuziehen, unbedenklich einräumen können; er erscheint dazu also auch nach getroffener Entscheidung über die Einwendungen berechtigt. Die Frage ist nur, ob es bei wesentlicher Veränderung des Planes, wenn der Gemeindevorstand trotzdem an ihm festhalten will, eines nochmaligen Verfahrens bedarf. Dieses kann jedenfalls nicht eingeleitet werden, wenn die Entscheidung dahin ergeht, daß der Plan in einer bestimmten, näher angegebenen Weise abzuändern sei; denn hier wird die Gestalt des Planes durch die Entscheidung schon endgültig bestimmt; es bleibt dagegen formell zulässig, wenn nur die Einwendungen als begründet anerkannt, die daraus hervorgehenden Folgen aber nicht gezogen sind. Für eine Wiederholung des Verfahrens spricht manches sehr entschieden. Wird der Plan wesentlich verändert, so hat man es mit einem Plan zu tun, dem sowohl das Einverständnis der Gemeinde wie die Zustimmung der Ortspolizeibehörde fehlt und gegen den Einwendungen aus dem Publikum oder seitens der im § 6 gedachten Behörden nicht haben erhoben werden können. Man braucht sich nur den Fall zu vergegenwärtigen, wo die Fluchtlinien derart verschoben werden, daß sie andere Grundstücke berühren, oder wo die Anlegung einer nicht projektierten Straße oder die Streichung einer projektierten Straße ausgesprochen wird; hier springt sofort in die Augen, wie tief eingreifend eine solche Entscheidung wirken kann und wie bedenklich es ist, die möglicherweise sehr berechtigten Einsprüche Dritter ohne weiteres abzuschneiden. — Trotz dieser schwerwiegenden Gründe scheint aber doch die Ansicht den Vorzug zu verdienen, daß die zur Entscheidung über die Einwendungen berufenen Behörden befugt sind, definitiv über die Gestalt des Planes zu befinden. Zunächst ist nur so die Fassung des zweiten Satzes zu erklären, welche, ohne auf eine Ausnahme hinzudeuten, voraussetzt, daß der Plan jedesmal nach endgültiger Entscheidung über die Einwendungen von dem Gemeindevorstande festgestellt wird. Weiter läßt sich auch in den Verhandlungen kein Anhalt dafür entdecken, daß der Gesetzgeber an eine Wiederholung des Verfahrens gedacht habe. Die Regierungsvorlage ließ dafür nach dem vorhin Bemerkten keinen Raum, und daß sie zu dem Zwecke abgeändert wäre, um der Entscheidung des Kreisausschusses einen ganz anderen Inhalt zu geben, ist nicht ersichtlich. Die Komm. d. AH. hatte den zweiten Satz folgendermaßen gefaßt:

Demnächst wird der festgesetzte Plan zu jedermanns Einsicht offengelegt und, wie dies geschehen soll, bekannt gemacht.

Hierin lag keine Abweichung von dem Entwurfe; denn unter

dem „festgesetzten Plane" konnte nach dem Zusammenhange nur der durch den Kreisausschuß festgesetzte Plan verstanden werden. Die jetzige Fassung beruht auf einem Antrage des Abg. Stuschke, den der Berichterstatter mit der Bemerkung empfahl, er spreche dasjenige, was die Kommission gewollt habe, besser aus. Nach diesen Vorgängen muß man der schließlichen Feststellung, die nunmehr vom Gemeindevorstande zu vollziehen ist, lediglich die Bedeutung eines formellen Aktes beilegen; darauf deuten auch die Worte des Gesetzes hin: „so hat der Gemeindevorstand den Plan förmlich festzustellen". Wäre die Absicht gewesen, die Stellung des Kreisausschusses in durchgreifender Weise umzugestalten, so hätte das irgendwie zum Ausdruck kommen müssen. Endlich würde eine Wiederholung des Verfahrens bei jeder wesentlichen Änderung des Plans in vielen Fällen zu unerträglichen Verschleppungen führen und die oberen Instanzen zu einer mehrmaligen Entscheidung über dieselben Fragen nötigen, zumal die Interessenten unter den Beteiligten nicht gehindert sind, ihre früheren Einwendungen stets von neuem vorzubringen. — Den oben dargelegten, nicht unbedenklichen Folgen, welche bei dieser Auffassung entstehen können, werden die entscheidenden Behörden durch ein möglichst vorsichtiges Verfahren vorzubeugen suchen müssen, indem sie vor einer wesentlichen Abänderung des Planes diejenigen, bei denen ein Interesse vorausgesetzt werden kann, zu den Verhandlungen zuziehen, nötigenfalls auch der Gemeindevertretung und der Ortspolizeibehörde Gelegenheit zu einer nochmaligen Äußerung geben. Übrigens läuft es immerhin dem Gesetze nicht zuwider, wenn die entscheidende Behörde, wo sie die Sachlage hierzu angetan findet, von einem Ausspruche darüber, wie der Plan umzugestalten sei, Abstand nimmt und lediglich die Einwendung für begründet erklärt; das kann sogar notwendig werden, z. B. wenn ein Ausspruch die Ausarbeitung eines völlig neuen Planes erforderlich macht; es empfiehlt sich aber auch entschieden in anderen Fällen, wo ohnedies eine Schädigung berechtigter, bisher nicht genügend vertretener Interessen zu besorgen steht.

3. Dem Gesetze liegt zwar die Voraussetzung zugrunde, daß der Plan in dem gesamten Verfahren als ein einheitliches Ganze behandelt werde; indes ist keine ausdrückliche Anordnung getroffen, die eine Abweichung hiervon ausschlösse. Dem Gemeindevorstande

muß es also unter Umständen freistehen, einzelne, unbeanstandet gebliebene Teile eines größeren Planes förmlich festzustellen, obgleich im übrigen noch wegen der gegen den Plan erhobenen Einwendungen verhandelt wird. Notwendiges Erfordernis dafür ist aber, daß jene Teile völlig selbständig dem unerledigt bleibenden Reste gegenüberstehen und daß eine Rückwirkung des noch nicht abgeschlossenen Verfahrens auf die vorab endgültig festzustellenden Teile nicht stattfinden kann Deshalb müssen jedenfalls örtlich verschiedene Flächen in Frage stehen. Dabei kann auch in Betracht kommen, ob nicht zu einer solchen Festsetzung eines Teiles des Planes die Zustimmung der Polizeibehörde von neuem nötig erscheint, da unter Umständen der Zusammenhang und die Einheitlichkeit des Planes, so wie er vorgelegt war, für ihre Zustimmung von wesentlicher Bedeutung sein kann (vgl. Bem. 6 zu § 1). Schreitet der Gemeindevorstand, ohne die hiernach notwendige Zustimmung eingeholt zu haben, oder bevor über die nicht erledigten Einwendungen seitens der berufenen Behörden endgültig beschlossen war, zur förmlichen Festsetzung des Planes, so entbehrt dieser der Rechtswirksamkeit (OVGE. v. 4. April 98 Nr. IV 628). Unzulässig erscheint eine Zerreißung des Planes in der Weise, daß auf derselben Fläche bestimmte Anlagen (etwa die Straßenzüge) festgestellt werden, während andere, damit in Verbindung stehende Einrichtungen (z. B. für die Entwässerung) noch in der Schwebe bleiben (OVGE. Bd. 8 S. 319ff.).

4. Die förmliche Feststellung des Planes, seine Auslegung und die bezügliche Bekanntmachung, die auch im Falle des § 7 Abs. 2 erforderlich sind, dürfen nicht fehlen. Dasselbe gilt auch für Abänderungen eines bestehenden Bebauungsplanes (PrVerwBl. 20 S. 151).

5. Gegen die Festsetzung von Fluchtlinien ist der Rechtsweg nach allgemeinen Grundsätzen ausgeschlossen (vgl. auch E. des Kompetenz-Gerichtshofes v. 8. Jan. 76 — MBl. S. 78 — und v. 11. Febr. 65 — JMBl. S. 106). Daß der Zivilrichter und der Verwaltungsrichter als Inzidentpunkt die Rechtmäßigkeit der Festsetzung und danach die Rechtswirksamkeit des Fluchtlinienplanes entstehendenfalls zu prüfen hat, bedarf kaum der Erwähnung (OVGE. Bd. 25 S. 387, PrVerwBl. 15 S. 371; RGE. II. ZS. v. 3. Nov. 99, PrVerwBl. 21 S. 209). Ob der Fluchtlinienplan, der den

gesetzlichen Bestimmungen gemäß zustande gekommen und förmlich festgestellt ist, zweckmäßig oder unzweckmäßig sein möchte, darüber hat der Verwaltungsrichter nicht zu entscheiden, das ist Sache des geordneten Verfahrens der Beschlußbehörden (OVGE. v 5. Juni 99, Bd. 36 S. 412).

6. Der Entwurf enthielt noch die Bestimmung, daß die durch Aufstellung und Offenlegung des Planes erwachsenden Kosten der Gemeinde zur Last fallen Die Komm. d. AH. strich das als selbstverständlich

§. 9.

Sind bei Festsetzung von Fluchtlinien mehrere Ortschaften betheiligt, so hat eine Verhandlung darüber zwischen den betreffenden Gemeindevorständen stattzufinden.

Ueber die Punkte, hinsichtlich deren eine Einigung nicht zu erzielen ist, beschließt der Kreisausschuß.

An Stelle des Kreisausschusses tritt in Stadtkreisen und den einem Landkreise angehörigen Städten von mehr als 10 000 Einwohnern der Bezirksausschuss, in Berlin der Minister der öffentlichen Arbeiten.

1. Die Voraussetzung des § 9 ist zunächst da gegeben, wo die Straße an der Grenze zweier Ortschaften liegt oder aus einer Ortschaft in die andere hinüberführt. Die Bestimmung wird aber auch dann zur Anwendung kommen müssen, wenn eine Ortschaft zu mehreren Kommunalbezirken gehört, wie das in ländlichen Ortschaften bei dem Durcheinanderlaufen der Grenzen zwischen Guts- und Gemeindebezirk häufiger vorkommt. Vgl. auch die Bemerkung 2 zu § 12.

2. Der Kreisausschuß hat über diejenigen Punkte ebenfalls zu entscheiden, hinsichtlich deren eine Einigung wegen mangelnden Einverständnisses der Gemeinden oder deren Vertretungen nicht zu erzielen ist (vgl. Bem. 2 zu § 5).

An sich würde die Entscheidung, wo die Fluchtlinienfestsetzung von den Gemeindevorständen ausgeht, in einem abgesonderten Vorverfahren zu treffen sein, nach dessen Beendigung die Gemeindevorstände sich dann erst mit den Ortspolizeibehörden ins Benehmen zu setzen hätten. Je nach Belegenheit der Sache mag es aber angemessen sein, die Polizeibehörden schon vorher herbeizuziehen, so daß etwaige Meinungsverschiedenheiten mit diesen in demselben Verfahren zum Austrage gebracht werden können.

§. 10.

Jede, sowohl vor als nach Erlaß dieses Gesetzes getroffene Festsetzung von Fluchtlinien kann nur nach Maßgabe der vorstehenden Bestimmungen aufgehoben oder abgeändert werden.

Zur Festsetzung neuer oder Abänderung schon bestehender Bebauungspläne in den Städten Berlin, Potsdam, Charlottenburg und deren nächster Umgebung bedarf es Königlicher Genehmigung.

1. Aus der Fassung des § 10 sind Bedenken entnommen worden, ob es gestattet sei, eine vor Erlaß des Gesetzes festgestellte Fluchtlinie durch ein neues Verfahren in eine Fluchtlinie nach Maßgabe des Gesetzes umzuwandeln, da die alte Fluchtlinie weder aufgehoben noch abgeändert werde, wenn sie mit der neuen völlig zusammenfalle. Die Bedenken sind unberechtigt. In dem ersten Satze des § 10 hat nur — was freilich auch aus allgemeinen Rechtsgrundsätzen folgen würde — bestimmt zum Ausdruck gebracht werden sollen, daß frühere Fluchtlinienfestsetzungen bestehen bleiben. Damit ist den Gemeinden nicht verwehrt, die alte Fluchtlinie nochmals nach Vorschrift des Gesetzes festzustellen; auch eine solche Festsetzung ist, wie § 1 in den Eingangsworten voraussetzt, „für die Anlegung oder Veränderung von Straßen" bestimmt und nirgends findet sich im Gesetze eine Anordnung, die ein derartiges Vorgehen ausschlösse. An sich ist aber nicht einzusehen, weshalb die Gemeinden behindert sein sollten, sich die mit der Festsetzung nach Maßgabe des Gesetzes verbundenen wesentlichen Vorteile zu sichern, weil schon eine alte Fluchtlinie und damit eine wenn auch anders geartete Beschränkung der Grundeigentümer besteht, während ihnen diese Befugnis unbestritten da zukommt, wo die Grundeigentümer durch eine Fluchtlinie bisher noch in keiner Weise beschränkt sind. Übrigens

kann eine wiederholte Festsetzung auch deswegen ratsam sein, weil in Beziehung auf die frühere Zweifel bestehen, sei es, daß die Rechtsgültigkeit der Feststellung überhaupt oder irgend eine Einzelheit nicht völlig klar ist. Vgl. RGE. V. ZS. v. 27. März 89 Bd. 23 S. 283; OVGE. Bd. 25 S. 387, PrVerwBl. 15 S. 371.

Früher waren — abgesehen von einzelnen Landesteilen (vgl. z. B. für die Stadt Frankfurt a. M. das G. v. 6. Febr. 49, OVGE. v. 15. März 90 Nr. IV 277, PrVerwBl. 19 S. 371) — für die Fluchtlinienfestsetzung bestimmte Formen gesetzlich nicht vorgeschrieben; es genügte daher jede Form, in die überhaupt eine polizeiliche Anordnung gekleidet werden kann; auch für Bebauungspläne bedurfte es weder einer Veröffentlichung noch einer Beachtung der Vorschriften für den Erlaß von Polizeiverordnungen. Die Zirkularverfügung des Ministers für Handel 2c. v. 12. Mai 55 (MBl. S. 100), welche allerdings für die Vorbereitung des Planes ein gewisses Publikationsverfahren anordnet, enthält nur eine Anweisung an die Behörden und ist keine, einer Gesetzesvorschrift gleichzuachtende Satzung, von deren Befolgung die Gültigkeit der älteren Bebauungspläne abhängt. OVGE. Bd. 5 S. 381 ff., Bd. 19 S. 83 ff, PrVerwBl. 12 S. 120; E. v. 17. Dez. 91 Nr. IV 37; RGE. Bd. 6 S. 295, Bd. 17 S. 166, PrVerwBl. 11 S. 393 u. 364. Bezüglich des Bebauungsplanes für Charlottenburg vom Jahre 1862 vgl. OVGE. Bd. 5 S. 381. Über die Verschiedenheit des rechtlichen Wesens der nach dem G. v. 2. Juli 75 und der nach dem älteren Recht vorgenommenen Baufluchtenfestsetzungen vgl. OVGE. v. 11. Juli 96 Nr. II 1403; OVGE. Bd 30 S 63, PrVerwBl. 17 S. 513.

2. Ob ein älterer Bebauungsplan veröffentlicht ist oder nicht, hat indes nach anderer Richtung hin eine erhebliche Rechtswirkung. Wie die Zivilgerichte bei den Entschädigungsklagen der Grundbesitzer in feststehender Rechtsprechung angenommen haben, wird für die Beteiligten erst durch die amtliche Veröffentlichung erkennbar, daß der Plan eine Anordnung der zuständigen Behörde enthält; während die Veröffentlichung eine sofortige Belastung der betreffenden Grundstücke mit den aus dem Plane hervorgehenden öffentlich-rechtlichen Beschränkungen bewirkt, treten diese bei unterlassener Veröffentlichung erst mit dem Augenblicke ein, in welchem die Polizeibehörde eine erbetene Bauerlaubnis auf Grund des Planes versagt und damit die Anordnung zur Kenntnis der Be-

teiligten bringt. Ob der Grundbesitzer etwa vorher auf nichtamtlichem Wege Kunde von dem Plane erlangt hat, ist an sich unerheblich und kann möglicherweise nur dahin führen, das Vorhandensein eines Schadens, der sonst aus den Beschränkungen entsteht und regelmäßig einen Entschädigungsanspruch gegen die Gemeinde begründet, im gegebenen Falle zu verneinen (wenn z. B. der Eigentümer das Grundstück infolge jenes Umstandes zu einem entsprechend niedrigeren Preise erworben hat). OTrE v. 27. Febr. 65 Bd. 53 S. 35, v. 31. Mai 66 Bd. 56 S. 21, v. 10. Juli 77 Bd. 80 S. 34 und v. 29. Nov. 77 Strieth. Bd. 99 S. 255; RG. V. ZS. v. 14. Jan. 82 Bd. 6 S. 295; JMBl. S. 135; PrVerwBl. 4 S. 7; v. 14. Okt. 82, PrVerwBl. 4 S. 68; v. 14. April 86, PrVerwBl. 8 S. 181; v. 29. Mai 86, PrVerwBl. 7 S. 352; v. 27. Nov. 86, PrVerwBl. 8 S. 238; v. 2. Juli 88, PrVerwBl. 9 S. 407 und v. 16. Nov. 89, PrVerwBl. 11 S. 196; RGE. v. 28. Nov. 91, PrVerwBl. 13 S. 342; RGE. VII. ZS. v. 11. Mai 00, PrVerwBl 21 S. 589.

3. Darüber, ob eine Fluchtlinienfestsetzung — sei es nach älterem, sei es nach neuerem Rechte — stattgefunden hat und welche Fluchtlinie hierbei festgesetzt ist, muß nach Lage des einzelnen Falles befunden werden (OVGE. Bd. 21 S 375 ff., Bd. 23 S. 364, Bd. 28 S. 371, v. 11. Sept. 84 Nr. II 721, PrVerwBl. 6 S. 30; v. 28. Okt. 85 Nr. II 1044, PrVerwBl. 7 S. 143; v. 20. Juni 90 Nr. IV 643, PrVerwBl. 11 S 572; v. 17. Febr. 91 Nr. IV 164; v. 10. März 91 Nr. IV 239, PrVerwBl. 12 S. 554 und v. 5. Jan 92 Nr IV 16).

4. An sich wird durch die Fluchtlinienfestsetzung nur das P r o j e k t einer künftigen Straßenanlage aufgestellt; der Fluchtlinie kommen daher anderweite rechtliche Wirkungen, als die im Gesetz bestimmten, nicht zu (OVGE. Bd. 20 S. 225, Bd. 25 S. 387, PrVerwBl. 15 S. 371; v. 22. Dez. 81 Nr. II 75 und 9. April 85 Nr. II 404, PrVerwBl. 6 S. 300). Eine besondere, hier nicht weiter zu erörternde Folge kann die Festsetzung auf dem Gebiete der Gemeindebesteuerung nach § 27 Abs. 2 des Kommunalabgabengesetzes v. 14. Juli 93 haben.

Über die Durchführung des Planes enthält das Gesetz keine näheren Anordnungen; sie erscheinen auch entbehrlich. Nach der Stellung, welche auf diesem Gebiete den Gemeindeorganen zukommt und ihnen außerdem noch besonders durch das Gesetz angewiesen ist (vgl. Einleitung unter I sowie § 1 Abs. 1 und § 5), hat die Verwirklichung des Projektes der Regel nach von der Gemeinde auszugehen (OVGE. v. 2. Dez. 96 Nr. IV 1967; v. 20. März 96, Nr. II 627; Bochmann, Mitteilungen Bd. 2 S. 387); dem entspricht es, wenn § 11 nur der „Gemeinde" das Recht zuerkennt, die nach dem Fluchtlinienplane für Straßen und Plätze bestimmte Grundfläche zu enteignen (vgl. auch § 13 Nr. 1) Hierdurch wird indes die Einwirkung der Polizeibehörde, wenngleich sie daraus Anlaß nehmen mag, sich bei Ausübung der ihr zustehenden Befugnisse in betreff der Fürsorge für die öffentlichen Wege eine gewisse Beschränkung aufzuerlegen, doch jedenfalls nicht beseitigt. Liegt ein Bedürfnis zur Ausführung der Straßenanlage vor, so ist die Polizeibehörde berechtigt, sie auf Grund des § 56 des ZustG. v. 1. Aug. 83 der wegebaupflichtigen Gemeinde aufzugeben und nötigenfalls zwangsweise durchzusetzen (OVGE. v. 22. Sept. 98 Nr. IV 1850); bei entstehendem Streite wird über die Notwendigkeit und Angemessenheit der Anforderung, wie bei allen anderen wegebaupolizeilichen Verfügungen, in dem gesetzlich geregelten Verfahren befunden. Der Polizeibehörde verbleibt daneben die ihr zustehende Aufsicht über die öffentlichen Straßen auch insofern, als sie die Art, wie die Straßen einzurichten und demnächst für den öffentlichen Verkehr geeignet zu erhalten sind, in gewöhnlicher Weise zu bestimmen hat. Darin liegt zunächst ihre Befugnis, von dem Ausbau der Straße in voller Breite einstweilen abzusehen, so daß ein Teil des künftigen Straßenlandes vorläufig noch den Eigentümern verbleibt. Diese Flächen sind dann zu behandeln wie anderes Grundeigentum, über das im Bebauungsplane eine noch nicht ausgeführte Straße gelegt ist; ihre Umwandlung in Vorgärten kann deshalb nicht gefordert werden (OVGE. v. 20 Juni 90 Nr IV 643, PrVerwBl. 11 S. 572 und v. 10. März 91 Nr. IV 239, PrVerwBl. 12 S. 554; OVGE. Bd. 34 S. 421. Vgl. Bem 9 zu § 1, am Schluß) Die Einfriedigung der noch nicht tatsächlich zur Straße gezogenen Fläche ist nicht nur zulässig, sondern kann auch unter Umständen verlangt werden (vgl Bem. 2 zu § 11). — Weiter hat die Polizeibehörde über die **Einteilung der Straße** in Bürgersteig, Fahrdamm, Promenadenweg usw. zu bestimmen; denn das Gesetz überträgt den Gemeinden nur die Festsetzung der Fluchtlinie, also der Richtung und der Breite der Straße, verbunden mit der erforderlichen Anordnung über die Neigungs- und Abwässerungsverhältnisse (§ 4). Nun mag es durchaus zweckmäßig sein, bei Feststellung des Planes im Einverständnisse mit der Polizeibehörde zugleich auch die Einteilung der Straße zu regeln; soweit dies aber nicht geschehen sein sollte, tritt in erster Linie die Polizeibehörde mit ihren Anordnungen ein und es kann jedenfalls die Gemeinde nicht einseitig vorgehen, sie bleibt an die Zustimmung der Wegepolizeibehörde gebunden. Daneben bildet auch eine mit der Fluchtlinienfestsetzung zusammen erfolgte Einteilung der Straße keinen gesetzlichen Bestandteil der ersteren, so daß davon nur im Wege einer neuen Fluchtlinienfestsetzung abgewichen werden könnte. Denn die Fluchtlinie ist nicht dazu bestimmt, die Einteilung der Straße zu regeln. Deshalb braucht auch der Fluchtlinienplan gar keine Vorschriften darüber zu enthalten. Sind solche getroffen, so kann jederzeit von ihnen abgegangen werden. Infolgedessen bleibt die Polizeibehörde befugt, von der Gemeinde die Verbreiterung des Bürgersteiges auf Kosten des Fahrdammes oder umgekehrt des Fahrdammes auf Kosten des Bürgersteiges vermittels einfacher wegebaupolizeilicher Verfügung zu verlangen. Endlich hat die Polizeibehörde bei der Bestimmung darüber mitzuwirken, wie die einzelnen Teile der Straße herzustellen und insbesondere zu befestigen sind. Dies hat im Gesetze selbst eine ausdrückliche Anerkennung gefunden, indem nach § 12 die baupolizeilichen Bestimmungen des Orts darüber entscheiden, ob eine Straße für den öffentlichen Verkehr und den Anbau fertiggestellt ist. OVGE. Bd. 14 S 275, v. 17. Febr 86 Nr. I 223, PrVerwBl. 7 S. 364; v. 11. Sept. 86 Nr. I 1081, PrVerwBl. 8 S. 23; v 27. Nov. 86 Nr. I 1377; v 25. Mai 87 Nr. I 574, PrVerwBl. 8 S. 314; v. 8. Okt. 87 Nr. I 1104 und v. 17. März 88 Nr. I 188, PrVerwBl. 9 S. 266; v. 17. Juni 1897 Nr. IV 1076; v. 22. Sept 94 Nr II 1249, PrVerwBl. 16 S. 85.

Wann eine Straße tatsächlich ins Leben getreten und damit auch rechtlich als öffentlicher Weg dem Schutze der Polizeibehörde unterstellt ist, läßt sich nur nach den Verhältnissen des einzelnen Falles beurteilen. Zweifellos ist nicht der vollständige Ausbau, die Herstellung in einer dem Fluchtlinienplane entsprechenden oder allen polizeilichen Ansprüchen genügenden Weise erforderlich; vielmehr kann nicht bloß die Anlegung stufenweise erfolgen, sondern die Straße auch bei allmählichem und langsamem Ausbau schon geraume Zeit vor ihrer Vollendung die Eigenschaft eines öffentlichen Weges angenommen haben. Das Entscheidende wird immer bleiben, ob die Straße unter ausdrücklicher oder stillschweigender Zustimmung der Polizeibehörde tatsächlich dem öffentlichen Verkehre freigegeben ist. Vgl. OVGE. Bd. 20 S. 226, 227, Bd. 24 S. 379ff. und v. 1. Juli 93 Nr. II 751. Die Zustimmung der Polizei zu dem Fluchtlinienplan (§ 1) bedeutet nur die Genehmigung, daß dem Plane gemäß künftig eine Straße geschaffen werden könne und solle, sie bedeutet aber noch nicht die Zustimmung dazu, daß nun die Stadtgemeinde lediglich nach ihrer eigenen Entschließung die Straße dem öffentlichen Verkehr übergeben und damit die öffentliche Straße schaffen könne. Nur das Projekt, nicht die Schaffung der Straße selbst, nicht ihre Widmung für den öffentlichen Verkehr ist durch den Plan genehmigt. Zu dieser Widmung, zu der Entstehung der Straße als einer öffentlichen Stadtstraße bedarf es noch einer weiteren Zustimmung der Polizei (OVGE v. 18. April 01; OVGE. Bd. 39 S. 216, PrVerwBl. 22 S. 569; ebenso OVGE. v. 20. April 03 Nr. IV 711), nötigenfalls auch der Regelung der öffentlich-rechtlichen Unterhaltung (OVGE. Bd. 32 S. 204 vgl. § 15 Bem. 2).

Die Zustimmung der Polizei durch Klage zu erzwingen, haben die Gemeinden keine Berechtigung, sie können nur Beschwerde im Aufsichtswege führen (OVGE. Bd 39 S. 206).

5. Jede ordnungsmäßig festgesetzte Fluchtlinie kann nach Erlaß des Gesetzes nur auf dem vorgeschriebenen Wege abgeändert werden. Damit ist die dem Minister für Handel in dem Allerhöchsten Erlasse v. 26. Juli 62 erteilte Ermächtigung (vgl. Bem 9 zu § 1) hinweggefallen, im Bereiche des Bebauungsplans für Berlin und Umgebung Anordnungen wegen Einrichtung von Vorgärten zu treffen, also eine von der Bauflucht verschiedene Straßenflucht festzusetzen (OVGE. v. 20. Juni 90 Nr. IV 643, PrVerwBl. 11 S. 572; E. v. 13. Juni 98 Nr. IV 1110; OVGE. Bd. 34 S. 421). In diesem wie in dem umgekehrten Falle, wenn Straßen über die festgesetzte Straßenflucht oder über die tatsächlich bestehende Breite hinaus verbreitert, also auch wenn die auf ordnungsmäßiger Anordnung beruhenden Vorgärten zur Straße gezogen werden sollen, bedarf es sachgemäß zunächst der Festsetzung neuer Fluchtlinien in Gemäßheit des Gesetzes. Bezüglich der Frage, ob der Wegepolizei-

behörde, wenn sie die Neuanlegung einer bisher nicht vorhandenen Straße durchsetzen will, in der Weise vorgehen kann, daß sie der Gemeinde mittels wegepolizeilicher Verfügung die Herstellung der Straße aufgibt, ist schon in Bem. 5 zu § 1 das Erforderliche gesagt. Der Ansicht, daß ein solches Verfahren unter allen Umständen unzulässig und daß zunächst die Festsetzung der Fluchtlinie zu fordern sei, kann nicht beigepflichtet werden. Es sind wohl Fälle denkbar, wo das Bedürfnis für Neuschaffung einer städtischen Straße vorliegt, ohne daß es einen Zweck hätte, erst Fluchtlinien festzusetzen.

6. Einigermaßen unklar ist das Verhältnis des § 10 zu dem § 57 des ZustG. v. 1. Aug. 83. Über die Rückwirkung dieser letzteren, das Verfahren bei **Einziehung aller öffentlichen Wege** regelnden Bestimmung auf das G. v. 2. Juli 75 finden sich in den Verhandlungen über den Erlaß des Zuständigkeitsgesetzes keine besonderen Andeutungen. Der Entwurf einer Wegeordnung vom Jahre 1877/78 hatte hierauf Rücksicht genommen; er brachte das Verfahren wegen Einziehung öffentlicher Wege in Einklang mit den Grundsätzen des Gesetzes v. 2. Juli 75 und schrieb außerdem noch besonders vor, die Bestimmungen dieses Gesetzes sollten unberührt bleiben. Die Motive zu dem gen. Entwurf der Wegeordnung (Drucks. d. AH. 1877/78 Nr. XIV S. 48—51) sagen, daß die Prinzipien des G. v. 2. Juli 75 auch für die Bestimmungen über Anlegung, Einziehung und Verlegung von Wegen leitend und maßgebend gewesen wären Von welcher Anschauung nun bei Abfassung des § 57 ausgegangen ist, läßt sich zwar nicht sicher erkennen; jedenfalls kann aber die Absicht nicht darauf gerichtet gewesen sein, den § 10 durch die neuere Vorschrift zu beseitigen. Näher läge die Auffassung, daß § 57 sich auf die unter das G v. 2. Juli 75 fallenden Straßen überhaupt nicht beziehe; allein einesteils steht dem der Wortlaut des § 57 entgegen, da die Straßen zweifellos zu den öffentlichen Wegen gehören (OVGE. Bd 25 S. 239), anderenteils kommt in Betracht, daß irgend welche näheren Anordnungen über die Einziehung von Straßen im G. v. 2. Juli 75 überhaupt nicht getroffen sind, das Gesetz sich vielmehr darauf beschränkt, ein besonderes Verfahren für die Aufhebung früher festgestellter Fluchtlinien vorzuschreiben. Hiernach fragt es sich, ob stets und unter welchen Umständen die

beiden, verschieden geordneten Verfahren nebeneinander innegehalten werden müssen und welches von beiden, da eine gleichzeitige Einleitung und Durchführung außerordentlich unzweckmäßig sein dürfte, in solchen Fällen voranzugehen hat. Man wird wohl unterscheiden müssen. Der § 57 findet nur auf tatsächlich vorhandene, zu Recht bestehende öffentliche Wege Anwendung; sind also lediglich Fluchtlinien festgesetzt, ohne daß die Straße tatsächlich schon ins Leben gerufen ist, so scheidet § 57 aus. Das ist klar. Zweifel sind darüber geäußert — auch in den früheren Auflagen dieses Werkes — ob dasselbe anzunehmen für den Fall, daß eine vorhandene mit Fluchtlinien versehene städtische Straße eingehen oder verlegt werden soll, ein Fall, der bei Durchbruchsprojekten in größeren Städten öfter vorkommt. Handelt es sich dabei nur um kleine Wegekorrekturen, so ist, wie auch sonst bei öffentlichen Wegen (OVGE. Bd. 19 S. 259), von dem Verfahren nach § 57 ZustG. abzusehen. Man ist nun der Meinung gewesen, daß auch sonst in solchem Falle nur das Verfahren des § 10 erforderlich sei, und hat folgendermaßen deduziert: „Die Straße ist vor allem auch für den inneren Verkehr bestimmt; sollen nun die dafür festgesetzten Fluchtlinien ‚in der Absicht' aufgehoben werden, damit die Straße selbst vollständig, auch als Verkehrsweg, zu beseitigen, so bleibt für die Anwendung des § 57 kein Raum; die Einziehung der Straße als das Größere schließt das Geringere, die Einziehung des öffentlichen Weges, notwendig in sich." Dagegen sind jedoch erhebliche Bedenken geltend zu machen. Daß die städtischen Straßen, auch wenn sie mit Fluchtlinien versehen sind, dem § 57 ZustG. unterstehen, ist schon erwähnt. Im wesentlichen schafft die Festsetzung von Fluchtlinien eine Norm für das örtliche Baurecht, das Fluchtliniengesetz steht mit der Wegegesetzgebung „nur in einem losen und äußerlichen Zusammenhange" (Motive z. FluchtlG. StenB. des AH. Anl Bd. 1 1875 S. 290). Es ist eines der Mittel, den Anbau zu fördern, indem die dazu nötigen Straßen erschlossen werden (OVGE. v. 20. April 95 Nr. IV 613, Bochmann, Mitt. II S. 75). Man muß aber Absicht und Wirkung der Festsetzung von Fluchtlinien scharf unterscheiden (OVGE. Bd. 25 S. 387). Die Absicht, der Zweck ist, Straßen zu schaffen, die Wirkung ist es aber nicht, es entstehen durch die Fluchtlinien keine Straßen, dazu müssen noch andere Momente hinzukommen. Fluchtlinien sind nicht einmal die notwendige Vorbedingung für die Entstehung von Straßen (OVGE. Bd. 14 S. 402, v. 24. Okt. 94 Nr. II 1431; v. 22. Sept. 94 Nr. II 1294 in Bochmann, Mitt. I S. 126 u. 110; vgl. VerwArch. III S. 580f.). Die Aufhebung von Fluchtlinien kann aber nicht mehr beseitigen, als was durch die Festsetzung geschaffen ist (vgl. Bem. 4 zu diesem Paragraphen). Wenn aber durch die Festsetzung von Fluchtlinien keine Straßen entstehen, so können auch durch ihre Aufhebung keine Straßen wegfallen. Die „Absicht", der Zweck der Aufhebung von Fluchtlinien kann die Einziehung von Wegen, Straßen sein, ihre Wirkung ist es nicht, dazu gehört noch mehr. Es werden mithin auch für diesen Fall beide Verfahren aus § 10 dieses G. und aus § 57 ZustG. nicht zu entbehren sein. Sie können aber nur dann als sachgemäß geordnet gelten, wenn das Verfahren aus § 10 dieses G. demjenigen aus § 57 ZustG. vorhergeht. Denn da Fluchtlinien, welche nicht eine schon bestehende städtische Straße begrenzen, keine weitere Bedeutung haben, als die einer projektierten Straße, unter Umständen des Beginnes ihrer Anlegung, so würde die Kassierung einer Straße ohne vorherige Kassierung der Fluchtlinien die bestehende Straße wieder in das Stadium ihres Projektes zurückführen. Das wäre widersinnig. Eine gleiche Ordnung des Verfahrens wird innezuhalten sein, wenn Fluchtlinien für einen bereits vorhandenen öffentlichen Weg festgesetzt sind, aber die Straße selbst noch nicht hergestellt ist, und nun der Weg eingezogen werden soll; denn die Aufhebung der Fluchtlinien bedeutet auch hier an sich nur das Aufgeben der Absicht, den Weg in eine Straße zu verwandeln, läßt also den Weg als solchen bestehen. Auch wenn eine Straße, selbst auf Grund einer Zwangsverfügung der Polizei, verbreitert werden soll, so wird sachgemäß die Aufhebung und Neufestsetzung der Fluchtlinien zuerst erfolgen, und zwar schon im Interesse der Gemeinde selbst, da dann erst die Wirkungen des § 11 eintreten. — Das OVG. hat diese Fragen in den E. v. 17 Febr. 91 Nr. IV 164, v. 3. Juni 92 Nr. IV 582 und v. 21. Juni 92 Nr. IV 651 gestreift; in dem Erkenntnis v. 18. April 98 Nr. IV 723 ist bestimmt ausgesprochen, daß bei Straßen dem Einziehungsverfahren die Kassierung der Fluchtlinien nach § 10 des G. v. 2. Juli 75 in den Formen dieses Gesetzes vorangehen müsse. Wesentlich in Übereinstimmung mit obigen Darlegungen wird ausgeführt: Ohne diese Beseitigung der Fluchtlinien würde die Durchführung des Verfahrens nach § 57 des Zuständigkeitsgesetzes die Kassation des öffentlichen Weges herbeiführen, ohne den Bestand der Fluchtlinien mit seinen rechtlichen Wirkungen zu berühren, und so im Effekt der Rechtszustand geschaffen werden, der durch die Bestimmung der Fluchtlinien für künftige erst projektierte Straßen entsteht. Statt dessen gehe aber das Ziel des Verfahrens aus § 57 a. a. O. gerade dahin, aus Straßenland freies Privateigentum am Wegekörper ohne die Einschränkungen zu schaffen, die das Gesetz für bestehende, wie für durch Fluchtlinien projektierte Straßen begründet. Daraus ergebe sich mit Notwendigkeit, daß von der Kassation der Straße so lange nicht die Rede sein könne, als nicht die Straßenfluchtlinien ordnungsmäßig beseitigt sind. Die E. v. 3. April 91 Nr. IV 316, PrVerwBl. 13 S. 318 enthält den einer weiteren Begründung nicht bedürftigen Satz, daß mit der Festsetzung eines Bebauungsplanes jedenfalls nicht alle Wege, die sich auf dem davon betroffenen Gelände befinden und demnächst bei Durchführung des Planes entbehrlich werden, ohne weiteres hinwegfallen. — Sollen ältere Straßen eingezogen werden, für die sich eine Fluchtlinienfestsetzung nicht nachweisen läßt, so kommt § 10 überhaupt nicht in Frage.

7. Über das Verhältnis des § 10 zu dem Eisenbahngesetze v. 3. Nov. 38 spricht sich ein Erlaß des Handelsministers v. 8. Mai 76 folgendermaßen aus: Durch das G. v. 2. Juli 75 ist das im § 4 des Eisenbahngesetzes dem Handelsminister übertragene Recht, die Linie der zur Ausführung genehmigten Bahnen in ihrer Durchführung durch alle Zwischenpunkte festzustellen, in keiner Weise alteriert und ebensowenig hinsichtlich der Befugnis, die durch die Eisenbahnanlage notwendig gewordenen Anlagen an Wegen 2c. festzusetzen, welche nach § 14 des Eisenbahngesetzes den Regierungen und nach § 21 des Enteignungsgesetzes v. 11 Juni 74 den Verwaltungsgerichten (jetzt nach dem Zuständigkeitsgesetze v. 1. Aug. 83 den Bezirksausschüssen) zusteht, eine Änderung eingetreten. Insoweit die Ausübung dieser Befugnis die Aufhebung oder Änderung von Straßen oder Fluchtlinien bedingt, ist das Verfügungsrecht der zur Feststellung von Straßen und Fluchtlinien berufenen Behörden, welchen bei Bestimmung der Bahnlinie eine Mitwirkung oder ein Widerspruchsrecht nicht zusteht, überhaupt ausgeschlossen und kann § 10 d. G. v. 2. Juli 75 nur in-

soweit Anwendung finden, als die Möglichkeit, über das innerhalb der Grenzen des Weichbildes oder des Bebauungsplanes belegene Terrain zu verfügen, nicht durch eine gesetzliche Verpflichtung, anderweite mit den Straßenanlagen kollidierende Anlagen zu dulden, beseitigt oder beschränkt wird. Doch ist es angezeigt, dem Gemeindevorstande und der Ortspolizeibehörde Gelegenheit zur Geltendmachung von Anständen oder Änderungsvorschlägen zu geben. — Die hier vertretene Auffassung findet allerdings] in dem Wortlaute des Gesetzes (§§ 10 u. 19) keine Stütze; sie ist aber in der Theorie und Praxis die herrschende geworden. Ohne Bedenken stimmen derselben zu: Seydel, Das Enteignungsgesetz III. Aufl. S. 32 Anm. 1, Endemann, Das Recht der Eisenbahnen S. 297, Eger, Das Enteignungsgesetz II. Aufl. Bd. 1 S. 63, Handbuch des Preuß. Eisenbahnrechts Bd. 1 S. 513, Jacschke, Die Pr. Baupolizeigesetze S. 41, Bochmann, Die Baupolizei S. 41. Ihr zu folgen wird auch unvermeidlich sein, wenn man nicht in unlösbare Konflikte geraten und die Einführung von Eisenbahnlinien in die Städte unter Umständen unmöglich machen will Wenn man davon ausgeht, daß die Festsetzung der Eisenbahnlinie ein Akt der Staatshoheit ist (Gleim, Das Recht der Eisenbahnen, S. 54 f.), so kann aus diesem rechtlichen Charakter der Bahnlinienfestsetzung gefolgert werden, daß die betreffenden Vorschriften des Eisenbahngesetzes auch durch sonstige Gesetze, welche besondere Materien behandeln, nicht berührt sind, selbst wenn dies in dem betreffenden Gesetze nicht ausdrücklich ausgesprochen ist. (Archiv für Eisenbahnwesen 1902, S. 1227) Auch das Deichgesetz v 28. Febr. 48 (GS. S. 54) hat die Bestimmungen der §§ 4 und 14 des Eisenbahngesetzes nicht ausdrücklich aufrechterhalten, und es wird doch nicht daran gezweifelt, daß der Minister an das Verfahren des Tit. XIII des ZustG. nicht gebunden ist (Fritsch und Conrad, Handwörterbuch S. 163, vgl auch Verhandlungen über den Entwurf der Wegeordnung 1877/78, Drucks. d. AH. Nr. 181 S. 84). Man wird ohne große Bedenken sagen können, daß die Vorschriften in § 4 und § 14 des Eisenbahngesetzes keine „entgegenstehenden" Vorschriften im Sinne des § 19 des FluchtlG. sind. Immerhin wäre es entschieden zweckmäßig gewesen, in ähnlicher Weise, wie dies durch den § 158 des ZustG. geschehen ist, dem § 19 ausdrücklich eine Bestimmung hinzuzufügen, daß die den Landespolizeibehörden und dem Minister der öffentlichen Arbeiten im Eisenbahngesetze überwiesenen Befugnisse durch das G. v. 2. Juli 75 nicht berührt werden sollen.

§. 11.

Mit dem Tage, an welchem die im §. 8 vorgeschriebene Offenlegung beginnt, tritt die Beschränkung des Grundeigenthümers, daß Neubauten, Um- und Ausbauten über die Fluchtlinie hinaus versagt werden können, endgültig ein. Gleichzeitig erhält die Gemeinde das Recht, die durch die festgesetzten Straßenfluchtlinien für Straßen und Plätze bestimmte Grundfläche dem Eigenthümer zu entziehen.

1. Im § 11 sind — abgesehen von der Errichtung der Vorgärten (vgl. § 1 d. G.) — die rechtlichen Wirkungen enthalten, welche der Festsetzung der Fluchtlinie durch das Gesetz beigelegt sind. Beide Sätze dieses von der Komm. d. AH. neugeschaffenen Paragraphen erschienen der Kommission eigentlich selbstverständlich. Sie wurden aber, wie der Bericht sagt, aufgenommen, weil die Staatsregierung die entgegengesetzte Ansicht für richtig hielt, daß es auch nach Festsetzung der Fluchtlinien zur Entziehung oder dauernden Beschränkung des Grundeigentums der im § 2 des Enteignungsgesetzes v. 11. Juni 74 vorgeschriebenen Königlichen Verordnung bedürfe. Bei einer solchen Auffassung erklärte man das Gesetz mehr oder weniger für nutzlos. — Nach Erlaß des Gesetzes hat denn auch der Minister der öffentlichen Arbeiten wiederholt anerkannt, daß gegenüber einer in Gemäßheit der gesetzlichen Bestimmungen vorgenommenen Fluchtlinienfestsetzung die Enteignungsbehörden ohne weiteres das vorgeschriebene Verfahren einzuleiten haben, wenn von der Gemeinde die Feststellung der Entschädigung verlangt wird

2. Über die Bedeutung des ersten Satzes findet sich in den Verhandlungen der Komm. d. AH. so gut wie nichts. Etwas Neues — und es ist von erheblicher Bedeutung, dieses zu betonen — hat damit nicht angeordnet werden sollen; die Rechtsnorm, daß über die Fluchtlinie hinaus nicht gebaut werden dürfe, bestand von jeher; es sind aber die rechtlichen Folgen der Flucht-

linienfestsetzung näher abgegrenzt und es wird daneben der Zeitpunkt bestimmt, wann sie eintreten.

Daß die Handhabung des ersten Absatzes in der Hand der Baupolizeibehörde liegt, ist selbstverständlich und es hätte dieses gar keiner Erwähnung bedurft, wenn nicht neuerdings versucht wäre, und zwar hauptsächlich aus einer Rede des Abgeordneten Zelle bei der Beratung des Gesetzes zu deduzieren, daß der Gemeindebehörde die Handhabung der §§ 11 und 12 des G. in jeder Beziehung obliege. Vgl. die Aufsätze im PrVerwBl. 18 S. 393 ff. und 19 S. 233 ff.; VerwArch. Bd. 7 S. 91 ff. Der Verfasser der Aufsätze hat die Entstehungsgeschichte des Gesetzes, wie so vieles andere im Gesetz völlig mißverstanden. Nach dem Aufsatze im VerwArch. Bd. 7 scheint er seine weitgehenden Schlußfolgerungen nicht in allen Teilen aufrechtzuerhalten, doch aber kehrt der Grundirrtum seiner Anschauungen, durch welchen seine ganze Darlegung beherrscht wird, wieder. (Ebenfalls irrig Bering, PrVerwBl. 19 S 485.) Daß für die Festsetzung von Fluchtlinien und das Verfahren dabei, sowie für den Erlaß des Ortsstatuts, in dem nach § 12 das Bauverbot als öffentlichrechtliche Norm für die Baupolizeibehörde geregelt werden soll, der Gemeinde die Initiative und Zuständigkeit zugesprochen ist, ist richtig. Aber weiter ist das Gesetz nicht gegangen, in die sonstige allgemeine Zuständigkeit der Baupolizei hat das Gesetz nicht eingegriffen. Nirgends, auch in der Entstehungsgeschichte nicht, findet sich dafür der geringste Anhalt. Diese Bemerkung, mit der die gesamte Judikatur des OVG. und des Reichsgerichts, auch die Praxis übereinstimmt, muß den Ausführungen der obengenannten Aufsätze gegenüber, welche auch sonst nicht ohne viele Irrtümer — namentlich bezüglich der Rechtsmittellehre — sind, genügen (vgl. PrVerwBl. 19 Nr. 27 und Nr. 30; OVGE. v. 25. April 98 Nr. IV 771 in der Deutschen Juristen-Zeitung Bd. 3 S. 455).

Die Vorschrift des Abs. 1 steht ohne Zweifel in innerem Zusammenhange mit der Begriffsbestimmung der Fluchtlinie im § 1. Wenn es dort heißt: „über die Fluchtlinie hinaus ist die Bebauung ausgeschlossen," so wird hier gesagt: „es tritt die Beschränkung ein, daß Neubauten, Um- und Ausbauten über die Fluchtlinie hinaus versagt werden können". Das OVG. hatte früher angenommen, jene Begriffsbestimmung nötige zu der Auslegung, daß die Baupolizeibehörde verpflichtet sei, die Genehmigung zu einer Überschreitung der Fluchtlinie in jedem Falle zu versagen; denn die Absicht, durch den § 11 die im § 1 mit voller Schärfe ausgesprochene Wirkung der Fluchtlinienfestsetzung wieder abzuschwächen, sei nirgends angedeutet und dürfte daher nicht allein aus dem im § 11 gebrauchten Ausdrucke: „daß versagt werden können“ abgeleitet werden; auch sei nicht zu vermuten, daß die Durchführung einer Maßregel, die überwiegend zum Schutze der Gemeinde — um ihr nicht die Regulierung der Straße zu erschweren — getroffen sei, in das Ermessen der zur Wahrung anderer Interessen berufenen Polizeibehörde habe gestellt werden sollen (E. Bd. 7 S. 327, Bd 8 S. 299; v. 13. Febr. 82 Nr. II 223; v. 29. Okt. 83 Nr. II 789, PrVerwBl. 5 S. 168 und v 21. Juni 86, PrVerwBl. 7 S. 356). Diese Auslegung ist seit dem E. v. 22. Sept. 93 Nr. IV 928; OVGE. Bd. 25 S. 379, PrVerwBl. 15 S. 77 verlassen. Hier wird ausgeführt, die bisherige Auffassung sei mit dem Worte „können“ nicht wohl vereinbar; dieser Ausdruck beruhe auch nicht etwa auf einer Ungenauigkeit der Fassung, da nach den eingesehenen Protokollen der Komm. d. AH. ursprünglich die Worte: „nicht ferner zulässig sind“ gewählt gewesen, dann aber durch die Worte: „versagt werden können“ ersetzt worden seien. Weiter lasse sich aber auch die Begriffsbestimmung des § 1 Abs 4 nicht verwerten; sie bezwecke an sich nur, die rechtliche Bedeutung der Baufluchtlinie in ihrem Verhältnisse zur Straßenfluchtlinie klarzustellen, und könne nicht die ausnahmslose Rechtsnorm enthalten, daß jedes Bauen über die Fluchtlinie hinaus unzulässig sei, da doch sowohl die Einfriedigungen der Vorgärten, wie zahlreiche bauliche Anlagen auf der Straße selbst (Bedürfnisanstalten, Trinkhallen, Anschlagssäulen, Kanäle, vorspringende Gebäudeteile, wie Erker, Balkone, Risalite usw) gestattet seien. — Dem Ergebnis dieser Ausführungen ist zuzustimmen; insbesondere muß auch anerkannt werden, daß die Begriffsbestimmung des § 1 Abs. 4 ungenau ist. Sie stellt allerdings nicht bloß den Unterschied zwischen Straßen- und Baufluchtlinie fest; sie stellt im Gegenteil beide zunächst insofern gleich, als beide die Grenze bilden, über welche hinaus die Bebauung ausgeschlossen ist. Aber dieser letztere Ausdruck geht, wie die angeführten Beispiele zeigen, offenbar zu weit; er kann daher auch nicht in dem Sinne, wie das früher vom OVG. geschehen ist, zur Auslegung des § 11 benutzt werden; umgekehrt ist vielmehr anzunehmen, daß die allgemein gehaltene Begriffsbestimmung des § 1 ihre für die praktische Handhabung erforderliche nähere Begrenzung erst im § 11 gefunden hat. Ohne diese jetzt maßgebende Auffassung würde auch die Durchführung mancher Veranstaltungen, welche die Polizei und Gemeinde selbst im öffentlichen (sanitätspolizeilichen) Interesse zu befördern bestrebt sein müssen, unmöglich sein; dazu gehört z. B. die Anlage von unterirdischen Entwässerungsvorrichtungen — welche sehr wohl unter den Begriff der Neubauten des § 11 fallen können (PrVerwBl. 6 S 6) — zur Verbindung der Hausleitungen mit dem Straßenkanal, welche nach den meisten Polizeiverordnungen dem Hausbesitzer auch noch teilweise im Straßenterrain obliegt (OVGE. v. 10. März 97 Nr. IV 443)

Hiernach sind die Polizeibehörden nur befugt, nicht aber verpflichtet, auch das Bebauen des künftigen Straßengeländes zu untersagen (OVGE. v. 28. Febr. 01, Bd. 40 S. 380). Daraus folgt allerdings nicht, daß dem die Baugenehmigung Nachsuchenden ein Recht auf Konsenserteilung erwachsen kann, durch Verweigerung des Konsenses wird er in seinen Rechten nicht verletzt. Beschl. v. 9. Okt. 02 Nr. IV 864, PrVerwBl. 26 S. 149.

Das OVG. befindet sich damit im Einklang mit der Rechtsauffassung des Erlasses v. 15. Febr. 87 (MBl. S. 70), in dem die Minister des Innern und der öffentlichen Arbeiten eine allgemeine Anordnung für das Verfahren der Polizeibehörden getroffen haben. Es heißt darin:

„Diese Bestimmung (des § 11) verfolgt den Zweck, die Gemeinden dagegen zu schützen, daß durch eine inzwischen vorgenommene bauliche Veränderung der Wert eines ganz oder teilweise zu Straßenzwecken bestimmten Grundstückes gesteigert und die Gemeinde dadurch in die Lage versetzt wird, dem Eigentümer bei der demnächstigen Abtretung eine höhere Entschädigung als zum Zeitpunkte der Fluchtlinienfestsetzung zahlen zu müssen.

Es sind darüber Zweifel entstanden, wie sich im Hinblick auf diese Absicht des § 11 die Polizeibehörden bei der Behandlung der an sie herantretenden Gesuche auf Genehmigung von Bauten der gedachten Art zu verhalten haben. Behufs Herbeiführung eines gleichmäßigen Verfahrens in diesem Punkte sehen wir uns infolgedessen veranlaßt, dahin Bestimmung zu treffen, daß fortan die Polizeibehörden in eine Prüfung der betreffenden Gesuche erst dann einzutreten haben, wenn von dem Unternehmer die Einwilligung der Gemeinde zu dem beabsichtigten Bau in einer der Polizeibehörde genügende Sicherheit bietenden Weise beigebracht worden ist, und daß, wenn diese Einwilligung entweder nicht erteilt, oder aber die zur Beibringung derselben eventuell zu bestimmende Frist nicht innegehalten worden ist, die nachgesuchte Genehmigung auf Grund der Vorschriften im § 11 zu versagen ist Wird dagegen die Einwilligung nachgewiesen, so hat die Polizeibehörde nach Maßgabe der in Betracht zu ziehenden polizeilichen Gesichtspunkte die Erörterung des Gesuches zu veranlassen und dasselbe in gewöhnlicher Weise zu erledigen.

Es bedarf hierbei keiner besonderen Hervorhebung, daß das in vorstehendem geordnete Verfahren nicht dazu bestimmt sein kann, um unberechtigten Ansprüchen der Gemeinden Vorschub zu leisten. Wenn daher die Polizeibehörden die pflichtmäßige Überzeugung gewinnen sollten, daß von den Gemeindebehörden die Einwilligung zur Ausführung des Baues über die Fluchtlinie an Bedingungen geknüpft wird, welche über das Maß des Notwendigen hinaus der Gemeinde Vorteile zu verschaffen bezwecken, oder aber die Einwilligung aus dem Grunde abgelehnt worden ist, weil der Unternehmer sich derartigen Bedingungen nicht fügen will, so hat die Polizeibehörde hiervon ihrer vorgesetzten Behörde Anzeige zu erstatten, welche letztere und zwar, soweit sie nicht zugleich Kommunalaufsichtsbehörde ist, nach Kommunikation mit der letzteren die erforderliche Abhilfe eintreten zu lassen, bezw. darüber Entscheidung zu treffen hat, ob trotz der versagten Einwilligung die Baugenehmigung zu erteilen ist "

Wie nicht zu verkennen ist, kann hiernach unter Umständen, wo zwischen der Polizeibehörde und der Gemeinde Meinungsverschiedenheiten bestehen, ein Bau zuungunsten der Gemeinde gestattet werden, ohne daß diese dagegen einen Rechtsschutz hat. Das ist an sich ein Übelstand; er tritt hier aber nicht so scharf hervor wie beim § 12 (vgl. Bem. 8 dazu), weil das Interesse der Gemeinde hier regelmäßig in geringerem Grade beteiligt sein wird.

Übrigens fehlt in dem Erlasse auch eine erschöpfende Vorschrift über das Verfahren der Polizeibehörde in denjenigen Fällen, wo die Gemeinde ihre Zustimmung verweigert. Ist die Gemeinde einverstanden, so hat sie sich — darüber dürfte nach der Verfügung kein Zweifel bestehen — vor Abgabe ihrer Erklärung mit dem Bauherrn über die von diesem zu erfüllenden Bedingungen zu einigen, so daß die Polizeibehörde demnächst den Konsens ohne jede Rücksicht oder Bezugnahme auf diese, ihr Gebiet nicht berührenden Verhandlungen erteilt. Geht aber die Gemeinde in ihren Anforderungen zu weit, so fragt sich, ob die Polizeibehörde diejenigen Bedingungen, welche sie oder ihre Aufsichtsbehörde für angemessen hält, in der Bauerlaubnis festsetzen oder auch hier den Konsens einfach erteilen soll. Letzteres dürfte der Absicht des Erlasses schwerlich entsprechen, ersteres dagegen die Polizeibehörde in unerwünschter Weise zu einer Wahrung des Gemeindeinteresses heranziehen. An sich gehört es allerdings zu den Aufgaben der Polizeibehörde, bei Beurteilung vorgelegter Baugesuche die Gemeinde gegen Benachteiligungen durch Überschreitung der Fluchtlinie zu schützen; allein der vom Gesetze hierfür vorgezeichnete Weg besteht eben in der Versagung des Baukonsenses, und jede Abweichung davon bringt die Polizeibehörde in eine ihr an sich nicht zukommende Stellung, welche besser vermieden wird.

Sofern nun die Polizeibehörde die **Bauerlaubnis versagt** oder an Bedingungen geknüpft hat, kann ihre Verfügung gegenwärtig — nach dem Wegfall der früher durch § 155 des ZustG. v. 27. Juli 76 gewährten besonderen Klage — nur noch mit den Rechtsmitteln der §§ 127ff. des Landesverwaltungsgesetzes v. 30. Juli 83 angegriffen werden. Damit wird indes der Bauherr, wenn es zum Verwaltungsstreitverfahren kommt, eine Entscheidung zu seinen Gunsten nicht erreichen können. Die Polizei ist eben stets im Recht, wenn sie von ihrer gesetzlichen Befugnis, einen Bau über die Fluchtlinie nicht zuzulassen, Gebrauch macht, und eine weitere Prüfung als die, ob die Fluchtlinie überschritten werde, kommt im Streitverfahren nicht in Betracht (OVGE. v. 18. März 04 Nr. VIII 423, PrVerwBl. 26 S. 149). Nur unter ganz besonderen Umständen würde die Sache anders liegen; da die Entschließung vom Gesetz in das pflichtmäßige Ermessen der Polizeibehörde gestellt ist, läßt sie sich mit Erfolg nur dann anfechten, wenn die Polizeibehörde nicht mehr von berechtigten polizeilichen Beweggründen ausgegangen ist (OVGE. v 3. Okt. 94 Nr. IV 91, PrVerwBl. 16 S. 124). Das würde allerdings in solchen Fällen zutreffen, wo die Verweigerung der Bauerlaubnis oder die Hinzufügung von Bedingungen nicht bloß dazu dienten, den aus dem Baue für die Gemeinde hervorgehenden Schaden abzuwenden, sondern darüber hinaus den Zweck verfolgten, der Gemeinde noch einen besonderen Vorteil zuzuwenden. Die von selbst gegebene Bedingung ist die, daß der Eigentümer das Bauwerk bei wirklicher Anlegung der Straße auf seine Kosten und ohne Entschädigungsanspruch wieder zu entfernen habe. Wie es aber keiner weiteren Darlegung bedarf, kann demnächst die Durchführung solcher Bedingungen auf Schwierigkeiten stoßen, wenn nicht ihre Erfüllung vom Eigentümer der Gemeinde gegenüber in bindender Weise sichergestellt ist. Ist eine derartige Bedingung der Bauerlaubnis nicht eine solche, welche auch als selbständige polizeiliche Anordnung erzwungen werden kann — wie z. B die der unentgeltlichen Abtretung des Geländes — so ist ihre zwangsweise Durchführung nicht möglich, OVGE v. 2. Mai 94 Nr. IV 557. Näheres bei § 12 Bem. 8. Steht es nach obigem in dem Ermessen der Polizeibehörde, einen geplanten Umbau über die Fluchtlinie hinaus zu genehmigen, so kann sie auch einen irrtümlich erteilten Konsens wieder zurücknehmen, selbst wenn mit der Ausführung bereits begonnen ist (OVGE v. 13. Juni 01, Bd. 40 S. 377)

3. Den Gegenstand des Bauverbots bilden „Neubauten, Um- und Ausbauten". Das sind keine gesetzlich oder technisch fest bestimmten Begriffe; ihre Abgrenzung ist daher unter Umständen schwierig. Hier und da ist eine nähere Bestimmung in den Baupolizeiordnungen versucht; das hat indes keinen besonderen Wert; denn die getroffenen Vorschriften haben nur insoweit rechtliche Gültigkeit, als sie mit dem Gesetze übereinstimmen; es bleibt daher auch ihnen gegenüber immer zu untersuchen, ob es sich um einen Neu-, Um- oder Ausbau im Sinne des Gesetzes handelt (OVGE. Bd. 24 S. 346).

Unter „**Neubau**" hat das OVG. früher jede selbständige neue bauliche Anlage verstanden, also alles, was nach dem Sprachgebrauche im technischen Sinne „gebaut" wird, nicht bloß Gebäude, Häuser und was dem gleichsteht, sondern auch offene Schuppen,

Türme, Denkmäler, Tore, Portale, Spaliere, Mauern, Kanäle (OVGE. v. 10. März 97 Nr. IV 443) und Zäune — und zwar ohne Unterschied, ob dabei Stein, Eisen, Holz oder irgend welches andere Baumaterial zur Verwendung kommt. Seit der E. v. 22. Sept. 93 Nr. IV 928 (OVGE. Bd. 25 S. 379, PrVerwBl. 15 S. 77) hat dieser Grundsatz eine wesentliche Einschränkung erfahren. Dort ist angenommen, daß bloße Einfriedigungen der Grundstücke von dem Verbote nicht getroffen werden. Es wird anerkannt, daß auch das bloße Umwehren eines Grundstückes, wenn es sich in einem „Baue" vollziehe, unter den § 11 falle, sobald man für die Auslegung das Gewicht auf das Wort „Bau" lege; das erscheine aber um so bedenklicher, je weniger der allgemeine Sprachgebrauch für die Anwendung dieses Wortes sichere Schranken ziehe; ebensowenig könne auf den Sprachgebrauch der Baupolizeiordnungen zurückgegangen werden. Nun lasse sich nicht annehmen, daß vor Erlaß des Gesetzes das Umwehren von Grundstücken auf künftigem Straßengelände habe gehindert werden dürfen, da das ALR. die Umzäunungen scharf von den Gebäuden unterscheide und nur bei diesen Einschränkungen der Baufreiheit im öffentlichen Interesse anordne (§§ 65, 68, 72 Tit. 8 T. 1). Auch nach § 11 solle nur das „Bebauen" des künftigen Straßengeländes untersagt werden können; der Sprachgebrauch rechne aber das bloße Umwehren nicht zum „Bebauen"; zwar werde der Grenzstreifen, auf dem die Umzäunung stehe, durch ihre Errichtung „bebaut"; allein ein bloß eingefriedigtes Stück könne nicht als ein auch nur teilweise bebautes Grundstück bezeichnet werden und ebensowenig lasse sich der Begriff des „Anbaues" auf das bloße Umwehren ausdehnen. Dieser Gesichtspunkt müsse hier beachtet werden, da der Ausdruck „Bebauen" in dem Entwurfe der Staatsregierung und seiner Begründung — wie mit mehreren Beispielen belegt wird — gleichbedeutend mit „Errichten von Gebäuden" gebraucht werde. Von Wichtigkeit sei endlich der § 1 Abs 4; wenn hier die Vorgärten, die doch regelmäßig eingefriedigt werden müßten, vorgesehen seien, so könne unter der „Bebauung", die über die Fluchtlinie hinaus verboten sei, das Ummauern und Umzäunen nicht mit gemeint sein.

In der 3. Auflage dieses Werkes ist der damalige Verfasser dieser Auslegung des OVG. scharf entgegengetreten Seine Einwendungen hat das OVG. in seiner E. v. 26. Jan. 94 Nr. IV 121, Bd. 26 S. 349ff. ausführlich entkräftet. Hier ist auf diese Ausführungen in dem genannten Erkenntnisse nur zu verweisen. Aus dieser Entscheidung darf selbstverständlich nicht entnommen werden, daß es allgemein gestattet wäre, auf zukünftigem Straßenterrain alles zu bauen, was nicht als eine Bebauung des Terrains in dem anscheinend dort gemeinten Sinne, also als ein Gebäude im engeren Sinne angesehen werden kann; so etwa Denkmäler, Portale, Krahne, Wagen, für sich bestehende Kelleranlagen usw. Eine solche Auslegung entspricht weder dem Wortlaute noch dem Sinne und Zwecke des § 11. Tatsächlich hat sich das OVG. auch darauf beschränkt, den neuen Grundsatz auf Einfriedigungen anzuwenden. Daß bezüglich dieser übrigens der Rechtszustand auch vor Erlaß d. G. v. 2. Juli 75 schon der jetzigen Auffassung des Gerichtshofes entsprach, geht aus dem im 26. Band der E. des OVG. S. 356 abgedruckten Erlasse des Ministers für Handel 2c. v 15. Dez 67 klar hervor. Dieser Erlaß steht der Ansicht, daß auch die frühere Praxis alle Bauten verboten habe, entgegen. Daß übrigens das OVG. unter den Neubauten des § 11 nicht lediglich Gebäude im engeren Sinne versteht, geht aus einem Erk. v 10. März 97 Nr. IV 443 hervor, in welchem mit Hinweis auf eine E im PrVerwBl. 6 S 6 dargelegt wird, daß der Gerichtshof allerdings angenommen habe, daß unterirdische Entwässerungsanlagen unter den Begriff der im § 11 gedachten Neubauten fallen können. In einem Erk. v. 9. Jan. 95 Nr. IV 46 führt das OVG. folgendes aus: „Sowohl das Urteil v. 22. Sept. 93 als auch die späteren des Gerichtshofes, welche jenem entsprechen, handeln lediglich von Grundstücksumzäunungen und Umwehrungen, die gebaut werden, mit Ausschluß aller sonstigen Bauwerke. Ob es möglich sein möchte, einzelne der letzteren den Umwehrungen im Sinne des § 11 des G. v. 2. Juli 75 gleichzustellen, ist nach jenen Urteilen eine offene Frage und jedenfalls unerfindlich, mit welchem Rechte der Vorderrichter aus ihnen Konsequenzen für „zahlreiche andere Bauwerke" ziehen zu können glaubt. Und wenn weiter betont wird, daß die neuere Rechtsprechung des Gerichtshofes die Befugnisse, die der Polizei vor Erlaß des G. v. 2. Juli 75 zugestanden hätten, eingeschränkt habe, so ist das nicht nur nach der rechtlichen Seite hin in jenem Urteil v. 26. Jan. 94 widerlegt, sondern es ergibt auch der in Bd. 26 S. 256 und 57 der E. mitgeteilte Ministerialerlaß v 15. Dez. 67, daß die Praxis an maßgebender Stelle in früherer Zeit ganz eben dieselbe gewesen ist, wie sie jetzt vom Gerichtshof für zulässig erachtet wird." In diesem Sinne hat der Gerichtshof jetzt gleichmäßig entschieden, OVGE. v. 26. Sept 93 Nr. IV 953, v. 3. Okt 93 Nr. IV 979; v. 28. Nov. 93 Nr IV 1251; v. 6. Febr. 94 Nr. IV 984; v. 20. März 94 Nr. IV 350; v. 2. Mai 94 Nr. IV 557, PrVerwBl. 15 S 432; v. 11. Juli 94 Nr. IV 901; v. 26. Sept. 94 und 4. Mai 95, PrVerwBl. 16 S. 64 und 538; v 9. Jan. 95 Nr IV 46; v. 18. März 96 Nr. IV 495; v. 10. März 97 Nr. IV 445; v 17. Febr. 96 (E. Bd. 30 S. 286); v. 29 April 01 Nr. IV 866 Auch in neuerer Zeit noch ist ausdrücklich ausgesprochen, daß diese Grundsätze nur für Umwehrungen und Umzäunungen gelten, E. v. 21. April 02 (OVGE. Bd. 41 S. 368), v. 5. Juni 02 Nr. IV 1054. Die früheren Entscheidungen haben hiernach ihren Wert, soweit es sich um Umzäunungen und Umwehrungen handelt, verloren. Ob andere Bauwerke diesen gleichzustellen sind, hat (s. oben) das OVG. in einem Falle als eine offene Frage behandelt. Hier ist zunächst daran festzuhalten, daß in der Regel nur Umzäunungen und Umwehrungen nicht von der Vorschrift des § 11 betroffen werden

Die ältere Rechtsprechung behält danach abgesehen von den Umzäunungen usw. ihre Bedeutung namentlich für die Frage, was unter einem Neubau im Sinne des § 11 zu verstehen ist. Die frühere Rechtsprechung ist insbesondere vertreten in folgenden Entscheidungen: Bd. 7 S. 321, Bd 22 S. 375; v 25. Aug. 79 Nr. II 1272, v. 15. Nov 80 Nr. II 1581; v. 30. Nov. 82 Nr. II 941, PrVerwBl. 4 S. 155; v. 30. Jan 91 Nr. IV 88; v. 10. März 91 Nr. IV 468, PrVerwBl. 12 S 588; v. 2. Febr. 92 Nr. IV 144; v. 9 Febr. 92 Nr. IV 162 und v. 14 Juni 92 Nr. IV 625. Danach stellt das Einrammen mehrerer, unter sich nicht verbundener Pfähle keinen Bau dar und wird hierzu auch dann nicht, wenn der Eigentümer zwischen die Pfähle in üblicher Weise Drähte spannt, E. v. 7. Juni 83 Nr. II 476, PrVerwBl. 4 S 321 und v. 4. Juli 93 Nr. IV 644. Ebensowenig kann ein Erdwall, hinter dem zu seiner Befestigung ein Pfahlwerk angebracht ist, als ein Neubau betrachtet werden, E. v 4. Juli 93 Nr. IV 645. Ein Leinewand=

vordach an einer Verkaufsbude ist als bauliche Anlage überhaupt nicht anzusehen (OVGE. v. 12. Juni 95 Nr. IV 881, 883, 884, 885). Dagegen ist als ein Bau im Sinne des § 11 anzusehen: ein Balkengerippe mit Dachkonstruktion, E. v 15. Juni 99 Nr. IV 1003; eine an einem Steinpfeiler angebrachte Pumpe, E. v. 19. April 00 Nr. IV 637.

Ob für solche Bauten eine **baupolizeiliche Genehmigung** nach den bestehenden Vorschriften nötig ist oder nicht, ist für die Beurteilung, ob sie unter den § 11 fallen, ohne Bedeutung (E. v. 19. April 00 Nr. IV 637).

In einzelnen Fällen ist der Versuch gemacht worden, das Verbot dadurch zu umgehen, daß bauliche Anlagen (Verkaufshallen und selbst kleinere Ställe) **auf Räder** gesetzt wurden. Dem gegenüber hat das OVG. ausgesprochen, die Anlagen seien als Neubauten zu behandeln, wenn aus den Umständen, namentlich aus der Art und Weise, wie sie aufgestellt und mit dem Erdboden in Verbindung gebracht seien, die Absicht erhelle, sie auf dem gewählten Standorte dauernd zu belassen; denn hier verträten die Räder nur die Stelle einer als Fundament dienenden Unterlage, ähnlich wie Balken, die ohne besondere Vorrichtung auf dem Erdboden lagerten, E. v. 15. April 90 Nr. IV 392; v 2. Juni 91 Nr. IV 538 und v 19 Febr. 03 Nr. IV 325 — Einen „teilweisen" Neubau kennt das Gesetz nicht; deshalb dürfen bauliche Maßnahmen den Neubauten nicht bloß aus dem Grunde zugezählt werden, weil sie sich ihrem Umfange nach kaum noch als Ausbesserungen bezeichnen lassen, OVGE. Bd. 23 S. 347—349.

Die Begriffe der **„Um- und Ausbauten"** lassen sich schwer allgemein so definieren und umschreiben, daß man eine ohne weiteres auf alle tatsächlich vorkommenden Fälle anwendbare Norm erhält. Für die Bestimmung dessen, was darunter im Sinne des § 11 zu verstehen ist, findet sich weder gesetzlich noch technisch eine feste Begrenzung (OVGE. v. 23. Dez. 96 Nr. IV 2147). Die besonderen Bestimmungen von Polizeiverordnungen über das, was unter Reparatur, Hauptreparatur, Umbau, Neubau usw. zu begreifen ist, sind für die Auslegung des § 11 nicht maßgebend (OVGE. v. 2. März 94 Nr. IV 270). Die „Um- und Ausbauten" stehen im allgemeinen in der Mitte zwischen Neubau und **Reparatur**. Namentlich der Gegensatz zur letzteren, also zu der gestatteten

Wiederherstellung einzelner abgängig gewordenen Teile eines Bauwerks (OVGE. v. 1. Febr. 83 Nr. II 141, PrVerwBl. 4 S. 182) wird für zweifelhafte Fälle ein Merkmal an die Hand geben können. Doch werden größere Ausbesserungen allein durch ihren Umfang noch nicht zu Um- oder Ausbauten (OVGE. Bd. 23 S. 348). Die Bestimmung verfolgt zwar (MinErl. v. 15. Febr. 87, MBl. S. 70) u. a. den Zweck, „die Gemeinde dagegen zu schützen, daß durch eine inzwischen vorgenommene bauliche Veränderung der Wert eines ganz oder teilweise zu Straßenzwecken bestimmten Grundstücks gesteigert und die Gemeinde dadurch in die Lage versetzt werde, dem Eigentümer bei der demnächstigen Abtretung eine höhere Entschädigung als zum Zeitpunkte der Fluchtlinienfestsetzung zahlen zu müssen", sie bezweckt aber keineswegs, den Eigentümer zu zwingen, daß er sein Gebäude dem Verfalle preisgibt, solange es durch Reparaturen, ohne daß diese einem wirklichen Umbau oder gar Neubau gleichkommen, davor bewahrt werden kann (OVGE. v. 15. Nov 97 Nr. IV 1933). Im allgemeinen ist als charakteristisch anzunehmen, daß Reparatur den Ersatz einzelner abgängig gewordener Teile bedeutet, während im Gegensatz dazu ein „Umbau" da anzunehmen ist, wo es sich um eine mehr oder minder eingreifende, das Bauwerk teilweise umgestaltende Veränderung der Substanz im Innern oder Äußern handelt (OVGE. Bd. 8 S. 300, 309, v 23. Dez 96 Nr. IV 2147; Bd. 29 S. 375; v. 5. Dez 01, PrVerwBl. 23 S. 396); man spricht von ihm hauptsächlich dann, wenn die Umgestaltung behufs einer von der bisherigen abweichenden Benutzung des Bauwerks vorgenommen wird; doch ist eine solche neue Zweckbestimmung keineswegs unbedingt erforderlich. Die baulichen Veränderungen brauchen weder der Zahl noch der Art nach sehr erheblich zu sein; ebensowenig ist nötig, daß sie die Dauerhaftigkeit des Bauwerkes erhöhen; auch kommt es darauf nicht an, ob die einzelnen Arbeiten, an sich betrachtet, einer baupolizeilichen Genehmigung bedürfen. Soll ein Geschäftszimmer in einen Speisesaal, ein Wohnraum in einen Laden verwandelt werden, so genügt das Ausbrechen einer Tür, die Vergrößerung eines Fensters, das Ziehen einer neuen, die Entfernung einer alten Wand. Ferner ist die Erhöhung eines Dachgeschosses, das außerdem mit einem daneben belegenen Raume in Verbindung gebracht wurde, die

Verstärkung eines Gebäudefundaments in seiner Tiefe und Breite, die Ersetzung einer Fachwerkswand durch eine massive Mauer, die Umgestaltung eines Lattenzaunes in eine Planke aus zusammengefügten Brettern, die Bekleidung eines Gitters mit Eisenblechtafeln, die Erhöhung eines aufgemauerten Pfeilers um 2 bis 3 Steinlagen als Umbau betrachtet (OVGE. Bd. 8 S. 291 ff. u. S. 303 ff.; v. 16. Okt. 79 Nr. II 1499; v. 13. Sept 83 Nr. II 671; v. 29. Okt. 83 Nr. II 789; v. 9. Juni 84 Nr. II 522; v. 13. Nov. 84 Nr. II 977; v. 30. April 88 Nr. III 324; v. 10. März 91 Nr. IV 239 und v. 12. Jan. 92 Nr. IV 55, PrVerwBl. 5 S. 18, 168 u. 318, 6 S 77, 9 S 382, 12 S. 554). Schon aus dem Angeführten, der Rechtsprechung Entnommenen, geht hervor, daß eine allgemein geltende Begrenzung nicht tunlich ist, vielmehr in jedem einzelnen Falle untersucht werden muß, ob ein Umbau vorliegt Selten wird man auch die beiden Begriffe „Umbau" und „Ausbau" trennen oder gar in Gegensatz bringen können. Es mögen folgende Fälle noch erwähnt werden: Das Zurückrücken einer Fassadenwand um 1 m und die — durch polizeiliche Vorschriften bedingte — Erneuerung der Fachwand durch eine massive, und die dadurch eintretende Veränderung und Verkleinerung der dahinter liegenden Räume ist als Umbau anzusehen (OVGE. v. 23. Dez 96 Nr IV 2147); ebenso der Ersatz von Holzwänden durch Eisenkonstruktion (OVGE. v 7. Juli 94 Nr. IV 892) Ein teilweiser Ersatz eines Fachwerkes durch eine massive Wand zum Zwecke der Reparatur ist nicht ohne weiteres Umbau (OVGE. v. 25. Jan. 96 Nr. IV 143, Bd. 29 S. 372 ff.; v. 17 Febr. 97 Nr. IV 309, PrVerwBl. 19 S 92), ebensowenig die Ausfüllung einer Lücke in einer Giebelwand eines Hauses (OVGE. v. 15. Dez. 93 Nr. IV 1336), keineswegs fällt darunter die bloße Abschrägung der äußeren Wandungen der Fenster, um dem Lichte besseren Zutritt zu verschaffen (OVGE v 13. Juli 95 Nr. IV 690). Dagegen wurde die Ersetzung einer ganzen bisher zum großen Teil aus Fachwerk bestehenden und technisch sehr mangelhaft hergestellten Giebelwand eines Gebäudes durch eine neue massive Wand als eine eingreifende, das Gebäude teilweise umgestaltende, mithin wesentliche Veränderung der Substanz, also als Umbau angesehen (E. v. 21. Jan. 01, Bd. 38 S 350) Auch die Vergrößerung eines gewöhnlichen Fensters in einem schon bestehenden Geschäftslokal zu einem Schaufenster wurde als Umbau hingestellt, weil die fraglichen Räume, wenn sie auch schon als Möbelverkaufs- und Lagerräume tatsächlich gedient hätten, doch durch die Veränderung des Fensters erst zu einem Laden baulich hergerichtet, also um- und ausgebaut wurden. Auch eine geringfügige Veränderung muß dann als Umbau gelten, wenn klar erhellt, daß sie nur der Anfang weiterer sich anschließender größerer Substanzveränderungen, die zusammen unzweifelhaft einen Um- und Ausbau darstellen, ist (OVGE. v. 11. Okt. 97 Nr. IV 1694, Bd. 32 S. 367); ein Umbau ist auch da angenommen, wo der untere Teil des Dachgeschosses an der Straßenfront mit einer senkrechten Wand, in welcher fünf Fenster angebracht waren, versehen wurde, so daß das Haus äußerlich den Anblick eines dreistöckigen Hauses erhielt, ohne es zu sein; es waren zwar lediglich ästhetische Rücksichten maßgebend, das Gebäude wurde aber derartig in seiner Substanz verändert, daß es eine erheblich andere Gestalt im Äußeren erhielt (OVGE. v. 2. März 94 Nr. IV 270, v. 11. Mai 95 Nr. IV 744) Auch die Umwandelung einer Treppe vor der Haustür von vier Stufen in fünf Stufen, selbst wenn die Grenze der untersten Stufe nicht vorgerückt wird, gilt als Umbau (OVGE. v. 18. Okt. 97 Nr. IV 1739).

Die Bezeichnung „**Ausbau**“ stellt man im gewöhnlichen Leben meistens dem „Rohbau“ entgegen, als Inbegriff derjenigen Maßregeln, wodurch das Bauwerk im Innern seinem Zwecke entsprechend hergerichtet wird; demgemäß ist die Aufstellung von Feuerungsanlagen als ein Ausbau behandelt, OVGE Bd. 6 S. 325 ff.; das Wort mag hier aber vielleicht zugleich in dem Sinne von „Hinausbau“ gemeint sein, jedenfalls ist letzterer so gut untersagt wie der Umbau. Bei dem **Wiederaufbau von durch Brand** zerstörten Gebäuden ist zu unterscheiden. Ist der alte Bau so gut wie vernichtet, so liegt Neubau vor. Ist einiges vom alten Bau stehen geblieben, was wieder benutzt wird, so ist das, was neu hergestellt wird, als Ausbau zu bezeichnen, eine Reparatur liegt dann keinenfalls vor. Wie schon oben bemerkt, wird der Begriff des Ausbaues gewöhnlich für die Fertigstellung der inneren Einrichtung angewandt (E. Bd. 8 S. 300). Allein auch andere Fälle baulicher Vollendung unfertiger oder teilweise zerstörter Bauwerke bezeichnet man als Ausbau (E. v. 21. April 02,

Bd. 41 S. 368; v. 15. April 04, PrVerwBl 26 S. 60; v. 5. Dez. 01, PrVerwBl. 23 S. 386). Ob ein Neubau oder Ausbau durch ein unvorhergesehenes Ereignis, Feuersbrunst oder dgl. veranlaßt ist, oder ob der Bauherr völlig frei sich dazu entschließt, ist im Gesetz nicht unterschieden.

Das Verbot bezieht sich nicht nur auf Bauten, die die Fluchtlinie auf dem Erdboden überschreiten; es trifft vielmehr auch solche Bauwerke, die in **der Luftsäule** und **unter dem Erdboden** über die Fluchtlinie hinausgehen. Deshalb sind für unzulässig erklärt einerseits ausgemauerte Gruben, Kanäle und unterirdische Tonleitungen in Verbindung mit einem aus Mauerwerk bestehenden Gully (OVGE. v. 4. Sept. 84 Nr. II 723; v. 8. Okt. 86 Nr. II 910 und v. 3 März 90 Nr. III 190, PrVerwBl. 6 S. 6, 8 S. 136, 11 S. 586; v. 10. März 97 Nr. IV 443), andererseits Balkone, Erker u. dgl. (OVGE. Bd. 22 S 375—377). Das Nichtinnehalten der **Höhenlage,** wie sie der Fluchtlinienplan enthält, fällt nicht unter den § 11, OVGE. v. 21. Okt. 96 Nr. IV 1635

Durch § 11 sind aber nicht die in den §§ 78—82 Tit 8 T. I ALR. enthaltenen Vorschriften beseitigt, wonach das Vortreten einzelner Bauteile (also von Kellerhälsen, Löben, Treppenstufen, Erkern, Balkonen, Risaliten usw.) über die Fluchtlinie hinaus gestattet werden kann, da der § 11 nur den bestehenden Rechtszustand aufrecht erhalten soll. Die auf Grund der landrechtlichen Vorschriften in den Baupolizeiordnungen getroffenen Bestimmungen über die Zulassung solcher Vorsprünge haben daher ihre Gültigkeit auch für die in Gemäßheit des Gesetzes festgestellten Fluchtlinien behalten. Ob die Straßen schon hergestellt oder erst in Aussicht genommen sind, macht keinen Unterschied; denn die Beschränkung des Grundeigentümers kann an der zukünftigen Straße keine größere, als an der vollendeten sein. Wo es an einer Regelung im Wege der Polizeiverordnung fehlt, ist über jeden Einzelfall von der Polizeibehörde zu befinden (OVGE. Bd. 22 S. 372ff. und v. 25. März 90 Nr IV 306). Dieselben Grundsätze kommen auch in anderen, dem ALR. nicht unterstellten Landesteilen zur Anwendung, wenn dort der Polizeibehörde ähnliche Befugnisse zustanden.

Bei einem Neubau und Hinausbau ergibt sich von selbst, ob die Fluchtlinie überschritten wird; bei einem Um- oder Ausbau ist die Frage häufig nicht leicht zu beantworten. Denn es wäre sicherlich eine zu enge Auffassung des gesetzlichen Ausdruckes: „über die Fluchtlinie hinaus", wenn man verlangen wollte, die baulichen Änderungen selbst müßten stets vor der Fluchtlinie liegen. Durchschneidet nur die Fluchtlinie den Raum, welcher umgestaltet werden soll, so handelt es sich zweifellos um einen Aus- oder Umbau über die Fluchtlinie hinaus (OVGE. v. 7. Juli 94 Nr. IV 892). Auch in solchen Fällen ist die Anwendung des § 11 noch in der Regel gegeben, wenn der Umbau sich als ein das ganze Gebäude erfassendes Bauprojekt darstellt, oder wenn der Umbau mit seinen baulichen oder wirtschaftlichen Veränderungen auch die über die Fluchtlinie hinaus liegenden Teile und Räume des Gebäudes erfaßt, so daß auch diese von dem Umbau mitbetroffen erscheinen (E. v. 20 Mai 01 Nr. IV 1000, Bd. 40 S. 377). Wird ein von der Fluchtlinie durchschnittenes Gebäude durch eine Anzahl einzelner Arbeiten in den betreffenden Räumen in seiner Bestimmung umgewandelt (z. B eine Schmiede mit Stall zu einem Ladenlokal mit Kontor), so kommt es nicht darauf an, ob die einzelnen Veränderungsarbeiten als Bauarbeiten im technischen Sinne anzusehen und ob sie nach dem örtlichen Baurechte zulässig oder genehmigungspflichtig sind; die Polizeibehörde kann dem nach § 11 unzulässigen Vorgehen in jedem Einzelfall durch Anwendung der ihr gesetzlich zu Gebote stehenden Mittel begegnen (OVGE. v. 27. Nov. 99 Nr. IV 1904). Andererseits läßt sich ein Um- oder Ausbau in einem von der Fluchtlinie weit abliegenden Teile des Gebäudes, vielleicht einem Seitenflügel, nur unter besonderen Umständen, z. B wenn es sich um die Durchführung eines einheitlichen, das ganze Gebäude erfassenden Bauprojektes handelt, als verboten betrachten. Die richtige Grenze ist hier nur unter Berücksichtigung der Verhältnisse des einzelnen Falles nach verständigem Ermessen zu finden (OVGE. Bd. 6 S. 325 ff., Bd. 8 S. 294, v. 7. Jan. 90 Nr. IV 11 und v. 12. Jan. 92 Nr. IV 55)

Übrigens kann allerdings gegenüber einem Neubau die **Beseitigung** der Anlage und gegenüber einem Um- oder Ausbau die **Wiederherstellung** des früheren Zustandes, nicht aber das Zurücksetzen der Anlage in die Fluchtlinie gefordert werden Ist die Wiederherstellung des früheren Zustandes aber nur durch bauliche Anlagen möglich, die einem Neubau, Um- oder Ausbau gleichkommen, so kann sie in der Regel nicht stattfinden; und es bleibt auch dann nur übrig, die Anlage zu beseitigen, falls nicht freiwillig die Fluchtlinie innegehalten wird (OVGE. v. 23. Dez. 96 Nr. IV 2147; v. 2. Jan. 92 Nr. IV 144; v. 12. Jan. 92 Nr. IV 55 und v. 2. Mai 94 Nr. IV 557).

Zu bemerken ist noch, daß das rechtlich noch nicht zur Straße gehörige Terrain, welches durch Beseitigung eines nach § 11 unzulässigen Baues frei wird, nicht ohne weiteres Straßenland wird, es muß erst durch die Bestimmung der Rechtsbeteiligten Teil der Straße werden; bis dahin bleibt es zu polizeilich erlaubten Zwecken für den Eigentümer nutzbar und kann — vgl. oben — eingefriedigt werden (OVGE. v. 29. Sept. 94 Nr. IV 1135, PrVerwBl. 16 S. 64; v. 11. Juli 94 Nr. IV 90), die Vorschriften, welche für Einrichtung von Vorgärten gegeben sind, finden auf solche Einfriedigungen keine Anwendung (OVGE. Bd. 25 S. 379 ff., v. 4. April 93 Nr. IV 627)

4. Die Beschränkung tritt mit der schließlichen Offenlegung **des Planes** endgültig ein. Die Bedeutung des Wortes: „endgültig" findet sich nirgends erläutert. Daß der Ausdruck ein müßiger Zusatz sei, darf nach den Regeln der Auslegung nicht angenommen werden. Ein Hinweis darauf, daß die Beteiligten von diesem Zeitpunkte ab nicht mehr zu einem Widerspruche gegen die Fluchtlinie befugt sind, kann darin nicht liegen; denn dieser Zeitpunkt ist schon mit dem Ablaufe der Frist des § 7 oder, wenn innerhalb derselben Einwendungen erhoben waren, mit der darüber getroffenen Entscheidung eingetreten. Daher bleibt nur die Annahme übrig, daß der Gesetzgeber eine Beschränkung auch vor dem angegebenen Zeitpunkte für möglich gehalten hat. Dies ist um so mehr vorauszusetzen, als nicht vermutet werden kann, der Gesetzgeber habe zum Schaden der Gemeinden, deren Interessen gerade in Beziehung auf die Beschränkung der Baufreiheit in weitreichendem Maße berücksichtigt sind, den bestehenden Rechtszustand stillschweigend von Grund aus umgestalten wollen Früher war, wie die Motive zur Regierungsvorlage nachdrücklich betonen, die Polizeibehörde jederzeit in der Lage, dem Bauen auf einer Fläche, die ihrer Ansicht nach für den öffentlichen Verkehr in Anspruch genommen werden mußte, durch sofortige Feststellung einer Fluchtlinie entgegenzutreten. Jetzt wird es dem Gemeindevorstande auch bei größter Aufmerk-

samkeit nicht immer gelingen, im voraus für alle diejenigen Gebiete, auf welche sich die Baulust etwa werfen möchte, Fluchtlinien festzusetzen; und jedenfalls bleibt es den beteiligten Grundbesitzern unbenommen, sofort bei den ersten Einleitungen zur Aufstellung eines Fluchtlinienplanes die Erlaubnis zur Bebauung der für die Straße in Aussicht genommenen Flächen nachzusuchen und, wenn dann eine Verweigerung des Konsenses vor Beendigung des Verfahrens unstatthaft ist, den Zweck der Maßregel mehr oder weniger zu vereiteln. Der an sich sehr wenig empfehlenswerte Ausweg, die Versagung der Bauerlaubnis von seiten der Polizeibehörde so lange hinzuzögern, bis die Fluchtlinie feststeht, würde bei der Zeitdauer, die das Verfahren öfters in Anspruch nimmt, voraussichtlich nicht immer von Erfolg sein. Die Gemeinden wären also durch das Gesetz gegenüber dem vorher geltenden Rechte entschieden schlechter gestellt Läßt sich aber für eine derartige Absicht des Gesetzgebers aus den Verhandlungen überall nichts beibringen, so träte andererseits das Gesetz bei solcher Auffassung mit sich selbst in Widerspruch. Nach der Zerstörung ganzer Ortsteile durch Naturereignisse fordert es selbst jedesmalige Beschlußfassung darüber, ob ein neuer Bebauungsplan notwendig sei. Wird die Frage bejaht, so ist ein Abschluß des Verfahrens binnen kurzer Frist gewiß nur selten zu erreichen; hat die Polizeibehörde aber keine Mittel, inzwischen die Wiederbebauung zu hindern, so kann man die Aufstellung des Planes ebenso gut ganz unterlassen. Der Gesetzgeber würde daher in dem § 2 Abs. 2 eine praktisch unausführbare Vorschrift gegeben haben, wenn er gemeint hätte, künftig solle ein Baukonsens mit Rücksicht auf das Bedürfnis einer Fluchtlinienfestsetzung vor dem im § 11 bezeichneten Zeitpunkte nicht verweigert werden dürfen. — Es könnte scheinen, als habe der Abgeordnete Virchow (StenB. d. AH. S. 2118 Spalte 1), ohne Widerspruch zu finden, den entgegengesetzten Standpunkt eingenommen; doch lassen seine Äußerungen auch die Deutung zu, daß von ihm nur hat hervorgehoben werden sollen, wie in Zukunft die Polizeibehörden nicht mehr befugt sind, ihrerseits Fluchtlinien festzustellen und auf Grund dieser Berechtigung gegen einen beabsichtigten Bau einzuschreiten. Eine solche einzelne Äußerung dürfte aber überhaupt, wenngleich sie sich auf Erörterungen innerhalb der Kommission stützt, gegenüber den geltend gemachten Gesichtspunkten kaum durchschlagend sein. Ihr würde außerdem eine frühere, entschieden abweichende Ausführung des Abgeordneten Grafen von Wintzingerode (S. 2028 Spalte 2), welche damals ebenfalls nicht angefochten ist, entgegengestellt werden können. Diese Bemerkungen mögen auch gegenüber den Ausführungen in den schon oben in Bem. 1 erwähnten Aufsätzen (PrVerwBl. 18 S. 397, 19 S. 247) genügen.

Mag es nun auch auffallend erscheinen, daß die Befugnisse der Polizeibehörde einerseits und die Rechte der Grundbesitzer andererseits nicht schärfer gegeneinander abgegrenzt sind, so muß doch eine Versagung des Baukonsenses auch während des Fluchtlinienfeststellungsverfahrens als rechtlich zulässig angesehen werden. Das ist denn auch in der Rechtsprechung stets anerkannt (OVGE. Bd. 8 S. 323 ff., Bd. 14 S. 386, Bd. 24 S. 380, v. 20. April 82 Nr. II 381, PrVerwBl. 3 S. 277; v. 4 Febr. 86 Nr. II 138, PrVerwBl. 7 S. 196; v 21. Juni 89 Nr. IV 199 und v. 3. Febr. 91 Nr. IV 116; RG. V. ZSE. v. 16. Mai 85, PrVerwBl. 6 S. 344; VI. ZSE. v. 7. April 88 Bd. 21 S. 210; V. ZSE. v. 11. April 88 Bd. 21 S. 212 ff., PrVerwBl. 9 S. 343 u. a.).

Die Frage, **wie weit das Festsetzungsverfahren** gediehen sein muß, wird je nach den verschiedenen Fällen verschieden zu beantworten sein. Handelt es sich um die Wiederbebauung ganzer Ortsteile (§ 2 Abs. 2), so muß nach der klar erkennbaren Absicht des Gesetzgebers jeder Bau innerhalb der fr. Ortsteile bis dahin, wo über die Aufstellung eines Bebauungsplanes Beschluß gefaßt ist und wenn eine solche Aufstellung beschlossen wird, bis zur Beendigung des Verfahrens verhütet werden können Verlangt im übrigen die Polizeibehörde eine Fluchtlinienfestsetzung gemäß § 1 Abs. 2, so wird die Versagung des Baukonsenses jedenfalls statthaft sein, sobald ein endgültiger Beschluß der zuständigen Behörde vorliegt, wonach für die in Rede stehende Fläche Fluchtlinien festzusetzen sind (OVGE. v. 6. Okt. 91 Nr. IV 912). Ist, wie in der Rheinprovinz, der Polizeiverwalter zugleich Gemeindevorstand, so muß die selbständige Aktion der Polizei erkennbar sein (OVGE. v. 28. März 05 Nr. VIII 515). Geht die Festsetzung von den Gemeindeorganen aus, so müssen sich wenigstens beide Gemeindebehörden über eine bestimmte Fluchtlinie, welche festgesetzt werden soll, geeinigt haben (E. v. 9. April 00 Nr. IV 608); so lange bloß Verhandlungen unter ihnen schweben, hat das vom

Gesetz geordnete eigentliche Festsetzungsverfahren überhaupt noch nicht begonnen (OVGE. Bd. 14 S. 384 ff., PrVerwBl. 8 S. 206; v. 29. Nov. 89 Nr. IV 679; v. 23. Febr. 92 Nr. IV 225; v 27. Juni 94 Nr. IV 835; v. 11. Juli 94 Nr. IV 901; v. 9. Dez. 96 Nr. IV 2018 und v. 2. Jan. 97 Nr IV 6 u. Nr. IV 9). Von dem Zeitpunkte der Einigung beider Gemeindekörperschaften ab ist das eigentliche Verfahren der Fluchtlinienfestsetzung eingeleitet und damit der Moment festgestellt, von welchem ab das nach § 11 rechtlich geschützte Interesse der Gemeinde, gegen Bauten über die Fluchtlinien hinaus bewahrt zu werden, wirksam wird (E. v. 11. Juli 01 Nr. IV 1107, Bd. 40 S. 386). Vgl das zu § 1 Bem. 6 dargelegte.

Von dem angegebenen Zeitpunkte ab ist die Polizeibehörde berechtigt, die Genehmigung zum Vorhaben eines Neu-, Um- oder Ausbaues über die Fluchtlinie zu versagen. Deshalb kann sie auch nicht genötigt sein, einen nach diesem Zeitpunkte ohne Konsens hergestellten Bau der bezeichneten Art zu genehmigen. Falls es sich dabei um einen an sich konsenspflichtigen Bau handelt, würde sonst der, welcher gesetzwidrig, ohne den Konsens nachzusuchen, baut, besser gestellt werden, als der, welcher dem Gesetze entsprechend vor der Einrichtung des Baues um die Genehmigung bittet (E. v. 11. Juli 01 Nr. IV 1107). Wenn die Polizeibehörde erst nachträglich erkennt, daß das genehmigte Bauvorhaben einen Umbau über die Fluchtlinie hinaus darstellt, so kann sie die Baugenehmigung zurücknehmen (E. v. 13. Juni 01, Bd. 40 S. 377).

Ein polizeiliches Einschreiten in allen solchen Fällen — Verweigerung des Konsenses, oder Beseitigung von Gebäuden oder Gebäudeteilen usw. — setzt unter allen Umständen voraus, daß keinerlei Zweifel über die Richtung und den Lauf der geplanten Fluchtlinie bestehen, die Feststellung der Linie in der Örtlichkeit vielmehr mit voller Sicherheit erfolgen kann. Leiden die Verhandlungen zwischen den betreffenden Organen und Behörden noch an Unklarheiten in dieser Beziehung, so kann daraus eine ausreichende Grundlage für eine polizeiliche Aktion nicht entnommen werden (E. v. 19. Okt. 99 Nr. IV 1654).

Wo eine Fluchtlinienfestsetzung zurzeit nicht in Frage kommt, ist auch die rechtliche Möglichkeit der Konsensversagung nicht gegeben. Ist also ein Verfahren eingeleitet, aber entweder mit allseitiger, wenn auch stillschweigender Zustimmung liegen geblieben oder dadurch endgültig erledigt, daß die erhobenen Einwendungen für begründet erklärt sind, so hat die Polizeibehörde kein Recht zur Ablehnung des Baugesuches (OVGE. Bd. 2 S 362ff., v. 11. März 87 Nr. II 214, PrVerwBl. 8 S. 230; v. 4. April 98 Nr IV 628. Vgl. übrigens Bem. 10 zu § 1).

Ob in den Fällen, wo die Bauerlaubnis vor endgültiger Festsetzung der Fluchtlinie versagt wird, eine Entschädigung beansprucht werden kann, ist bei § 13 zu erörtern (s. Bem. 3 zu § 13).

5. Häufig wird das Festsetzungsverfahren erst eingeleitet oder abgeschlossen, nachdem schon Klage gegen die Verweigerung der Bauerlaubnis erhoben ist. Hier hat der Verwaltungsrichter — soweit die Klage nicht etwa bloß die Aufhebung der Verfügung bezweckt, um der Voraussetzung im § 6 des G. v. 11. Mai 42 (GS. S. 192) zu genügen (§ 131 d. Landesverwaltungsgesetzes) — nach Lage des Festsetzungsverfahrens zur Zeit der Urteilsfällung zu entscheiden, da der Bauunternehmer durch Einreichung seines Baugesuches einen Anspruch auf Anwendung des damals geltenden Rechtes nicht erlangt (OVGE. Bd. 5 S. 378, Bd. 6 S 258 und 270, Bd. 8 S. 291, v. 4. Febr. 86 Nr. II 139, PrVerwBl. 7 S. 196; v. 7. Juni 87 Nr. II 528, PrVerwBl 8 S. 318; v. 3. Febr. 91 Nr. IV 116; v. 27. Juni 94 Nr. IV 835; v. 11. Juli 94 Nr. IV 901; v. 21. Febr. 01 Bd. 4 S 380). Es kommt also darauf an, ob zur Zeit der Urteilsfällung das Einverständnis der Gemeindekörperschaften über eine bestimmte Fluchtlinie besteht. Ist dies der Fall, so ist diese Linie maßgebend und es ist unerheblich, ob sie etwa später von den Beschlußbehörden abgeändert oder ganz beseitigt wird (E. v. 9. April 00 Nr. IV 608). Für die Rechtswirkung ist es auch einflußlos, ob mit Absicht die Entscheidung auf das Baugesuch verzögert ist, um zuvörderst die Festsetzung einer Baufluchtlinie herbeizuführen (OVGE. v. 3. März 97 Nr. IV 404). Auch ermächtigt ein vor Feststellung der Fluchtlinie erteilter Baukonsens den Bauherrn nicht zu einer Inangriffnahme des Baues nach geschehener Feststellung; denn der Konsens, wenn er etwa auch nach Vorschrift der maßgebenden Baupolizeiordnung ein Jahr lang in Kraft bleibt, ist regelmäßig nur die Erklärung der zuständigen Behörde, daß dem beabsichtigten Baue Hindernisse in dem zurzeit geltenden öffentlichen Rechte nicht entgegenstehen, und enthält deshalb keine Zusicherung, daß

dem Unternehmen nicht in der zur Ausführung gewährten Frist gesetzliche Hindernisse erwachsen können. Erst nach Beginn des Baues erscheint eine Zurücknahme des Konsenses auf Grund des inzwischen geänderten Rechtes (sofern dies nicht ausnahmsweise nach ausdrücklicher Vorschrift auch auf bestehende Bauten anzuwenden ist) ausgeschlossen. Denn neue baurechtliche Bestimmungen — und die Fluchtlinienfestsetzung schafft neues Baurecht (OVGE. Bd. 28 S. 377) — finden auf solche Bauten keine Anwendung, die auf Grund einer ordnungsmäßigen Bauerlaubnis bereits begonnen sind (OVGE. Bd. 2 S. 353, Bd. 5 S. 379, Bd. 13 S. 394; v. 11. März 87 Nr. II 211, PrVerwBl. 8 S. 245; v. 8. Okt 88 Nr. III 790 und v. 18. April 93 Nr. IV 375; OVGE. Bd. 24 S. 362, PrVerwBl. 14 S. 405; OVGE. v. 3. März 05 Nr. VIII 359). Das Reichsgericht ist anderer Ansicht. In einer Entscheidung v. 22. Sept. 94 (E. d. RG. Bd. 34 S. 242) — auszugsweise wiedergegeben in Bolze, Praxis Bd. 19 und PrVerwBl. 17 S. 29 — spricht es aus, daß die Eigentumsbeschränkung des § 11 auch gegenüber einem (mit polizeilicher Erlaubnis) schon in Angriff genommenen Bau wirksam wird, gleichviel in welchem Stadium der während seiner Ausführung von einer Fluchtlinienfestsetzung betroffene Bau sich befindet. Eine Begründung für diese Ansicht wird nicht gegeben, auch auf die E. d. OVG. nicht Bezug genommen. Das OVG ist in der, diese Abweichung des RG. berührenden Entscheidung v. 28. Sept. 95, Bd. 28 S. 371, bei seiner Ansicht stehen geblieben. Denselben Standpunkt vertritt Dr. Jaeckel in den Beiträgen zur Erläuterung des deutschen Rechts, fünfte Folge, 5, Heft 1 S. 61 (vgl. übrigens den Aufsatz PrVerwBl. 19 S. 120).

Das Oberverwaltungsgericht hat — wie schon hervorgehoben — in mehrfachen Entscheidungen (E. v. 3. Dez. 83, PrVerwBl. 5 S. 114 und v. 11. Jan. 96 a. a. O. 18 S. 109) den Grundsatz ausgesprochen, daß die Zulässigkeit solcher Bauten, welche ohne die vorgeschriebene Genehmigung errichtet sind, bei eintretendem polizeilichen Einschreiten nach dem zu dieser Zeit geltenden Baurechte zu beurteilen sei. Ebenso steht es fest, daß bei der Entscheidung über Versagung oder Erteilung eines Baukonsenses lediglich die zur Zeit der Entscheidung geltenden Rechtsnormen zur Anwendung zu bringen sind, dies selbst dann, wenn die erste Vorlegung des Projektes unter der Herrschaft eines älteren, dem Bauenden günstigeren Rechts erfolgt ist. Ferner unterliegt es keinem Zweifel, daß die endgültige Festsetzung von Fluchtlinien für die davon betroffenen Grundstücke neues Baurecht schafft, wie denn auch das Reichsgericht in dem förmlich festgestellten Fluchtlinienplan einen Bestandteil der Verfassung der Gemeinde erblickt (Erk. d. RG. V. ZS. v. 28, Nov 91 PrVerwBl 13 S. 343; OVGE. v. 15. Nov. 00 Nr. IV 1600). Es steht auch außer Zweifel, daß in der Regel die Niederlegung eines nicht konsentierten und insofern illegalen Baues von der Polizeibehörde verlangt werden kann, wenn der Bau gegen das bestehende, dem Schutze der Polizeibehörde anvertraute öffentliche Recht verstößt (OVGE. Bd 13 S. 393, Bd. 24 S. 342 u a.). Der im § 11 enthaltene Rechtssatz hat aber nur solche Bauten im Auge, welche nach dem Zeitpunkte der Fluchtlinienfestsetzung neu errichtet, um- oder ausgebaut werden, bei vor jenem Zeitpunkte errichteten Baulichkeiten ist der tatsächliche Zustand allein maßgebend, einerlei, ob die Baulichkeiten unkonsentiert und insofern illegal sind oder nicht. Das OVG ist — entgegen der früheren Praxis — danach zu der Ansicht gelangt, daß für die Handhabung des ersten Absatzes des § 11 durch die Baupolizeibehörde der zur Zeit der Fluchtlinienfestsetzung tatsächlich vorhandene Bestand an Baulichkeiten allein maßgebend und es ihr nicht gestattet ist, auf Grund dieser Bestimmung die Entfernung einer Baulichkeit nur deshalb zu verlangen, weil sie vor Festsetzung der Fluchtlinie die vorgeschriebene polizeiliche Genehmigung nicht erhalten hat Damit stimmt auch der Wortlaut des § 11 (daß Neubauten, Um- und Ausbauten über die Fluchtlinie hinaus versagt werden können). Das Terrain, welches durch die Fluchtlinienfestsetzung der zukünftigen Straße vorbehalten wird, soll bezüglich der Bauten in dem Zustande erhalten bleiben, den es zur Zeit der Festsetzung der Fluchtlinie hat.

Ein Widerspruch mit der oben erwähnten Rechtsprechung des OVG. liegt nicht vor. Denn wenn der § 11 (erster Satz) ausdrückt, daß sich die dort bezeichnete polizeiliche Tätigkeit nur auf bauliche Veränderungen erstrecken darf, welche von dem Zeitpunkte der Fluchtlinienfestsetzung ab (tatsächlich) vorgenommen werden, so sind eben dadurch sämtliche vor diesem Zeitpunkte vorgenommenen baulichen Veränderungen, mögen sie konsentiert sein oder nicht, einer Prüfung der Polizeibehörde nach den Gesichtspunkten der im § 11 enthaltenen Rechtsnorm entzogen (E. v. 15. Nov. 00 Nr. IV 1600; v. 28. Febr. 01, Bd. 40 S. 380; v. 5. Febr. 00, Bd. 37 S. 30; v. 11. Juli 01 Nr. IV 1107, Bd. 40 S. 386).

Anders liegt die Sache, wenn es sich um ein im Moment der Festsetzung der Fluchtlinie in der Ausführung begriffenes Bauwerk handelt. Dies kann nicht derart in zwei Teile gespalten werden, daß nur der beim Inkrafttreten der neuen Bestimmungen — Fluchtlinienfestsetzung schafft neues Baurecht, s. oben — noch unvollendete Teil von ihm getroffen würde, der bereits ausgeführte Teil aber davon unberührt bliebe (E. Bd. 24 S 365). Erweist sich nach Lage des Falles, um die beabsichtigte Vollendung des Baues zu hindern, auch die Beseitigung des vollendeten Teils des Bauwerks und dessen Zurückführung auf den vor dem Beginn der Herstellung vorhandenen Zustand erforderlich, so darf die Polizeibehörde auch dies verlangen (E. v 12 Jan 04, Bd 44 S. 395).

Übrigens kann der Zeitpunkt, mit welchem die vollen Rechtswirkungen des § 11 so eintreten, daß das objektive Recht eine Änderung erfährt, nur der sein, welchen der genannte § 11 selbst bezeichnet, nämlich der Tag, an welchem die im § 8 vorgeschriebene Offenlegung beginnt, was schon aus dem zweiten Absatze des § 11 hervorgeht. Dem widersprechen auch die Ausführungen OVGE. Bd. 8 S 323 nicht (OVGE. v 2. Jan. 97 Nr. IV 6; v. 15. Nov. 00 Nr. IV 1600).

6. Der § 11 handelt nur von solchen Festsetzungen, die in Gemäßheit des Gesetzes ergangen sind. Hinsichtlich der älteren Anordnungen von Fluchtlinien bewendet es also bei dem früher geltenden Rechte. Dies enthält in betreff der rechtlichen Wirkung einer Fluchtlinie auf den Ausschluß einer Bebauung etwas Abweichendes nicht; insbesondere konnten von jeher Neubauten über die Fluchtlinie hinaus verboten werden; weiter fallen aber auch Um- und Ausbauten, welche die Fluchtlinie überschreiten, unter den Begriff von „Veränderungen zum Schaden des gemeinen Wesens", die nach § 66 Tit. 8 T. 1 ALR. an Bauwerken nicht vorgenommen werden sollen. Es steht daher an sich nichts entgegen, die im ersten

Satze des § 11 gegebene nähere Regelung, womit bloß ein bisher schon anerkannter Grundsatz nach seinen einzelnen Folgen genauer erläutert ist, ohne weiteres bei älteren Fluchtlinien gleichfalls anzuwenden (OVGE. Bd. 8 S. 307—309, v 15. April 90 Nr. IV 392 v. 10 März 91 Nr. IV 239, PrVerwBl. 12 S. 554 und v. 2. Juni 91 Nr. IV 538). Das OVG. hat deshalb auch geradezu ausgesprochen, daß eine Fluchtlinienfestsetzung, welche vor Erlaß des G v. 2. Juli 75 ordnungsmäßig stattgefunden hat, sich in ihren Wirkungen bezüglich des ersten Satzes des § 11 nicht von derjenigen unterscheidet, welche gemäß dem genannten Gesetze erfolgt (OVGE Bd. 26 S. 349, v. 6. Febr. 94 Nr. IV 984; v. 11. Mai 95 Nr. IV 744). Ausgeschlossen erscheint dies nur insoweit, als die früheren Gesetze, insbesondere die verschiedenen Baupolizeiordnungen, spezielle Vorschriften hierüber getroffen haben; letztere sind durch § 19 des G. nicht beseitigt, weil sie eben mit den nur die neueren Fluchtlinien berücksichtigenden Bestimmungen des § 11 nicht in Widerspruch stehen. Daß die Fluchtlinien älterer Zeit nach den §§ 78—82 Tit. 8 T. I ALR. unter Genehmigung der Polizeibehörde durch gewisse Arten von Vorbauten (Kellerhälse, Erker, Löben 2c.) überschritten werden dürfen und daß dementsprechend die meisten früheren Baupolizeiordnungen nähere Anordnungen hierüber enthalten, ist schon oben (Bem. 3) hervorgehoben (OVGE. v. 15. Sept. 81 Nr. II 1127 und v. 21. Juni 86 Nr II 677, PrVerwBl. 7 S. 356. Vgl. übrigens wegen der Einfriedigungen Bem. 3).

Dagegen kann auf Grund einer älteren Fluchtlinienfestsetzung ein Privatgrundstück nur unter Beachtung der Normen des Enteignungsgesetzes v. 11. Juni 74, also nur nach Erwirkung einer Königlichen Verordnung, enteignet und zur Straße gezogen werden. Es steht aber nichts entgegen, daß die Gemeinden, um sich die Vorteile des zweiten Satzes des § 11 zu sichern, schon bestehende ältere Fluchtlinien noch einmal auf Grund des G. v. 2. Juli 75 festsetzen (OVGE. Bd. 25 S. 387, PrVerwBl. 15 S. 371. Vgl. namentlich die OVGE. v. 1. Juli 98 Nr. I 1174, PrVerwBl. 21 S. 59). Daß Polizeiverordnungen, welche eine bestimmte Entfernung der Gebäude von dem Rande öffentlicher Wege vorschreiben, keine Fluchtlinien mit den Wirkungen aus § 11 schaffen: vgl. Anm. 10 zu § 1 d. G.

Will die Gemeinde von ihrem Rechte, das zu Straßen und

Plätzen durch die Fluchtlinienfestsetzung bestimmte Terrain zu enteignen, Gebrauch machen (vgl. § 13), so muß sie das Gelände bis zu der festgesetzten Fluchtlinie erwerben. Es kann ihr nicht gestattet werden, weniger durch Enteignung zu erwerben, um etwa den vorhandenen Weg etwas zu erbreitern oder zunächst einen schmaleren Weg anzulegen; dazu ist ihr das Enteignungsrecht des § 11 nicht gegeben, was auch aus § 3 u. § 13 folgt.

§. 12.

Durch Ortsstatut kann festgestellt werden, daß an Straßen oder Straßentheilen, welche noch nicht gemäß der baupolizeilichen Bestimmungen des Orts für den öffentlichen Verkehr und den Anbau fertig hergestellt sind, Wohngebäude, die nach diesen Straßen einen Ausgang haben, nicht errichtet werden dürfen.

Das Ortsstatut hat die näheren Bestimmungen innerhalb der Grenze vorstehender Vorschrift festzusetzen und bedarf der Bestätigung des [Bezirksrathes] Bezirksausschusses, in Berlin des Ministers des Innern. Gegen den Beschluß des [Bezirksrathes] Bezirksausschusses ist innerhalb einer Präklusivfrist von [einundzwanzig Tagen] zwei Wochen die Beschwerde bei dem Provinzialrathe zulässig.

Nach erfolgter Bestätigung ist das Statut in ortsüblicher Art bekannt zu machen.

1. Der aus dem Schoße der Komm. d. AH hervorgegangene § 12 wird zwar in dem Kommissionsberichte unter dem ersten Abschnitte des Gesetzes „über das Verfahren bei Anlegung und Veränderung von Straßen" abgehandelt, greift aber seinem Inhalte nach darüber hinaus. In der OVGE. Bd. 3 S. 313ff. ist aus dem Gange der Verhandlungen in der Kommission entwickelt, wie man sich dort vergegenwärtigt habe, daß es zur praktischen Durch-

führung der Bestimmungen im § 15 eines allgemeinen Bauverbotes bedürfe, wodurch die Unternehmer oder Anlieger zur Erfüllung ihrer regulativmäßigen Verpflichtungen genötigt würden. Daß dies in der Tat der Grund für die Einschaltung des § 12 gewesen ist, lassen weder der Bericht noch die Protokolle mit Sicherheit erkennen; das Bauverbot hätte auch, wenn es überhaupt zur Sicherung der den Gemeinden im § 15 gewährten Rechte erforderlich wäre — was keineswegs zutrifft (vgl. Bem. 7a zu § 15) — notwendig ein allgemeines, d. h. sämtliche Gebäude umfassendes sein müssen, während es sich doch nur auf Wohngebäude mit einem Ausgange nach der neuen Straße beschränkt. Außerdem genügt zur Erklärung der Einschaltung durchaus das im Kommissionsberichte angegebene Motiv; das Bauverbot soll die Gemeinden gegen den Nachteil schützen, der erfahrungsmäßig durch ein unregelmäßiges **Bebauen unfertiger Straßen** (sog. wildes Bauen) herbeigeführt wird und schließlich die Gemeinden zur Herstellung von Straßenzügen nötigt, die an sich hätten entbehrt werden können und in einem beträchtlichen Teile, zwischen dem alten Straßennetze und den neuen Anlagen, vielleicht noch lange unangebaut bleiben (vgl. OVGE. v. 18. März 90 Nr IV 277; v. 18. März 01, PrVerwBl. 22, S. 560). Es ist vorgekommen, daß Gemeinden versuchten, nur Baufluchtlinien mit der ausgesprochenen Absicht festzusetzen, eine Straße nicht anlegen zu wollen, und zwar nur, damit ein bestimmtes Terrain von der Bebauung ausgeschlossen werde. Einem solchen Vorgehen kann aber die Bedeutung der Festsetzung von Fluchtlinien im Sinne dieses Gesetzes überhaupt nicht beigelegt werden. (OVGE. v. 28. April 98 Nr. IV 799, Bd. 33 S. 425).

Der § 12 hat seine Stellung im Gesetze wohl deshalb erhalten, weil einesteils das darin behandelte Bauverbot sich naturgemäß an das Bauverbot des § 11 anschließt und weil anderenteils die Entschädigungsfrage für alle durch das Gesetz eingeführten Baubeschränkungen gemeinsam im § 13 behandelt werden sollte. (Vgl. über die Entstehungsgeschichte dieses Paragraphen auch die Aufsätze im PrVerwBl. 18 S. 393ff. u. 19 S. 233ff.; bezüglich der von dem Verfasser gezogenen Folgerungen vgl. das zu § 11 Bem. 1 Gesagte und PrVerwBl. 19 Nr. XXVII und Nr. XXX).

2. Das **Bauverbot** tritt nicht kraft des Gesetzes ein, sondern ist von dem Erlasse eines **Ortsstatuts** abhängig gemacht. In Be-

ziehung hierauf sind nähere Bestimmungen nur über die Mitwirkung der Aufsichtsbehörde (Abs. 2) und über die Veröffentlichung des Statutes (Abs. 3) getroffen. Während insoweit etwa abweichende Vorschriften der Gemeindegesetze über den Erlaß von Ortsstatuten abgeändert sind (§ 19), bleiben diese Vorschriften im übrigen bestehen; sie müssen deshalb ebenso wie die erwähnten Bestimmungen des Abs. 2 und 3 beobachtet werden; Ortsstatute, die nicht in Gemäßheit der dafür gegebenen Normen zustande gekommen sind, entbehren der Rechtsgültigkeit (OVGE. v. 18 Okt 87 Nr. II 933, PrVerwBl. 9 S. 313).

Die Frage ob für Gutsbezirke Ortsstatuten nach Maßgabe der §§ 12 und 15 d. G. möglich sind, hat eine Entscheidung des OVG noch nicht gefunden. Für den § 15 dürfte aber die Frage schon aus den Gründen, welche das Erk. v. 2. Okt. 02, OVGE. Bd. 42 S. 102 näher darlegt, zu verneinen sein; die Beiträge haben die rechtliche Natur der öffentlichen Abgaben, deren Erhebung ein Besteuerungsrecht voraussetzt. Dies Recht ist aber durch kein Gesetz allgemein dem Gutsbezirk zuerkannt. Nur in besonderen Ausnahmefällen ist eine solche Regelung gesetzlich zugelassen, so vor allem bei parzellierten Gutsbezirken durch §§ 8 ff. des G. betr. die Ausführung des RG. über den Unterstützungswohnsitz vom 8. März 71 GS. S. 130, in welchem Falle mangels einer Einigung das erforderliche Statut durch den Kreisausschuß normiert wird. Solche Ausnahmen können aber nicht durch Analogie auf andere Verhältnisse übertragen werden. Dies gilt aber notwendig auch für den § 12. Für die Rechtsgültigkeit eines Ortsstatuts ist es wesentlich, daß die gesetzlich dafür gegebenen Normen innegehalten sind. Diese sind für Gemeinden in den Städteordnungen und den Landgemeindeordnungen bestimmt vorgeschrieben, für letztere in den östlichen Provinzen z. B. im § 6 u. § 102; danach ist ein Beschluß der Gemeindeversammlung (Gemeindevertretung) unbedingt erforderlich. Diese Voraussetzung fehlt für einen Gutsbezirk. Der § 122 d. LandgemOrdg. v. 3. Juli 91 stellt den Gutsbesitzer nur bezüglich der öffentlich-rechtlichen Pflichten und Leistungen den Gemeinden gleich, nicht aber allgemein wegen der Rechte. Und hier die Analogie anzuwenden, ist nach bekannten Rechtsgrundsätzen gänzlich ausgeschlossen. Daß eine Regelung für Gutsbezirke nicht erfolgt ist, ist gewiß eine bedauernswerte Lücke, da das Ansiedlungsgesetz keinen vollen Ersatz bietet; das kann aber unmöglich Veranlassung geben, den § 12 für Bezirke anzuwenden, für die er offenbar nicht paßt und nicht gegeben ist In einem Erk. v. 25. Mai 00 Nr. IV 1092 (vgl. auch E v. 5. Jan. 03 Nr. IV 2053) scheint das OVG. allerdings anderer Ansicht zu sein, da es danach für eine zu fällende Entscheidung zuvor festgestellt hat, „daß für den fiskalischen Gutsbezirk J. ein Ortsstatut auf Grund des § 12 d. G. nicht erlassen ist". Auf Grund dieses Satzes haben denn auch verschiedene Ortsstatuten — bei denen dem Gutsbesitzer die Rolle der Gemeindeversammlung und dem Gutsvorsteher die des Gemeindevorstehers zugefallen ist!! — die Genehmigung eines Bezirksausschusses erhalten. Es kann das aber nicht gebilligt werden und widerstreitet dem Gesetz. Die Anweisung zur Ausführung des AnsiedlG. v. 10. Aug. 04 (MinBl. f H. u. Gew. 05 S. 23) scheint zu Nr. 3 von anderer Ansicht auszugehen, es tritt das aber nicht klar hervor. — Entspricht eine „Dorfordnung" den Erfordernissen, die an ein Ortsstatut zu stellen sind, so kommt es auf diese Bezeichnung nicht an (OVGE. v. 18 Jan 04 Nr. IV 101).

Hält die Aufsichtsbehörde eine Modifikation des Ortsstatuts für erforderlich, so kann sie die Bewirkung derselben nur durch Verweigerung der Genehmigung des Ortsstatuts erreichen. Hat sie die Modifikation in die Genehmigungsklausel als Bedingung rc. aufgenommen, so bleiben die davon berührten Bestimmungen des Ortsstatuts unwirksam, wenn nicht die im § 1 d. G. genannten Faktoren nachträglich ihre Zustimmung erteilt haben (vgl. OVGE. v 19. Dez. 96 Nr. IV 1818).

An die Stelle des im Abs. 2 erwähnten Bezirksrats ist der Bezirksausschuß getreten (§ 153 Abs 2 des Landesverwaltungsgesetzes). Die 21tägige Beschwerdefrist ist (zuerst durch § 42 des Organisationsgesetzes v 26 Juli 80 und demnächst) durch § 51 des Landesverwaltungsgesetzes auf zwei Wochen herabgesetzt. Bei unverschuldeter Versäumung kann Wiedereinsetzung in den vorigen Stand gewährt werden (§ 52 Abs. 2 a. a. O.)

Durch das Ortsstatut kann nur die Bebauung solcher Wege verhindert werden, die innerhalb des betreffenden Gemeindebezirkes liegen; es folgt das aus dem angegebenen Zwecke des § 12; die das Ortsstatut erlassende Gemeinde kann nicht berufen sein, die Wege in einem fremden Gemeindebezirke davor zu schützen, daß sie sich nicht durch Bebauung in Straßen verwandeln und als solche ausgebaut werden müssen (OVGE. v. 15. März 92 Nr. IV 291; v. 25. Juni 00 Nr. IV 1092; v. 5. Jan. 03 Nr. IV 2053). Offenbar können hieraus bei Wegen, die an der Grenze zweier Gemeindebezirke liegen oder gar — wie es hier und da auch vorkommt — auf beiden Seiten von fremdem Gemeindegebiete eingeschlossen sind, erhebliche Unzuträglichkeiten entstehen; im ersteren Falle werden sie sich vermeiden lassen, wenn die beteiligten Gemeinden mit dem Erlaß von Ortsstatuten gleichmäßig vorgehen, soweit dies möglich ist (wegen der Gutsbezirke s. oben zu 2). Vgl. OVGE. v. 1 Dez. 94 Nr. IV 1490; in diesem Erk. ist ausgesprochen, daß in dem vorliegenden Falle, wo die Grenze der beiden Polizeibezirke den Ausgang nach der Straße quer durchschneidet, und für beide Bezirke das ortsstatutarische Bauverbot in Kraft stand, die Polizeibehörde des einen Bezirks zuständig war, die straßenpolizeilichen Interessen auch des anderen Bezirks wahrzunehmen. Liegt die Straße in zwei Gemeindebezirken und ist für jeden Bezirk ein Statut erlassen, so darf die Polizeiverwaltung den Baukonsens erst erteilen, wenn b e i d e Gemeinden erklärt haben, von dem Bauverbot keinen Gebrauch machen zu wollen (OVGE. v. 10. Okt. 01, Bd. 40 S. 387).

3. Das Ortsstatut bleibt unwirksam, sofern nicht **baupolizeiliche Bestimmungen** darüber bestehen, unter welchen Umständen eine Straße als für den öffentlichen Verkehr und den Anbau fertig hergestellt gilt (OVGE. v. 24. Okt. 94 Nr. IV 1295; v. 18. Febr. 01, PrVerwBl. 22 S. 467; v. 27. Okt. 04, PrVerwBl. 26 S. 487). Diese Bestimmungen können vor oder nach Erlaß des Ortsstatuts getroffen sein (OVGE. v. 23. Sept. 97 Nr. IV 1565; v. 22. Jan. 96 Nr. IV 126); werden sie erst nachher erlassen, so bedarf es einer erneuten Publikation des Ortsstatuts nicht (OVGE. v. 19. Dez. 96 Nr. IV 1818). Die Bestimmungen müssen aber als p o l i z e i l i c h e Vorschriften, also von der Polizeibehörde erlassen werden, so daß die Aufnahme derartiger Normen in das Statut selbst der Regel nach nicht genügt (OVGE. Bd. 3 S. 286 ff.). Der Ausdruck „baupolizeiliche Bestimmungen des Orts" hat nicht die Bedeutung, daß nur die Bestimmungen der Ortspolizeibehörde maßgebend sind, es sind damit die für den Ort geltenden gemeint; solche können aber nicht nur von der Ortspolizeibehörde erlassen werden, sondern auch von den höheren polizei-

lichen Instanzen: Landrat, Regierungspräsident, Oberpräsident (§§ 137, 142 des Landesverwaltungsgesetzes) (OVGE. v. 6. Juli 95 Nr. IV 1015; v. 3 März 97 Nr. IV 403; v. 1. Dez. 94 Nr. IV 1490).

Manche Polizeiverwaltungen halten sich für verpflichtet, ein Verzeichnis der Straßen aufzustellen, die zurzeit für fertig zu erachten sind. Einer tatsächlich nicht fertigen Straße kann aber durch Aufnahme in solches Verzeichnis die Eigenschaft einer fertigen nicht verliehen werden, und der Nachweis, daß eine im Verzeichnis nicht aufgeführte Straße tatsächlich fertig gewesen sei, ist nie ausgeschlossen. Die Aufnahme kann höchstens einen Anhalt dafür geben, welche Anschauungen über die an fertige Straßen zu stellenden Anforderungen zur Zeit der Aufnahme geherrscht haben (OVGE. v. 22. Jan. 03, Bd. 42 S 365).

Daß bei mangelnden polizeilichen Bestimmungen im obigen Sinne nur das Ortsstatut bezüglich des Bauverbotes aus § 12 d. G unwirksam bleibt, nicht aber auch der Teil desselben Ortsstatuts, der sich mit der Ausführung des § 15 beschäftigt, ist selbstverständlich, soll aber doch versuchten gegenteiligen Auslegungen gegenüber erwähnt werden (vgl. OVGE. v. 1. Febr. 98 Nr. I 205).

Als die Entscheidung Bd. 3 S. 286 ff. erging, war bereits eine große Anzahl von Ortsstatuten mit selbständigen Anordnungen über die Erfordernisse einer fertiggestellten Straße bestätigt Vielfach sind sie auch seitdem nicht umgestaltet; man hat sich vielmehr damit begnügt, nachträglich die erforderlichen polizeilichen Anordnungen zu erlassen. Daß dann die Bedingungen für Anwendung des § 12 gegeben sind, obgleich es an einer ausdrücklichen Bezugnahme des Statutes auf die baupolizeilichen Bestimmungen mangelt, ist vom OVG. wiederholt angenommen, sofern das Statut und die polizeiliche Anordnung in ihren Anforderungen der Hauptsache nach übereinstimmen (z. B. E. v. 8. April 80 Nr. II 651). Ist letzteres nicht der Fall, so entstehen erhebliche Schwierigkeiten, und es ist dringend angezeigt, einen derartigen Zustand zu beseitigen. Gegenüber abweichenden Vorschriften kommt jedenfalls in Betracht, daß für die Gemeinde keine Nötigung besteht, das Bauverbot in dem vollen, gesetzlich zulässigen Umfange in Kraft zu setzen, die Gemeinde vielmehr befugt ist, das Verbot nach ihrem Ermessen den gegebenen Verhältnissen anzupassen (vgl. Bem 8). Daher bleibt in erster Linie das Ortsstatut maßgebend; sind darin geringere Anforderungen an den Ausbau der Straßen gestellt, als in den polizeilichen Bestimmungen, so darf an solchen Straßen, die dem Ortsstatute entsprechen, gebaut werden (OVGE. v. 20. Juni 90 Nr. IV 643, PrVerwBl. 11 S 572). Würde trotzdem die Bauerlaubnis auf Grund der polizeilichen Bestimmungen unter Nichtberücksichtigung der geringeren Anforderungen des Ortsstatuts versagt, so würden dagegen die Rechtsmittel des § 127ff. des Landesverwaltungsgesetzes zulässig sein (OVGE. v. 2. Dez. 96 Nr. IV 1967). Eigentümliche Schwierigkeiten und Verwickelungen ergeben sich, wenn die polizeilichen Bestimmungen den Umfang der Straßenarten, auf welche sie sich beziehen sollen, enger umgrenzen, als das Gesetz oder das Ortsstatut; so sind in einigen rheinischen Städten Polizeiverordnungen erlassen, in welchen die polizeilichen Anforderungen des § 12 nur für „unbebaute Straßen und Straßenteile und zwar sowohl bestehende Wege als neu angelegte Straßen und Plätze" festgestellt sind. Durch solche — wohl nur auf mißverständlicher Hereinziehung der Begriffe des § 15 d. G. beruhende — Beschränkung der polizeilichen Bestimmungen ergibt sich dann der eigentümliche Rechtszustand, daß das ortsstatutarische Bauverbot nur für „unbebaute Straßen" in Geltung steht, seine Anwendung bei bebauten Straßen (d. h wenn auch nur mit einem Hause bebaut) ganz fortfällt, eine Wirkung, die gewiß weder beabsichtigt war, noch im Interesse der Gemeinde liegt (OVGE. v. 2. Dez. 96 Nr. IV 1967; v. 24. März 97 Nr. IV 603; v. 18. Febr. 01, PrVerwBl. 22 S. 467). Bestimmungen im Ortsstatute, welche über die baupolizeilichen Bestimmungen hinausgehen, haben selbstverständlich keine Rechtswirksamkeit (OVGE. Bd. 34 S. 418).

Das **Maß** der **polizeilichen Anforderungen** für die Fertigstellung der Straßen, das sich nach den Verhältnissen der einzelnen Orte richtet, kann vom Verwaltungsrichter einer Nachprüfung nicht unterzogen werden; soweit der Anordnung noch polizeiliche Motive zugrunde liegen, besteht sie zu Recht; die Vorschrift, daß der Grund und Boden der Straße an die Gemeinde abgetreten oder aufgelassen sein müßte, ist deshalb als verbindlich angesehen (OVGE. v. 10. Febr. 91 Nr. IV 144; v. 8. Juli 96 Nr. IV 1153; v. 21. Febr. 98 Nr. IV 365; v. 7. Nov. 98 Nr. IV 1859), denn diese Bestimmung hält sich durchaus innerhalb der für das Straßenbauwesen maßgebenden polizeilichen Gesichtspunkte und stellt nur eine für die gedeihliche Entwickelung desselben kaum entbehrliche Anforderung auf. Man braucht nur daran zu erinnern, welche Schwierigkeiten — wenn das Straßeneigentum nicht der Gemeinde gehörte — entstehen würden bei Anlegung von unterirdischen Kanälen für Entwässerung, für Anlegungen elektrischer Leitungen in der Erde, für Straßenbeleuchtung und über der Erde für Telephonleitungen usw. — In vielen polizeilichen Bekanntmachungen findet sich als Anforderung lediglich das Wort „**Freilegung der Straße**". Da dieser Ausdruck nach § 15 des G. unzweifelhaft den Grunderwerb umfaßt, so können Zweifel über seine Bedeutung entstehen. Für die Auslegung kann unter Umständen der Inhalt des Statuts in Betracht kommen; gibt dieses keinen Anhalt, so wird diese Bestimmung dahin aufzufassen sein, daß die Fertigstellung einer Straße davon abhängig sein soll, daß diese tatsächlich freigelegt ist, ohne Rücksicht darauf, ob das Eigentum bereits auf die Gemeinde übergegangen ist oder nicht (OVGE. v. 22. Jan. 03 Nr. IV 151). Für solche Auslegung kommt auch in Betracht, daß in diesem Sinne der Ausdruck im § 13 des G. vorkommt (OVGE. v. 24. Mai 97 Nr. IV 945). — Oft sind die Bestimmungen ziemlich allgemein gehalten, was zu Schwierigkeiten führen kann; so ist in einer rheinischen Stadt vorgeschrieben, daß eine „für städtische Straßen geeignete Befestigung" vorhanden sein muß; das OVG. nahm an, daß dazu auch Chaussierung gehört (OVGE v. 2. Mai 94 Nr IV 559); ebenso die Makadamisierung (OVGE. v 22. Jan. 03, Bd. 42 S. 365). — Übrigens vgl. auch Bem. 5 S. 118 die E. v. 18. April 94 Nr. IV 471).

Über die **Form**, in welcher die baupolizeilichen Bestimmungen zu ergehen haben, enthält das Gesetz keine näheren Vorschriften. Unter den Begriff: „polizeilicher Bestimmungen" fallen aber nicht allein die in Gemäßheit der §§ 5 ff. d. G. v 11. März 50 und der Verordnung v. 20. Sept. 67 erlassenen **Polizeiverordnungen**, sondern **alle polizeilichen Maßnahmen**, mögen sie nun in Gestalt von Verordnungen, Bekanntmachungen, Reglements oder Anordnungen im weitesten Sinne getroffen werden; jede dieser Formen genügt daher (OVGE. Bd. 8 S. 344 ff., v. 1. Dez 94 Nr. IV 1486; v. 18. Jan. 00 Nr IV 97) Folglich dürfte es auch ausreichen, wenn ein Statut, das die erforderliche Regelung enthält, von der Polizeibehörde als solcher mitunterzeichnet ist; denn hierdurch bringt die Polizeibehörde zum Ausdrucke, daß die betreffenden Anordnungen von ihr gutgeheißen werden. Verschieden davon ist der Fall, wenn der die Polizei verwaltende Bürgermeister in seiner Eigenschaft als Vorsitzender des Magistrats mitunterzeichnet hat; hieraus kann keineswegs gefolgert werden, daß er als Polizeiverwalter gehandelt habe, da er in jener Eigenschaft durch die Beschlüsse des Magistrats gebunden ist und deshalb zu einer Tätigkeit veranlaßt werden kann, mit der er als Polizeibehörde nicht übereinstimmt. Von dem angedeuteten Gesichtspunkte aus werden polizeiliche Normen auch in einem Statute gefunden werden können, das von einem zugleich die Ortspolizeiverwaltung handhabenden Magistrate erlassen ist; denn ein Grund zu der Annahme, daß der Magistrat hier nur als Gemeinde-, nicht aber als Ortspolizeibehörde tätig geworden sei, liegt bei der Zusammenfassung beider Funktionen in dem einheitlichen Organe nicht vor. Diese Personalunion findet sich in den hannoverschen Städten, sofern dort, wie meistens, der kollegiale Magistrat selbst als solcher die Polizeiverwaltung führt, und bei der sog. Bürgermeistereiverfassung, welche in der Rheinprovinz die Regel bildet (OVGE. v. 2. Dez. 96 Nr. IV 1967; v. 27. Febr. 02 Nr. IV 380) und in den östlichen Provinzen ausnahmsweise in kleinen Städten eintritt (§ 72 der östl. Städteordnung v. 30. Mai 53). Vgl. Rosin, Polizeiverordnungsrecht II Aufl. S. 238. Wo die polizeilichen Befugnisse unter mehreren Behörden verteilt sind, hat die Bestimmungen diejenige Behörde zu erlassen, welche die Straßenbaupolizei verwaltet; denn es handelt sich um Anordnungen über die Art und Weise, wie die Straßen ausgebaut werden sollen. Vgl. OVGE. v. 30 Jan. 94 Nr. IV 855, PrVerwBl. 16 S. 173 (Magistrat und Polizeidirektion). Da die Straßen aber nicht bloß für den öffentlichen Verkehr, sondern auch für den Anbau fertigzustellen sind, dürfte es das korrekteste sein, wenn die Bestimmungen von der Straßenbaupolizeiverwaltung gemeinsam mit der hiervon etwa verschiedenen Baupolizeibehörde getroffen werden. So ist auch in Magdeburg verfahren; in Berlin ist dagegen die Anordnung von der Straßenbaupolizeiverwaltung allein ausgegangen, und das OVG. hat dies niemals beanstandet; freilich sind auch Bedenken in dieser Beziehung bisher nicht angeregt worden. Eigentümlich gestaltet sich die Sache im Regierungsbezirk Wiesbaden, wo die Baupolizei dem Landrate und die Straßenbaupolizei dem Bürgermeister zusteht. — Unzulässig ist es, wenn in den polizeilichen Vorschriften das Maß der Anforderungen an fertiggestellte Straßen, wenn auch nur in einem bestimmten Umfange, der Bestimmung durch eine andere Behörde, etwa der Gemeindebehörde, überlassen wird. Die Polizeibehörde hat kein Recht, durch Polizeivorschriften, auch nicht wenn sie in der Form von Polizeiverordnungen erlassen sind, ihre gesetzliche Zuständigkeit auf andere zu übertragen (OVGE. v. 8. Nov. 96 Nr. IV 1153; v. 5. Juni 99, Bd. 36 S. 412; v. 10. Dez. 00 Nr. IV 2003). Entscheidungen der Gemeindebehörden über den Umfang und die Art der Straßenbefestigung sind aber keine polizeiliche, wie sie der § 12 d. G. erfordert, können also auch für die Anwendung des Bauverbots aus diesem Paragraphen nicht berücksichtigt werden. Das OVG. hat streng daran festgehalten und es z. B. auch für unzulässig erklärt, wenn in den polizeilichen Vorschriften gesagt ist, daß Bord- oder Granitsteine dem vom Magistrate vorgeschriebenen Muster entsprechen müssen (E. v. 2. Juni 02, Bd 41 S. 145).

4. Das Ortsstatut muß sich innerhalb der Grenzen halten, die Absatz 1 zieht Soweit es darüber hinausgeht, fehlt ihm die Rechtsgültigkeit Jene Grenzen ergeben sich aus den folgenden Bemerkungen. Auffallend oft steht die Fassung der Ortsstatute nicht im Einklange mit dem Gesetze; in solchen Fällen bleibt nur übrig, zu untersuchen, ob in der getroffenen Bestimmung noch ein dem § 12 entsprechendes Verbot gefunden werden kann, und dieses dann insoweit zur Anwendung zu bringen (OVGE. v 7. Nov. 98, Bd 34 S. 416; v. 5. Juni 99, Bd. 36 S. 412).

5. Das Bauverbot bezieht sich lediglich auf „noch nicht für den öffentlichen Verkehr und den Anbau fertig hergestellte Straßen"; dies sind Straßen, deren Anlegung in Aussicht genommen, aber noch nicht vollendet ist, **projektierte Straßen.**

a) Damit wird ein sämtliche Wege in der **Feldmark** umfassendes Bauverbot ausgeschlossen; es dürfen nur sog. projektierte Straßen getroffen werden (RGE. v. 22. April 96, PrVerwBl. 18 S. 137; OVGE. Bd. 3 S. 315, Bd. 5 S. 390, Bd. 10 S. 313; v. 18. Nov. 78 Nr. II 1085; v. 18. Sept. 79 Nr. II 1384; v. 23.

Febr. 92 Nr. IV 225; v. 1. März 92 Nr. IV 246; v. 24. Okt. 01, Bd. 40 S. 371 und insbesondere v. 24. Sept. 89 Nr. IV 425, wo zugleich ausgesprochen ist, daß weitergehende, auf früheren Gesetzen beruhende Bauverbote durch § 19 aufgehoben seien). Die Gemeinden sind hierüber in ihren Statuten mehrfach hinausgegangen, um sich den vom Gesetze beabsichtigten Schutz unbedingt zu sichern; auf diese Weise wird aber eine rechtlich nicht begründete und praktisch zu sehr erheblichen Mißständen führende Beschränkung der Baufreiheit ohne Not eingeführt Denn die Entstehung neuer Straßen wider Willen der Gemeinden läßt sich auch auf anderem Wege hindern. In erster Linie gehört hierher die rechtzeitige Aufstellung von Bebauungsplänen für solche Flächen, deren Eingliederung in das Straßennetz für die nächste Zukunft zu erwarten ist (OVGE. v. 18. Febr. 01, PrVerwBl 22 S. 467). Daneben gestattet das Gesetz eine weitgehende Anwendung des Bauverbotes, wenn nur der Begriff der projektierten Straßen richtig abgegrenzt wird Hierunter fallen zunächst die in einen Bebauungsplan aufgenommenen oder durch Festsetzung von Fluchtlinien als neue Anlagen gekennzeichneten Straßen und zwar der Regel nach ohne Unterschied, ob das Verfahren vor oder nach dem Erlaß des Gesetzes stattgefunden hat (OVGE. v. 11. Jan. 96 Nr. IV 72). Sodann kann auch durch andere Umstände in genügender Weise zum Ausdruck gelangt sein, daß von der Gemeinde die Herstellung einer Straße geplant ist, z. B. nur durch Festsetzung von Fluchtlinien (OVGE. v. 26. Jan. 99 Nr IV 167). Insbesondere trifft dies zu, wenn ein Verfahren wegen Festsetzung von Fluchtlinien durch Auslegung des Planes (§ 7) bereits eingeleitet oder wenigstens soweit vorbereitet ist, daß die Einleitung in sicherer Aussicht steht. Das OVG. hat u. a. nach Lage des Falles die Aufstellung des Planes durch den Gemeindevorstand für ausreichend erachtet, auch wenn der Plan die Genehmigung der Gemeindevertretung und der Ortspolizei noch nicht gefunden hatte oder wenn die Einleitung des Verfahrens, weil es mit der Festsetzung eines weitergreifenden Planes verbunden werden sollte, für eine kurze Zeit aufgeschoben war (E v. 28. März 89 Nr III 349, PrVerwBl. 10 S. 525 und v. 17. Jan. 93 Nr. IV 55). Weiter erstreckt sich aber, da Straßen ohne jede Mitwirkung der Gemeindebehörden entstehen können (vgl. Bem. 5 zu § 1), das Bauverbot auch auf solche Wege, deren Neuanlegung als Straße oder deren Umwandlung in eine Straße entweder durch Privatunternehmer mit Absicht herbeigeführt werden soll oder sich auf dem Wege fortgesetzter tatsächlicher Bebauung von selbst vollzieht, auch wenn noch keine Fluchtlinien festgesetzt sind (OVGE. Bd. 36 S. 412, v 9. Mai 04, PrVerwBl. 25 S. 850). Es genügt, daß man es mit einer in der Entstehung begriffenen Straße zu tun hat (OVGE v. 15. Sept. 79 Nr. II 1376; v. 20. Nov. 79 Nr II 1651; v. 20. März 88 Nr. II 316 und v. 17. Febr. 91 Nr. IV 168), so auch bei Wegen, bei denen sich wegen ihrer den bereits bebauten Stadtteilen benachbarten Lage infolge des Anbaues mit Notwendigkeit ein straßenmäßiger Verkehr entwickeln und die Gemeinde zwingen würde, die Straße als Ortsstraße herzustellen, also das städtische Straßennetz weiter auszudehnen, als die Gemeinde zurzeit beabsichtigt, was sie nach § 12 d. G. gerade zu verhindern befugt sein soll (OVGE. v 24. Okt. 01, Bd. 40 S 371). Einen typischen Fall zeigt das OVGE v. 29. Sept. 04, PrVerwBl. 26 S. 187 Erschöpfende, ein für alle Mal gültige Merkmale lassen sich hierfür nicht aufstellen; als das Wesentliche erscheint immer, ob der Weg demnächst dem öffentlichen straßenmäßigen Verkehre dienen soll oder wenigstens die Entwickelung eines solchen Verkehres nach den gegebenen Umständen unvermeidlich sein würde (E. v. 3 Okt. 04, PrVerwBl. 26 S. 219); dagegen entscheidet nicht, ob einstweilen der Grund und Boden im Privatbesitze und die Last der Unterhaltung dem Unternehmer verbleibt. Auch **Privatstraßen** unterliegen dem ortsstatutarischen Bauverbote, wenn sie in der erkennbaren Absicht angelegt sind, dem öffentlichen Verkehr und dem Anbau zu dienen und in der Folge zu öffentlichen Ortsstraßen zu werden (OVGE. v. 5. Juni 99, Bd 36 S. 412; v. 15. Mai 02 Nr. IV 897; v. 14. Mai 00 Nr. IV 788; v. 3 Okt. 04 Nr. IV 1220, PrVerwBl. 26 S. 219; v. 9. Mai 04, PrVerwBl. 25 S. 850). Andererseits können zu fertigen städtischen Straßen nur solche gerechnet werden, welche dem öffentlichen Verkehr dienen und als öffentliche Verkehrswege zu dem städtischen Straßennetz gehören (E. Bd. 36 S. 412; OVGE. v. 14. Mai 00 Nr. IV 788). Das OVG. hat hiernach das Bauverbot schon da angewendet, wo nach der Sachlage, namentlich nach dem eigenen Verhalten des Bauunternehmers von der Voraussetzung ausgegangen werden mußte, daß die Herstellung einer Straße auf dem Privateigentum des Bauherrn beabsichtigt sei, bei Ausführung des zur Genehmigung eingereichten Bauprojekts der erste Anbau an der neuen Straße errichtet und letztere auch weiter zum Anbau benutzt werden solle, auf diese Weise aber ein öffentlicher, straßenmäßiger Verkehr sich allmählich mit Notwendigkeit herausbilden müsse. Es liegt dem der Gedanke zugrunde, daß die Gemeinde davor bewahrt werden soll, daß ihr aus einer Straßenentwickelung, deren Entstehen sie ohne das Gesetz nicht hindern konnte, Kosten erwachsen (OVGE. Bd. 27 S. 171; v. 16. Mai 82 Nr. II 461; v. 10. Juni 86 Nr. II 622, PrVerwBl. 8 S. 30; v. 23. Sept. 01, Bd. 40 S. 376). Das Vorhandensein dieser Voraussetzung ist verneint in der E. Bd. 19 S. 367ff., v. 19. Okt. 86 Nr. II 942, PrVerwBl. 8 S. 362; v. 23. Febr. 92 Nr. IV 223 und v. 27. Juni 93 Nr. IV 606.

Schon oben ist erwähnt, daß sich das Bauverbot nicht auf sämtliche Wege in der Feldmark bezieht. Ein Ortsstatut oder eine Polizeiverordnung, welche den Anbau an allen nicht den Bestimmungen entsprechenden Wegen der ganzen Feldmark verbieten würde, träte auch mit dem § 13 des Ansiedelungsgesetzes v. 25. Aug. 76 in der Fassung des G. v. 10. Aug. 04 (GS. S. 227) und den entsprechenden Bestimmungen des Ansiedelungsgesetzes für die sonstigen Landesteile in Widerspruch (OVGE. v. 6. Febr. und 27. Febr. 94 Nr. IV 161 und 247; v. 1. März 92 Nr. IV 246).

Zu § 13 Abs. 2 des genannten Ansiedelungsgesetzes ist hier nur zu bemerken, daß die dort genannte Rechtswirkung des Bebauungsplanes erst eintritt, wenn das Festsetzungsverfahren nach § 8 des G. v. 2. Juli 75 definitiv abgeschlossen ist (OVGE. v. 1. Nov. 97 Nr. IV 1839).

b) Das Bauverbot darf nicht auf bestehende ältere, sog. **historische Straßen** ausgedehnt werden. Dieser Satz ist in der OVGE. Bd. 3 S. 304ff näher begründet und seitdem unverändert festgehalten.

Der Ausdruck „historische" Straßen, der jetzt als technische Bezeichnung allgemein gebraucht wird, kommt in dem gen. Erk. einmal (S. 313) gelegentlich vor. Er hat allerlei Mißverständnisse zur Folge gehabt. So behauptete in einer Streitsache vom Rhein eine Partei, daß der betreffende Weg eine historische Straße sei, weil sie identisch sei mit einer alten römischen Heerstraße (OVGE. v. 27. Febr. 94 Nr. IV 247). Es genügt auch nicht, daß ein Weg schon lange Zeit, etwa 100 Jahre, als ein öffentlicher Kommunikationsweg besteht (OVGE. v 23. April 02 Nr. IV 778).

Den Begriff einer historischen Straße allgemein zu begrenzen, ist ungemein schwierig. Vgl den Aufsatz „Historische Straße" vom Wirkl. Geh. Rat Dr. Jebens im PrVerwBl 22 S. 609. Wesentlich ist, daß von dem Bauverbote alle älteren städtischen Straßen, wenn sie auch den später erlassenen polizeilichen Bedingungen nicht entsprachen, ausgeschlossen werden sollten. In der Regel fallen unter den Begriff also alle Straßen, deren Entwickelung bezüglich des Ausbaues und straßenmäßigen Verkehrs zur Zeit des Inkrafttretens des Ortsstatuts im wesentlichen ihren Abschluß gefunden hatte, so daß von einer Weiterentwickelung in den wesentlichsten Beziehungen nicht mehr gesprochen werden kann (OVGE. v. 3. Febr. 98 Nr. IV 1758; v. 18 Jan. 04 Nr. IV 104). Den Gegensatz bilden die projektierten und die in der Anlegung oder Entwickelung zur städtischen Straße noch befindlichen Straßen und Wege. Ob das eine oder das andere vorliegt, wird oft schwer zu bestimmen sein, und kann meist nur nach Maßgabe der besonderen Verhältnisse entschieden werden, unter denen sich im betreffenden Orte die dem inneren Verkehr und dem regelmäßigen Anbau zugleich bestimmten Straßen entwickelt haben (OVGE. v. 27. Febr. 94 Nr. IV 247). Denn es kommt bei den zweifelhaften Fällen in der Regel auch darauf an, welche Anschauungen über die Anforderungen, die vor Inkrafttreten der polizeilichen Bestimmungen an städtische zum Anbau bestimmte und fertige Straßen gestellt zu werden pflegten, im allgemeinen und an maßgebenden Stellen geherrscht hatten. Für die Beurteilung wird es u. a. auf die Lage und Richtung der Straße, den auf ihr bestehenden Verkehr, ihre äußere Beschaffenheit, den Vergleich derselben mit den gleichfalls den neuen polizeilichen Vorschriften noch nicht entsprechenden, aber als historisch anerkannten Straßen, die geschichtliche Entwickelung ihres Anbaues, auch aus der Zeit nach Inkrafttreten des Ortsstatuts ankommen (OVGE v. 5. Dez. 93 Nr. IV 1286). — Die Ansicht, daß nur dann eine historische Straße vorliege, wenn sie seit langer Zeit auf Kosten der Stadt wie andere städtische Straßen unterhalten worden sei, ist irrig; die Unterhaltung kann auch einem anderen, als dem regelmäßig Wegebaupflichtigen obliegen. Auch nicht darin zeigt sich diese Eigenschaft, daß bis zu dem Zeitpunkte, wo das Bauverbot in Wirksamkeit trat, rechtlich und tatsächlich ungehindert gebaut werden konnte (OVGE. v. 6. März 95 Nr. IV 384; v. 8. Juli 96 Nr. IV 1153); das Wesentliche einer historischen Straße ist vielmehr, daß sie eine vor dem Inkrafttreten des Bauverbots zum Anbau bestimmte und fertige Ortsstraße war (OVGE. v. 6 Juli 95 Nr. IV 1015). Über den Unterschied von historischer Straße im Gegensatz zu einer vorhandenen Straße des § 15 s. E. Bd. 38 S. 147; OVGE. v. 18. Febr. 01, PrVerwBl. 22 S. 467.

c) Zu den historischen Straßen können nur solche Wege gerechnet werden, die den Charakter von Straßen im Sinne dieses Gesetzes tragen. Dazu gehört vor allen Dingen, daß sie dem öffentlichen Verkehre dienen und als öffentliche Verkehrswege zu dem städtischen Straßennetz gehören. Damit sind aus dem Kreise dieser Straßen die Privatstraßen ausgeschlossen, auch wenn sie sich in dem Stadium der allmählichen Umwandlung in eine öffentliche Straße befinden (OVGE. v. 17. Febr. 91 Nr. IV 168; v. 8 Juli 96 Nr. IV 1153; v. 5. Juni 99, Bd. 36 S. 412; v. 3. Okt. 04 Nr. IV 1220, PrVerwBl. 26 S. 219). Voraussetzung für die Eigenschaft einer historischen Straße ist andererseits, daß sie dem Verkehre innerhalb der Ortschaften sowie dem Anbau dient, sie muß „Ortsstraße" sein (OVGE. v. 27. Febr. 94 Nr. IV 247; v. 6. Juli 95 Nr. IV 1015). Wege, welche nur den Verkehr von Ort zu Ort oder zwischen einzelnen, entfernter gelegenen, bebauten Teilen einer Ortschaft vermitteln, fallen nicht darunter, selbst wenn daran einige Häuser stehen (OVGE. Bd 24 S. 81, PrVerwBl. 14 S. 367; v. 18. März 90 Nr. IV 277 und v. 10. Febr. 91 Nr. IV 144; v 9. Dez 96 Nr II 2434; v. 22. Jan. 03 Nr. IV 152). Es kann in solchen Fällen auch nicht darauf ankommen, ob diese Wege in etwa ähnlicher Weise befestigt sind, wie ältere Straßen der betreffenden Ortschaften (OVGE. v. 11. Jan. 96 Nr. IV 72), da sich solches oft wegen des großen Verkehrs, namentlich in der Nähe größerer Städte, als notwendig erweist; auch ein tatsächlich vorhandener städtischer Verkehr — wie er z. B. auf der den Tiergarten durchschneidenden Chaussee zwischen Charlottenburg und Berlin unzweifelhaft in lebhafter Weise stattfindet — ist allein nicht entscheidend. Sollen solche Wege historische Straßen sein, so muß noch hinzukommen, daß sie dem inneren städtischen Verkehre dienen und zum Anbau bestimmt sind (OVGE.

v. 30. Sept. 97 Nr. IV 1605 und v. 19. Dez. 96 Nr. IV 1818). Bezüglich des Anbaues kann es von Bedeutung sein, wenn in Festungen ein sonst dem inneren Verkehr dienender Weg infolge der Rayonbestimmungen vom Anbau ausgeschlossen ist (OVGE. v. 19. Dez. 96 Nr. II 2515; v. 28. Febr. 98 Nr. IV 407). Übrigens kann derselbe Straßenzug zum Teil historische Straße (vgl. Bem 6), zum Teil gewöhnlicher Verkehrsweg sein (OVGE. v. 31. Okt. 90 Nr. II 962; v. 14. April 91 Nr. IV 361, PrVerwBl. 12 S. 518). Es kommt dieses namentlich häufig vor bei den die Orte durchschneidenden Chausseen und bei solchen Straßen und Wegen, welche aus dem inneren Orte heraus in die Feldmark oder nach entfernter liegenden Städten oder Dörfern führen. Solche Straßen können, selbst bei gleicher Beschaffenheit des Straßenkörpers, durch den schon früher entwickelten und fortgesetzten Anbau und den dadurch bewirkten inneren städtischen straßenmäßigen Verkehr bis zu einem bestimmten Abschnitte historische Straßen sein und in ihrer weiteren Fortsetzung nicht. Gerade in solchen Fällen kommt es wesentlich auf den Anbau an (s. unten) (OVGE. v. 19. Jan. 94 Nr IV 85, PrVerwBl. 15 S. 289; v. 16. Nov. 95 Nr. IV 1591; v. 14. Okt. 96 Nr. IV 1582; v. 16. Jan. 97 Nr. IV 98; v. 22. Jan. 96, Bd. 29 S 382; v. 18. März 01, PrVerwBl. 22 S. 560; v. 19. Jan. 03 Nr. IV 129). — Erhebliche Schwierigkeiten bereitet die Beurteilung der historischen Straßen bei Dörfern, namentlich in der Nähe großer Städte und bei Wegen oder Chausseen, welche Dörfer durchschneiden. Zunächst ist dafür Voraussetzung, daß eine ländliche Gemeinde überhaupt eine geschlossene Ortschaft, einen Ortsbering hat; wo ein solcher — wie häufig in Westfalen — gänzlich fehlt, kann von einer historischen Straße nicht die Rede sein (OVGE. v 23. Mai 94 Nr. II 771, PrVerwBl. 15 S. 496; v 11. Okt. 97, Bd. 32 S. 361); allerdings kann sich durch konzentrierten Anbau an einer einen Gemeindebezirk durchschneidenden Chaussee ein Ortsbering bilden, wobei es dann weniger auf den Zustand der Straße, als auf die Art des Anbaues ankommt (OVGE. v. 22 Jan. 96 Nr. IV 126, Bd. 29 S. 377); auch kann, wenn eine Gemeinde einen Weg ausdrücklich zum Anbau bestimmt und hergerichtet hat, so eine historische Straße, die erste fertige Ortsstraße, entstehen, auch wenn kein einziges Haus daran gestanden hätte und kein Ortsbering bisher vorhanden war (OVGE. v. 18. März 01, PrVerwBl. 22 S. 560; v 27. Okt. 04, PrVerwBl. 26

S. 487). Ist ein Ortsbering vorhanden, so ist es für solche Straßen, welche als historische in Anspruch genommen werden, zunächst wesentlich, ob die Straße der Ortschaft wegen ausgebaut und besonders befestigt ist, oder ob der Anbau sich an schon vorhandenen und zu anderen Verkehrszwecken besonders befestigten Straßen vollzogen hat. Auch dabei ist es von entscheidender Bedeutung, ob die Entwickelung des Anbaues als in den wesentlichen Beziehungen abgeschlossen angesehen werden kann, so daß die Straße als eine fertige Dorfstraße, Ortsstraße anzusehen ist. So können sowohl in Anschluß an den Ortsbering als auch getrennt von ihm historische Straßen (Dorfstraßen) sich gebildet haben. Bei der Beurteilung werden aber, namentlich in der Nähe größerer Städte, die tatsächlichen Verhältnisse und die geschichtliche Entwickelung des Anbaues — auf die Beschaffenheit des Wegekörpers wird es weniger ankommen — einer sorgfältigen Prüfung bedürfen (OVGE. v. 22. Jan. 96 Nr. IV 126; v. 27. Febr. 97 Nr. IV 373; v. 23. Mai 94 Nr. II 771, PrVerwBl. 15 S. 496; v. 3. Febr. 98 Nr. IV 1758, Bd. 34 S. 394, PrVerwBl. 19 S 403; v. 28. Mai 00 Nr. IV 607).

d) Historische Straßen sind diejenigen nicht, welche in Gemäßheit einer Fluchtlinienfestsetzung erst neu angelegt werden sollen, bisher aber noch nicht ordnungsmäßig ausgebaut sind; solche Straßen gehören vielmehr gerade zu den projektierten Straßen, mag im übrigen ihre Herstellung auch schon weit vorgeschritten sein (OVGE. v. 1. Dez. 94 Nr. IV 1486; v. 27. Sept. 97 Nr IV 1588). Auch frühere Kommunikationswege oder Feldwege, an denen — weil es mangels eines Bauverbots nicht verhindert werden konnte — gebaut ist, welche aber noch nicht vollständig den Anforderungen und dem Zustande entsprechen, welche in dem betreffenden Orte für angebaute Straßen im allgemeinen polizeilich in Anspruch genommen wurden (s. oben), sind keine historischen, vielmehr in der Anlegung begriffene neue Straßen (OVGE. v. 4. Febr. 95 Nr. IV 1261; v. 4. Nov. 96 Nr. IV 1773; v. 21. März 98 Nr. IV 537; E. d. RG. VII. ZS. v. 1. März 01, PrVerwBl. 22 S. 434). Dies gilt gleichmäßig von Straßen, welche durch Unternehmer in einer bestimmten Gestalt projektiert, zu ihr aber noch nicht gediehen sind (OVGE. v. 29. Okt. 83 Nr. II 787, PrVerwBl. 5 S. 78). Indes kommt es nur auf die tatsächliche Vollendung der Straße an. Deshalb erscheint es gleichgültig, ob der Grund und Boden bereits in den

Besitz der Gemeinde gelangt ist (OVGE. v. 22. Juni 88 Nr. II 684), und ob da, wo eine von der Straßenflucht verschiedene Bauflucht besteht, auch die letztere schon durchgeführt ist, d. h. die Vorgärten schon angelegt sind (OVGE. v. 18. März 90 Nr. IV 277). Die Straße braucht außerdem nicht unbedingt in allen ihren Teilen dem Plane gemäß hergestellt zu sein; sie kann schon vorher als fertige Straße zu betrachten sein, wenn es sich nur noch um verhältnismäßig geringfügige Mängel handelt, die ihrer Bedeutung nach hinter der Gesamtheit verschwinden. Ob nach Ortsrecht die Anlieger das Trottoir auf Erfordern der Polizei anlegen müssen, ist allerdings ohne Bedeutung; das Bauverbot kann geltend gemacht werden, wenn tatsächlich das Trottoir noch nicht fertig ist (OVGE. v. 7. Nov 98 Nr. IV 1859, Bd. 34 S. 416). In einem Falle, wo an einer sonst fertigen Straße nur noch ein Bauplatz frei war, vor welchem allein der nach den polizeilichen Vorschriften nötige Bürgersteig fehlte, hat das OVG. die Straße als fertig angesehen und das Bauverbot aufgehoben, aber nur, weil nach dem bestehenden Ortsrechte dem Antragenden mit der Bebauung die Verpflichtung oblag, den Bürgersteig herzustellen, also mit diesem letzten Anbau zugleich die Straße in vollem Umfange fertig wurde (OVGE. v. 18. April 94 Nr. IV 471, Bd. 26 S. 366); es handelt sich hierbei aber nur um eine Ausnahme von der Regel, welche in besonderen Umständen begründet war (OVGE. v 1. März 00 Nr. IV 364) (vgl. Bem. 3 zu diesem Paragraphen). Es ist vielfach unvermeidlich, längere Straßenzüge auch über solche bebaute Flächen zu legen, die wegen der damit verbundenen hohen Kosten nicht sofort enteignet werden und deshalb einstweilen in ihrem bisherigen Zustande verbleiben. Ist in solchen und ähnlichen Fällen eine Straße längere Zeit als ausgebaut und anbaufähig behandelt, so würde es nicht zu rechtfertigen sein, sie rechtlich noch immer für unfertig zu erklären (OVGE. v. 18. März 90 Nr. IV 277). — Weiter können zu den historischen Straßen nicht die polizeiwidrig angelegten gerechnet werden (OVGE. Bd. 3 S. 316); daher scheiden solche Straßen aus, die entweder im Gegensatz zu einer für sie besonders getroffenen polizeilichen Anordnung hergestellt sind (OVGE v. 20. März 88 Nr. II 316) — auch wenn ein Ortsstatut nach § 12 noch nicht bestand, als die polizeilichen Anordnungen getroffen wurden (OVGE. v. 19. Jan. 03 Nr. IV 129) — oder die den allgemein aufgestellten polizeilichen Anforderungen an eine fertige Straße nicht entsprechen. — Gewähren die bisher angeführten Momente keinen genügenden Anhalt, so ist auf Grund der gesamten tatsächlichen Verhältnisse in eine freie Beurteilung einzutreten, wobei sich die Entscheidung hauptsächlich danach richtet, ob die Straße dem allgemeinen Verkehre tatsächlich gedient hat und den übrigen Straßen der Gemeinde als ein ebenbürtiges Glied des gesamten Straßennetzes gleichgestellt werden kann (OVGE. Bd. 9 S. 318ff., Bd. 18 S. 382ff.; v. 26. Sept. 90 Nr. IV 868; v. 2. Dez. 96 Nr. IV 1967). In letzterer Beziehung ist in der Regel maßgebend die Beschaffenheit des Straßenkörpers, nicht die der angrenzenden Grundstücke; es kommt daher auch nur auf die Beschaffenheit des Straßenkörpers innerhalb der Straßenfluchtlinien an, nicht auf die Baufluchtlinien, wenn davon verschiedene Straßenfluchtlinien ausgeführt sind; ob also die Vorgärten bereits angelegt sind, ist ohne Bedeutung (OVGE. v. 18. März 90 Nr IV 277). Auch darf deshalb einer Straße die Eigenschaft als einer historischen nicht bloß um deswillen abgesprochen werden, weil sie nur an einer Seite bebauungsfähig oder noch nicht mit Gebäuden besetzt ist (OVGE. Bd. 5 S. 346, 347; v. 18. Nov 90 Nr. IV 1204, PrVerwBl. 12 S. 184); auf die tatsächlichen und rechtlichen Eigenschaften der an die Straße angrenzenden Grundstücke ist kein Gewicht zu legen (PrVerwBl 18 S. 359). Auch die Straßen verbindenden **Brücken** über Privatflüsse, Gräben usw. teilen so in der Regel die Eigenschaft der Straßen, wenn diese historisch sind, und das ortsstatutarische Verbot ist nicht anwendbar, wenn — durch Überwölbung oder Zuschüttung des Wasserlaufes — an sie herangebaut werden soll. Anders liegt die Sache bei Brücken über öffentliche Flüsse (— bei Schiffahrtskanälen mögen Fälle vorkommen, wo es fraglich ist —), diese sind nicht Teile der Wege, die sie verbinden, sondern besondere Kommunikationsmittel, für welche besondere rechtliche Verhältnisse bestehen (OVGE. v. 28 März 98 Nr. IV 598; v. 3. Dez. 01, PrVerwBl. 24 S. 5). — Doch kann andererseits je nach Belegenheit des Falles der Umfang und die Art der Bebauung für die Frage, ob man es mit einer Straße oder nur mit einem für andere Zwecke ausgebauten Wege zu tun hat, von großer, in manchen Fällen, wie schon oben erwähnt, von ausschlaggebender Bedeutung sein. Dies ist namentlich da der Fall, wo Straßen aus dem Orte hinausführen und sich als Chausseen oder Kommunikationswege fortsetzen (OVGE. v. 19. Jan. 94 Nr. IV 85, PrVerwBl. 15 S. 298; v. 22. Jan. 96 Nr. IV 126; v. 11. Okt. 97 Nr. IV 1691; v. 19. Dez. 96 Nr. IV 1818; v. 8. Juli 96 Nr. IV 1153; v. 30. Sept. 97 Nr. IV 1605; v 27. Febr. 97 Nr. IV 373 u. a.; v. 18. Jan. 00 Nr. IV 97; v. 19. Jan. 03 Nr. IV 129). Ob der mangelnde Anbau die Folge gesetzlicher Hindernisse ist, ist für die rechtliche Beurteilung nicht entscheidend, für die Beurteilung der tatsächlichen Verhältnisse kann es von Bedeutung sein; dies kann namentlich bei den Baubeschränkungen durch das Reichs-Rayongesetz v. 21. Dez. 71 (RGBl. S. 459) eintreten (OVGE. v 30. Sept. 97 Nr IV 1605; v. 28 Febr. 98 Nr. IV 407; v. 30. Okt. 95 Nr. IV 1497). Ein unbedingtes Erfordernis für Straßen im Sinne des Gesetzes ist es nicht, daß auf ihnen ein Wagenverkehr stattfinden kann oder daß die sie begrenzenden Häuser dorthin ihren Ausgang haben. Namentlich in älteren Stadtteilen können daher schmale Gassen, die nur dem Fußverkehr dienen und deren angrenzende Gebäude mit Ausgängen nach anderen Straßen versehen sind, als historische Straßen anerkannt werden (OVGE Bd 17 S. 167 und v 14. März 89 Nr. III 296; vgl indes E. v. 19. Sept. 90 Nr. II 787, PrVerwBl. 12 S. 72). Noch weniger braucht die Straße notwendig Bürgersteige zu besitzen (OVGE. v. 18. April 90 Nr. II 384). Stellt sich eine Straße nach allen in Betracht kommenden Momenten nicht als eine alte, fertige Straße dar, so ist es auch unerheblich, ob sich einige ältere Straßen in einer ebenso mangelhaften äußeren Beschaffenheit befinden (OVGE. v. 31. Jan. 98 Nr. IV 206).

e) Entscheidend ist übrigens derjenige Zeitpunkt, in welchem das ortsstatutarische Verbot in Kraft tritt (vgl. Bem. 2 u. 3 oben; OVGE. v 10 Juli 99 Nr. IV 1166). Die historische Straße braucht also nicht gerade aus älterer Zeit zu stammen (OVGE. v. 1. Juli 90 Nr. IV 681); sie kann erst kurz vor Erlaß des Statuts oder der zugehörigen baupolizeilichen Bestimmungen entstanden sein, wenn es auch hier um so mehr einer sorgfältigen Prüfung bedürfen wird, ob das Vorhandensein einer fertigen Straße anzunehmen ist. Wie sich hieraus ohne weiteres ergibt, dürfen an die Beschaffenheit des Straßenkörpers keine größeren Anforderungen gestellt werden, als sie bis zu dem angegebenen Zeitpunkte bei Straßen in ähnlicher Lage und von ähnlicher Bedeutung tatsächlich gestellt wurden; höhere Ansprüche, die etwa nach dem Ortsstatute oder nach den späteren polizeilichen Bestimmungen begründet sein würden, kommen nicht in Betracht. Daneben bleibt zu beachten, in welcher Weise die sonstigen Straßen in der Gemeinde ausgebaut sind, ob der Weg in der eigentlichen Stadt oder etwa in einer, mit Straßen von geringwertigem Ausbau versehenen Vorstadt liegt, ob er nach dem auf ihm stattfindenden Verkehre als eine Haupt- oder als eine Nebenstraße anzusehen sein würde ꝛc. (OVGE. v. 30. Okt. 95 Nr. IV 1497).

Eine historische Straße wird dadurch, daß sie, insbesondere behufs ihrer Verbreiterung, neue Fluchtlinien erhält, nicht wieder in eine projektierte verwandelt; sie bestand als Straße und kann diese Eigenschaft nicht infolge einer beabsichtigten Umgestaltung verlieren; zwar gerät sie von neuem in den Zustand der Unfertigkeit, allein sie wird keine erst neu anzulegende Straße; denn da, wo eine Straße schon vorhanden ist, kann sie nicht erst neu angelegt werden (OVGE. Bd. 5 S. 345, Bd. 15 S. 149, Bd. 18 S. 384; v. 15. Mai 88 Nr. II 531, PrVerwBl. 10 S. 21; v. 22. Juni 88 Nr. II 684 und v. 18. April 90 Nr. II 384; v. 13. Juni 98, Bd. 34 S. 426; v. 28. April 02 Nr. IV 778; v. 2. Juni 02, Bd. 41 S. 145). Dies ist auch maßgebend, wenn die Fluchtlinie an einer Seite einer alten historischen Straße parallel mit der unverändert gebliebenen Fluchtlinie auf der anderen Seite hinausgeschoben wird, wobei es auch gleichgültig ist, ob das Haus, auf welches das Bauverbot angewandt werden soll, sich auf der neuen Seite befindet (OVGE. v. 28. Dez. 99 Nr. IV 2104); ebenso wenn eine anerkannt historische Straße — etwa durch Abreißen von Mauern und Häusern — mit einer längs ihr führenden neuen Straße verbunden wird, so daß eine einheitliche Straße entsteht, die alte historische Straße verliert nicht ihre Eigenschaft, sie wird nur erbreitert (OVGE. v. 21. März 04 Nr. IV 439; v. 1 Okt 00 Nr. IV 1556). Sehr zweifelhaft kann die Sache werden, wenn eine neue Straße in einem sehr spitzen Winkel in eine alte Straße eingeführt ist; wie weit geht da, wo der stumpfe Winkel liegt, die Erbreiterung, und wo fängt die neue Straße an? Hier können nur die tatsächlichen Verhältnisse entscheiden (OVGE. v. 1. Okt. 00 Nr. IV 1556)

Daran kann auch eine **Änderung der kommunalen Zugehörigkeit** nichts ändern, selbst wenn Dorfstraßen in Städte-

eingemeindet werden; sind solche Straßen in erkennbarer Weise einmal vor der Eingemeindung fertige, anbaufähige oder historische Straßen ihres früheren kommunalen Bezirks gewesen, so kann auch nach der Eingemeindung das Bauverbot auf sie keine Anwendung finden, selbst wenn sie auch weit hinter dem Zustande zurückbleiben, welchen die polizeilichen Vorschriften des neuen kommunalen Bezirks bei fertiggestellten Straßen verlangen. Eine Straße, welche zu irgend einer Zeit in klarer und erkennbarer Weise einmal nach bestehender Ortsverfassung eine fertige anbaufähige Straße gewesen ist, kann in der Regel nicht wieder eine unfertige projektierte werden, und daran kann auch eine Veränderung der kommunalen Zugehörigkeit nichts ändern (E Bd. 34 S. 399; OVGE. v. 19 Febr. 00 Nr. IV 199). Wäre es anders, so würden bei der Eingemeindung eines ganzen Landstädtchens in den Bezirk einer großen Stadt, falls — wie es meist der Fall sein wird — die Anforderungen an fertiggestellte Straßen dort in allen Fällen unter diejenigen herabgehen, welche seit lange in der großen Stadt üblich sind, die sämtlichen Straßen des Landstädtchens, auch wenn sie Jahrhunderte lang bestehen, wieder unfertige, projektierte werden. Vgl. das zu c dieser Bem. Dargelegte (OVGE. v. 23. Mai 94 Nr. II 771, PrVerwBl. 15 S. 496; v. 10 Juli 96 Nr. II 1185, Bd. 27 S. 56, 57; v. 9. Dez. 96 Nr. II 2434; v. 1. Mai 95 Nr. IV 696; v. 3. März 97 Nr. IV 407; v. 27. Febr. 97 Nr. IV 373; v 11. Okt. 97 Nr. IV 1691, Bd. 32 S. 361; v. 10. Sept 97 Nr. IV 1605; v. 3. Febr. 98 Nr. IV 1758, Bd. 34 S. 394, PrVerwBl. 19 S. 403)

Sicherlich sind Gestaltungen denkbar, wo bei der Herstellung einer neuen Straße eine vorhandene alte als derart untergegangen betrachtet werden könnte, daß an ihre Stelle eine neue, aber mit ihr nicht identische Straße getreten wäre (OVGE. v. 19. Sept. 90 Nr. II 787, PrVerwBl. 12 S. 71); das mag z. B. ausnahmsweise der Fall sein, wenn eine vorhandene, sehr unvollkommene Straße (etwa eine Fußgängerstraße) durch eine breite große Straßenanlage so konsumiert und beseitigt wird, daß von einer Erbreiterung — also dem Bestehen einer vorhandenen — nicht mehr, sondern nur von der Anlegung einer neuen Straße die Rede sein kann Jedenfalls sind die Fälle in der Regel nicht dazu zu rechnen, wo der Straßenkörper einer historischen oder fertigen Straße durch ein anderes Material ersetzt wird, z. B. wenn eine Brücke über einen Privatwasserlauf abgebrochen und der Wasserlauf zugeschüttet wird (s. oben zu d) oder wenn bei Anlegung einer Unterpflasterbahn der ganze Fahrdamm ausgegraben und nach Überwölbung der Bahn wiederhergestellt wird (OVGE. v. 28. März 98 Nr. IV 598).

6. Der unklare Ausdruck: „Straßenteil" sollte nach Absicht der Komm. d. AH. im Ortsstatute durch einen präzisen, den Verhältnissen des Orts angemessenen Ausdruck ersetzt werden. In den meisten beim OVG. bekannt gewordenen Statuten ist das nicht geschehen. Dann bleibt man auf eine Auslegung im Sinne des Gesetzes angewiesen. Abweichend von dem zum § 2 Abs. 1 Bemerkten werden hier unter Straßenteilen diejenigen Stücke der Straße, welche von einem Bauinteressenten beliebig für seine Bauzwecke herausgeschnitten werden, vielleicht nur die gerade vor den zu bebauenden Grundstücken liegenden, nicht verstanden werden dürfen. Sie müssen sich, objektiv betrachtet, äußerlich oder nach ihrer geschichtlichen Entwickelung als besondere Abschnitte einer Straße darstellen (OVGE. v. 29. Sept. 79 Nr. II 1429; v. 18. April 94 Nr. IV 471; v. 18. Jan. 00 Nr. IV 97; v. 30. April 00 Nr. IV 960; v. 2. Juni 02, Bd. 41 S. 145; v. 22. Jan. 03 Bd. 42, S. 365; v. 14. Dez. 03 Nr. IV 1960). Es würde dem Gedanken des Gesetzgebers vollständig widersprechen, wenn es genügen sollte, daß ein Bauherr den Straßenteil vor seinem Grundstücke vorschriftsmäßig herstellte, dagegen die Straße im übrigen rechts und links ein unregulierter Feldweg bliebe. Das Wesentlichste ist nach dem Zwecke des Bauverbotes der Zusammenhang des Straßenteils mit dem bestehenden Straßennetze (OVGE. v. 3. März 97 Nr. IV 403). Deshalb hat man den Anbau an einer fertiggestellten Strecke, die auf beiden Seiten von einer ordnungsmäßigen Straße geschnitten wird, gewiß zu gestatten (OVGE. v. 18. April 94 Nr. IV 471). Auch durch Gebäude oder Anlagen, welche einen besonderen Verkehr hervorrufen, z. B. Krankenhaus, Friedhof, kann unbedenklich ein Straßenteil begrenzt sein (E. Bd. 41 S. 143)

Für die Frage, ob ein Straßenteil als fertig hergestellt anzusehen ist, muß die Notwendigkeit einer sachlichen, objektiven Begrenzung als Regel festgehalten werden. Es ist nicht in gleicher Weise aufzufassen. wie beim § 15, was als Straßenteil gilt (E. Bd. 41

S. 145). Vgl. in dieser Beziehung das in § 15 Bem. 2, 9 c u. d Dargelegte. Es dürften aber auch für den § 12 Fälle vorkommen, bei denen man, ähnlich wie für die Anwendung des § 15, berechtigt ist, noch einen Schritt weiter zu gehen und den Anbau an jedem regulierten Straßenteile zuzulassen, welcher mit dem Straßennetze nach irgend einer Seite hin mittels gehörig instand gesetzter Straßen in Verbindung steht. Handelt es sich z. B. um die Fortsetzung einer ins freie Feld führenden Straße oder um die Regulierung eines aus dem Ort herausführenden Kommunikationsweges, so wird es jedenfalls in solchem Falle in der Regel nicht nötig sein, daß der Endpunkt dieses fertiggestellten Straßenteiles äußerlich, etwa durch einen Terrainabschnitt oder Querweg bezeichnet ist; es genügt hierbei das Ermessen der Gemeinde, wieweit sie nach dem Bedürfnisse den Weg fertig stellen will. — Bei sehr breiten Straßen, die einen doppelten Fahrdamm erhalten sollen, wird man die eine Seite der Straße für sich als einen selbständigen Straßenteil ansehen können (OVGE. v. 20 Jan. 98 Nr. IV 141, PrVerwBl. 19 S. 370; vgl das am Schlusse der Bem. 9 c zu § 15 Erwähnte). Ob das sonst zulässig erscheint, ist Frage des einzelnen Falles; die Vermutung spricht hier nicht dafür; es wird also, um die Annahme zu rechtfertigen, besonderer Momente bedürfen. Bei einer gewöhnlichen Straße, wo der Straßenkörper notwendig als einheitlicher aufzufassen ist, kann es nicht für genügend erachtet werden, wenn nur die eine Straßenseite — an welcher gebaut werden soll — fertiggestellt ist. In einem Falle, wo eine Straße von der Gemeindegrenze schräg durchschnitten wurde, so daß zwei sich an der Straße gegenüberliegende Häuser in zwei verschiedenen Gemeinden lagen, und die Straße in der einen Gemeinde eine historische, der betr. „Straßenteil" in der anderen es nicht sein sollte, hat das OVG. mit Recht ausgesprochen, daß nichts tatsächlich Erkennbares vorläge, was zu der Auffassung führen könnte, daß das fragliche Wegestück als besonderer Straßenteil in Betracht komme, es müsse mit dem gegenüberliegenden, zu dem anderen Bezirke gehörigen Wegeteile zusammen einheitlich beurteilt werden (OVGE. v. 30. Sept. 97 Nr. IV 1605; v. 20. Jan. 98 Nr. IV 141, PrVerwBl. 19 S. 370).

Für die Frage nach der Eigenschaft der historischen Straße werden solche Straßenteile in der Regel nicht als besondere

Einheit betrachtet werden können. Meist wird es dabei sich nur um ganze Straßenzüge handeln können, oder um solche Abschnitte, deren Bedeutung für den Verkehr und Anbau seit einer gewissen Zeit und äußerlich eine Selbständigkeit aufweisen (E. Bd. 41 S. 145 Anm.). Es wird wesentlich auf die Einheitlichkeit und historische Entwickelung des ganzen Straßenzuges ankommen (OVGE. v. 18. April 94 Nr. IV 471).

7. Untersagt kann nur werden, an unregulierten Straßen Wohngebäude zu errichten, die nach diesen Straßen einen Ausgang haben Ein Ortsstatut, welches weiter geht, würde insoweit nicht rechtsverbindlich sein.

a) Das Gebäude muß also zum Wohnen bestimmt sein; Räume, die ausschließlich dem Gewerbebetriebe dienen, gehören nicht hierher, selbst wenn sich darin Menschen den ganzen Tag aufhalten (OVGE. Bd. 8 S. 316ff), auch nicht solche Gebäude, welche zum längeren Aufenthalte von Menschen bestimmt sind (OVGE. v. 20. Jan. 97 Nr. IV 124). Das gilt also auch von Schulen und anderen nicht zum Wohnen bestimmten Gebäuden. Dagegen reicht es hin, wenn das Gebäude auch nur teilweise zum Wohnen benutzt wird; eine Untersuchung darüber, ob die Bestimmung zum Wohnen für das Gebäude als Ganzes überwiegt, ist abzulehnen (OVGE. v. 4. Sept 88 Nr. II 843, PrVerwBl. 9 S. 472; v. 22. Jan. 89 Nr. II 84). Es genügt, wenn sich überhaupt Wohnräume oder ein solcher in dem geplanten Gebäude befinden sollen (OVGE. v. 18. Febr. 01, Bd. 39 S. 355). Zweifelhaft mag es sein, ob nicht unter besonderen Umständen, wo die Bestimmung und Benutzung zum Wohnen gegenüber dem Hauptzwecke vollständig in den Hintergrund tritt (z. B. wenn in einem großen Fabrikgebäude auch eine kleine Portierwohnung angelegt werden soll), der Charakter als Wohngebäude in Abrede genommen werden könnte; indes bietet dafür das Gesetz kaum einen genügenden Anhalt; ein solches Gebäude bleibt zum Teil immer noch Wohngebäude, und es ist nicht abzusehen, weshalb dieser Teil, der unzulässig wäre, falls er als ein selbständiges Gebäude errichtet würde, durch die Verbindung mit einem anderen Bauwerke dem Verbote entzogen werden soll (vgl. die Ausführungen im PrVerwBl. 19 S. 74). Außerdem würde man auf diesem Wege schließlich doch wieder dahin gelangen, daß ein Abwägen stattzufinden habe, welcher Charakter für das Gebäude als Ganzes der überwiegende sei. Von diesem Gesichtspunkte aus ist die Einrichtung eines Raumes auf einem größeren Gehöfte zu einer Wohnung für den Wächter dem Bauverbote unterstellt, weil es zur Leitung des Wirtschaftsbetriebes der dauernden Anwesenheit und nicht nur des zeitweiligen Aufenthaltes eines Wächters bedürfe (OVGE. v 28. März 89 Nr. III 349) Das Vorhandensein einer ständigen Nachtwache in einem Fabrikgebäude macht es nicht zu einem Wohnhause (OVGE. v. 1. Dez. 94 Nr. IV 1486). Ist für ein solches Privatgebäude zunächst nirgends ein Raum zum Wohnen oder Schlafen bestimmt, wird aber später ein solcher Raum eingerichtet, so ist es Recht und Pflicht der Polizeibehörde, dagegen einzuschreiten (OVGE v. 20. Jan. 97 Nr. IV 124; v. 19. März 00 Nr. IV 478). Dagegen ist einem Pferdestalle, in dem der Knecht des Nachts bei den Pferden schlief, die Eigenschaft eines Wohngebäudes mit Recht abgesprochen (OVGE v. 10. Febr. 91 Nr. IV 146). — Ein Gefängnis ist trotz des unfreiwilligen Aufenthaltes seiner Insassen ein Wohngebäude (OVGE. v 7. Mai 80 Nr. II 758).

Unter die Errichtung eines Wohngebäudes fällt, wie schon angedeutet, auch die **Umwandlung** eines bisher zu anderen Zwecken benutzten Bauwerkes in ein Wohnhaus, selbst wenn damit bauliche Änderungen nicht verbunden sind (OVGE. v. 27. Juli 77 Nr. II 1818 und v. 3. Nov. 84 Nr. II 931, PrVerwBl. 6 S. 84), es genügt im allgemeinen, wenn ein bisher zu Wohnzwecken nicht benutztes Gebäude unter der Herrschaft des Ortsstatuts die Bestimmung erhält, als Wohnung zu dienen und dementsprechend tatsächlich benutzt wird. Andernfalls würde in vielen Fällen das Bauverbot zum Nachteil der Gemeinden dadurch unwirksam gemacht werden können, daß die Adjazenten einer unter das Bauverbot fallenden Straße zunächst ein Gebäude für Nichtwohnzwecke errichteten und dieses nach kurzer Zeit in ein Wohngebäude umwandelten (OVGE. v. 8. Juli 96 Nr. IV 1153). Geschieht dieses dennoch, dann kann die Benutzung zu Wohnzwecken von der Polizeibehörde zwangsweise gehindert werden, falls nicht etwa die Gemeindebehörde nachträglich die im Ortsstatute vorgesehene ausnahmsweise Genehmigung erteilt, welche dann für die Polizeibehörde maßgebend ist (OVGE. v. 20 März 95 Nr. IV 468). Auch der Wiederaufbau eines abgebrochenen oder durch Naturereignisse zerstörten Wohngebäudes fällt unter das Bauverbot (OVGE. Bd. 18 S. 386ff, PrVerwBl. 11 S. 161 und v 31. März 81 Nr. II 532). Letzteres kann, obwohl nach dem Wortlaute des Gesetzes unvermeidlich, eine große Härte in sich schließen; dieser Fall eignet sich daher zu einer besonderen Behandlung im Ortsstatut (vgl. Bem 8 unten).

Die Erweiterung eines Wohngebäudes wird man gleichfalls unter den Begriff der Errichtung von Wohngebäuden bringen müssen, da auch hierdurch die Verhältnisse in Beziehung auf Benutzung und Beschaffenheit der Straße eine wesentliche Änderung erleiden können. Voraussetzung dabei ist indes, daß die Wohnung als solche, im Gegensatz zu den sonst im Gebäude etwa noch befindlichen Räumen, eine Erweiterung erfährt. Es darf nicht jede auch noch so geringfügige Erweiterung eines Wohnhauses dem „Errichten eines Wohnhauses" im Sinne des § 12 gleichgestellt werden Vielmehr ist stets nach Lage des einzelnen Falles zu prüfen, ob die Erweiterung nach ihrer Art und ihrem Umfang, sowie nach ihrem Verhältnis zur Art und zum Umfang des bereits vorhandenen Gebäudes als das Errichten eines Wohnhauses aufgefaßt werden muß (OVGE. Bd. 9 S. 315). In einem Falle, wo ein vorhandenes Empfangszimmer in einer Villa durch eine 3 m im Quadrat umfassende aus Glas und Eisen herzustellende Veranda vergrößert werden sollte, hat das OVG. die Anwendbarkeit des Bauverbots verneint und dabei erwähnt, daß auch der Charakter der Villa nach ihrer Bestimmung und Benutzung durch die Vergrößerung des Empfangsraumes in keiner Weise verändert werde und das Verhältnis des Gebäudes zur öffentlichen Straße im wesentlichen unberührt bleibe (E v. 8. Juli 97 Nr. IV 1250, Bd. 32 S. 363). Etwas zu weit geht wohl — freilich für die Anwendung des § 15 — die OVGE. Bd. 25 S. 94. In einem Falle, wo in einem bisher schon bewohnten Restaurationslokale, dessen Hauptbestandteil ein Tanzsaal bildete, der Saal zu einem Theatersaal erweitert wurde, ist die Anwendbarkeit des § 12 verneint (OVGE v. 13 Febr. 79 Nr II 380).

Ist übrigens mit Errichtung des Wohngebäudes auf Grund baupolizeilicher Genehmigung begonnen, so kann ein nachträglich in Kraft getretenes Bauverbot nicht dazu benutzt werden, die Weiterführung des Baues zu hindern (OVGE. Bd. 24 S.

362ff Über die gegenteilige Ansicht des Reichsgerichts s. Bem. 5 zu § 11).

b) Ob das Wohngebäude an der unfertigen Straße errichtet werden soll, ist jedesmal nach den tatsächlichen Verhältnissen zu prüfen; daß das Baugrundstück an der Straße liegt, genügt allein nicht (E. v. 10. Juli 02 Nr. IV 1333), Ortsstatuten, welche solches vorschreiben, haben insoweit keine verbindliche Kraft (OVGE. Bd. 4 S. 369; v. 26. Juni 88 Nr. II 698, PrVerwBl. 9 S. 421, 16 S. 312 und 421; v. 19. Okt. 03, PrVerwBl. 25 S. 386. Es kommt auch nicht darauf an, ob das Haus einen Vorteil von der Straße hat oder nicht (OVGE. v. 19. Juni 95 Nr. II 993). — Zweifel werden eintreten, wenn das Haus auf einem an mehrere Straßen grenzenden Grundstücke (vgl. auch § 15 Bem. 7 c) oder weit zurück von der Straße, sei es an einem besonderen Zugange, sei es hinter anderen Gebäuden, errichtet werden soll. In ersterer Beziehung hat das OVG. die Ansicht mißbilligt, daß ein Haus, welches unmittelbar an der einen Straße liegt, dorthin seinen Ausgang und seine Front hat, notwendig zugleich als an derjenigen anderen Straße gelegen gelten müsse, welche von einem an das Gebäude sich anschließenden Garten oder einem mit dem Gebäude in Verbindung stehenden Wirtschaftshofe erreicht wird. Auf die wirtschaftliche Einheit des ganzen Baugrundstücks kommt es nicht entscheidend an (PrVerwBl. 15 S. 321; v. 13. März 94 Nr. II 384; OVGE Bd. 4 S. 369; v 22 Febr. 89 Nr. II 193 und v. 11. Juli 93 Nr. IV 681). In letzterer Hinsicht ist die Anschauung, daß jedes Gebäude, welches nur von einer bestimmten Straße seinen Zugang habe, deshalb auch an dieser Straße liege, als allgemein durchgreifend nicht anerkannt und dementsprechend auch verneint, daß ein Haus, welches auf dem der Straße entgegengesetzten Ende eines langgestreckten Grundstückes hinter mehreren, die Straßengrenze völlig besetzenden Gebäuden hergestellt werden sollte, an der Straße errichtet werde (OVGE. v. 10. Dez. 89 Nr. II 994, PrVerwBl. 11 S. 437; v. 24. Febr. 91 Nr. II 222 und v. 3. April 91 Nr. IV 316, PrVerwBl. 13 S. 138; vgl. auch E. v. 13. Nov 91 Nr. IV 1044). Ebenso ist in einem Falle, wo das Baugrundstück durch einen schmalen, im Eigentum der Gemeinde stehenden Streifen Landes von der Straße getrennt war und die Verbindung mit letzterer nur durch einen von der Seite her in die Straße einmündenden Privatweg vermittelt wurde, die Lage an der Straße verneint (OVGE. v. 20. Dez. 87 Nr. II 1197, PrVerwBl. 9 S. 155).

Der Begriff des „Angrenzens" eines Grundstückes an eine Straße setzt voraus, daß das Grundstück die Straße unmittelbar berührt. Daß ein dazwischen liegender Terrainstreifen für eine demnächstige Verwendung für die Straße reserviert ist, ist bedeutungslos, denn so lange diese Verwendung noch nicht stattgefunden hat, teilt das betr. Terrain nicht die der Straße innewohnende Bestimmung und die nur auf eine spätere, gleichartige Verwendung gerichtete Intention ist nicht geeignet, den tatsächlichen Zustand, auf welchen es ankommt, zu schaffen (OVGE. v. 28. März 96 Nr. II 627). Der Umstand, daß eine Straße durch neuere Fluchtlinien verschmälert wird, wird regelmäßig nur für die Anliegerbeiträge von Bedeutung sein (E. Bd. 43 S. 24). S. dieserhalb Bem. 7 c zu § 15. Dagegen ist es nicht erforderlich, daß das Gebäude selbst die Straße unmittelbar berührt (PrVerwBl. 15 S. 405; OVGE. Bd. 23 S. 54; v. 7. Okt. 96 Nr. II 1841; v. 5. Juli 00 Nr. IV 1163, Bd. 34 S. 103; v. 2. Dez. 01, Bd. 40 S. 98; v. 9. Mai 04, PrVerwBl. 25 S. 850). Es kann durch ein Vorderhaus von der Straße getrennt sein, steht es aber mit der Straße in Verbindung und ist auf sie angewiesen, auch ein Zugang von anderer Seite nicht vorhanden, so liegt es an dieser Straße (OVGE. v. 7. März 96 Nr. II 500; v. 4. Juli 98 Nr. IV 538; v 6 April 99 Nr. IV 597). Wenn der Ausgang aus dem Hause auf das an der Straße liegende Grundstück und von diesem nur auf die betreffende Straße führt, so ist es unerheblich, ob das Wohngebäude seine Front nicht diesem Wege zuwendet und der Gebäudeausgang nicht in der dem Wege am meisten zugewendeten Seite sich befindet (OVGE. v. 17. April 02 Nr. IV 706) Ein Haus, das von der Straße nur auf einem längeren, mit mehreren anderen Wohngebäuden besetzten Zufuhrwege zu erreichen war, ist als an jener Straße liegend angesehen, weil das Baugrundstück vermöge des dazu gehörigen Weges an die Straße stieß und stets als ein Grundstück an dieser Straße behandelt, das Haus auch mit einer Nummer dieser Straße versehen war (OVGE. v. 31. März 81 Nr. II 532). In Anlehnung hieran hat die E. v. 12. Nov. 92 Nr. I 1106, PrVerwBl. 14 S. 176, die Bebauung eines großen, zwischen zwei Straßen gelegenen Grundstücks, in dessen Mitte mehrere, mit der einen

Straße durch einen Fahrweg verbundene Villen errichtet waren, in gleicher Weise beurteilt. Ein Gebäude, welches sich auf der Bahnhofsanlage befindet oder durch einen Eisenbahnzufuhrweg von der Straße zu erreichen ist, ist als an dieser Straße liegend angesehen (OVGE. v. 24. Okt. 94 Nr. II 1434, PrVerwBl. 16 S. 109). Von einem Wohnhause endlich, das auf einem sehr ausgedehnten, an einer historischen Straße gelegenen Grundstücke in größerer Entfernung von der Straße unmittelbar an einer über das Grundstück gelegten, aber bisher nur im Bebauungsplane entworfenen Straße erbaut werden sollte, ist angenommen, daß es nicht an der historischen, sondern an der neuen Straße liegen werde (OVGE. v. 23. Sept. 90 Nr. IV 996, PrVerwBl. 12 S. 62).

Eckgebäude mit der Front nach beiden Straßen liegen an jeder dieser Straßen (vgl. OVGE. Bd. 23 S. 54). Für die Anwendung des § 15 in diesem Falle s. Bem. 7 c zu dem gen. §. Ist für die eine Straße noch nichts weiter geschehen, als Festsetzung einer Fluchtlinie, so liegt ein Eckgrundstück nicht vor, eine Ecke kann noch nicht wahrgenommen werden (OVGE. v. 26 Jan 99 Nr. IV 167; v. 22. Febr. 99 Nr. II 246, PrVerwBl 21 S. 26). Die Behauptung, daß ein Gebäude nicht an der Straße liege, weil es davon durch den Vorgarten getrennt sei, ist abwegig (OVGE. v. 12. Mai 93 Nr. II 522). Vorgärten im Rechtssinne entstehen durch die Bebauung und sind so ein Teil des Baugrundstücks; s. oben Bem 9 zu § 1 (OVGE. v. 25. Febr 98 Nr IV 142, Bd. 25 S. 85; v. 5. Jan. 98 Nr. II 8). Auch wenn die Vorgärten nicht im Eigentume des Eigentümers des sonstigen Baugrundstücks stehen, trennen sie das Baugrundstück nicht von der Straße, es ist „als an die Straße angrenzend" zu betrachten (OVGE. v. 24. Febr. 02, Bd. 42 S. 107; v. 20. April 03, Bd. 43 S. 24).

Liegt das Baugrundstück im Niveau höher als die Straße, so liegt es trotzdem an der Straße, auch wenn an der Straße eine Futtermauer errichtet ist, diese trennt nicht, sondern verbindet das Grundstück mit der Straße (OVGE. v. 13 April 04, PrVerwBl. 25 S. 817).

c) Der **Ausgang** des Wohngebäudes nach der unfertigen Straße ist ein wesentliches Erfordernis. Im übrigen erscheint es gleichgültig, ob der Ausgang unmittelbar oder mittelbar auf die

Straße führt. Unter den Ausgängen dieses Paragraphen sind nicht nur Hauptausgänge zu verstehen, auch Ausgänge, welche neben den Hausausgängen vorhanden sind, kommen in Betracht, so Hofausgänge, Ladenausgänge. Das Haus braucht auch nicht direkt an der Straße zu stehen; der Ausgang kann auf einer von der Straße abgewendeten Seite, in der Hinterwand, im Hofe ꝛc. liegen; führt der Ausgang aus dem Hause und Grundstücke nach der unfertigen Straße, so trifft die Voraussetzung des Gesetzes zu (OVGE. v. 18. Dez. 99 Nr. IV 2044 und viele andere). Umgekehrt ist es nicht maßgebend, daß das Haus seine Front der unfertigen Straße zukehrt und in der Front seinen Ausgang hat (siehe oben). Wird das Grundstück durch eine Einfriedigung ohne Öffnung von der unfertigen Straße abgeschlossen und hat seinen Ausgang tatsächlich nach einer anderen Straße, so kann jedenfalls § 12 nicht angewendet werden (OVGE. v. 27. Juli 77 Nr. II 1818 und v. 7. Dez. 78 Nr. I 45). In diesem Falle ist auch eine Umgehung des Gesetzes nicht zu befürchten. Sollte nachträglich ein Ausgang nach der unfertigen Straße hergestellt werden, so wäre das der Errichtung eines Wohngebäudes mit einem Ausgange nach der unfertigen Straße gleichzustellen und erschiene folglich die Polizeibehörde zum Einschreiten befugt (OVGE. Bd. 5 S. 390; v. 26. Sept. 94 Nr. IV 1133). Wird ein Haus, welches an einer unfertigen, nicht historischen Straße einen Ausgang hatte, abgebrochen und ein neues mit dem einzigen Hauptausgang nach einer anderen Straße an dessen Stelle erbaut, so kann der Bauende nicht verlangen, daß ihm der frühere Zugang nach der projektierten unfertigen Straße auch weiter gewährt werde. Denn durch den Abbruch der früheren Baulichkeiten ist ein ganz anderer neuer Zustand geschaffen, welcher nach dem zur Zeit des Neubaues bestehenden Rechte zu beurteilen ist (OVGE. v. 18. Jan. 00 Nr. IV 97).

Hat ein Eckgebäude seinen Zugang in der an der Ecke beider Straßen liegenden abgestumpften (verbrochenen) Ecke, so geht der Ausgang auf beide Straßen (OVGE. v. 29. Jan. 99 Nr. IV 167; v. 18. Febr. 01 Nr. IV 355). Bezüglich des Falles, wenn die Straße und die Gebäude in zwei verschiedenen Gemeindebezirken liegen s. oben Bem. 2.

8. Da die Einführung des Bauverbots überhaupt in das Belieben der Gemeinde gestellt ist, kann das Ortsstatut nicht bloß

das Verbot in beschränkterem Umfange anordnen, als das Gesetz zuläßt, sondern auch **Ausnahmen von dem als Regel hingestellten Verbote** gestatten; es hält sich damit jedenfalls innerhalb der Grenzen der gesetzlichen Vorschrift Bestimmungen wegen Gestattung von Ausnahmen finden sich in den meisten Statuten; ihrem Inhalte nach weichen sie aber zum Teil erheblich von einander ab Das unter den Anlagen abgedruckte Ortsstatut I für Berlin macht die Ausnahme, vorbehaltlich der Zustimmung der Baupolizeibehörde, von der Bewilligung der städtischen Bauverwaltung abhängig. In anderen Statuten ist die Gestattung einer Ausnahme ebenso allgemein dem Ermessen beider Gemeindebehörden oder des Gemeindevorstandes allein überlassen Vielfach findet sich aber auch vorgeschrieben, daß nur bei einer bestimmten Beschaffenheit des Weges oder nur, wenn der Bauunternehmer gewisse, dem § 15 d. G. entsprechende oder anderweit normierte Verpflichtungen übernimmt und dafür Sicherheit leistet, von dem Verbote abgewichen werden darf. In solchen Fällen empfiehlt es sich, zur Abschneidung von Zweifeln, besonders zum Ausdruck zu bringen, ob dem Unternehmer bei Erfüllung der Bedingungen ein Rechtsanspruch auf Erteilung der Bauerlaubnis zustehen oder ob in den Vorschriften des Statutes nur eine Anweisung für die Gemeindebehörden in Beziehung auf das einzuschlagende Verfahren, woraus die Bauunternehmer Rechte nicht herleiten können, enthalten sein soll. Ist im Statut nichts über einen Rechtsanspruch des Unternehmers gesagt, so steht dem letzteren ein Rechtsmittel nicht zu (OVGE. v. 4. Nov 96 Nr. IV 1773). Unzweckmäßig ist jedenfalls die in verschiedenen Statuten vorkommende Fassung: „An Straßen 2c., welche noch nicht — — hergestellt sind, kann die Genehmigung — — versagt werden"; denn hier bleibt ungewiß, welche Behörde über die Versagung oder die Zulassung des Baues zu bestimmen hat.

Ist die Gestattung der Ausnahme ins Ermessen der Gemeindeorgane gestellt, so kann die Polizeibehörde die erforderlichen Verhandlungen darüber lediglich den Beteiligten, d. h. dem Unternehmer und den Gemeindebehörden überlassen, demnächst aber, wenn die Einwilligung der zuständigen Behörde nachgewiesen ist, den Baukonsens ohne Rücksicht und ohne Bezugnahme auf die getroffenen Abreden erteilen. Auf diese Weise wahrt sie nach allen

Seiten die ihr gesetzlich zukommende Stellung; hiermit stimmt auch der Erlaß des Ministers des Innern und der öffentlichen Arbeiten v. 9. Nov. 87 (MBl. S. 274). Zugleich wird dadurch klargestellt, daß die Abmachungen zwischen dem Unternehmer und den Gemeindebehörden sich nicht auf öffentlich rechtlichem, sondern auf zivilrechtlichem Gebiete bewegen und demnach auch nicht zum Gegenstande des Verwaltungsstreitverfahrens gemacht werden können (OVGE. v. 5. Dez. 01 Nr. IV 2197). Findet der Baulustige nicht die Zustimmung der städtischen Behörden, so darf die Polizeibehörde die Genehmigung nicht erteilen, weder sie noch der Verwaltungsrichter haben die Gründe hierfür nachzuprüfen (OVGE. v. 21. Juni 00 Nr. IV 1073) Selbst wenn die Gemeindebehörden hierbei dem Statute entsprechend Anforderungen gestellt haben, die sich völlig mit denen des § 15 decken, ist dies keine Heranziehung zu einer öffentlich rechtlichen Leistung (OVGE v. 4. Nov. 96 Nr. IV 1773; v. 21. Okt. 97 Nr. IV 787). Eine solche liegt nur dann vor, wenn der Gemeindevorstand nicht eine Vereinbarung mit dem Unternehmer auf Grund des zur Ausführung des § 12 erlassenen Statuts trifft, sondern ohne weiteres zu einer Forderung in Gemäßheit des zur Ausführung des § 15 erlassenen Statuts schreitet (OVGE. Bd. 23 S. 23 ff. u. 28; v. 6. Sept. 89 Nr. II 721, PrVerwBl. 11 S. 50; v. 10 Sept. 89 Nr II 747, PrVerwBl. 11 S. 134 und v 21. Febr. 93 Nr. II 223). — Falls die tatsächlichen und rechtlichen Voraussetzungen, unter denen die Gemeindebehörde gemäß § 12 einen Bau untersagen kann, nach der Meinung der Baupolizeibehörde vorliegen, hat diese das Recht und die Pflicht, die Erteilung der Baugenehmigung abzulehnen, solange ihr nicht der Nachweis, daß die Gemeindebehörde gegen den Bau nichts einzuwenden hat, erbracht ist. Denn die auf Grund des § 12 von den Gemeindebehörden erlassenen ortsstatutarischen Bestimmungen bilden einen Bestandteil des für die Gemeinde geltenden öffentlichen Baurechts und sind ebenso wie die baupolizeilichen Bestimmungen im engeren Sinne von der Polizeibehörde bei der Entscheidung auf die ihnen vorgelegten Baugesuche zu beachten. Hat die Gemeindebehörde jedoch die Ausnahme bewilligt und versagt die Polizeibehörde unter ungerechtfertigter Nichtberücksichtigung dieser Ausnahmebewilligung die Bauerlaubnis oder erachtet der Baulustige sonst die Voraussetzungen für das Bauverbot gemäß

§ 12 nicht für gegeben, so stehen ihm die Rechtsmittel der §§ 127 ff. des Landesverwaltungsgesetzes zu (OVGE. v. 1. Dez. 94 Nr. IV 1490; v 20. April 99 Nr. IV 657).

Zur Vermeidung von Unsicherheiten ist in denjenigen Städten, wo die Polizei- und Gemeindeverwaltung in derselben Hand liegt, ein scharfes Auseinanderhalten beider Gebiete, wie es nach dem Aufbau der Rechtsmittel in der gegenwärtig geltenden Gesetzgebung überhaupt unvermeidlich ist, bei diesem Verfahren entschieden anzuraten. — Da die ortsstatutarischen Vorschriften auf Grund des § 12 ein Teil des öffentlichen Baupolizeirechts sind, so können sie auch dem Baulustigen im Konsens als Baubedingungen gestellt werden, und die Polizeibehörde ist berechtigt, die Erfüllung solcher Bedingungen zu erzwingen (OVGE. v. 3. Okt. 98 Nr. IV 1642). Hat bei einer unfertigen Straße die Polizeibehörde einen Baukonsens unter Bedingungen erteilt, so kann sich der Bauherr, der kein Recht auf Zulassung des Baues hat, mit Erfolg nicht darüber beschweren, daß ihm der Bau bedingungsweise gestattet ist (OVGE. v. 4. Nov. 96 Nr. IV 1773; v. 3. Juli 99 Nr. IV 1123; v. 18. Febr 01 Nr IV 353). Daß Bedingungen im finanziellen Interesse der Gemeinde gestellt sind, ändert daran nichts; denn das der Polizeibehörde zur Handhabung anvertraute Bauverbot soll gerade diesem Interesse dienen (OVGE. v. 24. März 97 Nr. IV 603; v. 10. Juni 01 Nr. IV 1140). Hat der Bauherr ohne Erfüllung der Bedingungen gebaut, so kann die Erfüllung solcher Bedingungen, die sich inhaltlich mit dem bestehenden Baurechte nicht in Übereinstimmung befinden (OVGE. v. 3 Okt. 98 Nr. IV 1642), polizeilich direkt nicht erzwungen werden, was bei solchen Bedingungen zutrifft, die im finanziellen Interesse der Gemeinde gestellt sind, wie z. B. die Erfüllung der ortsstatutarischen Leistungen oder die Sicherstellung ihrer Erfüllung; die Polizeibehörde ist aber berechtigt, bei Nichterfüllung solcher Bedingungen die Bauerlaubnis wieder zurückzuziehen und die Wiederherstellung des früheren Zustandes, also auch die Beseitigung des Wohnhauses anzuordnen, falls nicht nachträglich die Gemeindebehörde eine Ausnahme vom Bauverbot erteilt (OVGE v. 2. Mai 94 Nr IV 557; v. 3. Febr. 98 Nr. IV 1758; v. 18. Febr. 01 Nr. IV 353; v. 23. Jan. 02 Nr. IV 156, PrVerwBl. 23 S. 457). Wird von der Polizeibehörde die Bedingung gestellt, daß vor Beginn des Baues die Zustimmung der Gemeindebehörde beizubringen sei, so liegt darin die Versagung, weil das ortsstatutarische Bauverbot Platz greife Dagegen sind natürlich die Rechtsmittel zulässig und sie müssen dann Erfolg haben, wenn nachgewiesen wird, daß das Bauverbot aus dem Ortsstatut nicht Platz greifen kann (OVGE. v. 12. Febr. 96 Nr. IV 253 und v. 3. Febr. 98 Nr. IV 1758; v. 20. April 99 Nr. IV 657) (s. oben). — Die von den Gemeindeorganen gestellten Bedingungen können weder gegen die Polizei- noch gegen die Gemeindebehörden mit der Klage im Verwaltungsstreitverfahren angefochten werden (OVGE. v. 6. Sept. 89 Nr. II 721, PrVerwBl. 11 S. 50; v. 24. Sept. 89 Nr. IV 423, PrVerwBl. 11 S. 29; v. 30. Juni 91 Nr. IV 649 und v. 23. Juni 92 Nr. IV 756, PrVerwBl. 14 S. 28; v. 21. Okt. 97 Nr. IV 787; v. 31. März 97 Nr. IV 643). Auch die Klage aus § 70 des KommAbgG. findet nicht statt, da es an einer Heranziehung zu einer Gemeindelast fehlt (OVGE. v. 10. Juni 01 Nr. IV 1140). Eine Entscheidung darüber, ob die von den Gemeindebehörden behufs der Erteilung eines Dispenses gestellten Bedingungen zulässig oder angemessen sind, steht weder der Polizeibehörde noch dem Verwaltungsrichter zu (OVGE. v. 30. Sept. 01 Nr. IV 1471; v. 17. März 02 Nr. IV 398; v. 15. Febr 04 Nr. IV 212; v. 16. Mai 04, PrVerwBl. 25 S. 886). Vgl den Aufsatz von Bürgermeister Rütgers in Oppeln (jetzt in Eupen) PrVerwBl. 25 S. 603. Dem Bauherrn bleibt etwa nur die Beschwerde bei der Kommunalaufsichtsbehörde übrig (OVGE. v. 2. Juli 00 Nr. IV 1139); auch wenn in dem versagenden Bescheid von der Polizeibehörde dem Unternehmer des Baues von den Bedingungen der Gemeinde Kenntnis gegeben ist, hat dieser kein Rechtsmittel gegen die Bedingungen selbst (OVGE. v. 1. Dez. 94 Nr. IV 1490). Mit der Beschwerde bei der Kommunalaufsichtsbehörde wird aber nichts zu erreichen sein, wenn die Gemeindebehörden sich innerhalb der ihnen durch das Statut zugewiesenen Befugnisse gehalten haben (PrVerwBl. 12 S. 143; OVGE. v. 21. Okt 97 Nr. IV 787).

Sollte die Polizeibehörde eine Bauerlaubnis im Widerspruche mit dem Statute erteilt haben, so kann die Gemeinde nach den bisher vom OVG. aufgestellten Grundsätzen nicht gegen die Polizeibehörde oder gegen den Bauherrn auf Zurücknahme oder Aufhebung der Erlaubnis klagen; es steht ihr nur das Anrufen der Aufsichtsbehörde offen (OVGE. Bd. 14 S. 378 ff, Bd. 15 S. 416 ff. und eine Reihe gerade für diese Fälle ergangener E., von denen nur die v. 31. Jan. 93 Nr. IV 109 und v. 27. Juni 94 Nr. IV 838, PrVerwBl. 15 S. 509 erwähnt werden sollen) Die letztgenannte Entscheidung enthält eine ausführliche Begründung. Daß hierin ein erheblicher Übelstand liegt, läßt sich nicht verkennen; er ist um so größer, als bei der Handhabung des Bauverbots, wie die vorstehenden Bemerkungen ausweisen, die schwierigsten Fragen entstehen können, also Meinungsverschiedenheiten zwischen den Polizei- und Gemeindebehörden nicht wohl zu vermeiden sind.

§. 13.

Eine Entschädigung kann wegen der nach den Bestimmungen des §. 12 eintretenden Beschränkung der Baufreiheit überhaupt nicht, und wegen Entziehung oder Beschränkung des von der Festsetzung neuer Fluchtlinien betroffenen Grundeigenthums nur in folgenden Fällen gefordert werden:

1. wenn die zu Straßen und Plätzen bestimmten Grundflächen auf Verlangen der Gemeinde für den öffentlichen Verkehr abgetreten werden;
2. wenn die Straßen- oder Baufluchtlinie vorhandene Gebäude trifft und das Grundstück bis zur neuen Fluchtlinie von Gebäuden freigelegt wird;
3. wenn die Straßenfluchtlinie einer neu anzulegenden Straße ein unbebautes, aber zur Bebauung geeignetes Grundstück trifft, welches zur Zeit der Feststellung dieser Fluchtlinie an einer bereits bestehenden und für den öffentlichen Verkehr und den Anbau fertig gestellten anderen Straße be-

legen ist, und die Bebauung in der Fluchtlinie der neuen Straße erfolgt.

Die Entschädigung wird in allen Fällen wegen der zu Straßen und Plätzen bestimmten Grundfläche für Entziehung des Grundeigenthums gewährt. Außerdem wird in denjenigen Fällen der Nr. 2, in welchen es sich um eine Beschränkung des Grundeigenthums in Folge der Festsetzung einer von der Straßenfluchtlinie verschiedenen Baufluchtlinie handelt, für die Beschränkung des bebaut gewesenen Theiles des Grundeigenthums (§. 12 des Gesetzes über Enteignung von Grundeigenthum vom 11. Juni 1874) Entschädigung gewährt.

In allen obengedachten Fällen kann der Eigenthümer die Uebernahme des ganzen Grundstücks verlangen, wenn dasselbe durch die Fluchtlinie entweder ganz oder soweit in Anspruch genommen wird, daß das Restgrundstück nach den baupolizeilichen Vorschriften des Ortes nicht mehr zur Bebauung geeignet ist.

Bei den Vorschriften dieses Paragraphen ist unter der Bezeichnung Grundstück jeder im Zusammenhange stehende Grundbesitz des nämlichen Eigenthümers begriffen.

§. 14.

Für die Feststellung der nach §. 13 zu gewährenden Entschädigungen und die Vollziehung der Enteignung kommen die §§. 24 ff. des Gesetzes über Enteignung von Grundeigenthum vom 11. Juni 1874 zur Anwendung.

Streitigkeiten über Fälligkeit des Anspruchs auf Entschädigung gehören zur gerichtlichen Entscheidung.

Die Entschädigungen sind, soweit nicht ein aus besonderen Rechtstiteln Verpflichteter dafür aufzukommen hat, von der Gemeinde aufzubringen, innerhalb deren Bezirk das betreffende Grundstück belegen ist.

Die Grundsätze, auf denen die §§ 13 u. 14 beruhen, sind bereits in der Einleitung dargestellt; es bleibt hier nur noch folgendes hinzuzufügen:

1. Die Bestimmungen der beiden Paragraphen beziehen sich nur auf solche Entschädigungen, die für eine in Gemäßheit des Gesetzes eintretende Entziehung oder Beschränkung des Grundeigentums zu leisten sind. Soweit die im Eingange des § 13 erwähnte Beschränkung aus dem Bauverbote des § 12 in Betracht kommt, folgt dies ohne weiteres aus der Vorschrift selbst; aber auch im übrigen muß an jenem Satze festgehalten werden; insbesondere sind unter den im § 13 Abs. 1 gedachten „neuen Fluchtlinien" lediglich die auf Grund des Gesetzes und nicht auch die schon früher festgestellten Fluchtlinien zu verstehen. Diese bereits in der ersten Auflage vertretene, aus dem Grundgedanken des Gesetzes und der Entstehungsgeschichte des § 13 abgeleitete Auslegung ist seitdem wiederholt vom RG. als zutreffend anerkannt, so daß auf eine nähere Begründung verzichtet werden kann (vgl RG. V. ZS. E. v. 14. Jan. 82, Bd. 6 S. 295, JMBl. S. 135, PrVerwBl. 3 S. 229 und v. 9. Febr. 87, PrVerwBl 9 S. 342). Hiernach kommt § 13 nicht zur Anwendung, wenn Veränderungen von Straßen in anderer Weise, als durch das Gesetz vorgesehen, z. B. durch Eisenbahngesellschaften — wenngleich mit Genehmigung der Gemeinde — vorgenommen werden (RG. I. HilfsS. E. v. 7 März 82, PrVerwBl. 3 S. 332). Zu vgl. E. d. RG. V. ZS. v. 7. Dez. 98, PrVerwBl. 20 S. 231, wonach der § 13 auch die Entschädigungsforderung, welche sich auf Verstoß gegen die Vorschriften der §§ 185 ff. Tit. 8 T. I ALR. gründen, nicht berührt. Dagegen macht es keinen Unterschied, ob die Straße von der Gemeinde selbst oder nach § 15 von einem Unternehmer oder von den angrenzenden Eigentümern angelegt wird; denn auch in den letzteren Fällen handelt es sich um eine Straßenanlage in Gemäßheit des Gesetzes, die nur, statt von der Gemeinde, von anderen gesetzlich dazu berufenen Personen ausgeführt wird; dies tritt namentlich dann hervor, wenn der

Grunderwerb auf Schwierigkeiten stößt; das Enteignungsrecht steht nach § 11 nur der Gemeinde zu und kann daher auch für die Unternehmer oder die angrenzenden Eigentümer nur durch die Gemeinde ausgeübt werden. — Auf Grund des Gesetzes festgestellte Fluchtlinien sind übrigens immer „neue Fluchtlinien", auch wenn sie mit älteren tatsächlich völlig übereinstimmen (RG. V. ZS. E. v. 27. März 89, Bd. 23 S. 283).

2. Die Komm. d. AH. hat es für zweckmäßig erachtet, die beiden grundlegenden Begriffe des Enteignungsgesetzes — Beschränkung und Entziehung des Grundeigentums im § 13 auseinander zu halten. Hierdurch ist auf den ersten Blick eine gewisse Unklarheit darüber entstanden, wann eine Entschädigung für Beschränkung überhaupt zu leisten ist. Im Gegensatze zu der Eingangsbestimmung, wonach für eine aus dem § 12 hervorgehende Beschränkung niemals Entschädigung gefordert werden kann, führt der erste Absatz des § 13 im weiteren drei Fälle auf, in denen „wegen Entziehung oder Beschränkung" ein Entschädigungsanspruch zugelassen wird. Danach sollte man annehmen, daß auch in allen drei Fällen unter Umständen eine Entschädigung wegen Beschränkung gewährt werden müßte; diese Anschauung ist anscheinend auch in den E. d. RG. V. ZS. v 23. Sept. 82 (PrVerwBl. 4 S. 67) vertreten. Ihr steht aber der Zusammenhang der beiden ersten Absätze des § 13, wie er sich schon aus dem Gesetze selbst ergibt und daneben in dem Kommissionsberichte noch näher dargelegt ist, durchaus entgegen. Im ersten Absatze sind die beiden Arten von Entschädigungen nur aus dem angegebenen Grunde nebeneinander erwähnt; die Bestimmung aber, wann die eine oder die andere in den drei Fällen zu leisten ist, findet sich im zweiten Absatze. Hier ist vorgeschrieben, daß Entschädigung für Entziehung in allen (drei) Fällen gewährt werden soll und daß außerdem unter gewissen Voraussetzungen im Falle der Nr. 2 Entschädigung für Beschränkung zu gewähren ist. Schon nach diesem Bau und Wortlaut des Gesetzes läßt sich nicht füglich bezweifeln, daß Entschädigung für Beschränkung nur in dem letztgedachten Falle beansprucht werden kann; es wäre gar nicht abzusehen, welche Bedeutung dem ganzen zweiten Absatze beiwohnen sollte, wenn nicht die: genauer festzustellen, wann einesteils für Entziehung, andererteils für Beschränkung zu entschädigen ist (E. d. RG. VII. ZS. v. 22. Mai 00, PrVerwBl. 22 S. 278).

Vor allem aber hätte es, wenn an sich nach Absatz 1 in allen drei Fällen Entschädigung für Beschränkung gefordert werden könnte, keinen Sinn, im Absatz 2 noch besonders zu bestimmen, daß in gewissen Fällen der Nr. 2 eine solche Entschädigung zu gewähren sei. Es muß daher als zweifellos bezeichnet werden, daß Entschädigung für Beschränkung des Grundeigentums nur in einem Falle zu leisten ist, nämlich für die Beschränkung des bebaut gewesenen Teils, wenn eine von der Straßenfluchtlinie verschiedene Baufluchtlinie vorhandene Gebäude trifft und das Grundstück bis zur Baufluchtlinie freigelegt wird. Das erkennt auch die E. d. RG. III. ZS. v. 8. Juli 91, Bd. 28 S 271 an.

3. Hiermit ist indes die Frage nicht entschieden, ob ein Entschädigungsanspruch da besteht, wo eine nachgesuchte Bauerlaubnis vor endgültiger Festsetzung der Fluchtlinie, jedoch im Laufe des Festsetzungsverfahrens versagt wird (Bem. 4 zu § 11); die Beantwortung hängt vielmehr davon ab, ob der § 13 auch für solche Fälle eine Regelung enthält. Die Rechtsprechung hat hierin geschwankt Während das RG. zunächst, im Anschluß an die frühere Auffassung des OTr., einen Anspruch auf Entschädigung für die eingetretene Beschränkung der Baufreiheit unbedingt anerkannt und die Verfolgung desselben im Wege der gewöhnlichen Zivilklage zugelassen hat (E. des V. ZS. v 14. Jan. 82, Bd. 6 S. 295, JMBl. S. 135, PrVerwBl. 3 S. 229; v. 16. Mai 85, PrVerwBl. 7 S. 56 und v. 29. Mai 86, PrVerwBl 7 S. 352), ist in der E. desselben Senats v. 11. April 88 (Bd. 21 S. 212, PrVerwBl. 9 S. 343) bei einer Versagung der Bauerlaubnis auf Grund der Tatsache, daß der Bebauungsplan bereits gemäß § 7 des Gesetzes ausgelegt war, ein Unterschied zwischen den beiden Fällen gemacht worden, je nachdem der Plan demnächst entweder zur wirklichen Festsetzung gelangt oder infolge der erhobenen Einwendungen sei es ganz beseitigt, sei es in der Art abgeändert wird, daß er mit dem Bauprojekte nicht mehr im Widerspruch steht. In letzerem Falle ist ein mittels Klage verfolgbarer Anspruch auf Schadloshaltung allerdings an sich für möglich erklärt; in ersterem Falle dagegen angenommen, daß § 13 zutreffe, weil den Grund der Versagung des Baukonsenses die Festsetzung neuer Fluchtlinien bilde und diese sich nicht in Einem Akte, sondern in einer Reihe von Akten, nämlich in dem ganzen, durch das Gesetz geregelten Verfahren vollziehe.

Demgemäß wird weiter ausgeführt, daß der Beteiligte seinen Entschädigungsanspruch, wenn ihm ein solcher zustehe, nicht unmittelbar im Rechtswege, sondern nur in den Formen des Enteignungsverfahrens geltend machen könne. — Diese Grundsätze sind später in einer E. des V. ZS. v. 8. Juli 91 (Bd. 28 S. 275) dann für unanwendbar erklärt, wenn die Bauerlaubnis vor einer Auslegung des Planes gemäß § 7 versagt ist; hier wird eine Klage auf Grund des § 75 Einleitung zum ALR zugelassen, weil zur Zeit der Konsensverweigerung die Feststellung des nicht veröffentlichten Planes nur eine innere Angelegenheit der städtischen und Polizeibehörden gewesen sei (vgl. E d. RG. V. ZS. v. 18. April 94 bei Bolze Bd. 18 S. 377; V. ZS. v. 3. Febr. 97, PrVerwBl. 18 S. 303; V. ZS. v. 13. Juni 94, PrVerwBl. 16 S. 5; RGE. Bd. 34 S. 243). — Durch diese letzte E. werden die Bedenken, die in der zweiten Auflage gegen die neuere Auslegung des Gesetzes erhoben sind, wesentlich gemindert. Immerhin bleibt die Lage der Grundbesitzer nicht so günstig, wie sie nach der ursprünglichen Auffassung des RG. war. Denn ein Entschädigungsanspruch nach § 13, der bei einer Konsensverweigerung nach der ersten Auslegung des Planes allein für zulässig erklärt wird, erscheint zufolge der Ausführungen in Bem. 2 nur sehr selten begründet. Abgesehen davon lassen sich auch sonst Zweifel an der Richtigkeit der Auslegung nicht abweisen. Wenn der § 13 eine „Beschränkung des von der Festsetzung neuer Fluchtlinien betroffenen Grundeigentums" als gegeben voraussetzt, so kann damit nicht wohl eine andere, als eine im Gesetz selbst angeordnete Beschränkung gemeint sein. Angeordnet und festgestellt wird aber im § 11 die Beschränkung der Baufreiheit erst von demjenigen Zeitpunkte an, mit welchem das Festsetzungsverfahren seinen Abschluß erreicht; erscheint auch schon vorher eine Beschränkung nicht ausgeschlossen, so ist diese doch im Gesetze selbst weder ausdrücklich vorgeschrieben noch in irgend einer Weise näher geregelt, so daß die Voraussetzungen, unter denen sie zulässig sein soll, und insbesondere der Zeitpunkt, in dem sie eintritt, aus dem Gesetze nicht überall mit völliger Bestimmtheit zu entnehmen sind. Es wäre immerhin befremdlich, wenn der Gesetzgeber bei Formulierung des § 13 an eine solche Beschränkung, über deren Vorhandensein im einzelnen Falle nach den verschiedensten Richtungen hin Zweifel und Unsicherheiten entstehen können, gedacht haben sollte; viel näher liegt die Annahme, daß die Einschaltung des Wortes: „endgültig" im § 11 gerade auch den Zweck verfolgt, für die Handhabung des § 13 die unentbehrliche feste Grundlage zu geben. Daß der Polizeibehörde die Befugnis zustehen muß, die Bebauung eines zu künftigem Straßenlande in Aussicht genommenen Grundstückes auch vor endgültiger Feststellung der Fluchtlinie zu verhindern, berechtigt an sich noch nicht zu dem Schlusse, der Gesetzgeber habe auch in einem derartigen Falle die Entschädigungspflicht ausschließen wollen; nach allgemeinen Grundsätzen würde sie hier bestehen; um die Gemeinde von ihr zu befreien, bedarf es also einer ausdrücklichen Vorschrift, und es erscheint recht zweifelhaft, ob diese in den Worten des § 13 gefunden werden kann. Jedenfalls bieten weder der § 13, noch die sonstigen Bestimmungen des Gesetzes einen ausreichenden Anhalt für die Annahme, daß die Beschränkung mit der ersten Auslegung des Planes eintrete. Allerdings wird mit dieser Auslegung das Verfahren den Beteiligten gegenüber eröffnet und zugleich allgemein bekannt gegeben, welche Flächen für die künftigen Straßen und Plätze in Anspruch genommen werden sollen. Allein nirgends knüpft das Gesetz an diesen Zeitpunkt irgend welche besonderen Rechtswirkungen; man kann also nicht wohl mit dem RG. sagen, der Plan trete durch seine Veröffentlichung vorläufig in Wirksamkeit. Endlich bleibt es für alle Fälle, wo der Bauschein nach der ersten Auslegung verweigert wird, immerhin ein mindestens ungewöhnlicher Rechtszustand, wenn die Beantwortung der Frage, ob eine polizeiliche Verfügung einen unberechtigten Eingriff in die Rechtssphäre des Betroffenen enthält, grundsätzlich erst von einem in der Zukunft liegenden Ereignisse abhängig gemacht werden muß. Bei der entgegengesetzten Ansicht wirkt dagegen der Ausfall des Festsetzungsverfahrens nur insofern ein, als in dem Falle, wenn nach der endgültig festgestellten Fluchtlinie der Bau in der Tat nicht ausgeführt werden darf, jeder Entschädigungsanspruch mit dem Zeitpunkte der endgültigen Festsetzung hinwegfällt. In der E. des RG. V. ZS. v. 11. Dez. 97 (PrVerwBl. 19 S. 230) sind die Grundsätze der oben angeführten Entscheidung im 28. Bde. S. 275 wiederholt festgehalten.

4. Die Eingangsbestimmung des § 13, wonach wegen der aus dem Bauverbote des § 12 hervorgehenden Baubeschränkung keine Entschädigung gewährt wird, setzt voraus, daß die Versagung der

Bauerlaubnis mit dem Gesetze in Einklang steht. Geht etwa das Ortsstatut über die ihm durch § 12 gegebenen Schranken hinaus oder wird das darin enthaltene Bauverbot auf Fälle angewendet, die nach dem Gesetze nicht darunter gebracht werden dürfen, so bleibt der Entschädigungsanspruch bestehen. Demgemäß ist auch die Erörterung der Frage, ob die betr. Straße zu den sog. historischen gehöre, in Anlaß einer dahin gehenden, vom Bauunternehmer aufgestellten Behauptung in der E. des RG V. ZS. v. 21. Mai 87 (PrVerwBl. 8 S. 415) für erforderlich erklärt.

5. Für Entziehung des Grundeigentums muß Entschädigung geleistet werden, wenn die Gemeinde die Abtretung verlangt, wenn ein bebautes Grundstück bis zur Fluchtlinie von Gebäuden freigelegt wird und wenn die Bebauung eines unbebauten, an einer fertigen Straße gelegenen, von einer neuen Querstraße getroffenen Grundstückes in der Fluchtlinie dieser neuen Straße erfolgt (E. d. RG. VII. ZS v. 22. Mai 00, PrVerwBl. 22 S. 278).

In den beiden letzteren Fällen tritt also die Entschädigungspflicht ein, auch wenn die Gemeinde das Land noch nicht zur Straße ziehen will; die Gemeinde wird hier durch das Gesetz wider ihren Willen zur Enteignung verpflichtet; der Eigentümer kann die Abnahme des Grundstücks fordern (RG. II. ZS. E. v. 25. März 81, PrVerwBl. 3 S. 204). Hier gestaltet sich das Verhältnis zwischen Gemeinde und Grundbesitzer eigentümlich. Während das Enteignungsgesetz v. 11. Juni 74, dessen Vorschriften über Feststellung der Entschädigung und Vollziehung der Enteignung nach § 14 zur Anwendung kommen, die Einleitung des Verfahrens ausnahmslos von dem Antrage des Unternehmers abhängig macht, indem es voraussetzt, daß nur der Unternehmer ein rechtliches Interesse an Durchführung der Enteignung habe, beruht hier das Interesse an Feststellung der Entschädigung und Vollziehung der Enteignung zunächst bei dem beteiligten Grundbesitzer und liegt für den Unternehmer, die Gemeinde, an sich kein Grund vor, beides zu betreiben. Trotzdem muß die Gemeindebehörde als verpflichtet angesehen werden, das Verfahren zu beantragen; da der Grundbesitzer ein Recht auf Entschädigung hat und die Feststellung der letzteren, sofern nicht etwa die Parteien in Gemäßheit des § 16 des Enteignungsgesetzes sich anderweit verständigen, nur auf dem in den §§ 24 ff. a. a. O vorgesehenen Wege erfolgen kann, muß der Grundbesitzer auch beanspruchen können, daß die Gemeindebehörde den erforderlichen Antrag stelle (RG. II. HilfsS. E. v. 15. Jan. 80, Bd. 1 S. 171, PrVerwBl. 1 S. 247; V. ZS. E. v 11. April 80, Bd 21 S. 212, PrVerwBl. 9 S. 343; V. ZS. E. v. 3. Febr. 97, PrVerwBl. 18 S. 303).

Abgesehen von diesen beiden Fällen steht es im freien Belieben der Gemeinde, den Zeitpunkt zu wählen, wann sie von ihrem Enteignungsrechte Gebrauch machen will; der Eigentümer kann seinerseits die Abnahme der in die Straße fallenden Fläche nicht verlangen; er ist auch nicht in der Lage, einen Druck auf die Gemeinde dadurch auszuüben, daß er die Absicht äußert, auf der Fläche zu bauen; die Erlaubnis dazu wird ihm nach § 11 versagt, ohne daß ihm hieraus ein Anspruch auf Entschädigung erwächst (OTrE. v. 10. Juli 77, Bd. 80 S. 34; RG. II. HilfsS. E. v. 8. Dez. 79, PrVerwBl. 1 S. 239; VII. ZS. E. v. 1. März 01, PrVerwBl. 22 S. 469).

6 Die in Nr. 1 des § 13 vorkommenden Worte: „auf Verlangen der Gemeinde", welche die oben entwickelte Ansicht völlig außer Zweifel stellen, haben nach PrVerwBl. 3 S 358 in der E. des RG. II. HilfsS. v. 24 April 82 eine Auslegung gefunden, der jedenfalls nicht zugestimmt werden könnte; es soll ausgeführt sein, jener Ausdruck sei nicht wörtlich zu nehmen; ob das Verlangen direkt von der Gemeinde oder von der Ortspolizeibehörde gestellt werde, sei um so weniger von Bedeutung, als der Ortspolizeibehörde im § 1 ausdrücklich die Befugnis beigelegt werde, aus eigener Initiative die Festsetzung von Fluchtlinien zu verlangen, und es im Gesetze an jeder Andeutung fehle, daß wenn die Ortspolizeibehörde von dieser Befugnis Gebrauch macht, die Entschädigungspflicht nicht der Gemeinde obliegen solle. Aus der Mitteilung im PrVerwBl. ist der Tatbestand des Falles nicht zu ersehen; ebensowenig erhellt, ob die Gründe richtig wiedergegeben sind; irgendwo scheint hier indes ein Mißverständnis obzuwalten. Die Nr. 1 handelt von dem Falle, daß die Gemeinde eine Abtretung von Grundstücken zu Straßenzwecken verlangt; ein solches Verlangen kann im Rahmen des Gesetzes nur von der Gemeinde gestellt werden; denn nur ihr ist ein solches Recht gegeben (§ 11). Die Festsetzung der Fluchtlinien ist etwas davon völlig Verschiedenes; von welcher Behörde dazu der Anlaß gegeben ist, erscheint uner-

heblich. Will aber die Polizeibehörde nach geschehener Festsetzung die Ausführung der Straßenanlage erzwingen, so kann sie nur die Gemeinde hierzu anhalten, und die Gemeinde ist es dann wieder, welche die etwa erforderliche Enteignung herbeizuführen hat. Sollte dagegen etwa eine Ortspolizeibehörde die Abtretung von Land zu Straßenzwecken von dem Eigentümer mittels polizeilicher Verfügung fordern, so würden die hieraus entspringenden Entschädigungsansprüche zweifellos nicht unter den § 13 fallen. Richtig sagt das Erk. des RG. V. ZS. v 18. April 94 (PrVerwBl. 15 S. 433): die von der Polizeiverwaltung bei Erteilung des Baukonsenses gestellte Bedingung, den Bürgersteig in gewisser Weise herzustellen, vermag das Abtretungsverlangen der Gemeinde nicht zu ersetzen. Ebenda (vgl. E. des RG. Bd. 33 S. 238) wird nunmehr der hier vertretenen Ansicht beigetreten, daß eine tatsächliche Einverleibung dem Falle nicht gleichgestellt werden könne, daß die zu Straßen bestimmten Flächen auf Verlangen der Gemeinde abgetreten werden (E. d. RG II. ZS. v. 3. Nov. 99, PrVerwBl. 21 S. 211; VII. ZS. E. v. 6. Mai 02, PrVerwBl. 24 S. 25). Die Inanspruchnahme der Flächen für den öffentlichen Verkehr durch die Polizei bedinge noch keinen Wechsel im Eigentum. Ein Entschädigungsanspruch aus der Belastung mit einer öffentlich rechtlichen Servitut gegen die Gemeinde könne nur auf § 75 Einl. z ALR., nicht aber auf das G. v. 2. Juli 75 gegründet werden. Einen Zwang gegen die Gemeinde, die Abtretung des Eigentums zu verlangen, kenne dies Gesetz — abgesehen von Ziff. 2 u. 3 im § 13 — nicht (vgl. auch E. des RG. II. ZS. v. 5. März 97, JW. 97 S 218; E. d. RG. VII. ZS. v. 1. März 01, PrVerwBl. 22 S. 469).

Ist Straßenland in der Meinung, es sei eine neue Straße, unentgeltlich freiwillig abgetreten und es stellt sich nachher heraus, daß es sich um eine historische Straße handelt, so ist der Rechtsweg mit dem Ziel der Entschädigung auf Grund des § 75 d. Einleitung zum ALR. zulässig und von Erfolg (E. d. RG. V. ZS. v. 30. Sept. 03, PrVerwBl. 25 S. 133).

7. Der Ausdruck „Gebäude" in Nr. 2 des § 13 kehrt in den Gesetzen vielfach wieder, hat aber niemals eine genaue gesetzliche Begriffsbestimmung gefunden und wird auch je nach dem Gebiete, dessen Regelung in Frage steht, verschieden gedeutet werden können. Für den § 13 fehlt es indes an besonderen Momenten, um ihm

entweder eine weitere oder eine engere Bedeutung beizulegen. Von den Grundsätzen, welche der Finanzminister für die Handhabung des Gebäudesteuergesetzes v. 21. Mai 61 aufgestellt hat (vgl. Gauß, Das Gebäudesteuergesetz v. 21. Mai 61 Nr 79, 252—270), wird man wohl nicht Gebrauch machen können, da hier eigentümliche Rücksichten in Betracht kommen. Eher läßt sich auf den Begriff zurückgehen, der bei Anwendung des den Abstand zwischen neu zu errichtenden Gebäuden und älteren, schon vorhandenen Gebäuden des Nachbarn regelnden § 139 Tit. 8 T 1 ALR. von den Gerichten zugrunde gelegt ist. In der E. v. 12 März 63 (Strieth. Bd. 48 S. 240) hat das OTr. ausgesprochen, nach dem gewöhnlichen Sprachgebrauche werde unter „Gebäude" verstanden, „ein durch Umfassungsmauern oder Wände umschlossener und gewöhnlich bedachter Raum über der Erde, der ein Behältnis darstellt zum Aufenthalt von Menschen oder Vieh oder zur Aufbewahrung beweglicher Gegenstände" Diese Definition mag, wie in dem Kommentar von Koch bemerkt ist, nicht erschöpfend sein (vgl über die einschlagende Literatur Förster-Eccius, Preuß. Privatrecht 7. Aufl. Bd. 3 § 170 Nr. 12 Anm 27); insbesondere läßt sich nicht leugnen, daß auch offene, also nicht durch Mauern oder Wände umschlossene Schuppen und ähnliche Bauwerke unter den Begriff fallen können (OVGE v. 11. Nov. 96 Nr. II 2207), so ein aus Holz hergerichteter Wagenschuppen, welcher ein auf eingegrabenen Pfosten ruhendes Pappdach trägt (OVGE v. 6. April 99 Nr. IV 600); wenn aber das OTr. Zäune, Planken und Scheidewände ausgeschieden hat, so wird dem für das Gebiet d. G. v 2. Juli 75 beizutreten sein (vgl. RG. V. ZS. E. v 11. April 88, PrVerwBl. 9 S. 343 und OVGE. v. 5. Nov. 92 Nr. II 1101, wo einem Zaune die Eigenschaft eines Gebäudes im Sinne des § 13 abgesprochen ist); auch Mauern oder Wände — die im Sinne des § 139 Tit. 8 T. 1 oder des § 327 Tit. 9 T. 1 ALR. als Gebäude betrachtet sind (Strieth. Bd. 35 S 48; Ulrichs Archiv Bd. 10 S. 60) — lassen sich gegenüber dem G. v. 2. Juli 75 nicht als Gebäude anerkennen (E. d. RG II. ZS. v. 17. März 96 bei Bolze Bd. 22 S. 293)

8. In der oben erwähnten E. d. RG. V. ZS. v. 11. April 88 Bd. 21 S. 212 ist mit ausführlicher Begründung dargelegt, daß die Gebäude nicht gerade zu der Zeit, wo die Fluchtlinienfestsetzung

erfolgt, vorhanden zu sein brauchen, daß vielmehr unter die „vorhandenen Gebäude“ auch solche Gebäude fallen, die kurz vor jenem Zeitpunkte durch ein Naturereignis zerstört oder von dem Eigentümer zum Zwecke des Neubaues niedergelegt sind Nach den Umständen muß dabei beurteilt werden, ob die Gebäude als vorhanden auch dann noch angesehen werden können, wenn nach der Zerstörung oder dem Abbruche eine längere Zeit verstrichen, inzwischen vielleicht der Platz in anderer Weise benutzt ist (vgl. Plenarbeschluß des OTr. v. 11. Mai 46, Bd. 13 S. 27). Der Entschädigungsanspruch aus Nr. 2 ist auf das Grundstück „soweit es bebaut war“ beschränkt und kann nicht auf ein daneben liegendes Terrain desselben Eigentümers, welches weder bebaut ist, noch Zubehör des bebauten Teiles bildet, ausgedehnt werden. Auch Abs. 4 des § 13 kann zur Begründung einer gegenteiligen Ansicht nicht herangezogen werden, wie dieses aus dem StenB. d. AH. 7 1873/74 Nr. 279 S. 1708 hervorgeht (vgl. E. d. RG. v. 30. Nov. 94, Bd. 34 S. 253; Bolze Bd. 19 S 399f.). Als ein dem Gebäude gleichstehendes Zubehör können nur solche unbebaute Grundstücke gelten, welche ihren wesentlichen Wert und ihre wesentliche Bedeutung lediglich in ihrem Verhältnis zu dem Gebäude haben, wie ein umschlossener Hof oder ein unbebauter Gang, nicht aber nur angrenzende Grundstücke, die, wenn sie auch zu dem Gebäude gehörten und mit demselben benutzt wurden (z. B. ein Garten), doch als solche einen selbständigen Wert und selbständige wirtschaftliche Bedeutung auch ohne den Zusammenhang mit dem Gebäude haben (E. d. RG. II. ZS. v. 17. März 96; bei Bolze Bd. 22 S. 293. Vgl auch die ausführliche Begründung in dem E d. RG. V. ZS v. 18. Dez 97 im PrVerwBl. 19 S. 461).

9. Eine notwendige Voraussetzung für die Anwendung der Nr. 2 bildet übrigens, wie nicht bloß der Wortlaut ergibt, sondern auch in dem Berichte der Komm. d. AH. bestimmt hervorgehoben wird, die wirkliche Freilegung des Grundstückes, d. h. der Abbruch der Gebäude; eine bloße Kundgebung der Absicht, die Fläche freizulegen, genügt nicht (RG II. HilfsS. E. v 21. Juni 80, PrVerwBl 2 S. 272; II. ZS E. v. 25. März 81, Bd. 2 S. 214, PrVerwBl 3 S. 204; E. d RG. II. ZS v 30. Nov. 94, Bd. 34, S. 252).

10. Die Nr. 3 des § 13 hat eine eigene kleine Literatur hervorgerufen (vgl. JW., Organ des Anwaltsvereins 1880 S. 161, 169; **Gruchot** Bd. 24 S. 832, Bd 26 S. 676, Bd. 27 S. 645; Die Selbstverwaltung 9 S. 351 und 365); von vornherein wird auch anzuerkennen sein, daß eine völlig befriedigende Auslegung nicht gewonnen werden kann; die Fassung des Gesetzes steht nicht ganz im Einklang mit der Absicht des Gesetzgebers, wie sie in dem Berichte der Komm. d. AH. zum Ausdruck gelangt ist. Abgesehen davon bieten aber die Worte wesentliche Schwierigkeiten nicht; wenn man darauf verzichtet, dem Gesetze Gewalt anzutun, ist der Sinn leicht festzustellen. Zunächst muß unter Bezugnahme auf Bem. 2 betont werden, daß die Nr. 3 von einer Entschädigung wegen Beschränkung der Baufreiheit überhaupt nicht handelt, sondern sich nur mit der Entschädigung wegen Entziehung des Grundeigentums beschäftigt. Das kann allerdings im Hinblick auf die in dem Kommissionsberichte enthaltene Begründung einigermaßen auffallend erscheinen; es muß daran indes aus den entwickelten Gründen unbedingt festgehalten werden. Hiermit erledigt sich ein gewichtiger Teil der erhobenen Bedenken. Im übrigen kommt es, da der sonstige Inhalt ohne weiteres klar ist, nur auf die Bedeutung der Schlußworte an: „und (wenn) die Bebauung in der Fluchtlinie erfolgt". Hiermit soll nach der unzweideutig ausgesprochenen Absicht der Komm d AH. der Zeitpunkt festgestellt sein, in dem der Eigentümer berechtigt ist, Entschädigung zu fordern, d. h. seinerseits die Abnahme der von der Straßenanlage getroffenen Fläche zu beanspruchen. Bei unbefangener Betrachtung kann nun in jenen Worten etwas anderes nicht gefunden werden, als dies: Entschädigung ist zu leisten, wenn der Eigentümer auf dem ihm verbliebenen Restgrundstücke unter Innehaltung der neuen Fluchtlinie baut. Das gibt auch einen verständigen Sinn für alle diejenigen Fälle, wo ein bebauungsfähiges Restgrundstück übrig bleibt. Dagegen entstehen nicht wegzuleugnende Unzuträglichkeiten, wenn entweder die ganze Fläche in die künftige Straße fällt oder doch das Restgrundstück eine Bebauung nicht mehr gestattet Nach dem Gedankengange, wie er für die Komm. maßgebend gewesen ist, dürfte auch hier nicht verlangt werden, „daß der Eigentümer ohne Entschädigung abwartet, bis die Gemeinde ihr Projekt verwirklicht und ihm dann den Preis für die

abzutretende Fläche zahlt". Dieser Umstand hat die verschiedenartigsten Auslegungsversuche zur Herbeiführung einer Übereinstimmung zwischen dem Texte und der Begründung des Gesetzes veranlaßt. Man hat die Ansicht aufgestellt, die Bebauung in der Fluchtlinie der neuen Straße werde nicht gerade seitens des betr. Eigentümers erfordert, es genüge, wenn sie nur überhaupt, etwa seitens dritter Anlieger erfolge; das muß indes als unhaltbar bezeichnet werden, denn die fr. Worte sind ausgesprochenermaßen hinzugefügt, um klarzustellen, daß es nicht ausreiche, wenn der Eigentümer sage, er wolle bauen, daß er dies vielmehr durch die Tat beweisen müsse; daher kann nur an den betr. Eigentümer gedacht sein, wie es denn auch sonst unverständlich sein würde, wenn die Fälligkeit des Entschädigungsanspruches an zufällige Handlungen Dritter geknüpft wäre. — Weiter ist die Meinung vertreten und auch in einem Falle vom RG. II. HilfsS. E v. 18. Dez. 79 (PrVerwBl. 3 S. 239) zur Geltung gebracht, der Eigentümer müsse bereits zur Zeit der Offenlegung des Planes mit der Bebauung der Fläche begonnen haben; auch dies läßt sich als zutreffend nicht anerkennen; „die Bebauung in der Fluchtlinie der neuen Straße" muß notwendig eine Bebauung sein, welche diese Fluchtlinie innehält, eine Bebauung des zukünftigen Straßenlandes kann damit nicht gemeint sein, das verstieße zweifellos gegen den Sprachgebrauch; die Komm. d. AH. hat außerdem bei der Nr. 3 gerade an unbebaute Grundstücke gedacht, und zu diesen kann ein Grundstück, auf welchem ein Bau bei Offenlegung des Planes schon begonnen war, nicht wohl gerechnet werden; endlich würde damit ein Erfordernis aufgestellt, welches allen Eigentümern, die erst nach der Festsetzung der Fluchtlinie auf dem Restgrundstücke bauen, den Entschädigungsanspruch trotz der klaren Vorschrift des Gesetzes einstweilen vorenthielte, also der Regel nach für die Eigentümer außerordentlich ungünstig wirken und deren Interesse nur für einen selten vorkommenden Ausnahmefall schützen würde. — In Gruchot Bd 24 wird sodann unter Verwerfung der bisher besprochenen Ansichten angenommen, der vorausgesetzte Fall, wo ein bebauungsfähiges Restgrundstück nicht mehr übrig bleibe, sei in dem Gesetze überhaupt nicht entschieden; das letztere sei nach der Absicht des Gesetzgebers ergänzend auszulegen und demnach die Fälligkeit mit der Offenlegung des Planes für eingetreten zu erachten. Diese Anschauung scheitert schon daran, daß nach dem bestimmten Wortlaute des Gesetzes Entschädigung nur in den drei aufgeführten Fällen und unter den daselbst normierten Bedingungen gewährt wird, daß also nicht andere Fälle oder andere Bedingungen nebenher konstruiert werden können; eine Anwendung des Gesetzes aber, welche die im Texte stehenden Worte: „und die Bebauung in der Fluchtlinie der neuen Straße erfolgt" einfach streicht und an deren Stelle etwas vollständig anderes setzt, bewegt sich nicht mehr in dem Rahmen der Auslegung, sondern schafft ein neues Gesetz; übrigens stimmt auch dasjenige, was an die Stelle gesetzt wird, keineswegs mit den Motiven der Komm.; danach soll eben die bloße Festsetzung der Fluchtlinie an sich nicht genügen, vielmehr noch eine Tat des Eigentümers hinzukommen; hiernach braucht auf die Schwierigkeiten, in die man außerdem bei einer derartigen Umgestaltung des Gesetzes geraten würde und die am Schlusse des Aufsatzes selbst angedeutet sind, nicht erst eingegangen zu werden. — Nach Abweisung aller dieser Meinungen ist in Gruchot Bd. 26 ausgeführt, die fr. Worte beruhten auf einem offenbaren Redaktionsversehen; daher sei zu ermitteln, was der Gesetzgeber habe sagen wollen, und demgemäß müsse dann der Text berichtigt werden. Hierbei wird indes zunächst von einer Reihe unzutreffender Voraussetzungen ausgegangen: es ist damit gerechnet, daß wesentlich eine Entschädigung für Beschränkung der Baufreiheit in Frage komme; unter „Straßenfluchtlinie" wird — was geradezu unannehmbar erscheint — das zwischen beiden Baufluchtlinien belegene Areal verstanden; der § 11 soll den Kommunen (!) das Recht geben, nach ihrem Ermessen die Bauerlaubnis zu erteilen oder zu versagen 2c. Als Ergebnis ist sodann hingestellt, der Entschädigungsanspruch trete erst mit der Versagung des Konsenses zur Bebauung des künftigen Straßenlandes ein, sei aber dann vom Richter zurückzuweisen, wenn dieser aus den besonderen Umständen des konkreten Falles die Überzeugung gewinne, daß der den Konsens nachsuchende Eigentümer auch dann nicht bauen würde, wenn ihm der Konsens erteilt würde. Dies Resultat allein reicht aus, um die Unhaltbarkeit der ganzen Anschauung darzulegen; man braucht nur den Versuch zu machen, wie etwa die Meinung des Verfassers in bestimmte Gesetzesworte, welche an die Stelle der im Gesetze befindlichen zu treten hätten, gekleidet werden könnte; es springt dann sofort in die Augen, daß derartige Berichtigungen des Gesetzestextes unter allen Umständen unstatthaft sind. In Gruchot Bd. 27 S. 655 wird freilich ausgeführt, es genüge die unbedeutende Änderung: „und die Bebauung in der Fluchtfläche der neuen Straße erfolgen soll"; allein diese Formulierung gibt einesteils die Voraussetzungen des Verfassers keineswegs vollständig wieder und ersetzt anderenteils das Wort: „Fluchtlinie", das einen feststehenden Sinn hat, durch den ungewöhnlichen, kaum verständlichen Ausdruck: „Fluchtfläche". Abgesehen davon ist, die ganze Grundlage daß der Gesetzgeber an eine gesetzlich verbotene Bebauung des zukünftigen Straßenlandes gedacht haben könnte, von vornherein als unstatthaft abzuweisen. — Einen ebensowenig gangbaren Weg hat das RG. V. ZS. in der E. v. 23. Sept. 82 (Bd 7 S 273) eingeschlagen; hier wird in dem Absatze 3 des § 13 eine Modifikation der unter Nr. 3 getroffenen Bestimmung gefunden; die Vorschrift, daß die Übernahme des ganzen Grundstücks gefordert werden kann, wenn dasselbe ganz oder bis auf einen nicht mehr bebaubaren Teil durch die Fluchtlinie in Anspruch genommen wird, soll den Eigentümer im Falle der Nr. 3 berechtigen, die Abnahme des Grundstücks auch ohne eine Bebauung zu verlangen. Damit wird indes dem Absatze 3 eine Bedeutung beigelegt, die er nach dem Baue des Gesetzes sowie nach dem Kommissionsberichte nicht haben kann. Die beiden letzten Absätze des § 13 sind von der Komm. lediglich zu dem Zwecke eingeschaltet, um die Vorschriften im § 9 des Enteignungsgesetzes auf die hier vorliegenden Fälle anzuwenden; mit der Frage, wann die Entschädigungspflicht der Gemeinde eintritt, haben sie nicht den mindesten Zusammenhang; sie bestimmen nur, wofür Entschädigung zu leisten ist; folglich kann dadurch die in den Schlußworten der Nr. 3 enthaltene Anordnung über den Zeitpunkt, in dem das Grundstück abgenommen werden muß, nicht berührt oder gar abgeändert sein. Dies bedarf kaum eines weiteren Beweises; doch mag noch hinzufügt werden, daß der Absatz 3, wenn er überhaupt von dem Eintritte der Entschädigungspflicht handelte, notwendig auf alle drei Nummern des Absatzes 1 bezogen werden müßte; denn ein Unterschied zwischen den drei Fällen wird nicht gemacht; der Absatz beginnt vielmehr mit den Worten: „In allen oben gedachten Fällen". Nun liegt es aber auf der Hand, daß eine derartige Anwendung des Absatzes 3 auf die Nr. 1 und 2 völlig untunlich erscheint — Endlich ist noch die Ansicht von Dernburg (Lehrbuch des Preuß. Privatrechts 4. Aufl. Bd. 1 § 218 Note 11, wiederholt in der 5. Aufl. Bd. 1 § 218 Note 14) zu erwähnen; er nimmt an, in dem vorausgesetzten Falle mache die Gemeinde es dem Eigentümer unmöglich, die vom Gesetz geforderte Betätigung seines Bauwillens an den Tag zu legen, deshalb müsse sie Entschädigung leisten, sofern nur die beiden anderen Bedingungen der Nr. 3 zutreffen. Im Ergebnisse fällt diese Auffassung mit der in Gruchot Bd. 24 vertretenen Meinung zusammen (vgl. auch bei Gruchot Bd. 34 S. 1093 und Bd. 35 S. 1170); sie unterscheidet sich nur in der rechtlichen Begründung; ihr steht daher vor allem ebenfalls entgegen, daß eine im Gesetz ausdrücklich aufgestellte Voraussetzung einfach gestrichen wird; hierzu kann eine Berechtigung aus dem Umstande, daß die Art und Weise der Fluchtlinienfestsetzung eine Erfüllung der gesetzlichen Bedingung untunlich macht, nicht abgeleitet werden; denn zu der betr. Fluchtlinienfestsetzung ist die Gemeinde vom Gesetze ermächtigt, und sie erfolgt auch nicht etwa zu dem Zwecke, um dem Eigentümer die ihm zustehenden Rechte zu schmälern, sondern aus dem Grunde, weil ein öffentliches Bedürfnis obwaltet.

Hiernach bleibt nichts anderes übrig, als anzuerkennen, daß für diejenigen Fälle, wo der Eigentümer ein bebauungsfähiges Grundstück nicht mehr behält, der Gesetzgeber seinem leitenden Gedanken nicht gerecht geworden ist; an sich müßte hier dem Eigentümer ein Entschädigungsanspruch auch vor dem Zeitpunkte, in dem von der Gemeinde die Abtretung der Grundfläche verlangt wird, gewährt sein; das ist indes nach dem Wortlaute des Gesetzes nicht geschehen; der Eigentümer kann die Bedingungen der Nr. 3 nicht erfüllen und muß deshalb gemäß Nr 1 warten, bis die Gemeinde ihrerseits enteignet. Dabei darf man sich aber nicht verhehlen, daß es nach den Anschauungen der Komm einigermaßen schwierig gewesen wäre, einen anderen Zeitpunkt zu fixieren. Das Erfordernis, der Eigentümer solle durch die Tat beweisen, daß er bauen wolle, paßte für diese Fälle überhaupt nicht; es hätte also eine völlig andere Bedingung formuliert werden müssen; aber welche sollte das sein? Die bloße Festsetzung der Fluchtlinie für genügend zu erklären, würde eine wesentliche Abweichung von der sonst festgehaltenen Regel, daß hierdurch allein ein Entschädigungsanspruch noch nicht begründet werde, in sich geschlossen haben. Nun möchte diese Abweichung hier vollauf gerechtfertigt gewesen sein; es wäre dann aber notwendig gewesen, auch klar zum Ausdrucke zu bringen, daß der in Nr. 3 behandelte besondere Ausnahmefall wiederum ganz verschiedenen Grundsätzen unterliege, je nachdem eine Bebauung des Restgrundstückes noch möglich bleibe oder nicht. Die Spezialvorschriften der Nr. 3 hätten also noch einen weiteren Ausbau in einer mit den übrigen Bestimmungen nicht harmonierenden Richtung erfahren müssen. Ob die Komm. davor zurückgescheut oder ob sie etwa die Tragweite ihrer Fassung nicht vollständig übersehen hat, wird nicht mehr festzustellen sein, ist aber auch für die Auslegung des Gesetzes ohne Wert.

Schließlich soll noch hervorgehoben werden, daß die Ziffer 3 nur von der Straßenfluchtlinie einer neu anzulegenden Straße spricht. Eine Ausdehnung dieser Ausnahmebestimmung über den an sich klaren Wortlaut hinaus auch auf die Fälle der Erbreiterung von bestehenden Straßen erscheint auch dann nicht zulässig, wenn die Erbreiterung eine sehr erhebliche ist (E d. RG. II. ZS. v. 30. Nov. 94, Bd. 34 S. 250; Bolze Bd. 19 S. 399).

11. Die Entschädigung erfolgt nach Maßgabe des Enteignungsgesetzes, soweit nicht dessen Vorschriften durch entgegenstehende Bestimmungen unseres Gesetzes (§ 19) beseitigt sind. Denn § 14 verweist auf die §§ 24ff. jenes Gesetzes, und das daselbst vorgeschriebene Verfahren kann nur auf den im Tit. II gegebenen Grundlagen zu Ende geführt werden; der § 25 nimmt denn auch ausdrücklich auf § 9 und ebenso der § 29 auf die §§ 7—13 Bezug. Außerdem erhellt jene Absicht des Gesetzgebers deutlich aus der Entstehungsgeschichte unseres Gesetzes und müßte schon deshalb vorausgesetzt werden, weil sonst das Gesetz eine wesentliche, anderweit nicht auszufüllende Lücke aufwiese. Vgl. auch E. d. RG. II. ZS. v. 7. Juni 95 (JW. 1895 S. 365). Fraglich kann aber erscheinen, in welchem Verhältnisse Absatz 3 des § 13 zu dem § 9 des Enteignungsgesetzes steht. Nach dem Kommissionsberichte sollen die beiden letzten Absätze des § 13, die sich in dem Regierungsentwurfe nicht fanden, lediglich eine Anwendung der betreffenden Vorschriften im § 9 des Enteignungsgesetzes auf die hier vorliegenden Fälle enthalten. Dies lautet,

als ob § 9 durch die von der Komm. eingefügten Bestimmungen vollständig habe ersetzt werden sollen. Das Reichsgericht geht indes von einer anderen Anschauung aus; wenigstens wird in der E. II. HilfsS. v. 24. Juni 80 (Bd. 2 S. 279, JMBl. 1881 S. 70) und V. ZS. v. 6. Mai 93 (PrVerwBl. 15 S 30; E. d. RG. Bd. 31 S. 273) angenommen, die Bestimmung im § 9 Abs. 3, wonach bei Enteignung von Gebäudeteilen stets das gesamte Gebäude — mit der Grundfläche — dem Eigentümer abgenommen werden muß, sei durch § 13 Abs. 3 des Gesetzes von 1875 nicht berührt, da die Worte: „daß das Restgrundstück nach den baupolizeilichen Vorschriften des Orts nicht mehr zur Bebauung geeignet ist", sich nur auf unbebaute Grundstücke beziehen ließen. Dem ist um so mehr beizupflichten, als nicht füglich angenommen werden kann, daß der den Gebäuden im Enteignungsgesetze gewährte, auf ihrer Unteilbarkeit beruhende, unbedingte Schutz ohne ersichtlichen Grund und ohne jede Andeutung einer solchen Absicht in den Motiven des Kommissionsberichtes habe beseitigt werden sollen. Wenn daneben in der angezogenen Entscheidung unentschieden gelassen ist, ob bei Inanspruchnahme eines Teils von Grundstücken die Voraussetzung im § 13 Abs. 3 die einzige bilden solle oder ob sie der im § 9 des Enteignungsgesetzes aufgestellten als eine fernere Voraussetzung hinzugefügt sei, so wird man sich wohl für ersteres entscheiden müssen; der Wortlaut läßt eine andere Annahme nicht zu; das Gesetz schreibt vor, unter gewissen Bedingungen könne der Eigentümer die Übernahme des ganzen Grundstückes verlangen; damit ist ohne weiteres ausgeschlossen, noch anderweite Bedingungen zu erfordern. In einem Erk. v. 6. Mai 93 (E. Bd. 31 S. 279) hat der V. ZS des Reichsgerichts nunmehr ausgeführt, es sei davon auszugehen, daß die Vorschriften des § 9 des EnteignG. durch § 13 Abs 3 des FluchtlG. für den Bereich des letzteren nicht ersetzt, sondern ergänzt seien, es könne also der Eigentümer in den Fällen des § 13 die Übernahme des ganzen Grundstücks sowohl dann verlangen, wenn das Restgrundstück nicht mehr „zur Bebauung geeignet", als auch dann, wenn es nach seiner bisherigen Bestimmung nicht mehr zweckmäßig benutzt werden könne; es unterliege ferner keinem Zweifel, daß insbesondere Abs 3 des § 9 auch für Teilenteignungen auf Grund des Fluchtliniengesetzes gelte; dies folge aus der Stellung der

Vorschrift innerhalb des § 9. Vgl. auch E. d. RG II. ZS. v. 30. Nov. 94 (JW. 1895 S. 31); V. ZS v. 18. Dez. 97 und 11. Dez. 97 (Beiträge VI. Folge 1898 S. 1053 u. 1058), VII. ZS. v. 5. Jan. 00, PrVerwBl. 21 S. 587. Vgl. hierzu den Aufsatz vom Beigeordneten Selbach, Essen a. d. Ruhr, im PrVerwBl. 25 S. 263ff.

Was im übrigen die zur Anwendung kommenden Grundsätze des Enteignungsgesetzes anlangt, so kann darauf hier nicht näher eingegangen werden. Nur mag in betreff der Frage, ob die abzutretende Fläche als Bauplatz anzusehen und abzuschätzen ist, auf die E. d. RG. I. ZS. v. 18. Aug. 82, Bd. 8 S. 237; V. ZS. v. 22. Sept. und 27. Nov. 86, PrVerwBl. 8 S. 122 u. 238; III. ZS. v. 7. Juli 91, Bd. 28 S. 274; V. ZS. v. 11. u. 18. Febr. 93, PrVerwBl. 14 S. 360, 15 S. 480 hingewiesen werden. Danach ist ein Grundstück, das vor Festsetzung der Fluchtlinie bereits die Eigenschaft eines Bauplatzes besaß, auch bei einer erst später erfolgenden Enteignung als Bauterrain zu entschädigen, wenngleich es infolge jener Fluchtlinienfestsetzung die Bauplatzeigenschaft schon geraume Zeit hindurch verloren hat (E. d. RG. V. ZS. v. 3. Febr. 97, PrVerwBl. 18 S. 303; v. 16. Jan. 97, PrVerwBl. ebendas. S. 218, PrVerwBl. 19 S. 113). Ein dem Bauverbot des § 12 des FluchtlG. unterliegendes Grundstück verliert dadurch allein niemals die Eigenschaft als Baugrundstück (Erk. d. RG. V. ZS. in JW. 1886 S. 364 Nr. 60, 1899 S. 173 Nr 40; E d. VII. ZS. v. 1. März 01, PrVerwBl. 22 S. 434). Umgekehrt darf ein Grundstück, das erst durch die Fluchtlinienfestsetzung Bauterrain geworden ist, d. h. von dem nicht erhellt, daß es vorher Bauplatzeigenschaft gehabt hat oder doch solche auch ohne die Fluchtlinienfestsetzung erhalten haben würde, zwar unter Berücksichtigung der Wertssteigerung, die etwa in Anlaß der durch die Fluchtlinienfestsetzung herbeigeführten fortschreitenden Bebauung für alle Grundstücke in der betr. Gegend eingetreten ist, aber nicht als Bauterrain eingeschätzt werden (vgl. auch E d. RG. II. ZS. v. 1. Okt. 89, PrVerwBl. 11 S. 338; II. ZS. v. 25. Okt. 92, PrVerwBl. 14 S. 212; VI. ZS. v. 19. Dez. 92, PrVerwBl. 14 S. 360; V. ZS. v. 26. März 98; v. 20. April 98, PrVerwBl. 19 S 437). Für ein Grundstück, welches in einen Bauplan einbezogen ist, sind alle sonstigen die Bebauung ausschließenden oder erschwerenden Umstände für die Höhe der Entschädigung zu berücksichtigen (E. d. RG. VII. ZS. v. 14. Mai 01, PrVerwBl. 22 S. 562).

Noch in der E d. RG. VII. ZS. v. 1. März 01, PrVerwBl. 22 S. 469 war ausgesprochen, daß, wenn Bauland von einer Fluchtlinienfestsetzung betroffen, aber erst später enteignet werde, sich die Höhe der Entschädigung nach den Verhältnissen zur Zeit der Fluchtlinienfestsetzung richte. Diesen Standpunkt hat der VII. ZS. des RG. in der E. v. 11. Nov. 02, PrVerwBl. 24 S. 489 verlassen und hat den Satz aufgestellt, daß die Entschädigung für Grundstücksteile, welche nach einem festgesetzten Fluchtlinienplan zu Straßenland bestimmt waren, bei der Enteignung, soweit es sich um ihre Eigenschaft als Bauland handelt, nach dem Werte zu bemessen ist, den dieselben zur Zeit der Enteignung als Bauland haben würden, wenn die Fluchtlinienfestsetzung nicht erfolgt wäre (E. d. RG. VII. ZS. v. 9. Dez. 02, PrVerwBl. 24 S. 587. Seydel, EnteignG. 3. Aufl. S 59ff.).

Hervorzuheben bleibt, daß die Eigentümer keine Entschädigung für die ihnen etwa nach § 15 erwachsende Beitragspflicht verlangen können. Dieser aus der Natur der Sache notwendig folgende Satz hat in der E. d. RG. V. ZS. v. 12. Nov. 87 (PrVerwBl. 9 S. 158), eine eingehende Begründung gefunden. Vgl. auch Bem. 8a zu § 15.

Einen neuen Grundsatz hat die Wegeordnung für die Provinz Sachsen v. 11. Juli 91 (GS. S. 316) im § 36 eingeführt Danach ist derjenige, dessen Grundeigentum zum Zwecke der Regulierung oder Verlegung eines Weges entzogen oder beschränkt wird, verpflichtet, auf die ihm zu gewährende Entschädigung die verfügbar werdenden Teile des alten Weges, wenn sie mit seinen eigenen Grundstücken in unmittelbarem Zusammenhange stehen, nach dem Taxwerte in Anrechnung zu nehmen. Andererseits müssen aber auch solche Wegeteile, die weder zu Zwecken des Wegebaues noch zur Entschädigung gebraucht werden, den angrenzenden Grundbesitzern zur Übernahme für den Taxwert angeboten werden. Diese Bestimmungen, zu deren Ausführung nähere Vorschriften im § 36 gegeben sind, kommen an sich auch für städtische Straßen zur Anwendung, da diese mit unter die Wegeordnung fallen; praktisch werden sie hierfür aber wohl nur in geringem Maße werden.

§. 15.

Durch Ortsstatut kann festgesetzt werden, daß bei der Anlegung einer neuen oder bei der Verlängerung einer schon bestehenden Straße, wenn solche zur Bebauung bestimmt ist, sowie bei dem Anbau an schon vorhandenen bisher unbebauten Straßen und Straßentheilen von dem Unternehmer der neuen Anlage oder von den angrenzenden Eigenthümern — von letzteren, sobald sie Gebäude an der neuen Straße errichten — die Freilegung, erste Einrichtung, Entwässerung und Beleuchtungsvorrichtung der Straße in der dem Bedürfnisse entsprechenden Weise beschafft, sowie deren zeitweise, höchstens jedoch fünfjährige Unterhaltung, beziehungsweise ein verhältnißmäßiger Beitrag oder der Ersatz der zu allen diesen Maßnahmen erforderlichen Kosten geleistet werde. Zu diesen Verpflichtungen können die angrenzenden Eigenthümer nicht für mehr als die Hälfte der Straßenbreite, und wenn die Straße breiter als 26 Meter ist, nicht für mehr als 13 Meter der Straßenbreite herangezogen werden.

Bei Berechnung der Kosten sind die Kosten der gesammten Straßenanlage und beziehungsweise deren Unterhaltung zusammen zu rechnen und den Eigenthümern nach Verhältniß der Länge ihrer, die Straße berührenden Grenze zur Last zu legen.

Das Ortsstatut hat die näheren Bestimmungen innerhalb der Grenze oder einem anderen Massstabe, insbesondere auch nach der bebauungsfähigen Fläche, vorstehender Vorschrift festzusetzen. Bezüglich seiner Bestätigung, Anfechtbarkeit und Bekanntmachung gelten die im §. 12 gegebenen Vorschriften.

[Für die Haupt- und Residenzstadt Berlin bewendet es

bis zu dem Zustandekommen eines solchen Statuts bei den Bestimmungen des Regulativs vom 31. Dezember 1838.]

1. Die wichtige Erleichterung, welche der § 15 den Gemeinden bei Anlegung neuer Straßen gewährt, setzt den Erlaß eines **Ortsstatutes** voraus. Dieses muß ebenso wie ein auf Grund des § 12 erlassenes Ortsstatut in ordnungsmäßiger Weise zustande gekommen sein (vgl. Bem. 2 zu § 12) und sich innerhalb des Rahmens der im Gesetz gegebenen Vorschriften halten, kann andererseits aber auch in den Anforderungen an die Pflichtigen hinter dem Maße des Gesetzes zurückbleiben (OVGE. Bd. 13 S. 172). Wenn das Ortsstatut ein einheitliches für die Ausführung des § 12 und des § 15 ist, und der den § 12 betreffende Teil deshalb unwirksam bleibt, weil polizeiliche Bestimmungen nicht erlassen sind, so hat das selbstverständlich keinen Einfluß auf die Rechtswirksamkeit des den § 15 betreffenden Teiles des Statuts (vgl. Bem. 3 zu § 12).

Daß für einen **Gutsbezirk** Ortsstatute auf Grund des § 15 nicht erlassen werden können, ist in Bem. 2 zu § 12 des Näheren dargetan, worauf hier verwiesen wird.

Die Gemeinden sind nicht befugt, über die ihrem Erstattungsanspruche durch § 15 gesteckten Grenzen hinauszugehen; das Gesetz hat vielmehr an der bezeichneten Stelle in erschöpfender Weise geregelt, ob und in wieweit durch autonome Satzungen der Gemeinden eine Verbindlichkeit der Grundeigentümer zur Tragung der Kosten einer nach Erlaß des Gesetzes neu angelegten Straße begründet werden kann (OVGE. v. 16. Juni 94 Nr. II 414). — Wenn in einem neueren Statute ein älteres aufgehoben ist, so bedeutet dieses nicht ein Mehreres, als daß für die Zukunft das neue Statut an die Stelle des alten treten soll, keineswegs wird etwa dadurch bestimmt, daß Verpflichtungen, die einmal unter der Herrschaft des alten Statuts auf Grund der Vorschriften desselben entstanden sind, wieder beseitigt würden, es müßte denn eine solche Regelung ausdrücklich erfolgt sein (OVGE. v 17. Juni 96 Nr II 1239; v. 7. Okt. 96 Nr. II 1841; v. 25. Juni 00, Bd. 38 S 127; v. 4. Mai 03 Nr IV 821). — Durch die Bestimmungen der §§ 19 und 42 der Wegeordnung für die Provinz Sachsen v. 11. Juli 91 (GS. S. 316) ist der § 15 nicht aufgehoben (OVGE.

v. 23. März 95 Nr. II 464; v. 26. März 96 Nr. II 599 und 600; v. 23. Juni 97 Nr. II 1178).

Nach der Absicht der Komm. d. AH. sollten in dem Statute die unbestimmten Ausdrücke: „Verlängerung einer bestehenden Straße", „Straßenteil" und „Unternehmer" den Verhältnissen des Orts angemessen präzisiert werden. Als ein Beispiel findet sich unter den Anlagen das vom Minister des Innern bestätigte Statut II für Berlin abgedruckt, das übrigens, wie die nachfolgenden Bemerkungen ergeben werden, nicht durchweg zur Nachahmung empfohlen werden kann. Mit seinem Erlaß ist der Schlußsatz des § 15 außer Kraft getreten.

2. Der § 15 unterscheidet drei Fälle, in denen eine Verpflichtung der Unternehmer oder angrenzenden Eigentümer eintreten kann:

a) die **Anlegung** einer **neuen** Straße,

b) die **Verlängerung** einer **schon bestehenden** Straße,

c) den **Anbau** an **schon vorhandenen**, bisher **unbebauten** Straßen und Straßenteilen

Die Nebeneinanderstellung der ersten beiden Fälle findet sich schon in dem Berliner Regulative v. 31. Dez. 38; es mögen dadurch auch Zweifel abgeschnitten werden, die sonst vielleicht entstanden wären; an sich weisen aber die beiden Fälle weder in rechtlicher noch in tatsächlicher Beziehung Verschiedenheiten auf. Bei Verlängerung einer schon bestehenden Straße wird ebenfalls auf einer Fläche, wo bisher eine Straße noch nicht bestand, eine solche neu angelegt. Die Gleichartigkeit zeigt sich denn auch darin, daß für beide Fälle gemeinsam ein weiteres Erfordernis aufgestellt ist: die Straße muß zur Bebauung bestimmt sein. Dieser Zusatz erscheint vielleicht entbehrlich; gegenüber dem **Unternehmer** hat er deshalb keine rechte Bedeutung, weil der Unternehmer a l l e Straßen, die er bauen will, auf seine Kosten herstellen muß; gegenüber den Anliegern bedurfte es des Zusatzes nicht, da ihre Verpflichtung nur bei der Errichtung von Gebäuden an der Straße eintritt, diese Handlung aber ohne weiteres eine Bestimmung der Straße zur Bebauung voraussetzt (OVGE. v. 22. Juni 00 Nr. II 853, PrVerwBl. 22 S. 133). Man hat wohl damit noch besonders betonen wollen, daß es sich um s t ä d t i s c h e Straßen handelt.

— Es ist versucht worden, die erhebliche Abstumpfung eines Hauses an der durch die Fluchtlinien gebildeten scharfen Ecke als die Verlängerung einer Straße hinzustellen; es handelt sich dabei jedoch nicht um die Schaffung einer neuen, sondern um die Verbreiterung einer bestehenden Straße, die Erbreiterung einer Straße ist aber keine Verlängerung. Auch an Plätzen gehen Straßen vorüber (OVGE. v. 22. Sept 94 Nr. II 1249; Bochmann, Mitteilungen Bd. 1 S. 126, PrVerwBl. 16 S. 85).

Der dritte Fall, der Anbau an schon vorhandenen, bisher unbebauten Straßen und Straßenteilen, hat einen etwas abweichenden Charakter; in dem Regulative v. 31. Dez 38 war er nicht vorgesehen, ebensowenig in dem von der Staatsregierung dem Landtage im Jahre 1865 vorgelegten Entwurfe zu einer Wegeordnung für den Preußischen Staat (§ 37) und in dem kraft Allerhöchster Ermächtigung v 6 Febr 66 eingebrachten Entwurfe eines Gesetzes, betr. die Bauten in Städten und Dörfern (§ 1). In der Komm. d. HH. kam aber zur Sprache, daß die Fassung zu Zweifeln Veranlassung gebe; nach der wörtlichen Auslegung müsse man annehmen, daß nur diejenigen Straßen gemeint seien, welche erst nach dem Inkrafttreten des Gesetzes angelegt würden; es seien indes zurzeit viele neu angelegte, zur Bebauung bestimmte und noch nicht bebaute Straßen vorhanden, und nicht erfindlich, weshalb auf diese das Gesetz keine Anwendung finden solle. Demgemäß wurde der Vorlage ein Zusatz beigefügt, wonach die voraufgehenden Vorschriften auch auf schon vorhandene, noch unbebaute Straßen angewendet werden sollten, sobald die Straßen zur Bebauung kommen. Hieraus ist die Fassung des § 15 entstanden; sie findet sich schon im § 1 des Gesetzentwurfes, betr. die Bauten in Städten und Dörfern, der dem Landtage unterm 17 Nov. 66 vorgelegt wurde und hat später irgend welche Erörterungen nicht hervorgerufen. — Der Einteilung des Gesetzes gegenüber fragt es sich, wohin solche Straßen gehören, die bei Erlaß des Ortsstatutes in der **Anlegung begriffen** sind (OVGE. v. 24. Nov. 94 Nr. II 1603). Das kann nur danach entschieden werden, ob die Straße bei Erlaß des Statuts schon bestand, im Rechtssinne als städtische Straße schon vorhanden war. Von welchem Zeitpunkte ab dies anzunehmen ist, muß nach den jedesmal vorliegenden Umständen bestimmt werden (vgl. dazu § 10 Bem. 4 am Schlusse). Die Entscheidungen des OVG. Bd. 24 S. 76ff. und 79ff. ließen es, wie schon in der Auflage 3 bemerkt wurde, zweifelhaft, ob nicht die Ansicht vorwaltete, daß jede Straße, deren Anlegung begonnen ist und an der bereits Arbeiten zur Herstellung des Straßenkörpers vorgenommen sind, den vorhandenen Straßen zuzurechnen sei. Damit wäre aber ein neuer Begriff von „vorhandenen" Straßen aufgestellt, wozu das Gesetz keine Handhabe bietet. Das Vorhandensein einer Straße kann nicht schon da in die Erscheinung treten, wo die Arbeiten am Straßenkörper ihren Anfang nehmen. Damit kann die Anlegung einer neuen Straße, die übrigens nach § 12 Bem. 5a noch viel weiter zurückdatiert werden kann, begonnen werden, es kann den Anfang der Anlegungsperiode bezeichnen, die in der Anlegung begriffenen Straßen gehören aber nicht zu den vorhandenen. Das OVG. hat denn auch den früheren zweifelhaften Standpunkt in späteren Entscheidungen verlassen. Diese unterscheiden klar zwischen dem Momente, in dem die Anlegung begonnen hat, und dem, in welchem eine Straße schon vorhanden war, wenn sie auch noch ein Bild der Unvollkommenheit darbieten mochte. Daran ist festzuhalten, mag es tatsächlich auch hier und da schwierig sein, die beiden Begriffe, die ziemlich nahe beieinander liegen, auseinander zu halten (OVGE. Bd. 27 S. 55, 56, 57). Wenn das Statut die nach seinem Inkrafttreten neu angelegten Straßen treffen will, so werden damit auch alle diejenigen Straßen getroffen, deren Anlegung dann als schon begonnen, aber noch nicht soweit vorgeschritten war, daß sie als bereits vorhandene Straßen — im Gegensatz zu neuen Straßen — angesehen werden könnten (OVGE. v. 24. Febr. 02, Bd. 41 S. 107, PrVerwBl. 23 S. 761) Dagegen kann eine Straße als vorhanden angesehen werden, wenngleich sie noch nicht in allen Einzelheiten fertiggestellt ist, aber immer ist es erforderlich, daß nicht wesentliche Erfordernisse des Ausbaues fehlen (OVGE. v. 29. Juni 99, Bd. 35 S. 78; v. 30. Okt. 99 Nr. IV 1731).

Die Unterscheidung wird namentlich dadurch schwierig, daß die Anlegung einer neuen Straße sich tatsächlich während eines mehr oder weniger langen Zeitraumes, oft in einzelnen abgegrenzten Abschnitten vollzieht, und daß innerhalb dieser Anlegungsperiode, manchmal sogar schon in ihrem Anfange ein Zeitpunkt eintritt, an welchem die zum Anbau bestimmte Straße dem öffentlichen Verkehre freigegeben wird (OVGE. v. 4. Juli 98 Nr. IV 1235). Die Dauer der Anlegungsperiode kann sogar ganz von dem sachgemäßen Ermessen und Belieben der Gemeindeverwaltung abhängen; erforderlich ist dabei nur, daß die sämtlichen Arbeiten nach der objektiv erkennbaren Absicht, nach dem **Programm** der städtischen Behörde zur ersten Einrichtung der Straße gehören (PrVerwBl. 15 S. 3) Die Arbeiten müssen in ihrer Gesamtheit ein einheitliches Werk darstellen, von dessen Abschluß die Entstehung der städtischen Straße abhängig ist. Dabei kann es sehr wohl vorkommen, daß innerhalb dieses Programms die Straße zunächst provisorisch hergestellt (vgl. Bem. 8c) und dem öffentlichen Verkehr übergeben wird; dadurch wird sie aber noch keine vorhandene im Sinne des § 15 d. G.; es entsteht nur ein **Provisorium** dessen Umwandlung in einen endgültigen Zustand zur ersten Einrichtung der Straße gehört. Es können für die Gemeindeverwaltung mannigfache technische, finanzielle u. a Gründe vorliegen, um diesen provisorischen Zustand eine längere Zeit dauern zu lassen. das ist aber dafür, ob eine Straße nunmehr als eine vorhandene anzusehen ist, nicht entscheidend. die Straße bleibt eine neu anzulegende, wenn es nur objektiv erkennbar bleibt, daß es nicht dem Programm der Stadtverwaltung entsprechen konnte, die erste Einrichtung der städtischen Straße mit dem Provisorium als vollendet anzusehen, daß dieses vielmehr nur der Anfang der Straßenanlegung bedeutet. Dieser Beginn der Anlegung (z. B. durch Fluchtlinienfestsetzung allein, auch durch Festsetzung einer Fluchtlinie nach dem Rechte vor Erlaß des G. v. 1875 nach Maßgabe der Beteiligung der Gemeindebehörde daran) kann schon lange vor Erlaß des Ortsstatuts stattgefunden haben, ohne daß sich dadurch der Tatbestand einer vorhandenen Straße ergibt (OVGE. v. 17. Juni 96 Nr. II 1239, PrVerwBl. 16 S. 363; v. 20. Dez. 97 Nr. IV 2171). Es tritt dieses deutlich hervor bei der Umwandlung einer Privatstraße oder eines Kommunikationsweges in eine städtische Straße. Wenn bei solchen Straßen auch schon vor Erlaß des Ortsstatuts Fluchtlinien festgesetzt sind, so werden sie dadurch noch nicht vorhandene städtische Straßen, weil die Fluchtlinienfestsetzung allein an dem Charakter der Wege nichts ändert, sondern nur bekundet, daß ihre Umwandlung in städtische Straßen beabsichtigt ist, wobei noch in Betracht kommt, daß die festgesetzte Fluchtlinie jederzeit wieder kassiert werden kann (§ 10) und dann an dem früheren Zustande des Weges jedenfalls nichts geändert ist. Findet die Umwandlung eines solchen Weges in eine städtische Straße z. B. durch Regelung ihrer öffentlich-rechtlichen Unterhaltungspflicht (OVGE. v. 30. Jan. 02, PrVerwBl. 23 S. 194; v. 23. Juni 04, PrVerwBl. 26 S. 182; OVGE. 32 S. 204) tatsächlich statt, so handelt es sich um die Anlegung einer neuen Straße und der Beginn dieser Anlegung kann dann sehr wohl von der Festsetzung der Fluchtlinie an gerechnet werden, was für die Beitragspflicht der inzwischen errichteten Gebäude von entscheidender Bedeutung ist. Von der erfolgten Umwandlung solcher Wege in städtische Straßen kann aber erst dann die Rede sein, wenn die (z B. bereits fertige) Privatstraße durch Beschluß der Gemeinde als eine städtische Straße übernommen wird, oder wenn seitens der Gemeinde tatsächlich Arbeiten am Wegekörper vorgenommen werden, welche mit der Absicht, den Weg zu einer städtischen Straße zu machen, in objektiv erkennbarem Zusammenhange stehen (OVGE. v. 10 Juni 96 Nr. II 1185, PrVerwBl. 17 S. 443; v. 9. Dez. 96 Nr. II 2434 und Nr. II 2435). **Vorhanden** ist eine Straße als **öffentliche** Straße immer erst dann, wenn ihre öffentlich-rechtliche Unterhaltung geregelt ist, also in der Regel, wenn die Gemeinde sie übernommen hat (E. Bd. 32 S. 204, v. 28. Dez. 99 Nr IV 2101). Eine solche Übernahme ist aber nicht mehr erforderlich, wenn die Stadt in der Absicht, dort eine öffentliche Straße anzulegen, sie erst durch einen Unternehmer anfangen läßt (Aufschüttung und Planierung des Straßenlandes), denn dann war sie von Anfang an eine in der Anlegung begriffene städtische Straße (OVGE. v. 29. Juni 99, Bd. 35 S. 78: v. 26. Jan. 05, PrVerwBl 26 S. 524). — Wird so eine Privatstraße von der Stadt übernommen, so wird sie durch die Übernahme öffentliche Straße, und erst das, was die Stadt. nach der Übernahme an ihr vorgenommen hat, ist die erste Einrichtung derselben als einer öffentlichen Straße (OVGE v. 30 Jan 02, PrVerwBl. 23 S. 793; v. 26. Jan. 05, PrVerwBl. 26 S. 524); als öffentliche städtische Straße ist deshalb eine so umgewandelte Privatstraße eine neue. Ist erkennbar, daß die Gemeinde die Straßen als ihrem Programm — und damit im Sinne des § 15 dem Bedürfnisse — entsprechend vollständig hergestellt anerkannt und so übernommen hat, so ist die Straße zwar als Gemeindestraße neu, aber eine etwa nach der Übernahme erforderliche neue Pflasterung gehört dann nicht mehr zur ersten Einrichtung (OVGE. v. 26. Jan. 05, PrVerwBl. 26 S. 524). Ist vor der Umwandlung an der damaligen Privatstraße eine Fluchtlinie gelegt, so ist der Zeitpunkt der Fluchtlinienfestsetzung derjenige, mit dem die Anlegung der neuen Straße begonnen hat (OVGE. v. 9. Dez. 96 Nr. II 2435 und Nr. II 2439). Ebenso verhält es sich mit der Umwandlung von — wenn auch schon bebauten — Chausseen und Kommunikationswegen in städtische Straßen (OVGE. v. 19. Dez. 96 Nr. II 2515 [Mainzer Chaussee in Koblenz]; v. 1. Febr. 96 Nr. II 217)

Die in Betracht kommenden Fälle können nach ihrer tatsächlichen und rechtlichen Seite sehr verschieden liegen. Der Zeitpunkt, von dem ab das Vorhandensein einer Straße angenommen werden kann, ist am leichtesten zu beurteilen, wenn Fluchtlinien über ein Terrain gelegt werden, auf welchem sich noch gar kein Weg irgendwelcher Art befindet. Durch die Fluchtlinienfestsetzung entsteht natürlich noch keine städtische Straße, dazu müssen die Herstellungsarbeiten von der Gemeinde soweit beendet sein, daß ein straßenmäßiger Verkehr möglich ist. Auch die Freilegung der Straße, die Abtretung des Landes an die Gemeinde macht die Straße noch nicht zu einer vorhandenen (OVGE. v. 1. Febr. 96 Nr. II 217), es müssen tatsächliche Arbeiten am Wege vorgenommen sein, infolge deren die projektierte Straße, wenn auch nicht als fertiggestellte, aber doch als vorhandene bereits in die Erscheinung getreten ist (bez. eines Falls, in dem es sich um Fertigstellung einer vorhandenen, nicht Anlegung einer neuen Straße handelt, vgl. OVGE. v. 2. Dez. 96 Nr. II 2381). Ist dies der Fall und sind die Arbeiten an der Straße nach dem Programm der Gemeindeverwaltung damit im wesentlichen abgeschlossen, so ist die Straße im Sinne des § 15 vorhanden, wenn sie auch noch in einem unvollkommenen Zustande sich befindet und nicht fertiggestellt ist (§ 12). Eine so bei Erlaß des Ortsstatuts vorhandene Straße kann dadurch, daß die Gemeindeverwaltung später ihre Fertigstellung oder anderweite Regulierung — etwa ihre Verbreiterung, auch durch Festsetzung neuer Fluchtlinien, vgl. OVGE. v. 28. Dez. 99 Nr. IV 2104 — beschließt und ausführt, nicht wieder in das Stadium der Anlegung einer neuen Straße zurückversetzt werden.

Denn wo eine städtische Straße bereits vorhanden ist, kann nicht erst eine neue städtische Straße angelegt werden (OVGE. v. 24. Nov. 94 Nr. II 1603, PrVerwBl. 16 S. 312; v. 18 Nov. 97 Nr. IV 1947; v. 10. Febr. 98 Nr. IV 293; v. 24. Febr. 98 Nr. IV 391; v. 18. April 98 Nr. IV 724; v. 23. Mai 98 Nr. IV 977; v. 11. Juli 98 Nr. IV 772, Bd. 25 S. 84, 98; v. 13. Mai 98, Bd. 34 S. 426; vgl auch Bem. 3 zu diesem Paragraphen und namentlich Bem. 5e zu § 12). — Eine Brücke über einen Privatfluß oder Graben, welche in einem Straßenzuge liegt oder zwei Straßen verbindet, ist ein Teil der Straße; wird der Graben zugeworfen, die Brücke abgebrochen und eine neue Fluchtlinie gelegt, so kann dies nicht als die Anlegung einer neuen Straße oder, was rechtlich dasselbe ist, die Verlängerung einer Straße gelten; daran ändert auch der Umstand nichts, daß das Material der Brücke abgebrochen und durch anderes Material ersetzt ist, denn auch ein solcher Ersatz oder die Erneuerung des den Straßenkörper bildenden Materials macht eine vorhandene alte Straße nicht zu einer neuangelegten im Sinne des § 15 (OVGE. v. 28. März 98 Nr. IV 598, Bd. 33 S 123).

Die Frage, ob eine Straße bereits vorhanden, aber noch unbebaut war, richtet sich nach den Verhältnissen *zur Zeit des Erlasses des Ortsstatuts*. Wie ihr Ausbau beschaffen ist, ist im allgemeinen ohne besondere Bedeutung. Auch eine Straße, die nur halb gepflastert und mit Sommerweg, Reitweg versehen ist, kann eine vorhandene sein (OVGE. v. 17. Okt. 93 Nr. II 1136, PrVerwBl. 15 S. 153). Es ist nicht erforderlich, daß die „vorhandene Straße" das Bild einer vollständig fertigen Straße zeigt (s. oben E Bd. 35 S. 78; OVGE. v. 30. Okt. 99 Nr. IV 1371), ebensowenig kann in Betracht kommen, daß etwa aus polizeilichen Rücksichten der Fuhrverkehr Einschränkungen unterliegt, dadurch wird der Charakter einer städtischen Straße nicht ausgeschlossen (OVGE. v. 24. Febr. 98 Nr. IV 391, PrVerwBl. 16 S. 312). Entscheidend bleibt aber, daß sie zur Zeit des Erlasses des Ortsstatuts bereits nach ausdrücklicher oder stillschweigender Bestimmung der städtischen Behörden für den öffentlichen straßenmäßigen inneren Verkehr und den städtischen Anbau *bestimmt* war und ihm diente, wenn sie auch noch nicht in allen Einzelheiten fertiggestellt war, nicht alle Kriterien aufwies, welche bei fertigen Straßen nach den polizeilichen Bestimmungen — oder den ortsüblichen Anforderungen — erfüllt sein müssen (E. v. 31. Okt. 94, Bd 27 S. 55; v. 15 Jan 00 Nr. IV 79, Bd. 38 S. 147; v. 30. Nov. 03 Nr. IV 1883; OVGE. v. 10. März 98 Nr. IV 473). Wenn an einem Wege von der Gemeinde vor Erlaß des Ortsstatuts auch Fluchtlinien festgesetzt sind, aber weiter an dem noch nicht für den städtischen Verkehr und Anbau bestimmten Wege nichts verändert wird, so beweist das nur, daß dieser Weg zur Umwandlung in eine städtische Straße in Aussicht genommen ist; nicht der Plan, da eine städtische Straße anzulegen, sondern erst seine Ausführung macht den Weg zu einer vorhandenen städtischen Straße (E. Bd. 38 S. 148, PrVerwBl. 23 S. 194).

Chausseen, namentlich die aus einer Stadt herausführenden, können sowohl zu den vorhandenen, als auch zu den in der Anlegung begriffenen Straßen gehören, dabei ist die Art und der Umfang der Bebauung von besonderer Bedeutung (E. Bd. 29 S. 382; OVGE. v. 12. Mai 02 Nr. IV 873).

Sind mehrere Statuten nacheinander erlassen, so kommt es auf die Zeit des ersten Statuts an (OVGE. v. 30. Okt. 99 Nr. IV 1731) Durch ein späteres Statut verliert eine im Sinne des Gesetzes neue, d. h. zur Zeit des Inkrafttretens des ersten Statuts als Ortsstraße noch nicht vorhanden gewesene Straße nicht die Eigenschaft einer neuen Straße (OVGE v. 13. Juni 99, Bd. 36 S. 66, PrVerwBl 21 S. 115; v. 28. Sept 03 Nr. IV 1571).

Schwierig gestaltet sich die Frage, wenn es sich um eine breite (etwa in der Mitte mit einem Promenadenwege versehene, oder ähnliche) Straße handelt und auf der einen Seite bei Erlaß des Ortsstatuts bereits straßenmäßiger Verkehr und städtischer Anbau vorhanden ist, auf der anderen nicht, derart, daß man auf der einen Seite eine vorhandene Straße annehmen könnte, auf der anderen nicht. Ist hier die gesamte Straße eine vorhandene? Ist eine so gestaltete Straße als eine einheitliche anzusehen, so kann sie nicht zu den „neuen", d. h erst nach Erlaß des Ortsstatuts begonnenen, sondern sie wird zu den bereits „vorhandenen" Straßen gehören, und es kann sich nur fragen, ob sie — trotz des Anbaues an einer Seite vor Erlaß des Ortsstatuts — als unbebaut gelten darf (OVGE. Bd. 25 S. 84, 90). Siehe Bem. 9c. Bemerkt soll hierzu werden, daß das OVG ausgesprochen hat, eine Straße, welche nur an einer Seite für den öffentlichen Verkehr hergerichtet ist, könne in der Regel nicht als eine „fertiggestellte" angesehen werden (OVGE. v. 20 Jan. 98 Nr. IV 141, PrVerwBl. 19 S. 370).

Bebaut ist eine Straße, wenn zur Zeit des Erlasses des Ortsstatuts auch nur ein Gebäude an ihr errichtet war (vgl. unten). (OVGE v. 27. Febr. 02 Nr IV 376.) Gebäude, welche an dem Wege standen, ehe er zu einer vorhandenen städtischen Straße wurde, z. B als der Weg noch Chaussee oder Privatstraße war, müssen außer Betracht gelassen werden. Wenn mithin ein mit einigen Gebäuden besetzter Kommunikationsweg oder eine solche Privatstraße vor Erlaß des Ortsstatuts von der Gemeinde zur städtischen Straße bestimmt, übernommen und hergestellt war, so ist in beiden Fällen, wenn bis zum Erlaß des Ortsstatuts ein weiteres Gebäude nicht errichtet ist, die Straße eine vorhandene unbebaute im Sinne des § 15. Das früher errichtete Gebäude bleibt ebenso außer Betracht, wie für den Anliegerbeitrag ein Gebäude, an welches eine neue Straße herangelegt wird, weil es an der neuen Straße nicht errichtet ist (OVGE. v. 1. Febr. 98 Nr. I 205)

Aus vorstehendem ergibt sich, daß zu den vorhandenen (unbebauten) Straßen sowohl die noch unvollkommenen, noch nicht ganz fertiggestellten, als auch die bereits völlig ausgebauten Straßen gehören können (OVGE. v 1. Mai 95 Nr. II 681). Bei beiden Arten kann die Erstattung der von der Gemeinde vor Erlaß des Gesetzes aufgewendeten Kosten, bei der ersteren außerdem die Fertigstellung der Straße oder der Ersatz der dazu erforderlichen Aufwendungen beansprucht werden (OVGE. v. 23. Mai 98 Nr. IV 977). Jenes erscheint gewissermaßen als eine Abweichung von allgemeinen Grundsätzen, da die Ausgaben zu einer Zeit, als die Verpflichtung der Anlieger noch nicht bestand, gemacht sind, bei den Gemeindebehörden also auch die Absicht, Erstattung zu fordern, nicht obgewaltet haben konnte und somit dem Gesetze rückwirkende Kraft beigelegt wird. Nach der Entstehungsgeschichte hat aber der Gesetzgeber gerade dies Ziel im Auge gehabt, und auch der Wortlaut läßt eine andere Annahme nicht zu; insbesondere erscheint eine Auslegung, wonach nur die künftig noch aufzuwendenden und nicht auch die bereits verausgabten Beträge zu erstatten wären, um deswillen ausgeschlossen, weil die Verpflichtung der Anlieger hier genau dieselbe ist, wie bei Anlegung einer neuen Straße, d. h. den Ersatz der zu der gesamten Straßenanlage (Freilegung, ersten Einrichtung, Entwässerung und Beleuchtungsvorrichtung) erforderlichen Kosten umfaßt. Daß **alte städtische** (sog. **historische**) Straßen, wie sie nach den Ausführungen der OVGE. Bd. 3 S. 304ff. von der Bestimmung des § 12 nicht ergriffen werden, auch nicht der Beitragspflicht aus § 15 unterliegen, versteht sich im allgemeinen von selbst. Sofern sie mit Gebäuden, auch nur in geringem Maße, besetzt sind, kann es gar keinem Zweifel unterliegen, da es dann vorhandene bebaute Straßen sind. Der Regel nach sind sog. historische Straßen (die allerdings nur für die Anwendung des § 12 in Frage kommen) auch stets vorhandene (OVGE v. 22. Juni 99 Nr. IV 1044; v. 28. Dez. 99 Nr. IV 2101). Nur auf eine Kategorie von Straßen, welche für die Anwendung des § 12 als historische gelten, findet trotzdem der § 15 Anwendung. Es sind dieses die bei Erlaß des Ortsstatuts bereits völlig fertiggestellten, vollständig den Bestimmungen gemäß ausgebauten Straßen. Auf sie findet der § 12 keine Anwendung, auch wenn noch kein Gebäude daran errichtet war, sie gelten als historische; dem § 15 jedoch unterliegen sie, sofern sie zur Zeit des Erlasses des Ortsstatuts noch unbebaut waren. Diese Straßen können vollständig ausgebaut sein; ihr Charakter als neue Straßen besteht nur darin, daß sie noch nicht bebaut sein dürfen. Mit diesem Erfordernisse wird der Eigentümlichkeit des dritten Falles Rechnung getragen und zugleich eine Verschiebung des Grundgedankens, wie sie in der Hereinziehung alter, längst bestehender Straßen liegen würde, der Regel nach abgewehrt, da es nur selten vorkommen wird, daß neu angelegte Straßen längere Zeit hindurch unbebaut bleiben. Eben deshalb ist die Bedingung aber auch strenge zu nehmen. Muß die Straße „unbebaut" sein, so trifft das schon dem Wortsinne nach nicht mehr zu, sobald an der Straße nur Ein Gebäude errichtet ist. Wie ein Grundstück nicht mehr unbebaut ist, falls sich auf demselben ein Gebäude befindet, mag auch das Grundstück von erheblicher Ausdehnung und das Gebäude nur klein sein, so läßt sich gleicherweise eine Straße nicht mehr als unbebaut bezeichnen, falls sie auch nur mit Einem Gebäude besetzt ist Wollte man hiervon abgehen, so würde jede Möglichkeit fehlen, eine anderweite Grenzlinie zu ziehen; daneben geriete die ganze Grundlage der Vorschrift, daß nur neu angelegte, nicht sog. historische Straßen in Betracht kommen, ins Schwanken und die Gemeinden wären in die Lage versetzt, die Kosten von Straßenanlagen, die vor Jahrzehnten oder noch früher ausgeführt sind, wieder einzuziehen. Wie bedenklich ein solcher Rechtszustand erscheinen müßte und wie wenig er zu den sonstigen Bestimmungen des Gesetzes passen würde, leuchtet ohne weiteres ein. Übrigens werden hierbei Gebäude, die nicht an der Straße errichtet sind, sondern schon früher vorhanden waren und nur zufolge der Durchlegung der Straße an dieser stehen, außer Betracht zu lassen sein. Dadurch soll aber keineswegs für die vorhandenen Straßen etwa noch eine weitere Unterscheidung gemacht werden, ob sie zu den alten historischen Straßen zählen oder nicht. Davon kann dem Inhalte des Gesetzes gegenüber nicht wohl die Rede sein. Wie zu § 12 Bem. 5 dargelegt ist, kann eine historische Straße erst kurz vor Erlaß des Ortsstatuts entstanden sein, man müßte also dem Begriffe der vorhandenen Straßen gegenüber für den § 15 eine ganz besondere Art von historischen Straßen konstruieren und einen gewissen Zeitpunkt des Entstehens der Straßen vor Erlaß des Ortsstatuts als Scheidung zwischen historischen und vorhandenen Straßen annehmen. Die Annahme dieses Zeitpunktes — 5, 10 oder 20 Jahre und mehr — wird aber immer eine rein willkürliche sein; das Gesetz und die Materialien geben dafür gar keine Andeutung. — Für die bei weitem meisten Fälle wird aber auch zu einer solchen Unterscheidung und zur Heranziehung des Begriffes der „historischen Straße" für den § 15 ein Bedürfnis nicht vorliegen, da, wie oben schon angedeutet ist, Straßen, welche von der Gemeinde als städtische Straßen längere Zeit vor Erlaß des Ortsstatuts angelegt oder zum Anbau bestimmt sind, wohl selten so lange unbebaut bleiben. Ist aber dieses doch der Fall, so ist nicht wohl einzusehen, weshalb nicht die Gemeinde den Ersatz der auch für sie nachweislich aufgewendeten Kosten soll verlangen können. — Berechtigte Zweifel können allerdings bezüglich des Zusatzes „und Straßenteile" entstehen. Denn es kann vorkommen, daß auch bei einer alten historischen Straße ein mittlerer integrierender Teil, der aber als wirklicher abgesonderter Straßenteil anzusehen ist, bei Erlaß des Ortsstatuts noch unbebaut war. Dem Wortlaut des Gesetzes nach wird die Gemeinde für diesen Straßenteil die Anliegerbeiträge noch verlangen können, sofern sie überhaupt noch in der Lage ist, die aufgewendeten Kosten — und zwar die nur für diesen Straßen**teil** aufgewendeten (OVGE. v. 2. Okt. 02, Bd. 42 S. 30) — dem Gesetze gemäß festzusetzen und zu berechnen. Hier und da mag darin eine Härte liegen; diese läßt sich aber für die äußerst selten vorkommenden Fälle durch eine entsprechende Bestimmung im Ortsstatute beseitigen. Jedenfalls dürfte es dem insoweit ganz klaren Wortlaute des Gesetzes mehr entsprechen, von der Heranziehung des Begriffes der historischen Straße beim § 15 ganz abzusehen; hieraus werden sich praktische Schwierigkeiten wohl seltener ergeben, als bei der entgegengesetzten Anschauung.

Es ist nichts Seltenes, daß die unteren Verwaltungsgerichte sich damit begnügt haben festzustellen, die Straße sei keine fertiggestellte, keine historische gewesen (OVGE v. 10. Juni 96 Nr. II 1185; v. 30. Okt. 99 Nr. IV 1731; v. 5. April 00 Nr. IV 582, Bd. 33 S. 96). Darauf kommt es aber nach dem Wortlaute und Sinne des Gesetzes gar nicht an, es ist vielmehr festzustellen, ob die Straße, wenn auch nicht fertig gestellt, doch als städtische Straße schon vorhanden gewesen ist, als das Ortsstatut erlassen wurde. Die etwa weiter reichenden Erfordernisse — so führt das OVGE. v. 31. Jan. 98 Nr. IV 206 aus — welche an eine sog. historische Straße gestellt werden, brauchen hier nicht erfüllt zu sein, es kommt hierauf bei dem bloßen Gegensatze von „vorhanden" und „neu", der nach § 15 abweichend von § 12 maßgebend ist, nicht an (OVGE. Bd. 27 S. 55, 57, 74; vgl. OVGE. v. 24. Febr. 98 Nr. IV 931; v. 4. Juli 98 Nr. IV 1235, PrVerwBl 12 S. 71, 16 S. 109 u. S. 312 v. 14. Jan. 04, Bd. 44 S. 119; v. 2. März 05, PrVerwBl 26. S. 637) — Der engere Begriff der historischen Straße hat nur Bedeutung für den § 12, wie das bereits oben des öfteren bemerkt ist, für den § 15 kommt er nicht in Betracht (OVGE. v. 30. Okt. 99 Nr. IV 1731; v. 12. Mai 02 Nr. IV 873, Bd. 33 S. 96, Bd. 38 S. 147; v. 18 Febr. 01, PrVerwBl 22 S. 467). Für das die Anwendung des § 15 **ausschließende Vorhandensein** einer Straße genügt es, wenn sie als solche überhaupt, sei es auch in unfertigem Zustande bei Erlaß des Ortsstatuts dem städtischen Verkehr und Anbau gewidmet war (OVGE. Bd. 15

S. 149; v. 24. Nov. 97 Nr. II 1891; v. 18. April 98 Nr. IV 724; v. 10. Okt. 98 Nr. IV 1697; v. 15. Jan. 00 Nr. IV 78). Bemerkt soll hierbei werden, daß, wenn ein Dorf in eine Stadt eingemeindet wird, die vor der Eingemeindung im Sinne des Gesetzes vorhandene Dorfstraße auch vorhandene städtische Straße wird (OVGE v. 30. Okt. 99 Nr. IV 1731).

Für die Frage, ob die Straße durch ein Gebäude auf einem adjazierenden Grundstücke als bebaut angesehen werden kann, ist auf die Bem. 7, namentlich zu c hinzuweisen, wozu hier gleich bemerkt werden soll, daß eine Straße nicht schon dann als bebaut erachtet werden kann, wenn nur überhaupt auf einem an sie grenzenden Grundstücke ein Gebäude errichtet ist, das Gebäude selbst muß vielmehr als ein an der Straße errichtetes anzusehen sein (OVGE. v. 2. März 95 Nr. II 268

Das Gesetz selbst trifft Fürsorge, daß durch die beigefügte Bedingung nicht die ganze Vorschrift von vornherein mehr oder weniger unwirksam gemacht wird; es läßt hier die Unterscheidung zwischen einzelnen Straßenteilen ausdrücklich zu und weist damit die Gemeinden selbst auf den Weg, wie bei neu angelegten Straßen von großer Länge für die noch unbebauten Strecken die Erstattung der Kosten gesichert werden kann. Deshalb wird es aber auch, wenn nicht geboten, doch wenigstens entschieden zweckmäßig sein, im Ortsstatute näher festzusetzen, was als Straßenteil angesehen werden soll; denn an sich stößt man hierbei auf Schwierigkeiten (vgl. Bem. 6 zu § 12). Fehlt es an einer Regelung im Statute — auch das Berliner Statut (§ 14) enthält eine solche nicht — so ist man wieder auf den Zweck des Gesetzes und die Natur der Sache angewiesen. Hiernach wird ein besonderer Straßenteil immer da anzuerkennen sein, wo die Straße durch Querstraßen (unter Umständen auch bloß projektierte, E. Bd. 36 S. 145), Brücken oder anderweite Anlagen tatsächlich in verschiedene Abschnitte zerfällt (OVGE. Bd. 25 S. 86ff; v. 10. Juli 97 Nr II 1265, Bd. 37 S. 55, v. 22. Jan. 03, Bd. 42 S. 365). Für die Berechnung und Einziehung der Anliegebeiträge dürfen die Gemeinden aus der gesamten Straßenanlage nicht ganz willkürlich beliebige, einzelne an einem oder wenigen Baugrundstücken — etwa an einer Straßenseite — liegende Straßenstücke herausgreifen, die als Straße gar keine eigene Bedeutung haben können, während im Sinne des § 2 jeder beliebige Abschnitt als Straßenteil gelten kann (E. d. RG. V. ZS. v. 5. Mai 86, PrVerwBl. 8 S. 180 und v. 3. April 89, Bd. 23 S. 284; v. 8. Dez. 98, Bd. 34 S. 92; v. 7. Juli 02, Bd. 41 S. 145). Es ist jedenfalls erforderlich, genügt aber auch, wenn erkennbar ist, daß die Gemeinde sich aus sachlichen Gründen einstweilen auf den Ausbau eines Teils des in der Anlegung begriffenen Straßenzugs, der äußerlich eine Straße oder einen Straßenteil darstellen kann, beschränkt hat (E. Bd. 41 S. 146). Teile einer vorhandenen städtischen Straße, welche vor bisher unbebaut liegen gebliebenen Bauplätzen sich befinden, während sonst die Straße bebaut ist und nur einzelne Lücken der Bebauung aufweist, können wegen dieses Mangels des Anbaues niemals den im § 15 d. G. erwähnten unbebauten Straßenteilen gleichgestellt werden (OVGE v. 19. Dez. 93 Nr. II 1407; v 18. Nov. 97 Nr IV 1947; v. 1. Febr. 98 Nr. I 205). Näheres vgl. noch Bem. 9c.

Die Frage, ob die Straße schon vorhanden, aber noch unbebaut war, entscheidet sich, wie schon angedeutet, nach dem Zustande bei Erlaß des Ortsstatuts (OVGE. v. 1. Dez. 93 Nr. II 1326). Um der Straße die Eigenschaft einer unbebauten zu nehmen, ist es nicht nötig, daß das Gebäude bei Erlaß des Ortsstatuts bereits vollendet war, hat seine Errichtung vorher begonnen, so ist die Straße eine bebaute (OVGE. v. 2. Febr. 95 Nr. II 162, Bd. 27 S. 58). Ein Anbau an anderen Wegestrecken, als Straßen, insbesondere an bloßen Feld- oder Kommunikationswegen begründet keine Verpflichtung (OVGE. Bd. 15 S. 149, v. 3. Juli 95 Nr. II 1065).

Daß dieser dritte Fall für den Unternehmer einer neuen Straßenanlage von vornherein ausscheidet und daß ferner die Heranziehung der Anlieger ganz in derselben Weise, wie bei Anlegung einer neuen Straße, in Gemäßheit des Absatzes 2 zu erfolgen hat, bedarf kaum der Erwähnung. Der § 14 des Berliner Statuts erscheint nach vorstehenden Bemerkungen einer Umarbeitung dringend bedürftig; denn er legt dem einzelnen Anlieger Verpflichtungen in betreff der unentgeltlichen Abtretung, der Freilegung und Pflasterung des ihm gehörigen, in die Straße fallenden Geländes auf, die nach § 15 Abs. 2 nur den gesamten, mit ihren Grundstücken an die Straße grenzenden Eigentümern in gesetzlich bestimmtem Verhältnisse zur Last gelegt werden können. Die E. d. RG. V. ZS. v.

10. Okt. 88, Bd. 23 S. 279, PrVerwBl. 10 S. 97 läßt, soweit die abgedruckten Gründe ergeben, sowohl diesen Gesichtspunkt wie den Umstand völlig unbeachtet, daß eine Heranziehung der Anlieger nur auf dem durch § 18 des Zuständigkeitsgesetzes v. 1. Aug. 83 vorgezeichneten Wege zum Gegenstande eines Streites gemacht werden konnte (vgl. E. d RG. V. ZS. v 13. Jan 92, Bd. 29 S. 158 ff).

3. Da sich der § 15 in den beiden ersten Fällen — der Anlegung einer neuen Straße und der Verlängerung einer bestehenden Straße — ebenso wie der § 12 nur mit neu anzulegenden Straßen beschäftigt, so sind für die alten Straßen, für welche der § 15 unanwendbar bleibt, im allgemeinen auch die Ausführungen maßgebend, welche in der Bem. 5b zu § 12 für historische Straßen gegeben sind. Nur für den dritten Fall — das Anbauen an bereits vorhandenen, bisher unbebauten Straßen — passen, wie oben näher gezeigt, diese Grundsätze nicht, obwohl völlig ausgebaute, also vorhandene, städtische Straßen, auch wenn sie noch nicht mit Gebäuden besetzt sind, an sich unter den Begriff der historischen Straßen, welche für die Anwendung des § 12 ausgeschlossen sind, fallen (E. d. RG. V. ZS. v. 10 Okt. 88, Bd. 23 S. 279, PrVerwBl. 10 S. 97; OVGE. v. 2. März 95 Nr. II 231, PrVerwBl. 16 S. 312 u. a.). — Einer mehrfach hervorgetretenen, abweichenden Auffassung gegenüber muß noch darauf hingewiesen werden, daß die Regulierung einer bereits bestehenden, aber noch nicht den baupolizeilichen Bestimmungen entsprechenden Straße keineswegs ohne weiteres der Anlegung einer neuen Straße gleichgestellt werden kann Es kann in dieser Beziehung lediglich auf das oben zu 2 Ausgeführte Bezug genommen werden. Wenn vor Inkrafttreten des Statuts eine städtische Straße — im Gegensatze zu einem bloßen Feldwege, einer Chaussee, einer Landstraße oder dergl. — vorhanden und von der Gemeinde, wenn auch in unvollkommenem Zustande, unterhalten wurde, so ist, sofern sie noch des völligen Ausbaues bedurfte und dieser durch eine spätere Regulierung bewirkt wurde, dieses nur die vollkommene Fertigstellung einer vorhandenen, also nicht die Anlegung einer neuen Straße (OVGE. Bd. 27 S. 56, v. 3. Juli 95 Nr. II 1065; v. 17. Sept. 95 Nr. I 1177, PrVerwBl. 17 S. 83; v. 2. Dez. 96 Nr. II 2381. Vgl. auch E. v. 23. Mai 94 Nr. II 771, PrVerwBl. 15 S. 496; v. 9. Dez. 96 Nr. II 2434. — Im übrigen vgl. § 12 Bem. 5b am Schlusse).

4. Das Gesetz gestattet eine Heranziehung zweier durchaus verschiedener Klassen von Pflichtigen: des **Unternehmers** der neuen Anlage und der **angrenzenden Eigentümer**. Die gemeinsame Behandlung beider ist aus dem Berliner Regulative v. 31. Dez. 38 herübergenommen, wo sich die Nebeneinanderstellung mit ganz denselben Worten findet. Zweckmäßiger dürfte es indes gewesen sein, hier eine Unterscheidung eintreten zu lassen; denn an sich können die Unternehmer und die Anlieger nicht auf eine Linie gestellt werden; ihre Zusammenfassung bringt deshalb auch Unebenheiten und Unklarheiten ins Gesetz. — Die Eigentümer der angrenzenden Grundstücke sind als solche nicht beitragspflichtig; um sie heranziehen zu können, bedarf es immer erst des Erlasses einer entsprechenden Rechtsnorm. Die Verwaltung hatte nun früher an dem Grundsatze festgehalten, daß die Belastung einzelner Klassen der Gemeindeangehörigen mit Präzipualleistungen für Gemeindezwecke nur insofern zulässig sei, als die Gesetze, insbesondere die Gemeindegesetze ausdrücklich eine solche Ausnahme gestatteten. Der Grundsatz entbehrte allerdings der rechtlichen Unterlage und ist infolge der OVGE. Bd. 16 S 51 ff. demnächst auch von dem Minister des Innern aufgegeben (Erlaß v. 5 Nov. 88, MBl. S. 213); bei Beratung des Gesetzes herrschte aber allseitiges Einverständnis darüber, daß den Gemeinden das Recht zur Heranziehung der Anlieger nach der geltenden Gesetzgebung nicht zustehe, sondern erst ausdrücklich verliehen werden müsse. Völlig anders dagegen steht die Sache in Beziehung auf den Unternehmer; dieser muß eine Straße, die er anlegen will, unter allen Umständen herstellen; es erscheint daher einigermaßen befremdlich, wenn der Gemeinde noch besonders die Befugnis beigelegt wird, von ihm den Ausbau der Straße zu verlangen. Die Badensche und Württembergsche Gesetzgebung ordnen denn auch das Verhältnis der Gemeinde zu den Anliegern und zu den Unternehmern durchaus verschieden; in Beziehung auf die letzteren wird eine Pflicht, die Straße herzustellen, nicht besonders ausgesprochen, sondern nur vorgeschrieben, in welcher Weise die Genehmigung für die Anlage zu erwirken ist. Wäre im G. v. 2. Juli 75 der Unternehmer unberücksichtigt geblieben, so würde es zwischen ihm und der Gemeinde einer Vereinbarung bedurft und das dadurch hergestellte Rechtsverhältnis ausschließlich dem privatrechtlichen Gebiete angehört haben; die

Gemeinde hätte dann ihre Bedingungen in jedem einzelnen Falle nach eigenem Ermessen stellen können. Gerade dies hat aber abgeschnitten werden sollen; schon in den Verhandlungen über den Entwurf einer Wegeordnung wird betont, das Erfordernis der Aufstellung eines förmlichen Gemeindestatutes solle die Möglichkeit ausschließen, die von den Unternehmern oder den angrenzenden Eigentümern zu leistenden Beiträge ungleichmäßig und beliebig für jede einzelne Straßenanlage zu normieren; und in der Begründung der späteren Gesetzentwürfe ist das fast mit denselben Worten wiederholt. Gegenüber den Anliegern mag dieser Gesichtspunkt auch seine volle Berechtigung haben; weniger leicht dürfte indes einzusehen sein, welches Interesse der Staat daran hat, einen Unternehmer, in dessen freiem Entschlusse es steht, ob er die Straße herstellen will oder nicht, gegen etwaige unbillige Anforderungen der Gemeinde zu schützen Wie dem aber auch sei, nunmehr sind den Gemeinden gegenüber den Anliegern und Unternehmern durch das Gesetz bestimmte Schranken gezogen; ein Mehreres, als die „Freilegung, erste Einrichtung, Entwässerung und Beleuchtungsvorrichtung" kann in betreff des Ausbaues ortsstatutarisch nicht gefordert werden; und wenn damit regelmäßig auch die zu stellenden Anforderungen erschöpft sein mögen, so werden die Gemeinden doch jedenfalls hinsichtlich der Unterhaltungslast sehr wesentlich eingeengt; diese muß selbst dem Unternehmer spätestens nach fünf Jahren abgenommen werden — eine Bestimmung, die dem Regulative v. 31 Dez. 38 unbekannt war, sich ebensowenig in der Badenschen und Württembergschen Gesetzgebung findet und auch wohl nicht in allen Fällen gerechtfertigt erscheint. Die Vorteile, die auf der anderen Seite für die Gemeinden aus der Hereinziehung des Unternehmers in das Gesetz entstehen, fallen nicht stark ins Gewicht; da nunmehr die Verpflichtung des Unternehmers, abweichend von ihrer naturgemäßen Gestaltung, in das Gebiet des öffentlichen Rechts eingeführt ist, wird den Gemeinden die Möglichkeit eröffnet, bei Nichterfüllung der Leistungen zur administrativen Exekution zu schreiten; das mag unter Umständen nützlich sein, wiegt aber den Verlust der freien Bewegung, die den Gemeinden bei einer Vereinbarung mit dem Unternehmer gestattet ist, schwerlich auf. Es wird daher in jedem Falle zu erwägen sein, ob es ratsamer ist, gegenüber einem Unternehmer von dem Ortsstatute Gebrauch zu machen oder mit ihm einen besonderen Vertrag zu schließen. Daß letzteres trotz des § 15 rechtlich zulässig bleibt, bedarf keiner Begründung. Jedenfalls ist die Gleichstellung der Unternehmer und der Anlieger für den Bau und die Fassung des Gesetzes nicht günstig gewesen; schon oben (Bem. 2 am Schlusse) ist bemerkt, wie der Fall des Anbaues an bereits vorhandenen Straßen zu den Unternehmern überhaupt nicht in Beziehung gebracht werden kann; anderweite Inkongruenzen, welche sich auch aus den Bestimmungen des Kommunalabgabengesetzes herleiten, werden sich noch später ergeben (vgl. Bem. 11).

5. Die **Verpflichtung** der Unternehmer und Anlieger ist inhaltlich der Hauptsache nach die gleiche. Von beiden kann

a) die Herstellung der Straße und die Unterhaltung derselben während fünf Jahren
   oder
b) die Erstattung der hierzu erforderlichen Kosten
   oder auch
c) ein verhältnismäßiger Beitrag zu diesen Kosten

verlangt werden. Wie nun sofort einleuchtet, sind die Gemeinden nicht in der Lage, die wirkliche Herstellung und Unterhaltung von den Anliegern zu fordern; zumal der Ausbau kann wohl von einem Unternehmer, nicht aber durch eine größere oder kleinere Zahl von Anliegern und noch dazu stückweise, je nachdem die Eigentümer zur Bebauung ihrer Grundstücke schreiten, also zu verschiedenen Zeiten bewirkt werden; aber auch die Unterhaltung den Anliegern anzuvertrauen, wird regelmäßig nicht tunlich sein. Die fr. Bestimmung paßt daher von vornherein nur für die Unternehmer; ihre Durchführung gegenüber den Anliegern würde auch wegen der im Absatze 2 geordneten Beitragsverhältnisse auf kaum zu überwindende Schwierigkeiten stoßen. Treten die Anlieger zu einer Gesellschaft zusammen, um die Straße gemeinschaftlich herzustellen, so sind sie im Verhältnis zu der Gemeinde Unternehmer und nicht mehr Anlieger.

Übrigens können außerhalb des Rahmens des § 15 überhaupt **Naturalleistungen** — und folgeweise auch Geldzahlungen an ihrer Statt — bei Straßen als Gemeindelast nicht auferlegt werden (PrVerwBl. 19 S. 501; OVGE. v. 2. Mai 99 Nr. II 601 u. 602; vgl. E. v. 10. Dez 00, PrVerwBl. 22 S. 444).

Wird die Straße von der Gemeinde hergestellt, so bleibt praktisch kaum ein anderer Weg übrig, als daß die Kosten nach ihrer Aufwendung in Gemäßheit des § 15 Abs. 2 auf die Anlieger verteilt werden (Fall b). Das Gesetz gestattet aber offenbar noch eine andere Heranziehung. Es stellt an die Spitze die Pflicht der Anlieger zur wirklichen Herstellung der Straße, ermächtigt indes die Gemeinden, statt dessen die Straße selbst anzulegen und dann von den Anliegern einen verhältnismäßigen Beitrag oder den Ersatz der erforderlichen Kosten zu verlangen. Nach diesem Bau der Bestimmung ebenso wie nach dem Wortlaute ist es nicht wohl tunlich, unter dem „verhältnismäßigen Beitrage" einen teilweisen Ersatz der geleisteten Ausgaben zu verstehen. Einesteils wären dann die Worte: „ein verhältnismäßiger Beitrag" völlig müßig; denn daß die Gemeinden neben dem vollen Ersatz ihrer Auslagen auch die teilweise Erstattung fordern dürfen, brauchte nicht besonders ausgesprochen zu werden. Anderenteils hätte sich der Gesetzgeber, wenn er dies klarstellen wollte, anders ausdrücken müssen; es war dann etwa den Gemeinden die Festsetzung freizugeben, daß „voller oder teilweiser Ersatz" der Kosten geleistet werde. Wenn statt dessen „ein verhältnismäßiger Beitrag" und „der Ersatz" der Kosten nebeneinander gestellt sind, so muß beides notwendig etwas Verschiedenes sein Was nun der Gesetzgeber unter ersterem verstanden hat, findet sich nirgends erläutert; anscheinend ist dabei an eine Heranziehung der Anlieger mit einem von den Gemeindebehörden im voraus festgestellten Satze gedacht, wie sie auch in einzelnen Ortsstatuten vorgesehen ist. Eine derartige Anordnung läßt sich aber kaum in geeigneter Weise durchführen; es dürfte der Beitrag jedenfalls diejenige Summe nicht überschreiten, die sich für die einzelnen bei einer dem Gesetze entsprechenden Verteilung der Gesamtkosten ergeben würde; damit dies gesichert wäre, müßte sich der Beitrag in sehr mäßigen Grenzen halten, und wenn er etwa vor Ausführung der Straßenanlage eingezogen werden sollte, ließe sich dafür ein angemessener Zeitpunkt nur schwer bestimmen: namentlich da auch für solchen Fall dem Anlieger nicht das Recht verschränkt werden darf, prüfen zu können, ob sich der Beitrag innerhalb der vorgeschriebenen Grenzen hält. Es ist in der Praxis auch der Versuch gemacht worden, die Sache so zu ordnen, daß die Anlieger verpflichtet werden, vor Ausführung der Arbeiten einen nach dem **Voranschlage** bemessenen Beitrag zu leisten. Das widerspricht aber dem Gesetz. Das OVG. geht davon mit Recht aus, der § 15 setze für die Einziehung von Straßenbaukosten stets eine vorgängige Leistung seitens der Gemeinde voraus, so daß nur aufgewendete Kosten gefordert werden könnten. Die Gemeinde muß vorleisten (E. v. 3. Mai 92 Nr. II 486; OVGE. Bd. 22 S. 80, Bd. 25 S. 98; v. 4. April 98 Nr. IV 622; v. 18. April 98 Nr. IV 722; v. 5. Juni 99 Nr. IV 939; v. 19. März 00 Nr. IV 477; vgl. auch Bem. 9 d zu diesem Paragraphen). Bei dem unter b bezeichneten Wege versteht sich das von selbst (OVGE Bd. 17 S. 183 und v. 26. Juni 88 Nr II 698, PrVerwBl. 9 S. 421) Wenn § 10 des Kommunalabgabengesetzes die Vorschriften des G. v 2. Juli 75 mit der Maßgabe in Kraft bestehen läßt, „daß die im § 15 daselbst vorgesehenen B e i t r ä g e nach einem anderen, als dem dort angegebenen Maßstabe, insbesondere auch nach der bebauungsfähigen Fläche, bemessen werden dürfen", so bedarf es keiner weiteren Erörterung, daß hier unter Beiträgen sowohl „der Ersatz der erforderlichen Kosten" als auch „der verhältnismäßige Beitrag" zu verstehen ist. Der **Unternehmer** scheidet für die Bestimmungen des Kommunalabgabengesetzes ganz aus.

Nach dem Gesetze besteht die einzige Verschiedenheit zwischen Unternehmern und Anliegern darin, daß letztere immer nur für die Hälfte der Straße und jedenfalls nicht für mehr als 13 m der **Straßenbreite** herangezogen werden dürfen. Die 13 m gelten, wie bei der Beratung des Gesetzes (StenB d. AH. S. 2044) ausdrücklich anerkannt ist, daneben aber auch aus der Natur der Sache folgt, für beide Seiten, so daß die Anlieger auf jeder Seite für 13 m haften. — In der E. d RG. V ZS. v. 30. Okt. 82 (JMBl. 83 S. 334, PrVerwBl. 5 S. 59) ist die Frage, ob die 13 m bei einer 26 m übersteigenden Straßenbreite von der Mitte der Straße nach der Fluchtlinie oder umgekehrt gemessen werden müssen, in ersterem Sinne entschieden Zur Begründung wird ausgeführt, das Gesetz scheine nach seiner Fassung von dem Gedanken einer Normalstraße in der Breite von 26 m auszugehen und an diese Vorstellung knüpfe sich folgerecht die einer Verbreiterung an beiden Seiten; zwar sei ein sicherer Anhalt für die Auslegung des Gesetzes nicht gegeben und daher auch eine andere Auffassung möglich; doch habe die entwickelte Ansicht die größere

Wahrscheinlichkeit für sich. — Hierüber läßt sich nun allerdings streiten; abgesehen von dem wohl kaum zutreffenden Ausgangspunkte, dem Gedanken einer Normalstraße von 26 m kann mit ebenso gutem Grunde gesagt werden: wenn den Anliegern auf jeder Seite die Herstellung der Straße in einer Breite von 13 m oder die Erstattung der hierfür entstehenden Kosten auferlegt sei, so spreche eine entschiedene Vermutung dafür, daß die zunächst an ihre Grundstücke grenzenden 13 m gemeint seien. Diese Annahme wird durch die Erwägung bestärkt, daß die Anlegung und Unterhaltung der Bürgersteige von jeher in zahlreichen Städten eine Verpflichtung der Anlieger gebildet hat und es daher nicht gerade naturgemäß erscheint, wenn ihnen bei breiteren Straßen diese Last abgenommen wäre. Man kann aber auch behaupten, daß die Frage von vornherein nicht richtig gestellt sei und eine gesonderte Berechnung der Kosten nach den räumlich abzugrenzenden Teilen der Straße überhaupt nicht stattzufinden habe. Diese Meinung dürfte dem Gedanken des Gesetzgebers, wie er namentlich in dem sich unmittelbar anschließenden Absatze 2 Ausdruck gefunden hat, am meisten entsprechen; hiernach sollen die Kosten der gesamten Straßenanlage zusammengerechnet und sodann auf die Pflichtigen verteilt werden; damit steht es durchaus in Einklang, wenn nach der Anordnung im § 5 des Berliner Statuts verfahren und der Beitrag der Anlieger zu den Gesamtkosten nach dem Verhältnis von 26 m (oder 13 m, falls nur auf einer Seite Anlieger vorhanden sind) zu der ganzen Breite der Straße berechnet wird So wird die Bestimmung, soweit ersichtlich, in der Praxis gehandhabt. In der Rechtsprechung hat diese Handhabung in zahlreichen Entscheidungen die Billigung des OVG. gefunden (s. u a. OVGE v. 5. März 00, Bd. 37 S. 55ff., 60; v. 24. Febr. 02, Bd. 41 S. 117; v. 7. Juli 02, Bd. 41 S. 143). Bemerkt soll übrigens schon hier — vgl. Bem. 9c zu diesem Paragraphen — werden, daß, wenn bei einer Straße eine Mittelpromenade eingerichtet ist und die Stadt — wie nach § 3 des Berliner Ortsstatuts — die Kosten für die Aptierung dieser Promenade nicht erstattet verlangt, bei der Berechnung nur diese Kosten abgesetzt werden dürfen; aber für Grunderwerb und Herstellungskosten darf ein verschiedener Maßstab, so daß für letztere die Straße mit einer geringeren Breite angesetzt wird, wie für die Kosten des Grunderwerbs, nicht zur Anwendung kommen (E. Bd 37 S. 55).

6. Das Gesetz erklärt die „**angrenzenden Eigentümer**", d. h die Eigentümer der an die neue Straße grenzenden Grundstücke ohne jede Einschränkung für beitragspflichtig. Trotzdem ist eine im Gesetze nicht ausdrücklich erwähnte Bedingung hinzuzufügen: die angrenzenden Grundstücke müssen zum **Bezirke** derjenigen **Gemeinde** gehören, welche die Straße anlegt. Es kann nur angenommen werden, daß dies stillschweigend vorausgesetzt ist. Das Gesetz will den Gemeinden eine Erleichterung gewähren, indem es ihnen die Abwälzung der Straßenanlegungskosten auf die Anlieger freistellt; die Gemeinden werden damit ermächtigt, diese Kosten in anderer Weise, als die sonstigen Gemeindebedürfnisse, aufbringen zu lassen; die Straßenbaukosten sind aber an sich Gemeindelasten und bleiben dies auch, wenn sie gemäß § 15 einzelnen Gemeindegliedern auferlegt werden (vgl. Bem. 10 unten und Bem. zu § 19) Damit ist von selbst gegeben, daß die Grundstücke, deren Eigentümer beitragspflichtig gemacht werden sollen, Teile des Gemeindebezirks sein müssen. Denn die Heranziehung zu einer Gemeindelast, die auf die Gemeindemitglieder oder einzelne Klassen derselben verteilt werden soll, setzt immer eine persönliche oder dingliche Verbindung mit dem Gemeindebezirke voraus, und die hier notwendige dingliche Verbindung kann nur durch die Zugehörigkeit des Grundstückes zum Gemeindebezirke hergestellt werden. Unter diesen Umständen bedurfte es einer besonderen Hervorhebung der gedachten Voraussetzung im § 15 nicht; um die Absicht des Gesetzgebers erkenntlich zu machen, genügte völlig, daß die Ausübung der den Gemeinden erteilten Befugnis im Wege des Erlasses von Ortsstatuten vorgeschrieben wurde; damit ist die Grenze für den Kreis der Beitragspflichtigen ausreichend gezogen, da ortsstatutarische Anordnungen (vgl. § 11 der Städteordnung für die östlichen Provinzen v. 30. Mai 53 und die entsprechenden Vorschriften der übrigen Gemeindegesetze, u. a. §§ 5 und 6 der Landgemeindeordnung v 3. Juli 91) bestimmt sind, die Rechte und Pflichten für die „Mitglieder" der Gemeinde zu regeln, hierzu aber die Eigentümer der außerhalb des Gemeindebezirkes belegenen Grundstücke nicht gehören (OVGE. Bd. 17 S. 178ff). Dieser Grundsatz wird allerdings nicht gerade häufig zur Anwendung gelangen; immerhin gibt es aber doch hier und da Straßen, die unmittelbar der Grenze des Gemeindebezirks entlang angelegt

werden (vgl. OVGE. v. 3. Febr. 98 Nr. IV 1758; v. 25. Juni 00 Nr. IV 1092; v. 5. Jan. 03 Nr. IV 2053; vgl. auch § 12 Bem. 2), und noch einschneidender wirkt die Beschränkung da, wo der Gemeindebezirk kein räumlich abgeschlossenes Ganzes bildet, wo also entweder die Bestandteile verschiedener Gemeinde- und Gutsbezirke im Gemenge liegen oder ganze Gutsbezirke von den Stadtbezirken umschlossen werden. Dergleichen Verhältnisse können der Ausführung des § 15 wesentliche Schwierigkeiten bereiten.

Im übrigen werden alle Eigentümer getroffen, mögen sie sonst nach den Bestimmungen der Gemeindegesetze zu den Gemeindelasten herangezogen werden können oder nicht; denn das Gesetz führt hier eine eigentümlich gestaltete Gemeindelast ein, für die der Kreis der Pflichtigen nur aus dem Gesetze selbst entnommen werden kann. Wenn nun die Eigentümer ohne Ausnahme für pflichtig erklärt sind, so werden damit sämtliche Eigentümer erfaßt (OVGE. Bd. 23 S. 56).

Über den Begriff des **Eigentümers** und des **angrenzenden Grundstückes** können an sich begründete Zweifel nicht füglich entstehen (vgl. indes Bem. 7f und 9a unten). Wenn mit Anlegung der Straße durch eine Fluchtlinienfestsetzung begonnen, die Straßenfläche aber dem angrenzenden Eigentümer noch nicht enteignet ist und dieser nunmehr an der Straße baut, so wird er trotz seines Eigentums an der Straßenfläche als „angrenzender" Eigentümer behandelt (OVGE. v. 2. Mai 90 Nr. II 432). Selbstverständlich ist, daß das Grundstück die Straße unmittelbar berühren muß und nicht durch ein fremdes Grundstück davon getrennt sein darf. Ob dieses fremde Grundstück (z. B. wenn es der Gemeinde gehört) durch die Fluchtlinienfestsetzung zu einer demnächstigen Verwendung für die Straße reserviert ist, ist ohne Bedeutung; denn so lange diese Verwendung noch nicht stattgefunden hat, teilt es nicht die der Straße innewohnende Bestimmung und die nur auf eine spätere gleichartige Verwendung gerichtete Intention ist nicht geeignet, den tatsächlichen Zustand, auf welchen es ankommt, zu schaffen (OVGE. v. 28. März 96 Nr. II 627; vgl. hierzu Bem. 7c).

7. Die Verpflichtung der Anlieger tritt ein, „sobald sie Gebäude an der neuen Straße errichten". Bezüglich der Frage, wann die Forderung mit Bezug auf die Berechtigung der Gemeinden zur Nachforderung (§ 87 des Kommunalabgabengesetzes)

entstanden ist, vgl. die Bem. 10a und d. In den obigen Worten liegt ausgesprochen:

a) Wegen solcher Gebäude, die bereits vor Anlegung der Straße errichtet waren, findet eine Heranziehung nicht statt (OVGE. Bd. 3 S. 292ff., Bd 13 S. 173; v. 17. Nov. 93 Nr. II 1267; v. 28. Nov. 93 Nr. II 762). Es sind dann nicht die Gebäude an der Straße errichtet, sondern die Straße ist an die Gebäude herangelegt.

Wohl aber können alle nach Beginn der Anlegung der Straße — nicht etwa nur nach ihrer vollständigen Fertigstellung — errichteten Gebäude zu dem Ersatz der Kosten (sobald sie feststehen) herangezogen werden (OVGE. v. 15. Mai 99 Nr. IV 822 v. 18. April 04, Bd. 45 S. 85). Der Gesetzgeber hat sich bei der Frage, wie die Pflicht des Ersatzes der von der Gemeinde für Straßenanlegungen aufgewendeten Kosten zu regeln sei, naturgemäß an den normal und regelmäßig verlaufenden Fall gehalten, daß die anliegenden Eigentümer ihr Grundstück erst dann bebauen, wenn die neue Straße fertig hergestellt und die Gemeinde so in der Lage ist, von denen, welche Gebäude an der Straße errichten, sofort den auf sie entfallenden Beitrag zu fordern (OVGE v. 4. April 98 Nr. IV 622; v. 18. April 98 Nr. IV 722). Wie schon oben erwähnt, ist die Anlegung einer neuen Straße nicht notwendig ein kurzer Vorgang, der von Anfang bis zu Ende ohne Unterbrechung durchgeführt wird; in der Regel vollzieht sie sich in einzelnen Abschnitten während einer je nach Umständen bald kürzeren, bald längeren Anlegungsperiode, deren Dauer sogar ganz von dem sachgemäßen Ermessen und Belieben der Gemeindeverwaltung abhängen, auch gegen den Willen der Gemeinde durch Enteignungsprozesse u. a. hinausgeschoben werden kann (OVGE. v 4. Juli 98 Nr. IV 1235). Es kommt deshalb sehr oft vor, daß die eine im Gesetz für die Entstehung des Forderungsrechtes der Gemeinde bestimmte Voraussetzung, der Akt der Errichtung eines Gebäudes, schon eingetreten ist, während sich die andere Voraussetzung, die Anlegung der neuen Straße, in ihrem Endzeitpunkte erst später vollzieht (die E. v. 29. Febr. 96 Nr. II 409 sagt: die Worte „bei Anlegung einer neuen Straße" bedeuten nichts anderes, als: „wenn eine neue Straße angelegt ist"). Es fragt sich also, wann die **Periode der Anlegung** beginnt, denn die Gebäude, welche vor Eintritt dieses

Zeitpunktes errichtet werden, begründen für den Eigentümer des angrenzenden Grundstücks nie die Beitragspflicht. Aber alle Gebäude, welche vom Beginn der Anlegung der Straße an derselben errichtet werden und zur Zeit der Fertigstellung der Straße noch vorhanden sind, fallen unter den § 15 d. G., so daß für alle solche Gebäude nach Maßgabe des erlassenen Ortsstatuts die Eigentümer der Grundstücke die Straßenbeiträge zu zahlen verpflichtet sind (OVGE. v 10. Dez. 00, PrVerwBl. 22 S. 444). Das OVGE. v. 1. Febr. 98 Nr. I 205 sagt zwar: bei Bauten, die vor der Fertigstellung der Straßen errichtet werden, entsteht mit dem Bau für den angrenzenden Eigentümer eine bedingte Pflicht, die erst dann geltend gemacht werden kann, wenn die Straße als fertiggestellt anzuerkennen ist (PrVerwBl. 16 S. 310). Wegen der Bedenken gegen diese Anschauung vgl. Bem. 10a. Von wann an der Beginn der Anlegungsperiode zu berechnen ist, ist in vielen Fällen äußerst schwierig zu bezeichnen, da das Gesetz bestimmte Merkmale dafür nirgends vorschreibt. Von Dr. Reinartz (PrVerwBl. 18 Nr 39 und 19 Nr. 23, 24) und von Behring (PrVerwBl. 19 Nr. 47 S. 485) wird die Ansicht vertreten, daß seit Inkrafttreten d. G. v. 2. Juli 75 die Fluchtlinienfestsetzung für jede Anlegung und Veränderung von Straßen und Plätzen notwendig erforderlich sei, und auch in von Brauchitsch „Die neuen Preußischen Verwaltungsgesetze“ Bd. 4 (13. Aufl.) S 354 (Anm. 58) findet sich die gleiche Anschauung. Der dort zitierte Ministerialerlaß v. 6. Juni 88 (Ministerialblatt für die innere Verwaltung S. 125, 126) scheint auf dem gleichen Standpunkt zu stehen, wenn dort gesagt ist:

> „Bei denjenigen Straßen, welche zur Regulierung bestimmt sind, ist zunächst zu prüfen, ob für dieselben Fluchtlinien festgesetzt sind; soweit dies nicht der Fall, können von der Stadtgemeinde Straßenbaukosten nicht verlangt werden.“

Diese Ansicht ist jedoch irrig und findet im Gesetz keinen Anhalt. Die Anlegung einer Straße kann sich unter Umständen sehr wohl auch ohne förmlich festgestellte Fluchtlinien vollziehen (PrVerwBl. 16 S. 85, 110). Es wird das insbesondere dann angängig erscheinen, wenn das ganze zur Straße erforderliche Terrain sich im Eigentum der Gemeinde befindet, die Straße durch und über Grundstücke der Gemeinde gelegt wird. Wenn dann auch § 11 Abs. 2 d. G. keine Anwendung finden kann, so steht für die Erhebung von Beiträgen eine solche Straße jeder anderen mit förmlicher Fluchtlinienfestsetzung rechtlich ganz gleich. Hieran hat das OVG. stets festgehalten. Die in jener Anmerkung 58 bei von Brauchitsch angeführten Entscheidungen sprechen sämtlich nur aus, daß die Anlegung jedenfalls mit der Fluchtlinienfestsetzung beginne, sie sagen aber keineswegs, daß diese Festsetzung eine notwendige rechtliche Grundlage der Anlegung und der Beitragserhebung bilde (OVGE. v. 4. Juli 98 Nr. IV 1235; vgl. auch unten). Das Irrige der Ansicht der genannten Schriftsteller ist auch im PrVerwBl. 19 Nr. 27 und Nr 30 von Dr. Anschütz und Löhlein ausführlich und zutreffend nachgewiesen (vgl. auch VerwArch. Bd. VI S. 661 und OVGE. v. 8. Okt. 00, Bd. 38 S. 141, PrVerwBl. 22 S. 122).

In der Regel wird zwar jetzt tatsächlich die Anlegung der Straße mit der Festsetzung der Fluchtlinie beginnen und jedenfalls bedeutet die auf Grund d. G. v 2 Juli 75 stattgehabte Festsetzung einer Fluchtlinie in der Regel den Beginn der Anlegung einer Straße; denn bei dieser Festsetzung ist die Mitwirkung der Gemeinde gesetzlich vorgeschrieben, es liegt also kein Zweifel vor, daß damit die Absicht der Gemeinde auch nach außen kundgegeben ist, eine städtische Straße anlegen zu wollen (E. Bd 36 S. 67; OVGE. v. 9. Juli 03 Nr. IV 1234, Bd 40 S. 101, Bd. 38 S. 142). Es ist freilich von Gemeinden der Versuch gemacht worden, nur Baufluchtlinien mit der ausgesprochenen Absicht, eine Straße nicht anlegen zu wollen, festzusetzen, um ein bestimmtes Terrain von der Bebauung auszuschließen, einem solchen Vorgehen kann aber die Bedeutung der Festsetzung von Fluchtlinien im Sinne d. G v 2. Juli 75 überhaupt nicht beigelegt werden (OVGE. v. 28. April 98 Nr. IV 799, Bd 33 S 425). — Auch bei Fluchtlinienfestsetzungen vor Erlaß d. G. v. 2. Juli 75 wird in der Regel anzunehmen sein, daß damit die Anlegung der Straße begonnen hat; namentlich wird dieses der Fall sein, wenn die Festsetzung in einem besonderen Verfahren stattgehabt, vor allem, wenn die Straße Aufnahme in einen größeren Bebauungsplan gefunden hat (OVGE. Bd. 15 S. 155, Bd. 19 S. 85). Das Wesentliche bleibt, daß es dem Anbauer möglich war, zu erkennen, daß eine städtische Straße demnächst angelegt oder der vorhandene Weg zur städtischen Straße gemacht werden sollte, wofür allerdings der Umstand allein, daß die Fluchtlinienfestsetzung in öffentlicher Sitzung der Gemeindevertreter stattgefunden hat, nicht genügt (OVGE. v. 1. April 01, Bd. 39 S. 51). Das kann auch ausnahmsweise bei früherer Festsetzung von Fluchtlinien ausgeschlossen sein (OVGE. Bd. 24 S. 79, PrVerwBl. 14 S. 367 und v. 31. Okt. 90 Nr. II 962). Denn die Fluchtlinienfestsetzung vor 1875 hatte nicht dieselbe Bedeutung und Rechtswirkung wie die auf Grund d. G. v. 2. Juli 75 bewirkte, namentlich weil die Bestimmung der Baufluchten Sache der Polizeibehörden war, aus einer solchen Bestimmung also nicht ohne weiteres die Absicht der städtischen Behörden, eine städtische Straße anzulegen gefolgert werden konnte (OVGE. v. 17. März 93 Nr. II 303, PrVerwBl. 14 S. 367; v. 24. Febr 98 Nr. IV 391). Eine solche Folgerung würde namentlich da unzulässig erscheinen, wo nicht in irgend einem Verfahren die Fluchtlinie für die ganze Straße (oder Straßenteil) festgesetzt, sondern lediglich den einzelnen Anbauern in jedem Falle für die Errichtung ihres Gebäudes die Linie von der Polizeibehörde angewiesen war. Hatte aber durch irgend eine Art der Beteiligung an dem Fluchtlinienfestsetzungsverfahren die Gemeinde nach außen hin zu erkennen gegeben — und das war die Regel — daß sie zur Ausführung einer Straße demnächst übergehen wolle, dann war der Tatbestand der Anlegung einer „neuen" Straße gegeben und es blieb, wenn die Straße nicht inzwischen zufolge der an ihr vorgenommenen Arbeiten zu einer „vorhandenen" geworden war (siehe oben), auch nach Erlaß d. G. v. 2. Juli 75 resp. des Ortsstatuts, dieser Tatbestand unverändert auch ohne einen neuen Beschluß der Kommunalbehörde (OVGE. v. 17. Juni 96 Nr. II 1239; v. 20. Dez. 97 Nr. IV 2171). Ist ein solcher Tatbestand vorhanden, so wird jeder demnächst an der Straße Bauende beitragspflichtig (PrVerwBl. 16 S. 363, vgl. unten Anm. 10a).

Es macht, wie schon erwähnt, an sich keinen Unterschied, ob die Fluchtlinienfestsetzung **vor** oder **nach Erlaß des Gesetzes** stattgefunden hat; das Gesetz macht die Verpflichtung nicht davon, daß Fluchtlinien in Gemäßheit des Gesetzes festgestellt sind, sondern von der Anlegung der Straße abhängig. Straßen entstehen auch ohne jede Fluchtlinienfestsetzung. Das ist vom OVG. in zahlreichen

Entscheidungen und ebenso vom RG. anerkannt. RG. V. ZS. E. v. 30. Okt. 82 (JMBl. 83 S. 334, PrVerwBl. 5 S. 59); v. 10. Okt. 88 (Bd. 23 S. 279, PrVerwBl. 10 S. 97); OVGE. v. 24. Nov. 97 Nr. II 1891; v. 4. Juli 98 Nr IV 1235; v. 19. Febr. 96 Nr. II 336; v. 7. März 96 Nr. II 500, PrVerwBl. 16 S. 85, 109 und 312; v. 4. Juli 98 Nr. IV 1235; v 15. Jan. 00 Nr. IV 79; v. 8. Okt. 00, Bd. 38 S. 142, PrVerwBl. 22 S. 122; v. 15. Mai 02 Nr. IV 879; v. 6. Juli 03 Nr. IV 1217; vgl. auch Bem. 4a zu § 12. Wäre es nicht so, so müßte, da vor Erlaß d. G. v. 2. Juli 75 regelmäßig keine Fluchtlinienfestsetzung durch die Gemeinden oder unter deren Beteiligung stattgefunden hat (vgl. OVGE. Bd. 30 S. 67ff.), manchenorts auch den ältesten städtischen Verkehrswegen die Eigenschaft „schon vorhandener Straßen" abgesprochen werden Deshalb kann der Beginn der Anlegung der Straße auch in anderen Momenten, welche selbst weit vor der Festsetzung der Fluchtlinien zurückliegen können, gefunden werden. So darin, daß das Bedürfnis zur Festsetzung von Fluchtlinien in dem vom Gesetze geordneten Verfahren endgültig anerkannt ist; oder wenn die Gemeindebehörden die Anlegung der Straßen beschlossen und das Verfahren behufs Festsetzung von Fluchtlinien eingeleitet haben (OVGE. v. 10. Juli 99 Nr IV 1168); oder dann, wenn die Gemeindebehörden auch nur die Anlegung der Straße beschlossen haben, u. a. m. (OVGE. v. 10. Juni 96 Nr. II 1185). Erforderlich ist, daß der Beschluß der Gemeinde in genügender Weise nach außen hin kundgegeben, daß er auch äußerlich in die Erscheinung getreten und zur Kenntnis der Anlieger gebracht ist (OVGE. v. 13. Juni 99, Bd. 36 S. 61, PrVerwBl. 21 S. 115). Eine förmliche Bekanntmachung ist dazu keineswegs erforderlich, die Bedeutung des Erfordernisses ist vielmehr die, daß nicht ein sich lediglich als interner vollziehender Vorgang einen Einfluß auf die Verpflichtung der Anlieger haben kann (E. Bd. 38 S. 149, 150; OVGE. v. 18. April 01, Bd. 39 S. 55; v 13. Febr. 02 Nr. IV 295; v. 6. Juli 03 Nr. IV 1217; v. 21 März 04, PrVerwBl. 25 S. 747; v. 23 Nov. 03, Bd. 44 S. 102) Auch tatsächliche Vorgänge können genügen (OVGE. v. 15. April 96 Nr. II 761); so z. B. die gestellte Baubedingung, daß der Baulustige für die Straßenherstellungskosten Sicherheit zu bestellen habe; denn wenn aus der Sicherstellung auch nicht die öffentlich-rechtliche Verpflichtung zur Zahlung der Anliegerbeiträge hergeleitet werden kann, so kann doch daraus der Beginn der Anlegung der Straße und die Kenntnis des Baulustigen von diesem Beginn gefolgert werden (OVGE. v. 13. Juni 99, Bd. 36 S. 61, PrVerwBl. 21 S. 115). Auch die erfolgte Offenlegung des Bebauungsplanes (§ 7) kann als Beginn der Anlegung gelten, denn sie bringt nicht nur die Absicht der Gemeindebehörden, die Straße anzulegen, zur öffentlichen Kenntnis, sondern bildet selbst schon ein wesentliches Glied in der Kette der Handlungen, welche zur Ausführung dieser Absicht erforderlich sind (OVGE. v. 9. März 94 Nr. II 365; v. 25. Jan. 96 Nr. II 173; v. 23. Juni 97 Nr. II 1172; v 9. Dez. 96 Nr. II 2435; v. 24. Febr. 98 Nr. IV 391; v. 4. Juli 98 Nr. IV 1235). Selbstverständlich muß der Wille der städtischen Körperschaften darauf gerichtet sein, eine öffentliche städtische Straße zu schaffen und dieser Wille muß nach außen erkennbar hervorgetreten sein (OVGE. v 8. Febr. 04, Bd 44 S. 104). Dann kommt es auch nicht darauf an, ob eine Fluchtlinienfestsetzung völlig rechtsgültig war. Kann nun auch der Beginn der Anlegung der Straße in dieser Weise oft weit zurückverlegt werden — in einem Falle etwa 20 Jahre zurück (OVGE. v. 6. Juli 03 Nr. IV 1217; v. 30. Mai 02 Nr. IV 1274) — so bleibt doch das immer Voraussetzung jedes Erstattungsanspruches der Gemeinde, daß die schließlich der neuen Straße angewiesene Richtung, die den Grundbesitzer erst zum Adjazenten macht, ihn nicht unvorbereitet trifft, vielmehr auf Grund eines Gemeindebeschlusses, mit dem er schon bei der Bebauung seines Grundstückes rechnen konnte und mußte, zur Durchführung gelangt (OVGE. v. 15. April 96 Nr. II 761; v. 5. März 98 Nr. II 377). Spätere Änderungen des Planes, z B. unbedeutende Änderungen der früheren Fluchtlinien, sind für diese Frage bedeutungslos, wenn nur die früher geplante Straße nicht aufgegeben und nicht eine andere neue Straße festgestellt wird (OVGE. v 6. Juli 03 Nr. IV 1217).

Wenn oben davon ausgegangen ist, daß die Anlegung einer neuen Straße und deshalb die Beitragspflicht der nach dieser erbauten Gebäude schon lange vor der späteren Fluchtlinienfestsetzung begonnen haben können, so hindert allerdings nichts die Gemeinde, im Ortsstatut zu bestimmen, daß die Erhebung von Beiträgen auf solche Straßen beschränkt bleibe, für welche förmliche Fluchtlinien festgesetzt sind (OVGE. v. 8. Okt. 00, Bd. 38 S. 141, PrVerwBl. 22 S 122).

In dem Falle (s. Bem. 11), wo die Herstellung der Straße von einem Unternehmer begonnen, aber nicht weitergeführt, sondern von der Gemeinde übernommen und auf eigene Rechnung vollendet wird, wird die Straße erst von da an, wo die Gemeindebehörden die Übernahme beschlossen und diesen Beschluß (ausdrücklich oder durch konkludente Handlungen) nach außenhin kundgegeben haben, eine von der Gemeinde angelegte Straße, von hier an datiert der Beginn der Anlegung, und die Gemeinde kann dann nur diejenigen Anlieger zu den Straßenkosten heranziehen, welche nachher Gebäude an der Straße errichtet haben (OVGE. v. 12. Mai 02 Nr. IV 872, Bd. 41 S. 132; v. 10. Juli 02 Nr. IV 1332).

Entschließt sich der Grundbesitzer, obwohl er Kenntnis von solcher Sachlage besitzt, zur Bebauung seines Grundstückes, so kann er einem Eigentümer, der vor Anlegung der Straße Gebäude errichtet hat und nachträglich ohne sein Zutun infolge der Anlegung mit seinem Gebäude an die Straße zu liegen kommt, nicht gleichgestellt werden (OVGE. v. 9. Dez. 96 Nr. II 2439); insbesondere treffen bei ihm diejenigen Gründe, welche in der OVGE. Bd. 3 S. 301 ff. gegen eine Heranziehung solcher Eigentümer geltend gemacht sind, in keiner Weise zu; er errichtet vielmehr das Gebäude zu einer Zeit, wo er durchaus in der Lage ist, die ihm aus der Straßenanlage erwachsenden Vorzüge und Nachteile zu übersehen Anders würde der Fall zu beurteilen sein, wenn ein Anlieger den Baukonsens erhalten und mit Errichtung des Gebäudes begonnen hätte, hinterdrein aber die Anlegung der Straße beschlossen würde und er nunmehr den Bau innerhalb der Periode der Anlegung zu Ende führte; hier läßt sich freilich nicht leugnen, daß das Gebäude während der Anlegung errichtet wird und nicht schon vor der Anlegung errichtet war (OVGE v 24. Jan 01 Nr. IV 158, Bd. 38 S. 145); allein die für die E. Bd. 3 S. 292 ff. maßgebend gewesenen Gesichtspunkte greifen auch hier durch; einem solchen Anlieger steht, weil er den begonnenen Bau nicht ohne Schaden einstellen und wieder abbrechen kann, die freie Entschließung darüber nicht mehr zu, ob er das Gebäude an der neuen Straße errichten will. Deshalb macht ein vor Beginn der Anlegung der Straße angefangener, wenn auch noch nicht vollendeter Bau den GrundstücksEigentümer nicht beitragspflichtig (OVGE. v. 18. April 04 Nr. IV 541, Bd. 45 S. 94, DJZ. 9 S. 1046). Abgesehen hiervon begründet jeder innerhalb der Periode der Anlegung ausgeführte Bau die Beitragspflicht in vollem Umfange, einerlei, ob die Straße vorher oder nachher hergestellt ist (OVGE. v. 9. Dez. 96 Nr. II 2439), im ersteren Falle entsteht das Forderungsrecht sofort, im letzteren erst nach dem Ausbaue der Straße (OVGE. v. 10. Sept. 89 Nr. II 747, PrVerwBl. 11 S 134), wie sich aus den Ausführungen in Bem. 9a und 10a ergeben wird.

Daß die Errichtung eines Gebäudes vor Erlaß des Statuts eine Heranziehung nicht rechtfertigen kann, bedürfte kaum der Erwähnung, wenn nicht einzelne Gemeindevorstände Versuche in dieser Richtung gemacht hätten (OVGE. Bd. 17 S. 173 und v. 26. Sept. 90 Nr II 816 und 817, PrVerwBl. 12 S. 180; v 17. Nov. 93 Nr. II 1267). Wer vor Erlaß des Statuts gebaut hat, ist immer frei, der Akt der Errichtung wird erst durch das Statut zu einem verpflichtenden Titel (OVGE. v. 4 März 96 Nr. II 435, PrVerwBl. 17 S. 353; v. 25. Juni 00 Nr. IV 102; vgl. Bem. 10a S. 245ff.). Vorausgesetzt wird hierbei allerdings, daß der Bauherr nicht etwa unmittelbar vor Erlaß des Statuts mit dem Baue begonnen hat, ohne im Besitze der erforderlichen Bauerlaubnis zu sein; denn eine unbefugte, gesetzwidrige Handlung, wie sie der Beginn des Baues vor erteilter Bauerlaubnis sein würde, kann nicht die Wirkung haben, dem Eigentümer Vorteile zu verschaffen, auf welche er ohnedies keinen Anspruch besitzt (OVGE. Bd. 17 S 184 und v. 2. Mai 90 Nr. II 432).

b) Wie sich aus der Verschiedenheit der in den §§ 12 und 15 gebrauchten Ausdrücke mit Notwendigkeit ergibt, wird im § 15 nicht die Errichtung eines Wohngebäudes erfordert; die entgegengesetzte, früher von dem Minister des Innern vertretene, aus der Gleichstellung der §§ 12 und 15 in der OVGE. Bd. 3 S. 304ff. abgeleitete Auffassung ist in dem Erlasse v. 9. März 87 (MBl. S. 82) aufgegeben (vgl. OVGE. v. 19. Dez. 94 Nr. II 1739; OVGE. v 20. März 94 Nr. II 438, PrVerwBl. 15 S. 405). Schon hier soll bemerkt werden, daß nur der Neubau — auch Anbau wenn er Neubau ist — niemals ein Umbau die Beitragspflicht begründet (OVGE. v. 29. Okt. 00 Nr. IV 1556).

Über den Begriff eines **Gebäudes** ist bereits in Bem. 7 zu den §§ 13 und 14 eine Erläuterung gegeben. Nach der ausgesprochenen Absicht des Gesetzgebers ist es als billig erachtet, alle diejenigen heranzuziehen, welchen die Anlegung der Straße regelmäßig wesentlichen Vorteil bringt. Nun wird allerdings für Eigentümer, die größere Gebäude errichten, die neue Straße der Regel nach von erheblichem Nutzen sein; dies trifft aber meistens nur in sehr geringem Grade zu, wenn es sich um solche baulichen Anlagen handelt, deren Charakter als Gebäude zweifelhaft erscheint. Wenn nun zwar auch ein Beweggrund für den Erlaß der Bestimmung des § 15 der gewesen ist, daß diejenigen Grundbesitzer, welche von der neuen städtischen Straße Vorteil haben, zum Ersatz der Kosten beitragen sollen, so kann ein solcher Gesichtspunkt für die Beurteilung im Einzelfalle nicht maßgebend sein, dazu bietet das Gesetz keinen Anhalt (OVGE. v 20. März 94 Nr. II 438, PrVerwBl. 15 S. 405; v. 26 Febr. 00, Bd. 37 S. 34; v 13. Febr. 02 Nr. IV 295; v. 3. Dez. 03, PrVerwBl. 25 S. 454); man würde sonst zu dem Ergebnis gelangen, daß Bauwerke ganz gleicher Art — je nach ihrer vom Inhaber beliebten Benutzung — in einem Falle als Gebäude im Sinne des § 15 gelten müßten, im andern nicht (OVGE v. 19. Juni 95 Nr. II 993). Das Gesetz (§ 15) kennt verschiedene Arten von Gebäuden nicht, und es kann nach dem Wortlaute der Bestimmung nicht wohl bestritten werden, daß jedes auch noch so geringwertige Gebäude die Beitragspflicht begründet, sobald es unzweifelhaft unter den Begriff eines Gebäudes fällt (vgl hierzu die — namentlich de lege ferenda zutreffenden — Bemerkungen von Cohn im VerwArch. Bd. 7 S. 542ff.; E. Bd. 37 S. 34, PrVerwBl. 25 S. 454).

Das OVG. geht zwar regelmäßig von der Erläuterung in Bem. 7 zu §§ 13 und 14 aus, hat aber auch ausgesprochen, daß zu einem Gebäude nicht notwendig erfordert werde, daß es von allen Seiten mit Wänden umgeben sei (E. v. 23. Juni 97 Nr. II 1172; v 14. April 98 Nr. IV 688). Einzelne Beispiele: Verkaufshalle, vorne offen OVGE. v. 19. Dez 94 Nr. II 1739; Schuppen: OVGE. Bd. 17 S. 173; v 25. Mai 95 Nr. II 856; v. 7. Okt. 96 Nr. II 1841; v. 11. Nov. 96 Nr. II 2207; kleines Waschhaus: E. v. 7. März 96 Nr. II 500; v. 26. März 96 Nr. II 600; kleines

Kontorhäuschen, auch wenn es ganz von Grund und Boden abgetrennt werden konnte: E. v. 8. Juni 95 und v 5. Mai 96 Nr. II 913 und 928; Abort und Schweinestall: E. v. 4. Juli 98 Nr. IV 538 Bei einem mit Bretterwänden umschlossenen Schuppen auf in den Erdboden eingegrabenen Eisenbahnschwellen, auf welchen das den oberen Abschluß bildende, den Schuppen überspannende, an den Seitenwänden durch Schnüre befestigte Segel=(Plan=)Tuch ruhte, hat das OVG. eine „mit dem Bauwerke fest verbundene Bedachung" und damit „ein notwendiges Kennzeichen des Gebäudes" vermißt (OVGE v. 15. April 01 Nr. IV 768). Dagegen wurde eine Anlage als Gebäude anerkannt, welche auf allen vier Seiten mit Bretterwänden umgeben, mit einem auf Schalung und Sparren ruhenden Pappdach mit in die Erde eingegrabenen Pfosten, mit Tür, Fenster und gedielten Fußboden versehen ist, zur Anfertigung schriftlicher Arbeiten usw. dient und mit dem nötigen Mobiliar ausgestattet ist (OVGE. v. 23. Dez. 01, PrVerwBl 23 S. 359). Ein ausgemauertes **Grab** ist kein Gebäude im Sinne des § 15 d. G., da sein Zweck, die Bestattung menschlicher Leichname nicht dem „der Aufbewahrung beweglicher Gegenstände" gleich zu achten ist. Auch eine über die Erdoberfläche hinausragende Ausgestaltung des Grabgewölbes ist noch kein Gebäude; das Gegenteil ist aber anzunehmen, wenn es sich um eine bauliche Anlage über der Erde handelt, welche nicht lediglich als Denkmal oder Grabstätte gelten kann, wenn sie z. B. dazu dienen soll, den Leidtragenden und Besuchern der Gräber Aufenthalt zu gewähren oder Gottesdienst und andere Feiern abzuhalten (OVGE. v. 27. Nov. 02 Nr. IV 1716). Eine weitere Ausdehnung zu rechtfertigen, fehlt es an einem inneren Grunde. Die Stadtbahnbögen in Berlin sind an sich so wenig Gebäude wie Brückenbögen, auch wenn sie ohne weiteren Ausbau zu wirtschaftlichen Zwecken benutzt werden (Lagerung von Holz zc.) erst durch und mit ihrem Ausbau zu Restaurationen, Pferdeställen zc. werden sie Gebäude (OVGE. v. 19. Mai 93 Nr II 552; v. 12. Jan. 95 Nr. II 74); also wenn sie gebäudeartig ausgebaut und eingerichtet werden (OVGE. v. 26 Febr. 00, Bd. 37 S. 34; v. 11 Juli 01, Bd. 40 S. 363).

Ob ein **Anbau** an ein vorhandenes Gebäude der Errichtung eines neuen Gebäudes gleichgestellt werden kann, ist nach den Ver=

hältnissen des einzelnen Falles zu entscheiden. Es wird der Regel nach darauf ankommen, ob der Anbau nach seiner Konstruktion einem selbständigen Gebäude gleich zu erachten ist. Balkons und Erker, welche die Grundfläche nicht erreichen, können nicht dazu gezählt werden. Sonst werden Anbauten regelmäßig als Gebäude im Sinne des § 15 gelten müssen, denn bei einem Anbau wird eine bisher unbebaute Grundfläche bebaut und der Umstand, daß er eine mit dem Hauptgebäude gemeinschaftliche Wand hat, ist um so weniger von Bedeutung als, wie schon oben erwähnt, zu einem Gebäude nicht notwendig erfordert wird, daß es von allen Seiten mit Wänden umgeben ist: OVGE. v. 1. Juli 93 Nr. II 751, Bd. 25 S. 91, — Veranda. Hier handelte es sich um einen fundamentierten, von allen Seiten von Mauern umschlossenen Anbau von etwa 40 qm Grundfläche, welcher unbedenklich auch getrennt von dem älteren Hause gedacht, selbständig als ein Gebäude angesehen werden mußte. Anders wenn es sich nur um einen aus Holz und Eisen, wenn auch fundamentierten Balkon handelt, das ist ein unselbständiger Zubehör eines Hauses (OVGE. v. 3. März 02, Bd. 41 S 128; vgl. E. v. 23. Juni 97 Nr. II 1172; v. 14. April 98 Nr IV 688; v. 4. Juli 98 Nr IV 538). Der Umstand, daß ein Anbau nur geringe Abmessungen hat und zum Teil einer eigenen Umfassungsmauer entbehrt, steht seiner Eigenschaft als Gebäude im Sinne des § 15 nicht entgegen, auch ist es unerheblich, daß ein solcher Anbau weder die Straße berührt noch von ihr aus gesehen werden kann (OVGE. v. 5. Juli 00 Nr. IV 1163, Bd. 34 S. 103, Bd. 40 S. 98; vgl. Bem. 7b zu § 12) oder ob er vom Erdboden aus nur durch nicht geschlossenes Mauerwerk oder Pfeiler getragen wird (OVGE. v. 6. April 99 Nr. IV 598 und 599). Bei einem aus Bretterwänden bestehenden Schuppen ist es auch gleichgültig, ob etwa eine Wand durch einen schon vorher vorhandenen Bretterzaun gebildet wird (OVGE. v. 23. Dez 01, PrVerwBl. 23 S. 359) Schwieriger ist die Frage, wenn es sich um einen Erweiterungsbau desselben einen Raumes handelt; aber auch bei der Beurteilung, ob ein solcher einem Gebäude im Sinne des § 15 gleich zu achten, wird es auf dieselben Gesichtspunkte ankommen: Neubebauung einer unbebauten Grundfläche, Konstruktion und meist wohl auch auf die Dimension der Erweiterung im Verhältnis zu dem alten Raume (OVGE. v. 23. Mai 94 Nr. II 771, PrVerwBl. 15 S. 496; v. 4. Juli 98 Nr. IV 538). Die Veränderung eines vorhandenen Gebäudes steht der Errichtung eines Gebäudes im Sinne des § 15 in der Regel nur dann gleich, wenn dabei die Bebauung einer bisher unbebauten Fläche stattfindet; auf die Vergrößerung des kubischen Inhalts kommt es nicht an (OVGE. v. 23. Mai 94, PrVerwBl. 15 S. 496; v 1. Juli 93 Bd. 25 S. 91; v 19. Febr. 03, Bd. 43 S. 18) auch nicht auf das Aufsetzen eines neuen Stockwerkes auf das Haus (OVGE. v. 18. April 04, PrVerwBl. 25 S. 817). Unerheblich ist es, ob der Anbau ꝛc. an Stelle eines alten abgerissenen Baues errichtet ist (vgl. Bem. 7d).

Es möchte sich empfohlen haben, daß das Gesetz **minderwertige Gebäude** ausgeschlossen hätte. Die darin liegende Härte, daß der Eigentümer für so geringwertige Gebäude oft einen Anliegerbeitrag zahlen muß, der zu dem Aufwande für Errichtung derselben und zu ihrem Nutzen in gar keinem Verhältnisse steht, kann zwar Veranlassung sein, daß die Gemeinde bei Erlaß des Ortsstatuts darauf Rücksicht nimmt und für solche Verhältnisse Ausnahmen statuiert — was den Gemeinden dringend zu empfehlen ist — im übrigen aber muß es dem Eigentümer überlassen bleiben zu erwägen, ob es trotzdem in seinem Interesse liegt, den Bau auszuführen (OVGE. v. 4. Juli 98 Nr. IV 538). Ein Beispiel solcher Ausnahmebestimmung enthält das Ortsstatut vom 11./12. Febr. 92 für die Stadt Münster i. W. Der § 18 daselbst lautet:

Die Verpflichtung der Zahlung der Straßenbaukosten kommt in Wegfall,

a) wenn auf einem Grundstück neben einem Hauptgebäude, wegen dessen eine Beitragspflicht nicht begründet ist, ein Anbau, Nebengebäude oder Hintergebäude errichtet wird, dessen jährlicher Nutzungswert weder 100 Mark, noch den fünften Teil des jährlichen Nutzungswertes des Hauptgebäudes überschreitet usw.

Vgl. OVGE. v. 1. Juli 96 Nr. II 1341.

c) **Das Gebäude muß an der neuen Straße** errichtet werden. Hierfür kann auf die Bem. 7b zu § 12 verwiesen werden. Die Frage, ob ein Haus an einer neuen Straße errichtet ist, muß nach dem Zustande der Straße in ihrer Vollendung beantwortet werden (OVGE. v. 15. April 96 Nr. II 761; v. 24. Febr. 02, Bd. 41 S. 107, PrVerwBl. 23 S. 761). Wegen einer Trinkbude auf einem einheitlichen Bahnhofsgrundstück s. OVGE v. 3. Juni 01 Nr. IV 1086, PrVerwBl. 22 S. 537. Ein Ausgang nach der neuen Straße, wie ihn § 12 verlangt, wird nicht vorausgesetzt (OVGE. Bd. 13 S. 173, 174, PrVerwBl. 15 S. 405; v. 12 Mai 02, Bd. 41 S. 132). Infolgedessen tritt im allgemeinen für Eckhäuser, die nach zwei Straßen eine Front haben, die Beitragspflicht für beide Straßen ein (OVGE. Bd. 17 S. 184; v. 21. Jan. 87 Nr. II 57, PrVerwBl. 8 S. 276; v. 26. Sept. 90 Nr. II 818 und v. 26. März 96 Nr. II 599; v. 5. Jan. 98 Nr. II 8; v 30. Juni 02 Nr. IV 1274). Wenn die neue Straße nur erst durch Fluchtlinien als eine projektierte bezeichnet ist, so liegt ein Eckhaus nicht vor (E. v. 26. Jan. 99 Nr IV 167; v. 22. Febr. 99 Nr. II 246; Bem. 7b zu § 12). Um die hierin liegende Belastung der Grundbesitzer abzuwenden, war in der Komm d. AH. ein Antrag auf Einschaltung der Worte: „mit einem Ausgange nach der neuen Straße“ gestellt; er wurde aber abgelehnt, weil dem Eigentümer auch ohne jenen Ausgang sehr wesentliche Vorteile durch die Lage des Grundstückes an beiden Straßen erwüchsen. Liegt das Gebäude von der Straße, an welche das Baugrundstück stößt, eine Anzahl Meter entfernt, hat aber eine Baufront nach dieser Straße, empfängt von dort Luft und Licht, so liegt es auch an dieser Straße, wenn auch die Hauptfront und der Zugang auf eine andere Straße führt (OVGE. v. 4. Mai 03 und 6. Juli 03, Bd. 43 S. 28, 30; v. 18. April 04, PrVerwBl. 25 S. 817). Die Frage ist, zumal wenn ein Gebäude zwischen zwei Straßen liegt, wesentlich tatsächlicher Natur und hängt — auch bei Nebengebäuden und Anbauten — wesentlich von den wirtschaftlichen Beziehungen zur Straße ab. Danach ist es auch zu beurteilen, ob ein Gebäude (Anbau) an einer (und welcher) oder an beiden Straßen — mögen sie parallel laufen oder sich kreuzen – liegt (OVGE. v 18. Mai 03, Bd. 43 S. 32). Allgemeine Grundsätze gibt es darüber nicht, es richtet sich nach Maßgabe der besonderen Verhältnisse des Einzelfalles, nach den wirtschaftlichen und sonstigen Beziehungen, Entfernung usw. von der Straße. Für die Beurteilung der Beitragspflicht zu den Herstellungskosten einer städtischen Straße ist nur die Belegenheit des auf dem beitragspflichtigen Grundstücke errichteten Gebäudes an dieser Straße maßgebend, und eine Beitragspflicht besteht dann nicht, wenn die tatsächlichen Verhältnisse ergeben, daß das Gebäude auf einem an eine städtische Straße angrenzenden Grundstücke ausschließlich an einer anderen angrenzenden — öffentlichen oder privaten — Straße errichtet ist (OVGE. v. 27. Mai 98, PrVerwBl. 20 S. 279; v. 23. Febr. 03 Nr. IV 353). Greift das Baugrundstück über den Endpunkt der neuen Straße hinaus und fällt das neue Gebäude mit einer Senkrechten zur Straße außerhalb der neuen Straße, so liegt das Gebäude doch an der neuen Straße, wenn es ein wirtschaftlich einheitliches Grundstück ist, sofern der Hauptausgang nach der neuen Straße geht (OVGE. v. 27. April 03, Bd. 43 S. 30)

Ist das Baugrundstück im Niveau höher als die Straße, so liegt es trotzdem an der Straße, auch wenn an der Straße eine Futtermauer liegt, diese trennt nicht, sondern verbindet das Grundstück mit der Straße (OVGE. v. 18. April 04 Nr. IV 544, PrVerwBl. 25 S. 817).

Bezüglich der Vorgärten s. Bem. 7b zu § 12 am Schluß. Wird eine Straße durch Fluchtlinien verschmälert, so hört dadurch das Baugrundstück nicht auf, an der Straße zu liegen. Der abgeteilte Streifen bleibt Straße, solange nicht zwischen der Gemeinde und den Anliegern unter Zustimmung der Wegepolizei ein rechtlich gesichertes Verhältnis über die weitere Zugänglichkeit ihrer Grundstücke zur Straße geschaffen ist. Das Verfahren aus § 57 des ZustG. ist, weil es sich nur um eine geringfügige Regulierung handelt, dazu nicht nötig (OVGE. v. 20. April 03, Bd. 43 S. 24; E. d. RG. VII. ZS. v. 22. Mai 00, PrVerwBl 22 S. 277).

Andererseits kann auch die Herstellung eines Ausgangs von einem bebauten Grundstücke nach der neuen Straße nicht ohne weiteres der Errichtung eines Gebäudes an der neuen Straße gleichgestellt werden (OVGE v. 28. Okt. 92 Nr. II 1034). Ebenso wenig das Ausbrechen von Fenstern nach der neuen Straße, wo noch keine waren (OVGE. v 14. Nov. 96 Nr. II 2235). Ob das Eckhaus nur an einer der beiden Straßen eine Hausnummer hat, ist ohne Bedeutung (OVGE. v. 31. Okt. 94 Nr. II 1469). Eine statutarische Bestimmung, wonach die Adjazenten schon dann für verpflichtet erklärt werden, die Anliegerbeiträge zu zahlen, wenn sie überhaupt auf den adjazierenden Grundstücken bauen, geht insofern über die durch das Gesetz der Autonomie der Gemeinden gezogenen Schranken hinaus, als dieses nur und erst an den Tatbestand, daß auch das Gebäude selbst ein „an der neuen Straße" errichtetes ist, die Beitragspflicht knüpft (OVGE v. 24. Nov. 94 Nr. II 1603, PrVerwBl. 16 S. 312; v. 24. Okt. 94 Nr. II 1434, PrVerwBl. a. a O S. 109). Das Statut ist dann rechtsungültig nur soweit es über das Gesetz hinausgeht (OVGE. v. 10 Juli 02 Nr. IV 1333; v. 19. Okt. 03, PrVerwBl. 25 S. 386).

d) **Ob das Grundstück bereits bebaut ist,** entscheidet nicht, weil jede Errichtung eines Gebäudes an der neuen Straße die Beitragspflicht entstehen läßt. Der Beitrag muß also auch dann gezahlt werden, wenn nur den vorhandenen Gebäuden ein weiteres hinzugefügt oder an Stelle eines abgebrochenen oder durch Naturereignisse zerstörten Gebäudes ein neues aufgeführt wird (OVGE. Bd. 13 S. 170ff. und v. 19. Sept. 90 Nr. II 787, PrVerwBl. 12 S. 71; v. 26. März 96 Nr. II 600; v. 4. Juli 98 Nr. IV 538; v. 20. Okt 02 Nr. IV 1917). Jede Errichtung eines Gebäudes erzeugt die Beitragspflicht, also auch dann, wenn schon vorher ein die gleiche Pflicht zur Entstehung bringendes Gebäude errichtet war Das neue Gebäude erzeugt dann eine neue Pflicht, welche nur insofern mit der früher entstandenen Verpflichtung in rechtlicher Verbindung steht, als beide auf denselben Gegenstand gerichtet sind und folgeweise durch die Tilgung der einen auch die andere erlischt (OVGE. v. 2 Dez. 01, Bd. 40 S. 98; v. 27. April 03, PrVerwBl. 25 S. 132). Wegen des Einflusses dieses Grundsatzes auf die Verjährung vgl. S. 264.

In einigen Gemeinden der Provinz Hannover besteht für solche Fälle die eigentümliche Bestimmung:

> „. . . jedoch wird von der Länge der Grenze die Länge der nach der neuen Straße hin gerichteten Seite des bei der Anlage der Straße bereits vorhandenen Gebäudes abgerechnet und bleibt hierfür der Beitrag unerhoben".

Die Auslegung dieser Bestimmung hat zu erheblichen Schwierigkeiten Veranlassung gegeben. Hier kann nur auf die OVGE. v.

20. Mai 01 Nr IV 290 und v. 5. Jan 03 Nr. IV 21 hingewiesen werden.

Daß das Gebäude, wenn es auf einem Eckgrundstück und an zwei Straßen liegt, an ein schon bestehendes Gebäude desselben Eigentümers angefügt wird, für welches die Straßenbaukosten der einen Straße bezahlt sind, hindert nicht, daß der Eigentümer durch Errichtung des angefügten Neubaues für die andere neue Straße beitragspflichtig wird und zwar für die ganze Länge, mit welcher das noch einheitliche Grundstück an diese andere Straße grenzt (OVGE. v. 23. Mai 98 Nr. IV 977).

e) Die Verpflichtung der Eigentümer wird begründet, „sobald sie Gebäude an der neuen Straße errichten". Vgl. über die Bedeutung dieser Worte hinsichtlich des Zeitpunktes und des Umfanges der Verpflichtung Bem. 9 und namentlich 10a. — Diese Worte können nicht füglich dahin gedeutet werden, daß die Errichtung vollendet sein müsse; wäre dies beabsichtigt, so hätte der Zwischensatz lauten müssen: „sobald sie Gebäude an der neuen Straße errichtet haben". Macht aber schon das Beginnen mit der Errichtung den Eigentümer pflichtig, so wird er auch nicht befreit, wenn er etwa nach dem Zeitpunkte, wo seine Verpflichtung eintritt, also nach Fertigstellung der Straße (vgl. Bem. 10a) den Bau wieder aufgibt (vgl. OVGE. v. 17. Febr. 91 Nr. II 190, PrVerwBl. 12 S. 387 u. v 12. Mai 93 Nr II 522; OVGE. Bd 25 S. 85, wonach die massive Fundamentierung eines Gebäudes zur Heranziehung genügt). Anders liegt es, wenn während der Anlegung der Straße (vgl. Bem. 2 zu diesem Paragraphen S. 161), die einen längeren Zeitraum umfassen kann, der Bau begonnen und vor Vollendung der Straße wieder entfernt wird. Für den Umfang der Verpflichtung und für den Beginn der Verjährungsfrist kommt es auf den Zeitpunkt der Vollendung des Baues an (OVGE. v. 5. Febr. 00, Bd. 37 S. 33; v. 2. Dez. 01, Bd. 40 S. 101; vgl E. v. 13. Juni 99, Bd. 36 S. 61, PrVerwBl 21 S. 115). Noch weniger kann es, sofern das Ortsstatut hierfür keine Ausnahme macht, darauf ankommen, ob das Gebäude nur vorübergehenden Zwecken dienen und demnächst wieder beseitigt werden soll (OVGE. v. 19. Mai 93 Nr. II 552). Auch kommt es, da das Gesetz für die Verpflichtung der Hauseigentümer nur verlangt, daß sie Gebäude an der Straße errichten und sobald sie dies tun, nicht darauf an, ob sie nur auf Widerruf genehmigt sind (OVGE v. 10. Dez. 00 Nr. IV 2001, PrVerwBl. 22 S. 444; v. 23. Dez. 01 Nr. IV 1912, PrVerwBl. 23 S. 359)

Nach den Statuten wird die Zahlung vielfach in einem noch früheren Momente verlangt; sie soll — wie auch das Berliner Statut im § 7 vorschreibt — „gegen Erteilung der Bauerlaubnis" erfolgen. Nach dem Gesetze läßt sich das nicht rechtfertigen; das Gesuch um Erteilung des Baukonsenses und die Ausfertigung desselben sind nur vorbereitende Schritte für die Errichtung des Gebäudes; ob und wann wirklich gebaut werden soll, hängt noch immer von der Entschließung des Bauherrn ab; die meisten Bauordnungen gewähren sogar für den Beginn des Baues die Frist eines vollen Jahres, während dessen die Bauerlaubnis ihre Gültigkeit behält. Wenn aber der Eigentümer einen ihm erteilten Baukonsens überhaupt nicht benutzt, so fehlt es an der gesetzlichen Vorbedingung für das Entstehen seiner Beitragspflicht, und dasselbe gilt solange, als er den Beginn des Baues hinausschiebt. Im allgemeinen wird freilich mit dem Bauen unmittelbar nach Erlangung der polizeilichen Erlaubnis angefangen werden; insofern mag die unrichtige Fixierung des Zeitpunktes für die Zahlungspflicht in den Ortsstatuten nicht zum Nachteil der Anlieger gereichen, sobald es sich um eine bereits fertiggestellte neue Straße handelt. Wird für eine in der Anlegung begriffene Straße eine Bauerlaubnis erteilt, so ist selbstverständlich die sofortige Anforderung und Zahlung der Beiträge überhaupt unmöglich. Jedenfalls muß daran festgehalten werden, daß kein Beitrag verlangt werden kann, bevor mit der Errichtung des Gebäudes begonnen wird (OVGE v. 24 Febr. 02, Bd. 41 S. 107, PrVerwBl. 23 S. 761) — Das OVG. hat der obigen Ansicht sich anschließend in der E. v 7. April 94 Nr. II 528 u. a. ausgesprochen, daß eine statutarische Bestimmung, wonach die Beiträge vor Erteilung der Bauerlaubnis gezahlt werden sollen, rechtsungültig sei, da sie über das G. v 2. Juli 75 hinausgehe, welches den Fälligkeitstermin — nur um diesen handelt es sich dabei — anders regele. Ebenso das RG. in der E. v. 23. Febr. 99 Nr. IV 308/98, JW. 99 S. 251, PrVerwBl. 20 S. 505. Durch MinErl. v. 13. Jan. 85 ist auch der § 7 des Berliner Statuts insoweit außer Kraft gesetzt, als danach die Bauerlaubnis von der vorgängigen Erfüllung der kommunalen Verbindlichkeiten abhängig gemacht ist.

f) Eigentümliche Schwierigkeiten erwachsen daraus, daß im § 15 nur der gewöhnliche Fall, wo der Eigentümer selbst baut, ins Auge gefaßt ist. Unter Umständen wird auch von anderen Personen gebaut, z. B. von dem **Käufer**, dem das Grundstück noch nicht aufgelassen ist, von einem **Pächter**, **Nutznießer** u. dgl. (OVGE. Bd. 25 S. 85; v. 23. Mai 98 Nr. IV 977 [Käufer]; v. 19. Dez. 94 Nr. II 1739; v. 12. Jan. 95 Nr. II 74 [Pächter]). Abzuweisen ist hier von vornherein die Annahme, daß in solchen Fällen eine Beitragspflicht niemals entstehe; bei strengem Festhalten an dem Wortlaute würde sich allerdings behaupten lassen, der Eigentümer könne nur dann, wenn er selbst baue, herangezogen werden; das erscheint aber unvereinbar mit der zweifellosen Absicht des Gesetzgebers, würde ein weites Feld für die Umgehung des Gesetzes eröffnen und ist deshalb ohne weiteres als unannehmbar zu bezeichnen. Die Schwierigkeiten lassen sich auch nicht etwa durch ein Abgehen von dem Begriffe des „Eigentümers" beseitigen; denn dieser Begriff steht rechtlich fest, und wenn man ihn nicht zugrunde legen wollte, würde jeder Anhalt für die erforderliche anderweite Abgrenzung des Kreises der verpflichteten Personen fehlen (vgl. OVGE. Bd. 8 S. 62). Es muß deshalb unbedingt daran festgehalten werden, daß nur der Eigentümer beitragspflichtig werden kann; dementsprechend hat das OVG. in der E. v. 1. Mai 88 Nr. II 485 (PrVerwBl. 10 S 76; v 13. März 94 Nr. II 384) die Heranziehung eines Käufers vor erfolgter Auflassung des Grundstückes für unstatthaft erklärt. Andererseits unterliegt es keinem wesentlichen Bedenken, eine Beitragspflicht des Eigentümers überall da anzuerkennen, wo er in der Lage war, den von seiten eines Dritten auf seinem Grundstücke unternommenen Bau zu hindern, hiervon aber abgesehen hat, sei es, daß er ausdrücklich die Erlaubnis zu dem Bau erteilte oder daß er wenigstens, obwohl von der Sachlage unterrichtet, die Errichtung des Gebäudes stillschweigend gestattete (OVGE. v. 10. Dez. 00 Nr. IV 2001, PrVerwBl. 22, S. 444). Hier wird er dem Eigentümer, der sein Grundstück auf eigene Kosten durch einen Bauunternehmer bebauen läßt, gleich zu behandeln sein (OVGE. v. 17. Febr. 91 Nr. II 190, PrVerwBl. 12 S. 387 und v. 19. Mai 93 Nr. II 552). In einem Falle, wo ein Käufer, dem noch nicht aufgelassen war, das Gebäude errichtet hatte, und wo der Verkäufer zur Zeit der Heran=

ziehung noch eingetragener Eigentümer war, hat das OVG. auch entschieden, daß die Heranziehung des eingetragenen Eigentümers mit Recht erfolgt sei, auf den Käufer sei das Eigentum damals noch nicht übergegangen gewesen; für die Beitragspflicht sei das Eigentum an dem Grundstücke maßgebend; dabei sei es rechtlich unwesentlich, ob der Eigentümer das Gebäude für sich errichte, oder zulasse, daß ein Dritter es für eigene Rechnung errichte, auch im letzteren Falle sei es immer der Eigentümer, der im Sinne des § 15 durch seine Zulassung das Gebäude „errichte" (OVGE. v. 23. Mai 98 Nr. IV 977; v. 7. Dez. 03, Bd. 44 S. 106). Wenn deshalb auf verkauftem, aber noch nicht aufgelassenem Gemeindeland ein anderer ein Haus errichtet, und die Auflassung erfolgt nach Vollendung des Hauses, so entsteht überhaupt keine Beitragspflicht, da die Gemeinde nicht steuerberechtigt und verpflichtet in einer Person sein kann. Die Verpflichtung des eingetragenen Eigentümers wird auch nicht dadurch wieder aufgehoben, daß er nach der Heranziehung das Eigentum durch Auflassung dem Erbauer des Hauses überträgt, denn wenn auch die Anliegerbeiträge dinglich auf dem Grundstücke ruhen (vgl. unten Bem. 10c), so bleibt doch der Eigentümer für die während seiner Besitzzeit entstandene Abgabenschuld — ebenso wie bei Reallasten (vgl. Dernburg, Pr. Privatrecht Bd 1 §§ 305, 306, 308; Eccius, Pr. Privatrecht Bd. 2 § 188 bei II u. III) — auch nach der Veräußerung verpflichtet.

Auflassung ist natürlich da nicht erforderlich, wo der Erbauer schon durch die Erbauung selbst Eigentümer des Grundstücks wird, wie früher nach §§ 327ff. Tit. 9 T. I des ALR.; danach vollzieht sich der Eigentumserwerb durch den Akt der Bebauung als solchen, von welchem der Grundeigentümer gewußt, gegen welchen er jedoch nicht sogleich, als er davon Nachricht erhalten, Widerspruch erhoben hat (E. d. RG. v. 16. April 94, Bd. 33 S. 251, 252; v. 9. Mai 94, Bd 33 S. 256; v. 8. Mai 95, Bd 35 S 265; v. 2. Dez. 96, Bd. 38 S. 288, 289). Bei der Inbesitznahme durch die Bebauung tritt ein unmittelbarer Eigentumserwerb an der bebauten Fläche selbst dann ein, wenn der Bauende die bebaute Fläche auf Grund eines formgültigen, zum Eigentumserwerbe an sich geeigneten Titels, z B eines formgültigen Kaufvertrages, erworben hat; auch in einem solchen Falle bedarf es für den Eigentumsübergang weder der Auflassung noch der Eintragung im Grundbuche (E. d. RG. Bd. 33 S. 256). Allerdings geht durch diese Inädifikation das Eigentum dann nicht über, wenn dieser Übergang dem Inhalte eines abgeschlossenen Vertrages widersprechen, eine Verletzung des festgesetzten Vertragsrechts darstellen würde (E. d. RG. Bd. 35 S. 266, Bd. 33 S. 259, JW. 1897 S. 176 Nr. 40; OVGE. v. 7. Dez. 03 Bd. 44 S. 106). Bei der Inädifikation wird aber nicht allein der von dem Gebäude selbst bedeckte Raum, sondern auch diejenige unbebaute Fläche von dem Bauenden zu Eigentum erworben, deren Benutzung für den Bau unerläßlich notwendig ist; denn man kann nicht annehmen, daß das Gesetz in dem Falle, wo der Bau ohne eine solche unbebaute Fläche unbrauchbar sein würde, den Erfolg habe herbeiführen wollen, daß der Bauende etwas Unbrauchbares, z. B. ein Haus ohne den erforderlichen Zugang oder Hof, zu Eigentum erwerbe Es muß daher der Grund und Boden, soweit er nicht bebaut ist, objektiv betrachtet, zur Benutzung des Hauses unerläßlich notwendig sein (Gruchot, Beiträge, Bd. 33 S. 876f.), (OVGE. v. 5. Febr. 00, Nr. IV 197); in solchen Fällen ist der Erbauer stets allein verhaftet (vgl. jedoch JW. 1897 S. 176 Nr. 40).

Seit Einführung des Bürgerlichen Gesetzbuches ist die Rechtslage eine andere geworden. Das BGB. kennt einen Erwerb von Grundeigentum durch Errichtung von Gebäuden (inaedificatio) **nicht** (§§ 94, 946), es gilt vielmehr der römische Grundsatz: aedificium solo cedit. Auch das Erbbaurecht ist nur Recht am fremden Grundstück (BGB. § 1012), wenn hierbei auch der Erbbauberechtigte Eigentümer des Gebäudes bleibt, wie das auch sonst ausnahmsweise vorkommt z. B. BGB. § 95 Abs. 1. In allen diesen Fällen, auch beim Erbbaurecht, wird der Grundstückseigentümer beitragspflichtig bleiben. Es folgt das unmittelbar aus dem Gesetze.

Wegen der besonderen Eigentümlichkeiten der **Erbbegräbnisse**, welche unter Umständen als selbständige Grundstücke, und nicht als Teile des Kirchhofs, anzusehen sind, vgl. die ausführlichen Darlegungen in der OVGE. v. 27. Nov. 02 Bd. 42 S. 37.

Ein Rechtsgrund für die Verpflichtung des Eigentümers ist nicht erfindlich, wenn der Bau gänzlich ohne sein Wissen oder wider seinen Willen ins Werk gesetzt sein sollte; dazu gehört aber, daß der ernste und unbedingte Wille vorhanden und nach außen durch Handlungen erkennbar gemacht wird, das Gebäude so schnell, wie es tatsächlich und rechtlich möglich, von dem Grundstücke wieder wegzuschaffen; eine bloße Abrede, daß solche Gebäude auf dem Grundstücke nicht erbaut werden dürfen, genügt nicht (OVGE. v. 23. Dez. 01, PrVerwBl. 23 S. 359; v. 9. Febr. 03, Bd. 43 S. 13). Jedoch auch hier wird die Verpflichtung des Eigentümers anzuerkennen sein, wenn er später seine Zustimmung zu dem Bau ausdrücklich oder stillschweigend erklärt.

Bei **Miteigentümern** kann jeder einzelne für den vollen Beitrag in Anspruch genommen werden, denn da die Anliegerbeiträge eine dingliche Belastung des Grundstücks darstellen, haftet jeder ideelle Teil desselben für die ganze Forderung (OVGE. v. 4. Dez. 97 Nr. II 1941; v. 9. Febr 03, Bd. 43 S. 13); die Miteigentümer gelten als Gesamtschuldner, nicht aber als Streitgenossen (OVGE. v. 18. April 04, Bd. 45 S. 85).

8. Zu erstatten sind diejenigen Kosten, welche durch die „Freilegung, erste Einrichtung, Entwässerung und Beleuchtungsvorrichtung", sowie durch die „fünfjährige Unterhaltung" entstehen, wobei immer im Auge zu behalten ist, daß es sich nach der Bestimmung des § 15 um einen Erstattungsanspruch handelt, welcher der Gemeinde zusteht. Ausschlaggebend ist dabei, daß die Posten, aus denen der Anliegerbeitrag berechnet wird, Kosten betreffen, durch deren Verausgabung das Vermögen der Gemeinde verringert ist (OVGE. v. 6. Mai 01, Bd. 40 S. 107). Zu diesen Kosten gehören auch die Ausgaben für Meßlatten, Pflöcke, für die infolge der Veränderung des Straßenterrains notwendig gewordenen Einzäunungen angrenzender Grundstücke, sowie für gerade zum Zwecke des Ausbaues der Straße erfolgte Fluchtlinienfestsetzung, auch für Verpflanzung von Bäumen (OVGE. v. 27. Nov 99 Nr. IV 1884).

Von einzelnen Gemeinden ist der Versuch gemacht worden, von den als Beiträge berechneten Summen bei der Anforderung auch Zinsen zu verlangen. Dazu ist folgendes zu bemerken: Verzugszinsen zu fordern ist nicht zulässig, da solche bei Steuern und anderen öffentlich-rechtlichen Gemeindeabgaben allgemein ausgeschlossen sind (OVGE. v. 10. April 96 Nr. I 473; v. 14. April 97 Nr. II 746; v. 26. Mai 98 Nr. IV 991; v. 1. Juli 93, Bd. 25 S. 93).

Im übrigen kommt es darauf an, ob die Gemeinde für die Aufwendungen, deren Ersatz sie beanspruchen kann, selbst die Mittel leihweise beschafft und dafür Zinsen bezahlt hat. Diese tatsächlich gezahlten Zinsen bilden einen Teil der nach § 15 von dem angrenzenden Eigentümer zu erstattenden Kosten für die Anlegung der neuen Straße und sind als erstattungsfähig zu berechnen bis zur Fertigstellung der Straße, d. h. dem Zeitpunkt, zu welchem die Gemeinde in der Lage ist, die Kosten der gesamten Straßenanlage — abgesehen von den Kosten der fünfjährigen Unterhaltung — zu berechnen und zu denselben die angrenzenden Eigentümer heranzuziehen. Der angegebene Zeitpunkt ist für die Endigung des Zinsenlaufes entscheidend, denn bei Eintritt desselben sind die Kosten gegen sämtliche angrenzende pflichtige Eigentümer festzusetzen. Dagegen kann die Gemeinde von einem (etwa für Grunderwerb ꝛc.) aufgewendeten Kapital oder von sonstigen Aufwendungen aus bereiten Mitteln Zinsen ohne Rücksicht darauf, ob sie selbst solche in Wirklichkeit gezahlt hat, nicht schon deshalb beanspruchen, weil die Zinsen ein Äquivalent für die entbehrte Kapitalsnutzung darstellten. Für einen Erstattungsanspruch auf entgangene Nutzungen gibt das Gesetz keinen Anhalt Daß die Gemeinde nachzuweisen hat, daß sie die Zinsen für diesen Zweck gezahlt hat, ist selbstverständlich (OVGE. v. 3. April 95 Nr. II 522; v. 21. Mai 95 Nr I 714, PrVerwBl. 17 S. 21; v. 25. Mai 95 Nr. II 856; v. 1. Febr. 96 Nr. II 218; v. 14. April 97 Nr. II 746; v. 3. Jan. 98 Nr. IV 9, PrVerwBl. 19 S. 357; v. 26. Mai 98 Nr. IV 991). Auch die nach § 36 des Enteignungsgesetzes v. 11. Juni 74 zu zahlenden Zinsen und die Kosten der in bezug auf die Straßenanlage notwendigen Prozesse gehören zu den Kosten der Straßenanlage (OVGE. Bd. 17 S. 186f.; v. 21. Okt. 96 Nr. II 2084; v. 15. März 00 Nr. IV 2103).

a) Der Ausdruck: „Freilegung“ wird hier in einem ungewöhnlichen Sinne gebraucht. An sich bezeichnet er die Befreiung der Grundfläche von allen den Ausbau der Straße hindernden Anlagen; insbesondere von den darauf befindlichen Baulichkeiten. In dieser Bedeutung findet sich das Wort auch im § 13 Nr. II. Um so näher liegt deshalb der Zweifel, ob zur Freilegung auch die Erwerbung des Grund und Bodens gehört; verstärkt wird er durch den Umstand, daß bei den Verhandlungen über den Entwurf des Jahres 1866 die Staatsregierung mit dem Herrenhause darüber einig war, die Anlieger seien zu den Kosten des Grunderwerbes nicht heranzuziehen. Demgegenüber hätte man erwarten können, daß der Ausdruck, wenn er auch diese Kosten mitumfassen sollte, wenigstens in der Begründung des Entwurfs vom Jahre 1875 näher erläutert worden wäre Daran fehlt es indes; die Motive weisen nur darauf hin, daß ähnliche Bestimmungen, wie in den Entwurf aufgenommen, auch in dem Badenschen und Württembergischen Gesetze enthalten seien, und hier ist allerdings die Erstattungspflicht der Anlieger ausdrücklich auch auf die Kosten für den Erwerb der erforderlichen Grundflächen ausgedehnt. Daraus allein dürfte nun freilich eine Auslegung des fraglichen Wortes mit genügender Sicherheit nicht zu entnehmen sein; sie läßt sich indes aus dem weiteren Verlaufe der Verhandlungen gewinnen. Bei der ersten Beratung im AH. bemerkte der Abg. Haken, anscheinend sei mit Freilegung auch die Erwerbung des Terrains gemeint; er halte es aber für wünschenswert, dies klarer auszudrücken. Der Abg. Miquél wollte unterscheiden zwischen Anlegung einer Straße durch Unternehmer oder durch die Gemeinde; im ersteren Falle betrachtete er die Pflicht der Unternehmer zur Hergabe des Grund und Bodens als selbstverständlich, im zweiten erschien ihm die richtige Regelung der Sache schwierig, und er warf den Gedanken hin, ob hier nicht Zwangsgenossenschaften der Anlieger zu bilden seien. Der Ressortminister erwiderte darauf: Freilegung bedeute nichts anderes, als was der Abg. Haken meine; wenn die Gemeinde das Terrain erworben habe, müßten die späteren Anbauer dasjenige, was seitens der Gemeinde vorgeschossen sei, der letzteren erstatten. — Die Komm. d. AH. stellte sich, wenngleich der Bericht darüber schweigt, offenbar auf den Standpunkt der Staatsregierung und verfolgte zugleich den Gedanken des Abg. Miquél weiter, indem sie einen neuen Satz folgenden Inhaltes einschob: „Bei Berechnung der Kosten sind die Kosten des gesamten Straßengrundes zusammenzurechnen und den Eigentümern nach Verhältnis der Länge ihrer, die Straße berührenden Grenze zur Last zu legen." Daß unter die Kosten des gesamten Straßengrundes auch die Kosten für Ankauf der Grundfläche fallen, dürfte nicht wohl zu bestreiten sein. Im AH. wurden nun allerdings die Worte: „des gesamten Straßengrundes" nach einem vom Berichterstatter als Verbesserung empfohlenen Antrage des Abg Stuschke ersetzt durch: „der gesamten Straßenanlage bez. deren Unterhaltung“; damit ist aber eine Änderung in der hier fr. Richtung zweifellos nicht beabsichtigt. Auch sonst findet sich nirgends ein Widerspruch gegen die vorhin wiedergegebene Äußerung des Vertreters der Staatsregierung; die darin enthaltene Auffassung von der Bedeutung des Ausdruckes: „Freilegung“ muß deshalb als der Absicht der gesetzgebenden Faktoren entsprechend angesehen werden. — Diese Auslegung ist denn auch in der Rechtsprechung allseitig anerkannt (E. d. RG. V. ZS. v. 30. Okt. 82, JMBl. 1883 S. 334, PrVerwBl. 5 S. 59; OVGE. Bd. 13 S. 165, Bd. 25 S. 93, 96). Über die Auslegung des Wortes „Freilegung“ in den Bekanntmachungen über die polizeilichen Anforderungen an fertig gestellte Straßen s. Bem. 3 zu § 12 S. 105.

Auch die Ausgaben für den Erwerb von Häusern, welche, um die Straße fluchtlinienmäßig herzustellen, abgebrochen werden müssen, gehören hiernach zu den Kosten der Freilegung (OVGE. v. 24. Febr. 98 Nr. IV 391, PrVerwBl. 22 S. 445). Ebenso die Entschädigung, welche die Gemeinde nach § 13ff. d. G zahlen muß, wenn sie von ihrem ortsstatutarischen Bauverbote, um die projektierte Straße für später frei zu halten, Gebrauch macht (OVGE. v. 24. Febr. 02, Bd. 41 S 117)

Der Entscheidung im Bd. 13 S. 165 gegenüber ist der Versuch gemacht worden, bei der vorstehend vertretenen Auffassung einen Widerspruch zwischen den §§ 13 u. 15 zu konstruieren, weil durch die Verpflichtung der Anlieger zum Ersatze der Grunderwerbskosten ihr im § 13 gewährleisteter Anspruch auf volle Entschädigung ganz oder teilweise illusorisch gemacht werde. In gewisser Weise trifft letzteres zu; es kann sogar vorkommen, daß der Eigentümer, wenn die Straße in einer Breite von höchstens 26 m nur über seinen Grundbesitz gelegt wird, auf beiden Seiten aber ihm gehörige, bebauungsfähige Grundstücke liegen bleiben, die ganze Entschädigungssumme zurückzahlen und außerdem noch die sonstigen Straßenbaukosten ersetzen muß. Das ist indes eine unvermeidliche Folge der im § 15 gegebenen Bestimmungen und erscheint auch durchaus nicht auffallend, wenn man sich vergegenwärtigt, daß in dem vorausgesetzten Falle der Pflichtige an sich zur vollständigen Herstellung der Straße auf seine alleinigen Kosten hätte angehalten werden können (OVGE. v. 21. Jan. 87 Nr. II 57, PrVerwBl. 8 S. 276; vgl. auch Bem. 11 zu den §§ 13 u. 14 am Schluß).

Um die Weiterungen eines Enteignungsverfahrens tunlichst zu vermeiden, haben verschiedene Ortsstatute eine Regelung getroffen, wonach der Wert des von den Anliegern ohne vorher bedungenen Preis abgetretenen Straßenlandes entweder nach dem Durchschnittspreise der entgeltlich überlassenen Flächen oder wenigstens mit Berücksichtigung der wirklich gezahlten Preise von dem Magistrate festgestellt und den Eigentümern angerechnet wird (vgl. das Berliner Statut § 2). Wenn bei einer solchen ortsstatutarischen Bestimmung, wie u. a. in Halle a. S, der Ausdruck gebraucht ist: „wenn ein Anlieger Terrain unentgeltlich hergegeben hat", so ist unentgeltlich in diesem Sinne die Hergabe, wenn eine Gegenleistung nicht bedungen, wenn auf eine solche verzichtet ist, und sie wird durch die demnächstige Anrechnung des Wertes, deren Voraussetzung gerade die Unentgeltlichkeit ist, nicht zu einer entgeltlichen (OVGE. v. 7. März 96 Nr. II 500 u. II 499). Wegen der Auslegung der besonderen Bestimmung des § 2 des Berliner Ortsstatuts s. die Erk. v 15 März 00, Bd. 37 S. 55, 62 (Anm.); v. 27. April 03, PrVerwBl. 25 S. 132; danach ist die Bewertung des unentgeltlich abgetretenen Straßenlandes in das sachgemäße Ermessen des Magistrats gestellt, wobei er die bei dem entgeltlichen Erwerbe gezahlten Preise zu „berücksichtigen" hat, d. h. er darf von der Durchschnittsberechnung als Regel nur abweichen, wenn die besonderen Verhältnisse und Eigenschaften der betr. Grundstücke dazu einen genügenden Anlaß bieten (OVGE. v. 30. Nov 03 Nr. IV 1881). Da das Gesetz im Absatz 3 den Gemeinden eine solche Anordnung freistellt, unterliegt ihre Rechtsgültigkeit keinem Bedenken (OVGE Bd. 13 S. 165, 166); vielmehr entspricht solche Regelung den Motiven des Gesetzes, welche eine Überbürdung vermieden wissen wollen; denn der Anlieger, welcher das Terrain abgegeben hat, würde offensichtlich, wenn ihm für dasselbe nichts gut gerechnet würde, mehr belastet, als die Anlieger, welche kein Terrain abgegeben haben, er müßte denn auf den ihm aus der Landabtretung erwachsenden Anspruch einer Anrechnung des Wertes verzichtet haben (OVGE. v. 10. Juli 97 Nr. II 1265). Eine solche ortsstatutarische Regelung will, daß im Interesse der ausgleichenden Gerechtigkeit das von einem Eigentümer angrenzen=

der Grundstücke unentgeltlich abgetretene Terrain diesem Eigentümer bei den Beiträgen zu den Straßenkosten gutgerechnet werden soll. Dem Zwecke dieser Bestimmung entspricht es aber, daß die Gutrechnung stets stattzufinden hat, auch zugunsten desjenigen der zur Zeit der Heranziehung Eigentümer des angrenzenden Grundstücks ist, auch wenn nicht er selbst, sondern sein Vorbesitzer das Straßenland unentgeltlich abgetreten hatte. Das folgt allerdings nicht aus der dinglichen Natur der Beiträge, die mit dieser Frage nichts zu tun hat (OVGE. v. 25 Mai 03 Nr. IV 953), sondern nur aus den Normen des Ortsstatuts (OVGE v 19. Okt. u. 23 Nov. 99, Bd. 36 S. 74, 78; v. 7. Jan 01 Nr. IV 32). Das Terrain gilt dann als vom Anlieger abgetreten (OVGE. v. 7. März 96 Nr. II 499). Ohne eine solche Regelung im Ortsstatute hat der Anlieger aber keinen Anspruch darauf, daß eine derartige Anrechnung stattfindet; wie sich denn auch eine Anrechnung der von den einzelnen Anliegern, vielleicht zu ganz verschiedenen und weit zurückliegenden Zeiten, abgetretenen Flächen praktisch nur schwer durchführen lassen würde, wenn nicht im Ortsstatut Normen für die Bemessung des Werts der anzurechnenden Flächen gegeben werden (OVGE. Bd. 13 S. 161; v. 24. Febr. 98 Nr IV 391; v. 14. Nov. 98 Nr. IV 1903, Bd. 33 S. 117, 120; v 30. Nov. 03 Nr. IV 1881). Sind solche Normen nicht gegeben, so muß der Wert der abgetretenen Flächen sowohl bei der Berechnung der Gesamtkosten, als auch bei den Beiträgen der betreffenden Anlieger außer Betracht bleiben.

Wie sich hieraus ohne weiteres ergibt, sind unter den „**Kosten**“ für den Erwerb des Grund und Bodens nicht bloß bare Ausgaben zu verstehen; darunter fallen vielmehr alle Aufwendungen, die von der Gemeinde zu diesem Zwecke gemacht werden müssen. Mehr als sie selbst aufgewendet hat, kann sie aber nicht erstattet verlangen. Hat sie Straßenterrain für den Zweck der Straßenanlegung angekauft, so ist ihr der Kaufpreis von den Anliegern zu erstatten, hat sie Straßenterrain durch Tausch erworben, so tritt an die Stelle des Kaufpreises der Wert des hingegebenen Tauschobjekts, und zwar der Wert zur Zeit des Abschlusses des Tauschvertrages, denn dieser Wert ist das, was die Stadtgemeinde für den Erwerb des Straßenterrains hat aufwenden müssen, eine spätere Werterhöhung oder Wertverminderung des Äquivalents kann nicht in Betracht kommen, da letzteres, nachdem es einmal hingegeben ist, außer aller Beziehung zur Stadtgemeinde und Straßenanlegung steht (OVGE. v. 15. März 00, Bd. 37 S. 51). Es kommt der Wert des Grundstücks zur Zeit des Erwerbes, also auch einschließlich etwaiger Baulichkeiten, welche zu dieser Zeit vorhanden waren, zur Erstattung. Spätere Veränderungen des Wertes kommen nicht in Betracht (OVGE. v. 2 Okt. 02, Bd. 42 S. 30; v. 30. Juni 04, Bd. 45 S. 80). Wollte man nur den Wert des Straßenterrains zur Zeit seiner Verwendung als maßgebend ansehen, so würde die Gemeinde im Falle einer Werterhöhung einen Vorteil haben, den ihr das Gesetz nicht zubilligt, im Falle einer Wertverminderung aber nicht den ihr nach dem Gesetz gebührenden völligen Ersatz ihrer Aufwendungen erhalten. Es widerspricht der Natur des Verhältnisses, es so anzusehen, als habe die Stadtgemeinde das Terrain zunächst zu ihrem Kämmereivermögen erworben und dann aus diesem einen Teil für die Straßenanlage hergegeben. Auch beim Material zum Straßenbau kann es nur darauf ankommen, was die Gemeinde dafür gezahlt hat, nicht was es zur Zeit der Verwendung wert ist (OVGE. Bd. 25 S. 93 ff.; v 8. Juli 96 Nr. II 1381). Das nämliche ist der Fall, wenn die Gemeinde Pflastersteine aus ihren sonstigen Beständen, auch die etwa von anderen Wegen entnommenen, verwendet hat (OVGE. v 2. Okt. 02, Bd. 42 S. 30; Bd. 44 S. 114, 117; v. 22. Dez. 04, PrVerwBl. 26 S. 450) Ist von dem erworbenen Straßenterrain das Überflüssige wieder veräußert, so bleibt der Erlös des letzteren gänzlich außer Betracht, und nur der Preis, welcher für das zur Straße wirklich verwandte Terrain bezahlt ist, kommt zur Berechnung (OVGE v. 20. Mai 96 Nr. II 953). Wenn der herangezogene Anlieger beweist, daß das seitens der Stadt veräußerte Trennstück zur Zeit des Ankaufs einen höheren Wert gehabt hat, als das zur Straße bestimmte Stück, so muß dies bei der Beitragsberechnung berücksichtigt werden; sonst ist eine gleichmäßige Verteilung des Preises auf die beiden Stücke vorzunehmen. Erstattungsfähig ist also in der Regel der Gesamtkaufpreis, abzüglich des Preises, zu welchem das Restgrundstück zur Zeit des Ankaufs wieder hätte veräußert werden können (OVGE. v. 2. Okt. 02, Bd. 42 S. 30; v 14. Dez. 03, Bd. 44 S. 114). Auch was die Gemeinde selbst von ihrem eigenen Grundbesitze zur Straße hergibt, kommt seinem Werte nach mit zur Anrechnung, und zwar hier mit dem Werte zur Zeit der Verwendung — welchen der Verwaltungsrichter auf Anrufen nachzuprüfen hat —, denn um diesen ist das Vermögen der Gemeinde verringert (OVGE. v. 10. Juli 97 Nr. II 1265; v. 26. Sept. 98 Nr. IV 1595, Bd. 34 S. 94; v. 15. Jan. 00 Nr. IV 1735; v. 15. März 00 Nr. IV 1734, Bd. 37 S. 51; v. 30. Juni 04, Bd. 45 S 80); ausgenommen sind nur die bereits als öffentliche Wege oder Plätze dienenden Flächen, da sie eine andere Verwendung nicht erhalten. Fällt der Gemeinde von einem öffentlichen Wege oder Platze, der nur teilweise zu der neuen Anlage benutzt wird, eine Fläche zu freier Verfügung anheim, so ist ihr Wert von den Kosten der Freilegung abzusetzen (OVGE. v 1. Juli 93 Nr. II 751, Bd. 25 S. 96; v. 20. Mai 96 Nr. II 953; v. 15. März 00 Nr. IV 1734, Bd. 37 S. 51).

Werden die Anliegerbeiträge nicht für die ganze Straße, sondern für einen selbständigen **Straßenteil** eingezogen, so sind die für dessen Herstellung entstandenen Kosten gesondert zu berechnen und nur von den an den Straßenteil grenzenden Anliegern einzufordern (OVGE. v. 2 Okt. 02, Bd. 42 S. 30; v. 7. Juli 02, Bd. 41 S. 146; v. 14. Dez. 03 Nr. IV 1960).

Da die Kosten der gesamten Straßenanlage auf die beitragspflichtigen Eigentümer zu verteilen sind, so fallen ihnen auch die Kosten der von Querstraßen begrenzten Teile der Anlagen zur Last, soweit deren Herstellung zu einem den öffentlichen Verkehrsinteressen genügenden Ausbau erforderlich ist (OVGE. v. 7. Juli 02, Bd. 41 S. 143; v. 10. Juli 02, Bd. 41 S. 150).

b) Unter der **„ersten Einrichtung"** ist der **straßenmäßige Ausbau** zu verstehen. Durch Ortsstatut kann näher angegeben werden, was alles darunter begriffen werden soll, es muß nur in dem Begriff der „ersten Einrichtung" enthalten sein. So sagt ein Ortsstatut (Zeitz in der Prov. Sachsen) ganz sachgemäß, daß zur ersten Einrichtung gehören: die Herstellung des Planums, Setzung der Bordsteine, Aupflasterung der Gossen, Befestigung des Fahrdammes und der Bürgersteige, Herstellung der Böschungen und Schutzmauern, sowie der Anschlüsse an die Nebenstraßen (OVGE. v. 23. Mai 98 Nr. IV 977; v. 20. April 03, Bd. 43 S. 30); auch die Erhöhung des Straßenplanums gehört selbstverständlich zur ersten Einrichtung (OVGE. v. 15. Jan 00 Nr. IV 1735 [Cottbus]). Wenn im Statut einzeln aufgezählt ist, was zur ersten Einrichtung gehören soll, so ist das allein maßgebend; ist z. B. die Beleuchtung darin nicht aufgeführt, so gehört sie auch nicht zur ersten Einrichtung (OVGE. v. 15. Jan. 00 Nr IV 1733). Das Berliner Ortsstatut sagt im § 3: Zu den Kosten der ersten Einrichtung und Pflasterung gehören insbesondere auch diejenigen der Herstellung des Anschlusses an Nebenstraßen, sowie der Überfahrts- und Übertrittsbrücken. Zu bemerken bleibt hierbei, daß Brücken über öffentliche Flüsse, wenn sie auch im Zuge von städtischen Straßen liegen, nicht Teile der Straße, sondern besondere Kommunikationsmittel sind, ihre Herstellung also nicht zur ersten Einrichtung der Straßen gehören (OVGE. v 3. Dez. 01, PrVerwBl. 24 S. 5). Ob dasselbe für Schiffahrtskanäle der Fall ist, ist sehr zweifelhaft. Zumeist wird für sie besonderes Ortsrecht gelten. Brücken über Privatgewässer gehören in der Regel zu dem Straßenzuge, der über sie hinführt, falls sie nicht — was oft der Fall ist — ersichtlich zwei Straßenzüge scheiden Das Berliner Ortsstatut (§ 3) schließt die Kosten der Herstellung von Promenaden, Baum- und anderen Pflanzungen (also auch der Schmuckplätze 2c.) — das bezieht sich aber nicht auf die Kosten des Grunderwerbs (OVGE. v. 15. März 00, Bd 37 S. 61; v. 24. Febr. 02, Bd. 41 S. 117) — von der Erstattungspflicht aus. Dem ist im allgemeinen zuzustimmen, andernfalls würden die Anlieger auch zu fünfjähriger Unterhaltung solcher Anlagen herangezogen werden können, was wohl nicht der Absicht des Gesetzes entsprechen dürfte. Die Fälle können aber tatsächlich sehr verschieden liegen. In dem E., v. 24. Febr. 98 Nr. IV 398 hat das OVG. angenommen, daß eine Bepflanzung der Straßen mit Akazien zu der ersten Einrichtung derselben im Sinne des § 15 gehöre. Auch gehören Nebenkosten, wie Tieferlegung von Toreinfahrten, Überbrückungen der Straßengräben usw zum Aufwande für Anlegung der Straße, zur ersten Einrichtung; sie müssen deshalb auch den Gesamtkosten zugerechnet und dann mit diesen repartiert, sie dürfen aber nicht den einzelnen Anliegern, vor deren Grundstücken sie sich befinden, besonders angerechnet werden (OVGE. v. 14. April 97 Nr. II 746; v. 24. Febr. 98 Nr IV 391; OVGE Bd. 28 S. 200). Im übrigen und wenn das Ortsstatut nichts darüber bestimmt, richtet sich der Umfang dessen, was zur ersten Einrichtung gehört, nach dem **Programm** der Gemeindeverwaltung für die betr. Straße

(OVGE. Bd. 25 S. 98, PrVerwBl. 19 S. 358; v. 24. Febr. 98 Nr. IV 391), natürlich soweit es sich im Rahmen des Gesetzes bewegt. Solange dieses ursprüngliche Bauprogramm aber noch nicht ausgeführt ist, haben die städtischen Behörden völlig freie Hand, es abzuändern (OVGE. v. 29. Juni 99, Bd. 35 S. 78; v 20. Dez 00 Nr. IV 2061; v 3. Jan. 01, PrVerwBl 22 S. 479). Ist das ursprüngliche Programm aber bereits vollständig ausgeführt und dann eine Änderung an der Straße beschlossen, so kann diese Änderung nicht mehr zur „ersten Einrichtung" gerechnet werden (OVGE. v. 27. Nov 99 Nr. IV 1884).

Zum straßenmäßigen Ausbau würden schon an sich die Anlagen behufs **Entwässerung der Straße** gehören, weil eine Straße ohne Entwässerung nicht füglich hergestellt werden kann. Der Gesetzgeber hat aber es für zweckmäßig erachtet, die Entwässerung und die **Beleuchtungsvorrichtung** noch besonders zu erwähnen. Der letzteren war in dem Entwurfe nicht gedacht; ihre Hinzufügung beruht auf dem Vorschlage der Komm. d. AH, der sich allerdings bei der ausdrücklichen Hervorhebung der Entwässerung zur Abschneidung von Zweifeln empfahl.

Zu den Kosten der ersten Einrichtung dürfen aber nicht solche Aufwendungen gerechnet werden, die behufs Anlegung, Besserung oder Unterhaltung eines Kommunikationsweges, einer Chaussee oder sonstigen öffentlichen oder privaten Weges zu der Zeit, als seine Umwandlung in eine städtische oder Ortsstraße noch nicht beschlossen war, von der Gemeinde gemacht sind. Hierdurch werden vielleicht Ausgaben für die demnächstige Herstellung der Straße erspart; jene Kosten tragen aber ursprünglich nicht den Charakter von Straßenanlegungskosten und können diesen nicht nachträglich durch Einziehung des Weges in das Straßennetz annehmen (OVGE. Bd. 17 S. 172ff.; v. 24. Febr. 98 Nr. IV 391; v. 20. Jan. 98 Nr. IV 143, PrVerwBl. 19 S. 358).

Die Kosten solcher Anlagen, die zur **Entwässerung der angrenzenden Grundstücke** dienen, fallen nicht unter die Kosten der „Entwässerung der Straße", da die Straße an sich nicht eine Anstalt behufs Entwässerung der anliegenden Grundstücke ist (OVGE. v. 15. März 00 Nr. IV 1734). Die Entwässerung einer Straße umfaßt vielmehr nur die Abführung der zufolge atmosphärischer Niederschläge auf sie fallenden, der von höher gelegenem Gelände auf sie gelangenden und der ihr vor der Anlegung mittels künstlicher Leitung bereits zugeführten Flüssigkeiten Zu den Kosten der Entwässerung der Straße können auch Kosten für Kanäle in anderen Straßen dann gehören, wenn diese zur Entwässerung der ersteren Straße notwendig sind (OVGE. v. 15. Jan. 00 Nr. IV 1733).

Die Gebühren, die vielfach für die Benutzung der von den Gemeinden zur Entwässerung der Grundstücke angelegten Kanäle gezahlt werden, stehen an sich in keinem Zusammenhange mit dem § 15 (OVGE. v. 24. Okt. 90 Nr. II 938; v. 9 Febr. 92 Nr. II 157, PrVerwBl. 13 S. 288 und v. 2. Dez. 92 Nr. II 1164). Bei einem Systeme, das die Entwässerung der Straßen und Grundstücke miteinander verbindet, bedarf es zur Heranziehung der Anlieger nach § 15 einer näheren Regelung ihrer Ersatzpflicht, da sich sonst derjenige Kostenteil, der auf die Entwässerung der Straße allein fällt, nicht berechnen läßt. In dem Berliner Statute fehlt eine Bestimmung hierüber. Die Verbindung der sogen. Kanalisationsgebühren und der Beiträge zu den Kosten der Straßenentwässerung in einer von den Anliegern zu zahlenden Gesamtsumme ist bei der Verschiedenheit beider Forderungen unausführbar (OVGE. v 3. Mai 92 Nr. II 486, PrVerwBl. 13 S. 589). Die Verbindung in einer Gesamtsumme scheitert auch schon daran, daß die Beiträge zu den Kosten der Straßenentwässerung nach dem im Ortsstatut festgesetzten Maßstabe (nach § 15 d. G. v. 2. Juli 75 oder nach § 10 des Kommunalabgabengesetzes) festgesetzt und erhoben werden müssen, während die Kanalisationsgebühren nach § 4 und § 9 des Kommunalabgabengesetzes nach einem anderen Gesichtspunkte bemessen werden. Dazu kommt noch, daß Kanalisationsgebühren nach einem bestimmten Satz und Maßstab für sämtliche (angeschlossenen) Straßen des Orts erhoben werden müssen, während dies für die Beiträge zu den Entwässerungskosten der Straßen nach § 15 nur bei den dem Gesetze unterstehenden neuen und vorhandenen unbebauten Straßen der Fall ist (OVGE. v. 20. Nov. 97 Nr II 1689, PrVerwBl. 19 S. 187, 185, 188). Eine Gebührenordnung des Kommunalabgabengesetzes, welche auf die Gebührensätze für die Grundstücksentwässerung Beiträge anrechnet, die für Straßenentwässerung geleistet sind, ist rechtsungültig (OVGE. v. 5. Dez. 98 Nr. II 1389, PrVerwBl. 20 S. 229; v.

22. Febr. 99 Nr. II 246, PrVerwBl. 21 S. 26). Die Kosten von Kanälen, welche gleichzeitig der Entwässerung der Straße und der angrenzenden Grundstücke dienen, können insoweit nicht zu den Kosten der Straßenentwässerung gerechnet werden, als etwa die Kanäle mit Rücksicht auf ihre zweifache Aufgabe größer und stärker, also kostspieliger hergestellt sind (OVGE. v. 27. Nov. 99 Nr IV 1884). Besteht für eine Stadt ein einheitliches Kanalnetz mit Einrichtungen (Pumpstation, Klärbassin oder dgl.), welche allen Straßen und Kanälen zugute kommen und ist sonach eine Kostenberechnung für das, was für die einzelne Straße ausgegeben ist, nicht oder nur mit erheblichen Schwierigkeiten möglich, so steht nichts entgegen, die Kosten jener gesamten Anlage auf die Anlieger der sämtlichen Straßen unterzuverteilen, und den Kostenbetrag, mit dem die Straßenentwässerung im Gegensatz zur Grundstücksentwässerung zu beteiligen ist, durch technische Schätzung zu ermitteln, und letztere — wenn sie richtig ist — ins Ortsstatut aufzunehmen (OVGE. v. 6. Jan. 02, Bd 41 S. 149).

Kosten für die Herstellung von Wasserleitungen behufs Versorgung der bebauten Grundstücke mit dem erforderlichen Bedarfe an Wasser können nicht in Rechnung gestellt werden (OVGE. Bd. 15 S. 153, 154).

c) Wie das Gesetz ausdrücklich hinzufügt, hat die Anlegung der Straße „**in der dem Bedürfnisse entsprechenden Weise**" zu erfolgen. Die Gemeinden können also — entweder im Ortsstatute oder durch anderweite Beschlüsse ihrer zuständigen Organe — genauere Festsetzungen über den Ausbau treffen; ist dies nicht ein für allemal geschehen, so haben die Gemeindebehörden das Erforderliche in jedem einzelnen Falle für die betreffende Straße anzuordnen. Die Gemeinden tun hierbei allerdings in der Regel gut, sich die Zustimmung der Wegepolizeibehörde zu verschaffen; denn die letztere würde jederzeit befugt sein, weitere Leistungen der Gemeinde für die betreffende Straße nach Maßgabe der Erfordernisse des Verkehrs zu verlangen. Das Maß der Leistungen, welche den Straßenbauunternehmern oder den Anliegern durch Ortsstatut auferlegt werden dürfen, ist auf Erfüllung derjenigen Anforderungen beschränkt, welche im Interesse des Anbaues und des öffentlichen Verkehrs an die Beschaffenheit der Straße zu stellen sind. Hieraus kann nicht gefolgert werden, daß das Maß der Leistungen, welche von den Pflichtigen gefordert werden dürfen, nur an der Hand baupolizeilicher Bestimmungen nach § 12 über die Umstände, unter denen eine Straße als für den öffentlichen Verkehr und den Anbau fertiggestellt gelten soll, beurteilt werden kann. Einerseits erschöpft sich das Bedürfnis nicht in denjenigen Anforderungen, deren Durchführung polizeilich erzwungen werden kann, sondern umfaßt auch diejenigen, deren Erfüllung zwar nicht unbedingt notwendig, aber doch zweckmäßig und dem Interesse des öffentlichen Verkehrs und des Anbaues förderlich ist. Andererseits haben die genannten baupolizeilichen Bestimmungen immer nur den Zweck, das Mindestmaß derjenigen Anforderungen zu bezeichnen, ohne deren Erfüllung eine Straße überhaupt nicht als solche bestehen kann, und schließen daher weitergehende polizeiliche Anforderungen, welche durch die besondere Art des Anbaues und des örtlichen Verkehrs geboten sind, keineswegs aus. Für den § 15 kommt es also in der Regel wesentlich auf den **Bauplan der Gemeindebehörde**, auf ihr **Programm** an, wenn das auch die Anforderungen der baupolizeilichen Vorschriften überschreitet. Und erst wenn dies Programm erfüllt ist, ist die Straße „in der dem Bedürfnisse entsprechenden Weise" hergestellt. Ist im Ortsstatut von der Gemeinde selbst ein fest bestimmtes Maß für den Ausbau der Straße bestimmt, so ist die Gemeindeverwaltung bei Berechnung der Beiträge den Pflichtigen gegenüber daran gebunden. Wird also im Statute zum Ausdruck gebracht, daß die Anlieger erst dann zu Beiträgen verpflichtet sein sollen, wenn die Straße nach den „baupolizeilichen Bestimmungen" fertig gestellt ist, so kann die Gemeinde nicht vor dem Zeitpunkte zur Heranziehung der Anlieger schreiten, wo die Herstellung den polizeilichen Bestimmungen gemäß beendet ist (OVGE. v. 22. Juni 99, Bd. 35 S 73; v. 29. Juni 99, Bd. 35 S. 78; v. 28. Mai 00 Nr. IV 607). Ob sie darüber hinaus aus allgemeinen Gemeindemitteln mehr aufwenden will, steht in dem freien Ermessen der Gemeinde Die Pflichtigen haben aber einen Anspruch darauf, daß bei Berechnung ihrer Beiträge das im Ortsstatute festgesetzte Maß des Ausbaues zugrunde gelegt wird (OVGE. Bd. 25 S. 98; v. 1. Febr. 98 Nr. I 205). Liegen Vorschriften des Ortsstatuts nicht vor, so kommt es lediglich auf den Beschluß, das Programm der Gemeinde für diese spezielle Straße an (PrVerwBl. 19 S. 358; v. 2. Juni 97 Nr. II 1027; v. 2. Juli 95 Nr. I 926). Die Gemeinde kann nach ihrem pflichtmäßigen Ermessen auch das Maß der Leistungen auf ein sehr geringes Maß herabsetzen, sie ist nur der Polizei gegenüber darin beschränkt, den Anliegern aber gegenüber frei. So kann wie schon oben erwähnt, auch eine Straße, die nur halb gepflastert und mit Sommerweg und Reitweg versehen ist, eine fertige im Sinne des § 15 sein, so daß der Kostenersatz liquidiert werden kann (OVGE. v. 17. Okt. 93 Nr. II 1136, PrVerwBl. 15 S. 153).

Da die Gemeindebehörde bei Anlegung einer Straße **nicht** als **Geschäftsführer der Ersatzpflichtigen**, sondern lediglich als Verwalter einer Gemeindeangelegenheit handelt (s. zu d), so steht den Pflichtigen — abgesehen von dem Einwande, daß das bestimmte Maß des Ortsstatuts ihnen gegenüber nicht eingehalten sei oder daß bei Bemessung der Höhe des Beitrages die Bestimmungen des Gesetzes oder des Ortsstatuts verletzt seien (OVGE. v. 2. Okt. 02, Bd. 42 S. 30) — ein Widerspruchsrecht gegenüber der Art und Weise, wie die Straßenanlage ausgeführt worden, nicht zu; sie können mit Erfolg nicht geltend machen, daß die Straße in einfacherer Ausstattung hätte hergestellt werden können, um dem Bedürfnisse zu genügen (OVGE. v. 21. Febr. 98 Nr. IV 361; v. 20. Mai 96 Nr. II 953; v. 6. Juli 03 Nr. IV 1217). Auch kann nicht geltend gemacht werden, daß die Gemeinde das für die Straße erworbene Terrain zu teuer bezahlt habe (E Bd. 40 S. 101).

Ist die Straße einmal ordnungsmäßig d. h dem Programm gemäß ausgebaut, so fallen **spätere Verbesserungen** oder Vervollkommnungen der bereits früher fertig gestellten Straße, z. B. besseres Pflaster, Asphaltierung, den Anliegern nicht mehr zur Last (OVGE. v. 29. Juni 99, Bd. 35 S. 78; v. 27. Nov. 99 Nr. IV 1884). Nimmt dagegen die Gemeinde den Ausbau in der Weise vor, daß sie zunächst einen **provisorischen** und erst später den endgültigen Zustand herstellt, so gehören die Aufwendungen für die Umwandlung des Provisoriums noch und auch zu den Kosten der ersten Einrichtung und die Anlieger haben dann auch zu diesen Kosten beizutragen (OVGE. v. 1. Juli 93 Nr. II 752, Bd. 25 S. 96, 98, PrVerwBl. 15 S. 3; v. 2. Juli 95 Nr. I 926; v. 29. Juni 99, Bd. 35 S. 78). Entscheidend ist aber auch hierbei, daß der provisorische Zustand als ein Teil der Anlegung der Straße anzusehen ist, welcher dem Programm der Gemeindeverwaltung gemäß demnächst seinen definitiven Abschluß erhält (OVGE. v. 24. Febr. 98 Nr. IV 391; v. 4. Juli 98 Nr. IV 1235, vgl. aber OVGE. Bd. 25 S. 100), wobei auch eine Erweiterung des Programms während der Herstellung der Straße, bevor sie programmmäßig fertig war, zulässig ist (OVGE. v. 29. Juni 99, Bd. 35 S. 78; v. 20. Dez. 00 Nr. IV 2061; v. 3. Jan. 01, PrVerwBl. 22 S. 479). Zwischen der provisorischen und endgültigen „ersten Einrichtung" können viele Jahre liegen, das ändert an sich nichts (OVGE. v. 30 Juni 02 Nr. IV 1274 (20 Jahre).

Der § 15 verlangt nicht, daß über das **Programm** der Gemeinde jedesmal besondere ausdrückliche Beschlüsse von den städtischen Körperschaften gefaßt werden. Das Programm kann sich vielmehr schon stillschweigend aus den Beschlüssen ergeben, welche die Ausführung bestimmter Arbeiten an der Straße betreffen, und es ist nicht notwendig, daß dabei noch besonders zum Ausdruck gebracht wird, es sollten diese bestimmten Arbeiten zu der ersten Einrichtung der Straße gehören. Ebenso kann es völlig genügen, daß die städtischen Behörden nach der Ausführung der Arbeiten, nach der Herstellung der Straße erklären, daß nunmehr die erste Einrichtung abgeschlossen sei; ein vorgängiger Beschluß ist nicht immer erforderlich (OVGE. v. 22. Juni 99, Bd. 35 S. 73; v. 10. Juli 02 Nr. IV 1332).

d) Bei der durch die Gemeinde selbst bewirkten Anlegung und Unterhaltung handelt der Gemeindevorstand nicht etwa als **Geschäftsführer der Ersatzpflichtigen**, sondern lediglich als **Verwalter einer Gemeindeangelegenheit**, die von ihm innerhalb seiner ordnungsmäßigen Befugnisse nach pflichtmäßigem Ermessen zu erledigen ist. Er hat daher alles, was ihm zur Vorbereitung, Durchführung und Beendigung des Ausbaues, sowie demnächst zur regelrechten Unterhaltung der Straße erforderlich erscheint, in derselben Weise, wie bei jedem anderen von der Gemeinde auszuführenden Baue ins Werk zu setzen. Die dadurch entstehenden Kosten fallen sämtlich den Pflichtigen zu Last; insbesondere also auch die Kosten etwaiger, vor Beginn des Baues angeordneter Vermessungen, Nivellements 2c. (OVGE. v. 27. Nov. 99 Nr. IV 1884), ebenso wie die Kosten ungünstig ausgefallener Prozesse mit den zur Abtretung des Grund und Bodens verpflichteten Eigentümern, mit Lieferanten des Baumaterials oder mit Unternehmern, denen die Herstellung bestimmter

Anlagen verdungen ist (OVGE. Bd. 17 S. 186, PrVerwBl. 10 S. 283; v. 2. Juni 97 Nr. II 1027). Die tatsächlich entstandenen Kosten sind zu erstatten, die Pflichtigen können nicht rügen, daß es hätte billiger gemacht werden können (OVGE. v. 20. April 03 Bd. 43 S. 24). Von den allgemeinen Verwaltungskosten der Gemeinde darf nichts in Anrechnung gebracht werden, wohl aber die Entschädigung für solche Beamten (Techniker), welche speziell für die Herstellung dieser bestimmten Straße angenommen sind (OVGE. v. 27. Nov. 99 Nr. IV 1884). Die Art der Ausführung der Arbeiten ist von der Zustimmung der Anlieger keineswegs abhängig (OVGE. v. 5. Jan. 98 Nr. II 8). Die Anlieger können daraus, daß ihrer Ansicht nach die Arbeiten nicht überall zweckmäßig ausgeführt sein sollen, keinen Einwand gegen die Beitragspflicht herleiten (OVGE. v. 5. April 00 Nr. IV 582, Bd. 37 S. 43); in einem Falle, in dem Häuser während der Anlegungsperiode gebaut waren, kam die Straße bei ihrer Fertigstellung höher zu liegen, als die Eingänge in die Häuser; die Anlieger konnten daraus kein Recht ableiten, ihre Verpflichtung zu bestreiten, denn die Stadt war nicht verpflichtet, bei der Ausführung der Straße sich nach der Art, wie inzwischen die Häuser gebaut waren, zu richten (OVGE. v. 20. Mai 96 Nr. II 953). Auch der Umstand, daß bei der Bauausführung Versehen begangen und dadurch die Kosten vermehrt sind, gibt den Pflichtigen kein Widerspruchsrecht (OVGE v. 21. Febr 98 Nr. IV 361). Es steht in dem Ermessen der Gemeinde, ob sie bei Ausführung der Straße wegen zweifelhafter Forderungen usw. Prozesse führen, Vergleiche eingehen, Kosten übernehmen will usw. (OVGE. v. 14. April 97 Nr. II 746). Aus dem an die Spitze gestellten Grundsatz folgt ohne weiteres, daß der Gemeindebehörde den Anliegern gegenüber nicht der Nachweis obliegt, daß die aufgewendeten Kosten angemessen sind; vielmehr trifft, insoweit überhaupt (vgl. Bem. 10b) die Anlieger als allenfalls befugt zur Bemängelung der Höhe der Aufwendungen anzusehen sind, sie die Beweislast für eine etwa geltend zu machende Überschreitung des zulässigen Maßes (OVGE. v. 2 Juli 95 Nr. I 926; v. 7. März 96 Nr. II 500).

In einem, allerdings wesentlichen Punkte tritt hier eine Eigentümlichkeit hervor: den Pflichtigen muß über die Aufwendung Rechnung gelegt werden und sie können darin aufgenommene Ausgaben, die ihnen nach dem Gesetze nicht zur Last fallen, beanstanden

(OVGE. v. 21. Febr. 98 Nr. IV 361; v. 21. Febr. 98 Nr. IV 142). Die Begründung hierfür wird angemessen in Verbindung mit den Erörterungen über den Charakter der Beitragspflicht und die gegen eine Heranziehung offenstehenden Rechtsmittel erbracht (vgl. unten Bem. 10b).

Es ist häufiger der Fall, daß die Gemeinden allgemein zur Unterhaltung oder zur besseren Herstellung der in ihrem Bezirk liegenden **Chausseen** von der Provinzialverwaltung Beiträge erhalten. Wird eine solche Chaussee zur städtischen Straße aptiert, so haben die Anlieger kein Recht, zu verlangen, daß sie auf Grund der solches bestimmenden Verträge von den ortsstatutarischen Beiträgen zu den Kosten der neu angelegten städtischen Straße ganz oder zu einem Teile frei bleiben oder daß die Jahresrente, welche die Provinz etwa nach einem Vertrage für die Unterhaltung der Chaussee zahlt, kapitalisiert und von den Kosten des Straßenausbaues abgerechnet werde (OVGE. v. 5. Jan. 98 Nr. II 8; v. 5. April 00, Bd. 37 S. 43f.; v. 6. Mai 01, Bd. 40 S. 107; v. 20. April 03, Bd. 43 S. 30; v. 26. März 96 Nr. II 599; v. 20. Mai 96 Nr. II 1032)

9. Nach dem Absatze 2 sind die Kosten der gesamten Straßenanlage und bez. deren Unterhaltung zusammenzurechnen und den Eigentümern nach Verhältnis der Länge ihrer die Straße berührenden Grenze zur Last zu legen.

a) Die Bedeutung dieser Vorschrift liegt vor allem in der Feststellung des **gesetzlichen Maßstabes** für die **Verteilung der Kosten**; diese soll nach der Frontlänge der Grundstücke an der Straße erfolgen. Zunächst muß danach jede Straße (Straßenteil Anm. 8a am Schlusse) für sich behandelt werden. Wenn zwei sich schneidende Straßen zugleich angelegt werden, dürfen auch für die Eckhäuser die Straßenkosten nicht zusammengeworfen werden; ist ein Teil der Kosten für beide Straßen gemeinschaftlich, so sind sie nach Verhältnis der Gesamtkosten oder der Grundflächen beider Straßen zu scheiden (OVGE. v. 12. Juni 95 Nr. II 936; v. 21. Febr. 98 Nr. IV 361; v. 30. Juni 02 Nr. IV 1274).

Weiter muß, obgleich dies im Gesetze nicht bestimmt zum Ausdrucke gelangt, jedes **selbständige Grundstück** auch abgesondert für sich behandelt werden. Unter welchen Voraussetzungen bei nebeneinander liegenden Flächen das Vorhandensein eines selbständigen

Grundstücks anzuerkennen ist, läßt sich im allgemeinen nicht sagen, bleibt vielmehr für jeden einzelnen Fall aus der Gesamtheit aller tatsächlichen und rechtlichen Verhältnisse heraus zu prüfen und festzustellen. Die grundbuchliche Selbständigkeit ist nicht unbedingt entscheidend, kann aber immerhin unter Umständen ein erhebliches Moment für die Beurteilung abgeben; von wesentlicher Bedeutung erscheint jedenfalls die **wirtschaftliche Benutzung**; Grundstücke, die zu einem wirtschaftlichen Ganzen verbunden und nicht etwa durch öffentliche Wege 2c. getrennt sind, werden der Regel nach auch als Einheit zu behandeln sein (E. Bd. 34 S. 101; Bd. 36 S. 69; E d. RG. VII. ZS. v. 14. Nov. 02, PrVerwBl. 24 S. 715); umgekehrt spricht eine vollständig durchgeführte Trennung bei der wirtschaftlichen Verwertung entschieden für die Selbständigkeit der einzelnen Grundstücke (OVGE Bd. 4 S. 369; Bd. 13 S. 167ff.; Bd. 23 S. 53 und 331ff.; Bd. 24 S. 369, PrVerwBl. 14 S. 597; E. v. 1. Nov. 92 Nr. IV 1027, PrVerwBl. 8 S. 364, 16 S. 321, 27 S. 83). Statuten, welche nach dieser Richtung besondere Vorschriften enthalten und etwa Direktiven dafür geben, was als selbständiges Grundstück zu betrachten ist, können rechtsgültig Grundsätze, welche dem obigen aus der Natur der Sache sich Ergebenden widersprechen, nicht aufstellen (OVGE. v. 10. Juli 02 Nr. IV 1333).

Im einzelnen ist folgendes zu bemerken: Eine zusammenhängende Fläche desselben Eigentümers wird in der Regel als ein einziges Grundstück anzusehen sein, falls nicht ein Teil der Fläche durch besondere Veranstaltungen als selbständiges Grundstück abgetrennt ist (OVGE. v. 11. April 96 Nr. II 727). Ob einem so einheitlichen Grundstücke mehrere Straßennummern zugeteilt sind, ist ohne Bedeutung. Es kommt wesentlich auf die wirtschaftliche Benutzung an, ist diese eine einheitliche, so muß der Regel nach das Grundstück als einheitliches angesehen werden und umgekehrt, ohne daß der grundbuchlichen Eintragung eine gegenteilige Bedeutung zukäme (OVGE. v. 11. Nov. 96 Nr. II 2207; v. 24. Febr. 98 Nr. IV 391; v. 13. Juni 99, Bd. 36 S. 61, PrVerwBl. 21 S. 105). Ob ein so wirtschaftlich einheitliches Grundstück durch irgend welche Vorrichtungen (Zaun mit Tür) tatsächlich eingeteilt ist, ist ohne Bedeutung (OVGE v. 27. April 03, Bd. 43 S. 30). Daß Vorgärten im Rechtssinne einen Teil des Baugrundstücks bilden, ist schon früher erwähnt (E. v. 4. April 98 Nr. IV 627; vgl. Bem. 7b zu § 12 am Schluß; Bd. 41 S. 107, Bd. 43 S. 24). Ein Vorplatz vor einem Bahnhofe, welcher zur Aufstellung der Wagen zum Abholen der Reisenden bestimmt ist, gehört wirtschaftlich zum Bahnhofe, bildet also mit dem Bahnhofe ein einheitliches Grundstück (E. v. 20. Juni 98 Nr. IV 1165). Wenn Bahnhofsterrain oder ein sonstiges an der Straße gelegenes Grundstück zur Verpachtung für Lagerplätze abgetrennt wird und (von den Pächtern) Gebäude darauf errichtet werden, so sind die einzelnen verpachteten Teile selbständige Grundstücke (OVGE. v. 26. Sept. 98 Nr. IV 1595, Bd. 34 S. 101; v. 19. Okt. 03, PrVerwBl. 25 S. 386; vgl. Baltz, Preuß. Baupolizeirecht 1905 S. 207f.) Ob eine wirtschaftliche Einheit vorliegt, ist stets nach den tatsächlichen Verhältnissen des Einzelfalles zu beurteilen. Namentlich kommt es darauf an, ob die verschiedenen angrenzenden Teile desselben Grundstücks zu der Zeit des Entstehens der Forderung für dieselben Zwecke bestimmt sind, ihnen dienen und so nur ein Baugrundstück bilden (OVGE. v. 3. Juni 01, PrVerwBl. 22 S. 537; v. 10. Juli 02 Nr. IV 1333). Ob dies Verhältnis Dauer haben oder nach Absicht des Eigentümers später wieder ein Teil zum Bebauen abgetrennt werden soll, ist ohne Bedeutung (OVGE. v. 24. Febr. 02, Bd. 41 S. 107, PrVerwBl. 23 S. 761). Hat ein Bauunternehmer ein größeres Terrain an einer Straße, und er baut nach und nach mehrere Gebäude darauf, dann wird richtiger jedes einzelne Haus mit Hof als besonderes Grundstück ausscheiden (E. v. 6. Febr. 95 Nr. II 216).

Aus dem Grundsatz, daß die Einheit des Grundstücks, auf welchem das Gebäude errichtet wird, erforderlich ist, und zwar der Natur des Verhältnisses nach die wirtschaftliche Einheit (OVGE. v. 24. April 95 Nr II 631; v. 26. Sept. 98, Bd. 34 S. 101; v. 19. Okt. 03, PrVerwBl. 25 S. 386), folgt, daß etwaige, neben dem Grundstück in die Straße mündende Privatwege desselben Eigentümers dann bei der Grenze mit berechnet werden dürfen, wenn sie den wirtschaftlichen Zwecken des fraglichen Grundstücks dienen (OVGE. v. 10. Juli 02 Nr. IV 1333; v. 6. Jan. 02, Bd. 41 S. 149).

Für jedes selbständige Grundstück kommt, sofern die Beitragspflicht begründet ist, immer die ganze Frontlänge in Betracht, mag sie nun vollständig oder nur teilweise oder gar nicht mit dem neuen Gebäude besetzt werden; auf die Ausdehnung des die Beitragspflicht begründenden Gebäudes kommt es nicht an; auch begründet es keinen Unterschied, ob auf der Front ein schon vor Anlegung der Straße errichtetes Gebäude steht (OVGE. Bd. 13 S. 168; v. 5. April 89 Nr. II 237; v. 5. Jan. 98 Nr. II 8; E. d. RG. VII. ZS. v. 14. Nov. 02, PrVerwBl. 24 S. 715). Auch für die Frontlänge dieses älteren Gebäudes ist der Beitrag zu zahlen, vorausgesetzt, daß der Teil des Grundstücks, auf welchem das ältere Gebäude sich befindet, mit dem Teil, auf dem das neue errichtet wird, zur Zeit dieser Errichtung noch eine wirtschaftliche Einheit bildet. Wenn die wirtschaftliche Trennung auch nur bei Errichtung des neuen Gebäudes und zugleich mit ihr zur Durchführung gelangt, dann wird letzteres nicht mehr auf dem ungeteilten, einheitlichen Grundstücke errichtet, gleichzeitig mit der Errichtung hört diese Einheitlichkeit auf (OVGE. v. 14. Nov. 98 Nr. IV 1919).

Wie schon oben erwähnt, kommt für die Beitragspflicht das bebaute Grundstück in seinem ganzen wirtschaftlichen Umfange in Betracht (E. Bd. 36 S. 61, PrVerwBl. 21 S. 105); wird deshalb auf einem **Begräbnisplatz** an einer unter den § 15 fallenden Straße ein Wohnhaus für den Friedhofsaufseher, ein Leichenhaus oder eine Kapelle erbaut, so ist der Anliegerbeitrag nach der gesamten die Straße — natürlich nur einer solchen Straße, an der das Gebäude liegt — berührenden Grenze des Kirchhofs zu berechnen, denn diese Gebäude haben den Zweck, die wirtschaftliche Benutzung des gesamten Grundstücks — soweit es nicht durch Scheidewände usw. in mehrere selbständige Abteilungen zerlegt ist — zu ermöglichen (OVGE. v. 17. Sept. 95 Nr. I 1177, PrVerwBl. 17 S. 83). Anders und eigentümlich liegt es bei sog. **Erbbegräbnissen.** Sind sie Gebäude und nicht bloß Grabstätten, dienen sie z. B. den Leidtragenden und Besuchern der Gräber zum Aufenthalt usw. und liegen sie, wenn auch mit der Rückseite, an der betr. Straße, so liegt die Beitragspflicht vor. Der Grundeigentümer wird pflichtig, das ist der Eigentümer des Kirchhofs, denn wenn auch das Erbbegräbnis Eigentum des Erbauers bleibt (§ 95 d. BGB.), so verbleibt das Grundstück doch im Eigentume des Kirchhofeigentümers, weil an diesem nur ein dingliches Recht besteht. Da es sich aber dabei um eine selbständige wirtschaftliche Benutzung handelt, die mit der Benutzung des übrigen Friedhofs in der Regel nicht zusammenhängt, so berechnet sich der Umfang, die Höhe der Beitragspflicht lediglich danach, in welcher Ausdehnung die Straße vom Erbbegräbnisgebäude berührt wird. Ausführlich ist dieses begründet in dem OVGE. v. 27 Nov. 02 Nr. IV 1716 Bd. 42 S. 37.

Schwierig gestaltet sich die Frage bei einem **Vorgärten**, wenn seine Grenze in den Vorgarten eines daneben liegenden Baugrundstückes übergreift, oder wenn der Vorgarten vor einem Gebäude ganz oder zum Teil nicht im Eigentum und in der Nutzung des Eigentümers dieses Gebäudes, sondern des Eigentümers des Nachbarhauses steht. Hierfür kommt in Betracht, wie bei Ermittelung der der Berechnung zugrunde zu legenden Länge der von der Baufront bezw. der Baufluchtlinie verschiedenen Straßenfluchtlinie davon auszugehen ist, daß es sich in dem Abs. 2 des § 15 des Baufluchtengesetzes um die die Straße berührende Grenze von Baugrundstücken handelt und daß das Vorgartenland ein Mittelglied zwischen Straße und Baugrund bildet, wobei unter Baugrund das ganze, hinter der Bauflucht liegende und darum der Bebauung rechtlich fähige, eine wirtschaftliche Einheit bildende Grundstück zu verstehen ist, mag es auch nicht in der ganzen Ausdehnung der Baufront bebaut sein, vielmehr teilweise anderen mit den Gebäuden in Zusammenhang stehenden Zwecken, als Hof, Garten und dgl. dienen, mag es sogar privatrechtlich im Eigentum eines anderen, als des Besitzers des Hausgrundstücks stehen. Die für die Berechnung des Beitrages maßgebende Länge der das Grundstück berührenden Straßengrenze wird daher in der Regel durch Verlängerung der seitlichen Nachbargrenzen des Baugrundstücks über die Baufront hinaus bis an die Straßengrenze zu finden sein. Auf die wirtschaftliche Benutzung des außerhalb dieser Grenzen vor anderen Grundstücken liegenden (Vorgarten-)Terrains durch den Eigentümer kann es in solchen Fällen nicht ankommen, da das Vorgartenland seine Bestimmung ohne den Willen des Eigentümers durch die Behörde erhält und von dieser zum Mittelglied zwischen Straße und Baugrund gemacht wird. Es setzt begrifflich eine Bebauung des dahinter liegenden Grundstücks voraus; tritt diese Bebauung ein, so wird es in der Regel eine Zubehörung des Bauwerks. Da ihm diese Bestimmung, weil von der Behörde ausgehend, mit Notwendigkeit und ohne Rücksicht auf Handlungen des Eigentümers beiwohnt, so ist seine anderweite Benutzung auch da, wo es seinem eigentlichen Zwecke noch nicht dienen kann, weil das Grundstück, für welches es demnächst als Vorgartenland bestimmt ist, etwa noch nicht Baugrundstück der betreffenden Straße ist, nur eine provisorische. Trotz tatsächlicher wirtschaftlicher Verbindung mit einem Nachbargrundstück, zu dem es als Vorgartenland nicht gehören kann, weil es an dessen Baufluchtlinie nicht anliegt, verleiht ihm die von der Behörde gegebene Bestimmung als Vorgartenland eines anderen Grundstücks dem ersteren Grundstück gegenüber eine rechtliche Selbständigkeit, welche verhindert, daß es für die Berechnung der Anliegerbeiträge als dessen Bestandteil behandelt werden kann. Hieran ist in der Regel festzuhalten. Wie danach die Grenze im besonderen einzelnen Falle für das dahinter liegende Baugrundstück zu berechnen ist, mag immerhin nach den vorliegenden tatsächlichen Verhältnissen, namentlich wenn die seitlichen Grenzen unregelmäßig nach der Baulinie hin verlaufen, noch Schwierigkeiten bergen (vgl. OVGE. v. 21. Febr 98 Nr. IV 142, Bd. 25 S. 85, Bd. 33 S. 108f.; v 24. Febr. 02, Bd. 41 S. 107, PrVerwBl. 23 S 761).

Entscheidend bleibt übrigens der Zeitpunkt, in welchem die Verpflichtung zum Anliegerbeitrag bezw. die Forderung der Gemeinde entsteht. Das OVG. hatte anfangs angenommen, daß dieses der Zeitpunkt sei, wo das Gebäude errichtet wird. Für den normalen Fall, wo das Gebäude an der völlig fertigen neuen Straße errichtet wird, trifft dieses zu. Das OVG. nahm früher jedoch auch an, daß da, wo ein Gebäude an einer in der Anlegung begriffenen Straße errichtet wird, ehe sie fertig geworden, der Zeitpunkt des Errichtens des Gebäudes allein maßgebend sei. Diese Ansicht ist irrig. Des näheren wird dieses in der Bem. 10a dargelegt. Hier wird vorläufig als entscheidender Zeitpunkt derjenige der „Entstehung der Forderung" bezeichnet werden.

Legt der Eigentümer später ein Nachbargrundstück mit dem bebauten Grundstück, für welches die Beitragspflicht bereits früher zur Entstehung gekommen war, wirtschaftlich zusammen, so kann darauf eine Heranziehung nach der Frontlänge des zugelegten Grundstücks nicht gestützt werden (OVGE. v 25. April 90 Nr. II

410 und v. 26. Sept. 90 Nr. II 818); denn die Vereinigung eines unbebauten Grundstücks mit einem bebauten kann nicht als eine „Bebauung" des ersteren angesehen werden (OVGE. v. 24. Febr. 02, Bd. 41 S. 107, PrVerwBl. 23 S. 761; vgl. auch E. Bd. 36 S. 69, PrVerwBl 15 S. 320). Ebensowenig kommen dem Eigentümer nachträgliche Verkleinerungen des Grundstücks zugute (OVGE. v. 1. Juli 93 Nr. II 751). Alle Maßnahmen, welche nach dem Zeitpunkt der Entstehung der Forderung mit dem Grundstücke vor sich gehen, sind für die Beitragspflicht ohne Bedeutung (OVGE. v. 16. März 95 Nr. II 406; v 13. März 94 Nr. II 384, PrVerwBl. 15 S. 320). Da auch an einer schon fertigen, dem § 15 unterliegenden Straße die Beitragspflicht erst mit der Vollendung des Gebäudes entsteht, so übt natürlich eine Vergrößerung der Grundstücksfront — also auch eine diese herbeiführende wirtschaftliche Vereinigung mit einem neuen Grundstücke — vor dem Zeitpunkte der Vollendung des Gebäudes auch Einfluß auf das Maß der Heranziehung zu den Beiträgen, ebenso eine Verringerung der Front vor diesem Zeitpunkte (OVGE v. 5 Febr. 00, Bd 37 S. 30).

Bei der Berechnung der Frontlänge dürfen die Breiten der nur auf dem Papier stehenden, projektierten Querstraßen nicht ausgelassen werden, weil dadurch der zur Auffindung des Einheitssatzes zu bildende Divisor zu klein werden würde (OVGE. v. 6. Jan. 02, Bd. 41 S. 149). Dagegen fallen den beitragspflichtigen Eigentümern die Kosten der von bestehenden Querstraßen begrenzten Teile der Anlagen zur Last, soweit deren Herstellung zu einem den öffentlichen Verkehrsinteressen genügenden Ausbau erforderlich ist (auch die Kosten des Anschlusses an Nebenstraßen) (OVGE. v. 7. Juli 02, Bd. 41 S. 143).

b) Bis zum Inkrafttreten des **Kommunalabgabengesetzes** v. 14. Juli 93 ist jeder andere Maßstab unzulässig (OVGE. v. 10. Sept. 89 Nr. II 747 und v. 14. Okt. 92 Nr. II 982, PrVerwBl. 14 S. 174). Deshalb erscheint auch, wie schon oben bemerkt, der § 14 des Berliner Statuts in seiner gegenwärtigen Gestalt unhaltbar. Dagegen hat der § 10 des KommAbgG. den Gemeinden die Möglichkeit eröffnet, auch einen anderen Maßstab einzuführen, hinsichtlich dessen nach dem Gesetze irgendwelche Beschränkung nicht besteht. Der § 10 lautet:

Die Vorschriften des Gesetzes, betreffend die Anlegung und Veränderung von Straßen und Plätzen in Städten und ländlichen Ortschaften, v. 2. Juli 75 (GS. S. 561), bleiben mit der Maßgabe in Kraft, daß die im § 15 daselbst vorgesehenen Beiträge nach einem anderen, als dem dort angegebenen Maßstabe, insbesondere auch nach der bebauungsfähigen Fläche, bemessen werden dürfen.

Begründet wurde diese Bestimmung, die sich ihrem wesentlichen Inhalte nach schon in dem Entwurfe der Staatsregierung fand (vgl. Nr. 7 der Drucksachen des AH. 1892/93), durch die Erwägung, daß der Maßstab des § 15 sich nicht überall bewährt habe, da er nicht nur wegen der verschiedenen Gestaltung der Bauplatzflächen zu einer unbilligen und ungleichmäßigen Kostenverteilung führen, sondern auch die Neigung zu einer der Gesundheit nachteiligen Ausnutzung der Flächen durch Errichtung von hohen Gebäuden, Hofwohnungen 2c. begünstigen könne. Das Gesetz weist selbst auf einen anderen angeblich geeigneten Maßstab hin, den der bebauungsfähigen Fläche der an die Straße grenzenden Grundstücke; ob etwa auch ein sonstiger Maßstab nach den Verhältnissen zweckmäßig erscheint, bleibt der Entschließung der Gemeinden und der zur Bestätigung der Statuten berufenen Behörden überlassen. In den Motiven ist in dieser Hinsicht noch darauf hingewiesen, daß auch der Kubikinhalt der Gebäude sich als passender Maßstab eignen würde. Wie sich der Gesetzgeber das praktisch möglich gedacht hat, nach Zusammenrechnung der Gesamtkosten der Straßen diese auf die einzelnen Anlieger, wenn diese zu den verschiedensten Zeiten, oft lange nach Fertigstellung der Straße, bauen, zu verteilen, ist schwer einzusehen. Die Länge der Straßengrenze steht nach Fertigstellung der Straße sofort fest, und es können die Gesamtkosten auf das Meter berechnet werden. Wenn aber an diesem Zeitpunkte alle oder die meisten Grundstücke noch nicht bebaut sind — was doch der normale Fall des Gesetzes ist — also noch gar nicht zu übersehen ist, wieviel Kubikmeter Gebäude werden errichtet werden, oder gar nicht vorauszusehen ist, wie groß die bebauungsfähige Fläche, ja nicht einmal wie groß die Baugrundstücke demnächst, wenn Gebäude darauf errichtet werden, sein werden, so ist nicht wohl zu begreifen, wie der Gemeindevorstand die Kosten der Straße auf die Anlieger, wenn sie

Gebäude errichten, nach dem Kubikinhalt oder nach der bebauungsfähigen Fläche verteilen soll. Die Motive und Verhandlungen über den § 10 des KAG. geben darüber gar keine Auskunft. „Die Bestimmung wird also wohl ein toter Buchstabe bleiben", wurde schon in der 4. Auflage gesagt. Das hat sich voll bestätigt. Einzelne Gemeinden haben es versucht, nach dem neuen Maßstab des § 10 a. a. O. ihre Statuten abzufassen, und zwar meist so, daß gesagt wurde, die Kosten sollten zur Hälfte nach der Straßenfront, zur anderen Hälfte nach Maßgabe der „bebauungsfähigen Fläche", oder nach Verhältnis des Flächeninhalts des Baugrundstücks berechnet werden. Das OVG. hat solche Bestimmungen für rechtsungültig erklärt, weil sie unmöglich auszuführen sind, und es bleibt denn in solchen Fällen nur übrig, nur die eine Hälfte der Beiträge nach dem rechtswirksamen Maßstabe zu verteilen (OVGE. v. 13. Juni 99, PrVerwBl. 21 S. 115, Bd. 36 S. 61; v. 10. Juli 99, Bd. 36 S. 70; v. 10. Jan. 01 Nr. IV 51; vgl. Cohn, Über Straßenbeiträge im VerwArch. 7 S. 544).

Zu bemerken bleibt noch, daß das KAG. für Hohenzollern nicht gilt, dort bleibt es also bei der Bestimmung des § 15.

Wie schon aus dem § 10 selbst hervorgeht, außerdem aber durch seine Entstehungsgeschichte noch besonders klargestellt wird, ist an dem G. v. 2. Juli 75, dessen künftige Umarbeitung die Staatsregierung in Aussicht stellte, im übrigen nichts geändert. Vor allem ist auch den Gemeinden nicht gestattet, die allgemeinen Bestimmungen im § 9 des KAG. auf Verhältnisse, die unter das G. v. 2. Juli 1875 fallen, zur Anwendung zu bringen und danach die Anlieger zu höheren Beiträgen heranzuziehen; dahingehende Wünsche wurden zwar in der Komm. des AH. wie des HH. laut; die Staatsregierung trat ihnen aber entgegen und sie fanden keine Billigung; die Komm. des AH. nahm vielmehr eine redaktionelle Umgestaltung des Entwurfs gerade zu dem Zwecke vor, um jeden Zweifel nach dieser Richtung hin auszuschließen. Auch die weiteren Verhandlungen in der Kommission und im Landtage lassen keinen Zweifel darüber, daß bei solchen Straßen, die unter den § 15 fallen — also bei neuen Straßen und bei vorhandenen bisher unbebauten Straßen und Straßenteilen — der § 9 des KAG. nie Anwendung finden kann, soweit es sich um die im § 15 geregelten Verhältnisse — Herstellung der Straße und

Unterhaltung derselben oder Erstattung der hierfür aufzuwendenden Kosten oder verhältnismäßiger Beitrag zu diesen Kosten — handelt. Die Sache stellt sich danach so, daß das gesamte Gebiet der Städte und ländlichen Ortschaften in zwei geographische Bezirke zerfällt: 1. neue Straßen und vorhandene bisher unbebaute Straßen und Straßenteile, 2. alle übrigen Straßen und Plätze. Für den Bezirk 1 ist lediglich der § 15 d. G. v. 2. Juli 75 anwendbar, für den Bezirk 2 lediglich der § 9 des KAG. Über die Verhandlungen des Landtages 2c. vgl. Adickes, das KAG. S. 294 ff.; Nöll, das KAG. 5. Aufl. S. 32ff; Örtel, das KAG. S. 23ff.; Schwarz, das KAG. S. 109ff. und Strutz, das KAG. 3. Aufl. S. 53; Jebens, Verwaltungsrechtliche Aufsätze S. 437; Pohlmann im PrVerwBl. 26 S. 361. Die Kommentatoren sind in ihren Ansichten über das Verhältnis des § 9 des KAG. zu § 15 des FluchtlG. nicht ganz einig. Darüber aber herrscht kein Zweifel, daß nach den in dieser Beziehung klaren Verhandlungen im Landtage für die Straßen, welche unter den § 15 d. G. v. 2. Juli 75 fallen — mag ein Ortsstatut bestehen oder nicht — der § 9 des KAG. unanwendbar ist, oder wie sich der Vertreter der Staatsregierung ausdrückte, daß die Vorschriften des § 9 a. a. O. auf alle diejenigen Fälle, welche durch das Baufluchtengesetz, sei es positiv, sei es negativ, geregelt sind, keine Anwendung finden Nur Pohlmann in dem oben angeführten Aufsatze will aus der Entstehungsgeschichte der Bestimmung nachweisen, daß es den Gemeinden freistehe, ob sie § 9 oder ob sie § 10 KAG. im einzelnen gegebenen Fall anwenden wollen, daß sie aber, wenn sie ihre Wahl getroffen, daran gebunden seien. Bei den Verhandlungen über die Beratung des Gesetzes sind freilich manche Unklarheiten untergelaufen, aber den Schluß des p. Pohlmann zu ziehen, dürfte kaum möglich sein, er würde auch zu unannehmbaren Ergebnissen führen; es kann jedoch hier nicht weiter darauf eingegangen werden. (Vgl. auch den Aufsatz von Dr. Dierschke, PrVerwBl. 26 S. 461.) Der sonstige Zweifel bezieht sich nur auf die Tragweite dieses Grundsatzes. So ist Örtel a. a O. S. 24 der Ansicht, daß zu den Kosten der Anlegung eines Platzes nur die unmittelbaren Adjazenten mit Beiträgen herangezogen werden können, auf weitere Interessentenkreise könnten die Kosten nach § 9 nicht verteilt werden. Dazu ist zu bemerken, daß der § 15 a. a. O. sich auf Plätze überhaupt nicht bezieht, sondern nur auf die auch an Plätzen vorüberführenden Straßen (OVGE. v. 22. Sept. 94, PrVerwBl. 16 S. 85; v. 26. Sept. 98, Bd. 34 S. 100; v. 18. April 04 Nr. IV 541; Bd 45 S. 94; DJZ. 9 S. 1046). Vgl. übrigens Nöll a. a. O. S 34; Adickes a. a. O. S. 300 scheint der Meinung zu sein, daß auch bei neuen Straßen bezüglich der Bürgersteige Beiträge nach § 9 des KAG. zulässig sind. Diese Ansicht, für die Gründe aus dem Gesetz nicht angegeben sind, ist nach der oben gegebenen Darlegung irrig. Örtel (S. 25 a. a. O.) ist ferner der Meinung, daß auch bei der Erbreiterung einer alten Straße Beiträge aus § 9 a. a. O. nicht erhoben werden dürfen. Das ist — vgl. Adickes S. 300 a. a. O. — irrig, denn das Gebiet der alten bebauten Straßen fällt überhaupt nicht unter den § 15, die Erbreiterung einer alten Straße ist aber nicht die Anlegung einer neuen Straße. — Hier muß davon ausgegangen werden, daß der § 15 die von ihm behandelte Materie für das Gebiet der neuen und unbebauten vorhandenen Straßen erschöpfend (als lex specialis) geregelt und alle entgegenstehenden allgemeinen und besonderen gesetzlichen Vorschriften aufgehoben hat und ausschließt (vgl. § 19 und die Bem. dazu) (OVGE. v. 10. Dez 00, PrVerwBl 22 S. 444) Bei solchen Straßen also, welche unter den § 15 d G. v. 2. Juli 75 fallen — einerlei, ob die Anwendung dieses Gesetzes durch Ortsstatut stattfindet oder nicht — kann niemals nach § 9 des KAG. ein Beitrag erhoben werden, auch nicht für ihre Unterhaltung, nachdem der fünfjährige (oder durch Ortsstatut nach kürzerer Dauer bestimmte) Zeitraum verflossen ist. Dieser Auffassung hat sich die Literatur und Rechtsprechung bis jetzt (siehe unten) fast ohne Ausnahme angeschlossen, u. a. v. Örtel, KAG. 1894 S. 21; Nöll, 5. Aufl, S. 32; Germershausen, Wegerecht, 2. Aufl, Bd. 1 S. 559, auch PrVerwBl. 24 Nr. 50; OVG. v 21. März 02, PrVerwBl. 24 S. 408; v. 31. Okt. 02, PrVerwBl. 24 S. 209; v. 5. Jan. 03 Nr. IV 21; v. 25. März 03, „Selbstverwaltung" 30 Nr. 50, PrVerwBl. 26 S. 361.

Das ist — wie Pohlmann in seinem oben angeführten Aufsatze richtig ausführt — ein wenig befriedigender Zustand, und es wäre erwünscht, wenn die von dem Vertreter der Staatsregierung bei der Beratung des KAG. in Aussicht gestellte Neuregelung der Bestimmungen des § 15 nicht zu lange auf sich warten ließe. Vgl. im allg PrVerwBl. 16 S. 524, 19 S. 188; OVGE. v. 23. Juni 97 Nr. II 1178; v. 12. Jan. 98 Nr. II 54.

Um diesen unbefriedigenden Zustand zu mildern — wie man annehmen muß — hat der II. Senat des OVG. in einem (während der Drucklegung dieses Buches erlassenen) Erkenntnisse vom 26. Mai 05 Nr. des Rep. II C 386/04 seine bisherige Stellung in dieser Frage — die er bisher in obigem Sinne mit großer Schärfe vertrat — gänzlich geändert. In dem Erkenntnisse ist wesentlich folgendes ausgeführt: Der Grundsatz, daß für die Unterhaltung von Straßen, die unter § 15 des Baufluchtengesetzes fallen, Beiträge auf Grund des § 9 KAG. nicht erhoben werden dürfen, schließt nur die Heranziehung der Anlieger zu anderen unmittelbaren Sonderleistungen für die Herstellung und Unterhaltung dieser Straßen, als den in § 15 vorgesehenen, aus. Unzulässig ist daher eine Belastung der Anlieger mit Beiträgen aus § 9 des KAG., wenn (erstens) das Unternehmen, dessen Kosten zu decken sind, gerade in der Herstellung oder Unterhaltung ihrer Straße besteht, und (zweitens) die Anlieger einen besonderen Beitrag zu diesem Unternehmen leisten sollen. Zulässig ist dagegen ihre Heranziehung mit Beiträgen zu einem Unternehmen anderer Art (z B. einem Straßendurchbruch oder einem Brückenbau in ihrer Nachbarschaft [? der Verf.]), sowie zu einer allgemeinen Abgabe für Straßenbauzwecke. Die Unterhaltung des ganzen Straßennetzes einer Gemeinde ist in der Regel eine einheitliche Veranstaltung, für welche Beiträge auf Grund des § 9 KAG. von allen bevorteilten Grundbesitzern oder Gewerbetreibenden erhoben werden dürfen, wenn auch erst nach Maßgabe der Ausführung dieser allgemeinen Veranstaltung vermittelst besonderer Teilveranstaltungen (? der Verf.). Die Erhebung von Beiträgen zu einer solchen Veranstaltung ist auch gegenüber den Anliegern neuer Straßen im Sinne des § 15 a. a. O. zulässig, sofern diese Straßen zu dem einheitlichen Straßennetze gerechnet werden dürfen (das ist doch Voraussetzung für eine unter den § 15 fallende Straße. Der Verf.). Die Einheitlichkeit beruht regelmäßig auf der wegerechtlichen Verpflichtung der Gemeinden zur Unterhaltung des Straßennetzes. Die neuen Straßen sind hinsichtlich ihrer Unterhaltung dem gemeinen Wegerechte aber nur hinsichtlich der ersten 5 Unterhaltungsjahre entzogen. Nach Ablauf dieser Zeit kann aus § 15 a. a. O kein Grund entnommen werden, sie von dem Bereiche der einheitlichen Veranstaltung der

Straßenunterhaltung in der Gemeinde auszuschließen. Ihre Anlieger dürfen von diesem Zeitpunkte ab zu Beiträgen für die Veranstaltung in derselben Weise herangezogen werden, wie die Anlieger anderer Straßen. Eine Bestimmung des Ortsstatuts, die sie hiervon ausschließt, verletzt den Grundsatz der Gleichmäßigkeit der Beitragserhebung und ist daher rechtswidrig.

Soweit das Erk. des II. Sen. vom 26. Mai 1905. Den Gemeindeverwaltungen kommt diese neue Auslegung des Gesetzes in weitem Maße entgegen, die Anlieger an neuen Straßen werden davon weniger befriedigt sein. Der Entscheidung stehen erhebliche Bedenken und in der Handhabung unüberwindliche Schwierigkeiten entgegen. Sie geht zunächst über die Entstehungsgeschichte und die Verhandlungen des Landtages, wie sie oben berührt sind, hinweg, verkennt dann aber auch, daß das FluchtlG. eine lex specialis ist, welche ihr Geltungsgebiet erschöpfend geregelt hat, wie das in diesem Komm. ausführlich dargelegt ist Auch ist es ein Irrtum, daß der Grundsatz der Gleichmäßigkeit der Beitragserhebung dadurch verletzt würde, wenn durch eine lex specialis, ein Gesetz, ein geographischer Bezirk der Gemeinde von der Geltung des § 9 KAG. ausgenommen ist. Wie sich aber das Erk. die praktische Handhabung für die unbebauten Grundstücke an neuen Straßen denkt, ist nicht abzusehen. Sollen die Eigentümer, bevor sie bauen, nach § 9 KAG. behandelt werden, und soll dann, wenn sie bauen, diese Anwendung des § 9 (inkl. oder exkl. des Baujahres?) auf 5 Jahre suspendiert werden und, nachdem sie dann die Kosten für die Herstellung der Straße, für die sie schon vielleicht jahrelang Unterhaltungsbeiträge gezahlt haben, ersetzt und sie 5 Jahre lang — nach dem Statut vielleicht durch Naturalleistung — unterhalten haben, die Anwendung des § 9 KAG. wieder in Kraft treten? Man wird gespannt sein dürfen, ob der II. Senat angesichts solcher und anderer Schwierigkeiten bei dieser Rechtsprechung beharren wird

Hier kann nur an der bisherigen Praxis, die fast überall Billigung fand, festgehalten werden. Ist sie auch nicht befriedigend, so entspricht sie doch dem Worte und dem Sinne des Gesetzes. Befriedigend kann die Auslegung des Erk. v. 26. Mai 05 jedenfalls auch nicht genannt werden.

Aus obigem geht schon hervor — und in dieser Hinsicht ist

dem Erk. v. 26. Mai 05 beizutreten —, daß sich der Grundsatz, wie ihn die bisherige Praxis festgehalten hat, nur auf den Umfang der Leistungen bezieht, welche der § 15 behandelt. Deshalb steht nichts entgegen, z. B. Beiträge zu Kanälen, soweit sie zur Entwässerung der an der Straße liegenden Grundstücke dienen, oder Kanalgebühren auf Grund des § 9 a. a. O. auch für neue Straßen zu erheben, denn auf Grund des § 15 können Beiträge nur zu Kanälen, soweit sie die Straße entwässern, erhoben werden (OVGE. v 20. Nov. 97 Nr. II 1689, PrVerwBl. 19 S. 187; v. 27. Nov. 99 Nr. IV 1884; v. 15. März 00 Nr. IV 1734; vgl. Bem. 8b zu diesem Paragraphen S. 211).

Nicht so klar ist das Verhältnis, in dem § 20 Abs. 2 d. KAG. zum § 15 des G. v. 2. Juli 75 steht. Darüber, inwieweit der § 20 Abs. 2 hier angewendet werden dürfe, hat im Plenum des HH. (Sitzung v. 30. Juni 93, StenB. S. 915) eine Verhandlung stattgefunden, die für die Auslegung des Gesetzes keineswegs eine sichere Unterlage bietet. Die Ansichten der Kommentatoren des KAG. (s. Nöll, Adickes, Schwarz, Örtel und Strutz an den oben angegebenen Orten) gehen deshalb auch weit auseinander. Nöll geht offenbar in seinem Kommentar, 5. Aufl. Anm. 2 zu § 10 S. 33, von der Ansicht aus, daß für neue Straßen die Anwendung des § 20 des KAG. ganz ausgeschlossen ist, das scheint allerdings auch der Vertreter der Staatsregierung bei den Verhandlungen des Landtages in seiner letzten Erklärung, im Gegensatz zu den früheren Erklärungen, gemeint zu haben. Das stimmt jedoch mit dem Wortlaut des Gesetzes nicht überein, und bei dem Mangel sonstigen Materials ist doch zunächst davon auszugehen. Wenn es dort in dem Zwischensatze heißt: „und werden Beiträge nach §§ 9 und 10 nicht erhoben", so kann das nicht wohl anders aufgefaßt werden, als daß der Gesetzgeber damit nicht die rechtliche Möglichkeit der Erhebung gemeint hat, sondern den tatsächlichen Zustand, also ob von dieser Möglichkeit auch Gebrauch gemacht ist, d. h. ob ein Gemeindebeschluß nach § 9 des KAG. und ein Ortsstatut nach § 10 daselbst (§ 15 des G. v. 2. Juli 75) vorliegt. Danach können die Gemeinden in Fällen, auf die sich § 15 bezieht, entweder von dieser Vorschrift oder von dem § 20 Abs. 2 des KAG. Gebrauch machen (vgl. den Bericht der Komm. des HH. Nr. 90 der Drucksachen 1892/93). Über die materielle Bedeutung des § 20 des KAG. s. OVGE. v. 9. Dez. 98, PrVerwBl. 20 S. 440

c) Nach dem festgesetzten Maßstabe sind zu verteilen **„die Kosten der gesamten Straßenanlage"**. Darin ist zunächst ausgedrückt, daß **jede Straße für sich** behandelt werden muß und nicht die Kosten von zwei Straßen zusammengeworfen werden können (OVGE. v. 21. Febr. 98 Nr. IV 361). Ferner liegt darin eine grundsätzliche Abweichung von dem früher in Berlin bestehenden Regulative, wie es wenigstens in der E. d. RG. II. HilfsS. v. 13. Okt. 81, PrVerwBl. 3 S. 115 ausgelegt worden ist; denn hier wird angenommen, die Beitragspflicht auf Grund des Regulativs entstehe nicht erst nach vollendeter Pflasterung der ganzen Strecke, sondern trete für jeden Anlieger mit der erfolgten Pflasterung derjenigen Strecke ein, an welche sein Grundstück grenze; selbst wenn die Pflasterung noch nicht vor der ganzen Front vorübergeführt sei, könne der Beitrag zu den Kosten, soweit die Pflasterung vor dem Grundstücke vorgeschritten sei, eingefordert werden. — Ein derartiges Vorgehen ist durch den Abs. 2 des § 15 zweifellos ausgeschlossen; aus der gesamten Straßenanlage können nicht beliebige Stücke, die als Straße keine eigene Bedeutung haben, herausgenommen, etwa willkürlich vor einem oder mehreren einzelnen Grundstücken ein Bürgersteig oder die Pflasterung der ganzen Breite der Straße angelegt und dann schon der Ersatz für die dadurch erwachsenden Kosten verlangt werden (OVGE. v. 10. Sept. 89 Nr. II 747 u. v. 14. Okt. 92 Nr. II 982, PrVerwBl. 14 S. 174; v. 15. Mai 99 Nr IV 822; v. 15. Febr. 00 Nr IV 257; v. 14. Dez. 03 Nr. IV 1960). Dagegen bedarf es unter Umständen einer genaueren Bestimmung, was unter der „gesamten Straßenanlage" zu verstehen ist. Welche Straßen angelegt und ausgebaut werden sollen, hat an sich die Gemeinde festzustellen; infolgedessen muß sie auch befugt sein, zu beschließen, daß von einer langausgedehnten neuen Straße zunächst nur einzelne Strecken hergestellt werden sollen; das kann je nach den Verhältnissen nicht bloß entschieden angezeigt sein — z. B. wenn an den entfernteren Teilen eine Bebauung in nächster Zukunft nicht zu erwarten ist —, sondern sich sogar auch als unvermeidlich ausweisen — wenn etwa der völligen Durchführung des Planes einstweilen Hindernisse entgegenstehen. In solchen Fällen läßt sich dem Umstande, daß aus naheliegenden Zweckmäßigkeitsrücksichten die Fluchtlinien sofort für die ganze Ausdehnung der Straße festgesetzt sind, nicht wohl die Wirkung beilegen, der gesamten Strecke den Charakter einer unteilbaren Einheit aufzuprägen; die Gemeinde ist also in der Lage, die zurzeit in Betracht kommende „Straßenanlage" auf die Herstellung einzelner Abschnitte zu beschränken (OVGE. v. 26. Sept. 98 Nr. IV 1595; v. 8. Dez. 98, Bd. 34 S. 92; v. 5. April 00 Nr. IV 582). Es genügt, wenn erkennbar ist, daß die Gemeinde sich aus sachlichen Gründen einstweilen auf den Ausbau eines Teiles des projektierten Straßenzuges beschränkt hat (OVGE. v. 2. Okt. 02 Nr. IV 1788; v. 7. Juli 02, Bd. 41 S. 145). Wie schon bemerkt, sind, wenn hierbei die Anliegerbeiträge nicht für die ganze Straße, sondern nur für solche selbständige Teile eingezogen werden, die für deren Herstellung entstandenen Kosten gesondert zu berechnen und nur von den an dem Straßenteil grenzenden Anliegern anzufordern (OVGE. v. 2. Okt. 02, Bd. 42 S. 30). Hierbei kann es sehr wohl vorkommen, daß ein einheitliches Baugrundstück mit einem Teil seiner Straßengrenze an der einen, mit einem anderen Teil an der anderen Strecke (Straßenteil) liegt und so für beide Teile verschiedene Einheitssätze zur Anwendung kommen (OVGE. v. 7. Juli 02, Bd. 41 S. 146, 147; v. 14. Dez. 03 Nr. IV 1960). Dies wird jedenfalls nicht dadurch grundsätzlich ausgeschlossen, daß im § 15 bei der Anlegung einer neuen Straße nicht auch, wie bei dem Anbaue an schon vorhandenen, bisher unbebauten Straßen, die Straßenteile besonders erwähnt werden. Sollten die Gemeinden hierbei in einer Weise vorgehen, die einzelne Anlieger erheblich benachteiligt, so würde dagegen die kommunale Aufsichtsbehörde angerufen werden können. Immerhin mangelt aber auch dem Herangezogenen der Rechtsschutz nicht, da der Verwaltungsrichter befugt bleibt, bei entstehendem Streite darüber zu entscheiden, was unter der gesamten Straßenanlage zu verstehen ist. Das Berliner Statut enthält darüber im § 4 eine Bestimmung, die auch in andere Statute übergegangen ist, und an sich mit dem Gesetze vereinbar erscheint, mehrfach aber in unstatthafter Art gehandhabt ist. An die Stelle der gesamten Straßenanlage darf nicht eine ganz anders geartete, überhaupt nicht mehr unter diesen Begriff zu bringende Einheit gesetzt werden. In der Regel muß es erkennbar sein, daß es sich um eine in sich abgeschlossene Anlage handelt (OVGE Bd. 25 S. 86ff.; v. 10. Juli 97

Nr. II 1265). Von diesem Gesichtspunkte aus ist bisher vom OVG. auch für den § 15 anerkannt, daß der Ausbau eines Straßenabschnittes, der zwischen zwei Querstraßen liegt oder sich durch sonstige Merkmale als ein besonderer Straßenteil kennzeichnet, als eine für sich bestehende Straßenanlage behandelt werden kann (OVGE. v. 3. Juli 95 Nr. II 1065, Bd. 37 S. 55ff.); auch kann dafür ein vorhandener Weg, wenn er auch nur ein unregulierter Fußweg ist, und der Umstand, daß eine im Zuge dieses Weges projektierte Querstraße in die Straße einmünden soll, eine sachgemäße Grundlage geben (OVGE. v. 16. Dez. 01 Nr. IV 2277; v. 22. Jan. 03, Bd. 42 S. 265); ebenso wenn die Niveauverhältnisse für die Entwässerung einen natürlichen Abschnitt ergaben (OVGE. v. 8. Dez. 98, Bd. 34 S. 92; v. 13. Juni 99, Bd. 36 S. 61; v. 2. Okt. 02, Bd. 42 S. 30).

Die zu ein und derselben Zeit erfolgte Regulierung eines Straßenabschnittes allein ist aber hierbei nicht maßgebend. Auch der Umstand, daß ein sonst als besonderer Straßenteil erkennbarer und als solcher behandelter Abschnitt in mehreren aufeinanderfolgenden Jahren fertiggestellt ist, kann nicht zu der Annahme führen, daß es sich um gesonderte selbständige Straßenanlagen handele (E. Bd. 37 S. 55ff.)

Der Regel nach ist es für unzulässig zu erachten, eine breite, mit zwei Fahrdämmen und zwei Bürgersteigen, in der Mitte mit einem Promenadenwege versehene Straße der Länge nach zu spalten und somit als aus zwei Straßen bestehend anzusehen. Nur da, wo die Promenade eine selbständige, nicht zur Straße gehörige Anlage bildet, ist dies als statthaft erachtet, wie dieses z. B. in Berlin hinsichtlich der durch den kleinen Tiergarten getrennten Straße „Altmoabit" und Turmstraße der Fall ist; hier bildet die Promenade unzweifelhaft eine selbständige, eine Trennung herbeiführende Anlage (OVGE. v. 2. Mai 90 Nr. II 432; v. 24. Febr. 91 Nr. II 221; v. 16. Sept. 92 Nr. II 884 u. 885, PrVerwBl. 14 S. 171 u. v. 12. Mai 93 Nr. II 522, PrVerwBl. 15 S. 17). Die Sache liegt aber bei Straßen, welche nur durch eine Mittelpromenade oder durch einen Reitweg längs in zwei Hälften geteilt werden, doch nicht so unzweifelhaft. In Bem. 6 zu § 12 ist allerdings bezüglich der Frage, ob ein Straßenteil den polizeilichen Bestimmungen gemäß fertig gestellt sei, hervorgehoben, daß man die eine

Hälfte der Straße (bei Längsteilung) nur unter besonderen Umständen als einen besonderen Straßenteil ansehen könne, daß in der Regel die Straße als eine Einheit anzusehen sei. Dies ist bei den gewöhnlichen Straßen, wie sie regelmäßig gebaut werden, unzweifelhaft (vgl. OVGE. v. 20. Jan. 98 Nr. IV 141, PrVerwBl 19 S. 370). Es fragt sich aber, ob dieser Grundsatz gleicherweise auch für den § 15 bei sehr breiten Straßen, wie sie oben näher dargestellt sind, durchschlägt. Das OVG. scheint nach dem Inhalte des Erk. in den E. Bd 25 S. 88 ff. (PrVerwBl. 19 S. 371) dieser Ansicht zugeneigt zu haben. Es handelte sich um einen Fall, in dem eine durch Mittelpromenade in eine nördliche und südliche Hälfte — jede mit Fahrdamm und Bürgersteig — gespaltene Straße von der Gemeinde zunächst vor Erlaß des Ortsstatuts auf ihrer nördlichen Hälfte ausgebaut und dem Anbau freigegeben wurde, während die südliche Hälfte noch unreguliert und in Privatbesitz blieb. Später wurde nach Erlaß des Ortsstatuts auch diese ausgebaut und die herangezogenen bauenden Anlieger behaupteten nun, die Straße sei eine einheitliche und sie hätten folgeweise an einer vorhandenen bebauten Straße gebaut, seien also nicht beitragspflichtig, während die Gemeindebehörde aus demselben Prinzip der Einheitlichkeit folgerte, daß demnach gerade die ganze Straße noch eine nicht vorhandene, sondern neue sei, deren Anlegungsperiode einen längeren Zeitraum in Anspruch genommen hatte. Für beide Ansichten läßt sich vieles anführen. Man wird aber für die Anwendung des § 15 noch einen anderen Gesichtspunkt in Betracht ziehen können. Es ist nicht ohne Bedeutung, daß der § 15 für die Anlegung neuer Straßen den Begriff des Straßenteiles in dem Sinne, wie er im § 12 gebraucht ist, nicht kennt. Wenn die Gemeinde im Anschluß an eine bestehende Straße etwa ins freie Feld hinaus oder im Zuge eines aus dem Orte hinausführenden Kommunikationsweges eine neue Straßenanlage herstellt, so kann sie den Abschnitt, bis zu welchem sie die Herstellung beschließt und ausführt, ganz willkürlich wählen, selbst wenn die Fluchtlinien noch weiter festgestellt sind; das Gesetz legt ihr in dieser Beziehung keine Schranken auf. Die so hergestellte Straßenanlage ist die neue Straße, deren Gesamtkosten den bauenden Anlieger nnach Maßgabe ihrer Frontlänge auferlegt werden können, und die Anlieger können ihre Pflicht nicht mit dem Einwande bestreiten, daß die Anforderung unzulässig sei, weil die Straße keinen äußerlich erkennbaren Abschluß habe und erst bis zu einem solchen weiterzuführen sei; dafür gibt das Gesetz gar keinen Anhalt; es liegt vielmehr in dem Ermessen der Gemeinde, wie weit sie in solchen Fällen die Straße als Einheit neu anlegen und ausbauen will; erforderlich ist allerdings, daß sich dieser Straßenabschnitt auch äußerlich immer noch als die Anlage einer neuen Straße oder eines neuen Straßenabschnittes erkennen läßt (vgl. oben). Läßt aber für eine solche Querteilung bei Anlegung von neuen Straßen oder Verlängerung bestehender Straßen das Gesetz dem sachgemäßen Ermessen der Gemeinde weiten Spielraum, so ist nicht wohl einzusehen, weshalb dieses bei der Längsteilung einer Straße, wie sie hier in Frage steht, ausgeschlossen sein soll. Selbstverständlich muß auch dann jeder Teil äußerlich als die Gesamtanlage einer Straße sich darstellen, es muß ein vollständiger (nicht halber) Fahrdamm usw. dem Programm gemäß vorhanden sein. Von diesem Gesichtspunkte aus wird man wohl — um bei dem obigen Fall zu bleiben — die nördliche Hälfte der Straße als eine vorhandene bebaute Straße und die südliche Hälfte als eine neue Straße im Sinne des § 15 ansehen können. Damit wird auch dem praktischen Bedürfnis Genüge geleistet. Dem würde auch nicht entgegenstehen, daß nach dem ursprünglichen Programm beide Straßenabschnitte demnächst eine einheitliche Straße bilden sollen Wenn nach dem tatsächlichen Vorgehen der Gemeinde erst die nördliche Straßenanlage, welche in sich als eine abgeschlossene sich darstellt, hergestellt ist, so wird man wohl mit Recht sagen können, daß d i e s e Straßenanlage eine vorhandene Straße und die später hergestellte südliche ebenso in sich abgeschlossene Straßenanlage eine neue Straße ist (PrVerwBl. 19 S 371), mögen beide auch nachher, wenn sie fertig sind, nur eine Straße darstellen. Zugegeben muß allerdings werden, daß Fälle vorkommen können, wo auch diese Gesichtspunkte eine Entscheidung noch zweifelhaft erscheinen lassen und die konkrete Gestaltung der tatsächlichen Verhältnisse zu einer anderen Auffassung hindrängen. Die Beurteilung wird sich wesentlich nach den tatsächlichen Verhältnissen der Entwickelung und des Ausbaues der Straße und auch danach richten, wie tatsächlich die Gestaltung der Flächen innerhalb der Fluchtlinien sich darstellt (OVGE. v. 25. Nov. 01, PrVerwBl. 23 S 505).

In dem Erk. v 8. Dez. 98, Bd. 34 S. 84ff. hat das OVG. den

obigen Ausführungen sich im wesentlichen angeschlossen. Vgl. OVGE. v. 24. Febr. 02, Bd. 41 S. 117, in dem hier behandelten Falle lagen die tatsächlichen Verhältnisse eben so, daß nur von zwei verschiedenen Straßenanlagen gesprochen werden konnte; anders in dem Falle des Erk. v 15. März 00, Bd. 37 S. 55. Es kann auch vorkommen, daß Eisenbahnen die Straßen und Wege in zwei selbständige Kommunikationsanstalten trennen (OVGE. v 25. Nov. 01, PrVerwBl. 23 S. 505). — Bezüglich der am Schluß zu Bem. 3 § 1 erwähnten Ladestraßen, welche häufig neben anderen Straßen herlaufen und oft eine Einheit mit diesen bilden oder zu bilden scheinen, kommt es ebenfalls darauf an, ob sie tatsächlich besondere Straßenanlagen sind, die zum überwiegenden Teile Ladezwecken dienen. Ist dieses der Fall, so dürfen die für sie aufgewendeten Kosten den Kosten der parallellaufenden zum Anbau bestimmten Straßen nicht hinzugerechnet werden (OVGE. v. 26. Sept. 98 Nr. IV 1595, Bd. 34 S. 94).

d) Der Absatz 2 hat eine Fassung erhalten, deren Auslegung zu manchen Unklarheiten geführt hat. Man hat aus ihr den Schluß ziehen wollen, daß die Gemeinde erst dann berechtigt wäre, die Anliegerbeiträge auszuschreiben, wenn die Straße in allen Teilen dem Programm gemäß fertig und die Gemeinde in der Lage sei, die Kosten festzusetzen; daß also die Anlieger, welche Gebäude an einer in der Anlegung begriffenen Straße erbauen, ein Recht darauf hätten, daß die ganze Straße erst völlig fertig sei (OVGE v. 2. Okt. 02 Nr. IV 1788, Bd. 42 S. 30). Das aus dieser Bestimmung zu folgern, ist gewiß irrig, denn dann würde es — worauf unten zurückzukommen — unzulässig sein und gegen das Gesetz verstoßen, wenn in den Ortsstatuten eine Spaltung der Kosten (für Freilegung, Pflasterung usw.) und ihrer Einziehung vorgesehen wäre. Mit der fraglichen Bestimmung hat nur verboten werden sollen, eine Straße willkürlich in Teilstrecken zu zerreißen, von den einzelnen Eigentümern die Beiträge zu berechnen und zu erheben, sobald nur der vor ihren Grundstücken belegene Straßenabschnitt vollendet ist. In jenen Worten ist der Grundsatz niedergelegt, daß nicht so zu sagen die Straße zu verteilen ist, sondern daß der Kostenbetrag der ganzen Anlage den Dividendus zu bilden und jeder Adjazent den auf das laufende Meter fallenden Betrag der Straßenbaukosten so oft zu bezahlen hat, als seine die Straße berührende

Grenze Meter enthält (PrVerwBl. 13 S. 486, 14 S. 358; OVGE. Bd. 25 S. 86 ff.; v. 15. Febr. 00 Nr. IV 257). Unter den „Kosten der gesamten Straßenanlage“ ist also nicht zu verstehen „die Kosten der Anlagen der gesamten Straße“, sondern die gesamten Kosten derjenigen Straßenanlage, für welche Beiträge zu erheben die Gemeinde durch das Ortsstatut ermächtigt wird. Wenn nach Abs. 3 des § 15 das Ortsstatut die näheren Bestimmungen „innerhalb der Grenzen vorstehender Vorschrift“ festzusetzen hat, so kann hiernach und nach allgemeinen Grundsätzen kein Zweifel obwalten, daß die Gemeinde berechtigt ist, im Statute weniger zu verlangen, als wozu das Gesetz sie ermächtigt Sie kann also beschließen, z. B. nur für den Grunderwerb und die Pflasterung den Kostenersatz durch Beiträge zu erheben; auch dann sollen nach der Bestimmung des Abs. 2 die Kosten dieser gesamten Straßenanlage zusammengerechnet und den Anliegern nach Maßgabe des Gesetzes zur Last gelegt werden. — Gleichwohl ist jener Grundsatz, daß der Beitrag erst dann gefordert werden kann, wenn diejenige Straßenanlage, für welche Beiträge zu fordern das Statut ermächtigt, in ihrer Gesamtheit fertig gestellt und der Kostenbetrag festgestellt werden kann, durchaus richtig, er folgt aus der Natur der Anliegerbeiträge. Die Verpflichtung der Anlieger geht auf Ersatz der erforderlichen Kosten. Es handelt sich also um eine Ersatzpflicht und es darf deshalb die Gemeinde nur das fordern, was sie selbst verwendet hat; für die Leistung der Abgaben (Beiträge) hat die Gemeinde eine Gegenleistung, die Herstellung der neuen Straße, zu gewähren; da aber ein Erstattungsanspruch in Frage steht, so muß die Gemeinde vorleisten, sie darf Beiträge nur zur Herstellung solcher Einrichtungen erheben, welche sie selbst fertig gestellt hat (PrVerwBl. 15 S. 3; OVGE. Bd. 25 S. 98; v. 19. März 00 Nr. IV 477; v. 6. Mai 01, Bd. 40 S. 107 u. a.; vgl. Bem. 5 zu diesem Paragraphen S. 178). Dieser Grundsatz muß auch Anwendung finden, wenn das Ortsstatut eine Spaltung der Kosten vorsieht; die Kosten der Freilegung, ersten Einrichtung usw. dürfen nur gefordert werden, wenn diejenige Leistung, für welche das Statut eine besondere Berechnung gestattet, in sich abgeschlossen und vollendet ist (OVGE. Bd. 22 S. 77, PrVerwBl. 13 S. 277, 14 S. 25, 367; v. 5. Juni 99 Nr. IV 939 u. a.).

Schon oben ist hervorgehoben, daß aus der Bestimmung des

Abs. 2 des Gesetzes keineswegs der Grundsatz abzuleiten sei, daß unter allen Umständen die Gemeinde verpflichtet sei, erst die ganze Straße dem Programm gemäß fertig zu stellen, bevor sie die Beiträge einfordern könne. Es ist ferner erwähnt, wie die Gemeinde selbstverständlich das Recht habe, in dem Ortsstatute zu bestimmen, daß sie einen Teil der Straßenanlage auf allgemeine Kosten der Gemeinde übernehme und nur für den übrigen Teil — etwa nur den Grunderwerb, oder die Pflasterung usw. — Beiträge von den Anliegern erheben wolle. Daraus folgt — und dem steht auch weder die Absicht noch der Wortlaut des Gesetzes entgegen —, daß in dem Statute die Anordnung getroffen werden darf, wonach die durch einzelne, vollständig zur Durchführung gebrachte Leistungen verursachten Kosten gesondert zusammengerechnet und umgelegt werden können, sog. **Spaltung der Kosten** (OVGE. v. 13. Juni 99, Bd. 36 S. 61, PrVerwBl. 21 S. 115; v. 27. Nov. 02, Bd. 42 S. 25; v. 28. März 04 Nr. IV 459). Das rechnerische Ergebnis bleibt in solchen Fällen dasselbe, auch weist der Abs. 1 des § 15 selbst auf die Möglichkeit hin, den Gesamtbegriff der Straßenanlegung in die Einzelbegriffe der Freilegung, ersten Einrichtung, Entwässerung, Beleuchtungsvorrichtung zu zerlegen (OVGE. v. 6. Mai 96 Nr. II 920; v. 23. Mai 98 Nr. IV 977). Sofern aber in dem Statute nichts anderes festgesetzt ist, muß es bei der Verteilung der Gesamtkosten nach Vollendung der ganzen Anlage bewenden. Dies trifft insbesondere auch für das Berliner Statut zu, das eine Spaltung überhaupt nicht vorsieht. Der Ministerialerlaß v. 6 Juni 88 (MBl. S. 125) scheint umgekehrt anzunehmen, es dürfe eine teilweise Einziehung der Kosten auch ohne eine dahin gehende Bestimmung im Statute erfolgen. Diese schon in der zweiten Auflage für bedenklich erklärte Anschauung ist denn auch vom OVG. verworfen (E. Bd. 22 S. 80, 81; v. 31. Okt. 90 Nr. II 962; v 2 u. 5. Febr. 92 Nr. II 133 u. 142, PrVerwBl. 14 S. 223 u. 277; v. 1. Juli 92 Nr. II 703, PrVerwBl 14 S. 25; v. 17. Nov. 93 Nr. II 1267; v. 11. Dez 95 Nr. II 1840). Das OVG. hat daran festgehalten, daß die Abgabe eine **einheitliche** ist, d. h. daß sie sämtliche Kosten — bei ortsstatutarischer Spaltung die sämtlichen Kosten der Einzelleistung — und für die gesamte Länge der beitragspflichtigen Front in einer Summe zum Ausdruck bringen muß (OVGE. Bd. 22 S. 80 ff.; v. 11. Dez. 95

Nr. II 1840; v 4. Dez. 97 Nr. II 1941, Bd 25 S. 98, PrVerwBl. 19 S. 358; v. 7. März 96 Nr. II 500). Es liegt das in der Natur der Sache. Es kann in der Regel nicht für zulässig erachtet werden, die Veranlagung stückweise nach der fortschreitenden Herstellung der Straße vorzunehmen und dadurch dem Anlieger anfänglich die Übersicht, wie viel er im ganzen zahlen soll, vorzuenthalten, ihn unter Umständen zur Erhebung wiederholter Einsprüche zu nötigen und eine kaum mehr begrenzte Vermehrung der Prozesse herbeizuführen, welche eine getrennte Entscheidung über einzelne Teile eines und desselben Anspruchs zur Folge haben würde. Es ist deshalb eine solche provisorische Veranlagung und Einforderung eines Teiles des einheitlichen Anliegerbeitrages unter dem Vorbehalte späterer Nachforderungen oder späterer anderweiter Normierung unzulässig (OVGE. Bd. 17 S. 163, Bd. 22 S. 77; v. 14. Juni 92 Nr. II 652; v. 17. Nov. 93 Nr. II 1267; v. 11. Dez 95 Nr. II 1840; v. 21. Febr. 98 Nr. IV 361; v. 19. März 00 Nr. IV 477; v. 28. März 04 Nr. IV 459). Beiträge für provisorische Einrichtungen vorbehaltlich späterer definitiver Regelung der Beitragspflicht dürfen nicht erhoben werden (E. Bd. 25 S. 98) und Beiträge dürfen nicht eher erhoben werden, als bis die Straße — bei Spaltung der Kosten die einzelne Einrichtung — nach dem Programm, soweit die Ersatzpflicht statutarisch oder nach den Beschlüssen der Gemeinde feststeht, fertiggestellt ist, die Anlieger können solche Erhebung von Teilbeträgen vor Fertigstellung der Straße als verfrüht zurückweisen. Davon ganz verschieden ist die Frage, ob der Gemeinde es verwehrt ist, Nachforderungen innerhalb der Frist des § 87 des KAG. — soweit nicht ein früherer wirksamer Verzicht der Gemeinde vorliegt — zu stellen. Darin ist die Gemeinde durch die bestehenden Vorschriften nicht beschränkt. Sind Beiträge für eine provisorische Einrichtung erhoben und ohne Einspruch gezahlt, so steht das der späteren Heranziehung zu den Kosten der definitiven Einrichtung nicht entgegen (E. Bd. 25 S. 98). Ebenso wenn im Statute eine Spaltung der Kosten nicht vorgesehen ist und Beiträge für einzelne Einrichtung erhoben und bezahlt sind. Wenn bei der Heranziehung irrtümlich nur ein Teil der anliegenden Grundstücksgrenze berücksichtigt ist, so können nachträglich Beiträge auch für die übrigen Teile des durch Bebauung pflichtigen Grundstücks erhoben werden (E. Bd. 23 S. 57, 59; OVGE. v. 15. März 00 Nr. IV 2103). Auch wenn die Heranziehung durch den Magistrat nach Fertigstellung der Straße (oder bei Spaltung: der Einrichtung) eine endgültige sein sollte, so kann nachträglich noch gefordert werden, was infolge besonderer Umstände, z. B. irrtümlicher Berechnung, versehentlicher Auslassung von aufgewendeten Kosten, zu wenig angesetzt war — nur darf kein rechtswirksamer Verzicht vorliegen und die Frist des § 87 des KAG. nicht versäumt sein (OVGE. v. 15. März 00, Bd. 37 S. 51; v. 27. Nov. 02, Bd. 42 S. 25; v. 15. Dez. 98 Nr. IV 2155, PrVerwBl. 16 S. 178, 525; v. 8. März 99 Nr. II 327, PrVerwBl. 21 S. 35; vgl. Bem. 10a S. 253 und 10d S. 260 zu diesem Paragraphen). Die Frage, ob die Gemeinde berechtigt ist, auch gegen den Inhalt des Statuts im Einzelfalle die Berechnung einzuschränken, beantwortet sich nach obigem von selbst. Erhellt es klar, daß sie ihre gesamte Forderung einschränken, also auf das Mehr verzichten will, so ist solches unzweifelhaft zulässig und der pflichtige Anlieger kann nicht etwa einwenden, er brauche nicht zu zahlen, weil die Gemeinde zu wenig verlange (OVGE. v 23 Dez. 01 Nr. IV 2335). Es kann ja leicht vorkommen, daß z. B. sich die Prozesse wegen des Grunderwerbs noch lange hinausziehen, während die Straße sonst schon völlig hergestellt ist; wenn die Gemeinde es dann in ihrem Interesse begründet findet, den Zeitpunkt der Beendigung der Prozesse nicht abzuwarten und lieber auf den Ersatz der Kosten des Grunderwerbs zu verzichten, um gleich zum Ersatz der anderen Kosten zu gelangen, so wird sie diese Kosten ohne weiteres anfordern können (OVGE v. 28. Dez. 99 Nr. IV 2101). Hat die Gemeinde auf Ersatz solcher Kosten — z. B. der Freilegung der Straße — endgültig verzichtet, so ist es unerheblich, ob solche Arbeiten, also diese Freilegung, noch zur Fertigstellung der Straße gehört, denn der Herangezogene hat keinen Anspruch darauf, daß die Gemeinde die Straße fertig stelle, bevor sie den Beitrag zu den bereits aufgewendeten Kosten erhebt (OVGE. v. 3. Jan. 00 Nr. IV 11, PrVerwBl. 22 S. 479; v. 15. Mai 99 Nr. IV 822; v. 2. Okt. 02 Nr. IV 1788; v. 6. April 03 Nr. IV 645). In solchen Fällen ist es freilich ausgeschlossen, daß die Gemeinde später ihre Ansicht ändern und die nicht eingeforderten Kosten noch später nachfordern darf. Es mag im Einzelfalle oft schwierig sein, zu erkennen, ob die Gemeinde auf den nicht angeforderten Rest wirklich verzichten will oder nicht. Ist aber aus den Tatumständen ersichtlich, daß es sich nicht bloß um eine vorläufige Heranziehung unter Vorbehalt von Nachforderungen handelt, sondern entspricht die Heranziehungsverfügung sonst dem § 15 d. G., so kann durch die Nichteinbeziehung eines Teiles des Kostenaufwandes die Heranziehung nicht als eine ungesetzliche angesehen werden. Eine Nachforderung wird allerdings dann ausgeschlossen, wenn die Gemeinde erkennbar auf weiteres verzichten wollte (vgl. OVGE. v. 21. Febr. 98 Nr. IV 361; v. 28. Dez. 99 Nr. IV 2101). Bei einem solchen Verzicht auf einen Teil der Ausgaben ist es auch für die Frage, wann die Gemeinde die Erstattung der anderen Ausgaben verlangen kann, nicht entscheidend, ob die Straße bereits nach § 12 d. G. als fertiggestellt anzusehen ist, es darf nur nichts gefordert werden, was noch nicht ausgeführt ist. Daß dabei, wenn die Straße noch nicht dem Statute gemäß fertiggestellt ist, für neue Wohngebäude von dem Bauverbot Gebrauch gemacht werden kann, versteht sich von selbst (OVGE. v. 6. April 03 Nr IV 645).

Aus dem Vorgetragenen folgt von selbst, daß da, wo die Herstellung der Bürgersteige nach dem bestehenden Ortsrecht eine Polizeilast der Anlieger ist, die Gemeinde befugt ist, die Regelung der Verhältnisse des Bürgersteiges aus dem Statute ganz auszuscheiden (vgl. auch § 19).

Bei der ortsstatutarischen Feststellung wird dahin zu sehen sein, daß die entgegenstehenden Interessen der Gemeinden und der Grundeigentümer angemessen gegeneinander ausgeglichen werden. Nach dem Grundgedanken des § 15 muß jedenfalls vermieden werden, die Anlieger zu einem Zeitpunkte heranzuziehen, wo sie von der Straßenanlage erst einen sehr geringen Vorteil haben; es erscheint daher bedenklich, eine Verteilung der allein für den Grunderwerb aufgewendeten Kosten zu gestatten, da der Ausbau der Straße sich hinterher noch länger verzögern kann. In gewissen Fällen ist eine Spaltung der Kosten von vornherein ausgeschlossen; es braucht nur an die im § 2 des Berliner Statuts aufgenommene und von da in viele andere Statute übergegangene Bestimmung erinnert zu werden, wonach das unentgeltlich abgetretene Straßenland zu einem besonders ermittelten Werte in

Rechnung gestellt und demnächst den betr. Anliegern auf ihren Beitrag zu den Gesamtkosten in Abzug gebracht wird; hier verbietet es sich von selbst, etwa die Pflasterungskosten für sich und ohne Rücksicht auf die Grunderwerbskosten zu verteilen und einzuziehen.

Abgesehen davon liegt es nahe, die Ausgaben zu zerlegen in Kosten 1. der Freilegung, 2. der ersten Einrichtung, 3. der Entwässerung, 4. der Beleuchtungsvorrichtung; in einigen Statuten sind noch die Kosten für Anlegung der Bürgersteige besonders behandelt Bei jeder derartigen Teilung ist übrigens festzuhalten, daß immer nur einzelne Ausgaben*arten* besonders behandelt werden dürfen und aus dem Statut genau erkennbar sein muß, welche Veranstaltungen des Ausbaus eine solche Selbständigkeit besitzen sollen, daß ihre Kosten schon vorläufig, vor Fertigstellung der übrigen Veranstaltungen ausgeschrieben werden dürfen. Es ist auch hierbei der Natur der Ersatzleistung gemäß daran festzuhalten, daß die Gemeinde vorleisten muß, daß also auch die einzelnen Ausgabearten nicht eher zur Grundlage einer Heranziehung gemacht werden dürfen, bis die dazu gehörigen Einrichtungen vollständig durchgeführt sind und die Kosten dafür festgesetzt werden können Hängen zwei in dem Statute vorgesehene Ausgabearten so eng zusammen, daß die dazu gehörigen Einrichtungen gesondert nicht durchführbar sind, so ist auch ihre Ausschreibung nicht eher zulässig, bis die Einrichtungen für beide vollendet sind und event. die Kostenfestsetzung stattgefunden hat Endlich ist es auch nicht angängig, daß sich die städtischen 2c Behörden in den Statuten etwa eine Teilung der einzelnen Ausgabearten für jeden besonderen Fall nach ihrem Ermessen vorbehalten, es muß vielmehr die Teilung im Statut stets nach bestimmten objektiven Momenten festgesetzt sein (OVGE. Bd. 22 S. 77ff.; v 1. Juli 92 Nr. II 703 und v. 17. März 93 Nr. II 303, PrVerwBl. 14 S 25 und 367; E. v. 23. Mai 98 Nr. IV 977; v 27. Nov. 02, Bd. 42 S. 25).

Die Bestimmung eines Statuts, wonach die Zahlungspflicht auf einen bestimmten Zeitraum nach Eröffnung der Straße festgesetzt wird, ist rechtsungültig (OVGE v. 19. Okt. 03, PrVerwBl. 25 S. 386) Ebenso eine Bestimmung, wonach der Magistrat, sobald die auszuführenden Arbeiten begonnen sind, von dem zur Erstattung der Kosten Verpflichteten später diesen anzurechnende

Vorschüsse in angemessener Höhe und gleicher Weise einziehen lassen darf (OVGE. v. 16. März 03, Bd. 43 S. 19).

e) Bei der Verteilung und Einziehung der **Unterhaltungskosten** dürften Zweifel und Schwierigkeiten nicht leicht hervortreten. An eine Zerlegung, wie sie eben besprochen ist, wird hier schwerlich je gedacht werden. Daß diese Kosten alljährlich aufgebracht werden, entspricht der Natur der Sache; es würde das durch Statut aber auch anders geordnet werden können.

10. Die den Eigentümern auferlegten Beiträge gehörten auch schon vor Erlaß des Kommunalabgabengesetzes zu den **Gemeindelasten** im Sinne des § 18 Nr. 2 und § 34 Nr. 2 des Zuständigkeitsgesetzes v. 1. Aug. 83; es war daher gegen die Heranziehung die Betretung des Rechtsweges ebenso wie bei den sonstigen öffentlichen Abgaben ausgeschlossen. Dies hat das RG., während von ihm früher namentlich in Beziehung auf die aus dem Berliner Regulative vom 31. Dez. 38 hervorgehende Straßenbaupflicht, ein entgegengesetzter Standpunkt eingenommen war, in der E. d. IV. ZS. v 24. März 81 (PrVerwBl. 3 S. 348) anerkannt und seitdem unverändert festgehalten (vgl. auch RG. IV. ZS. v. 8. Juli 86, Bd 17 S. 199; V. ZS. v 26. April 90, PrVerwBl. 11 S. 554; V. ZS. v. 17. Febr. 94 und v. 22. Sept. 94; E. d. RG. Bd. 32 S. 345 und Bd. 34 S 246 u. a.). Vom OVG. ist es von Anfang an angenommen (E. Bd. 12 S. 126ff., Bd. 13 S. 161ff., Bd. 15 S. 147ff., Bd. 17 S. 163ff.). Demgemäß richteten sich die den Eigentümern gegen ihre Heranziehung zustehenden Rechtsmittel nach den Bestimmungen des Zuständigkeitsgesetzes. — Vom 1. April 95 ab gelten die Vorschriften des Kommunalabgabengesetzes vom 14. Juli 93, soweit es sich um Beiträge handelt. Die Herstellung der Straße selbst, welche auch nach § 15 von den Anliegern verlangt werden kann, ist zwar eine Gemeindelast, fällt aber nicht unter den § 69 des Kommunalabgabengesetzes, für sie bleibt es demnach bei dem Rechtszustande, welcher vor Erlaß des Kommunalabgabengesetzes bestand. Nach den Verhandlungen des HH. über das Kommunalabgabengesetz könnte es den Anschein gewinnen, als ob die Absicht vorgelegen hätte, den § 69 auf alle Leistungen nach dem Baufluchtengesetze Anwendung finden zu lassen (vgl. Nöll, Kommentar, 5. Aufl. S. 244 Anm. 9). Das würde dem klaren Wortlaut widersprechen; wahrscheinlich ist, daß man

den für die Praxis gar nicht in Betracht kommenden Fall der Herstellung der Straße durch die bauenden Anlieger (vgl. oben Bem. 5) gänzlich beiseite geschoben hat.

Eine Feststellungsklage ist ausgeschlossen. Nach § 7 des LVG. finden Klagen im Verwaltungsstreitverfahren nur da statt, wo sie durch gesetzliche Bestimmung ausdrücklich zugelassen sind. Das ist für Feststellungsklagen bezüglich der Verpflichtung zur Zahlung von Anliegerbeiträgen nach § 15 des Gesetzes nicht geschehen (OVGE. v. 8. Juni 99 Nr. IV 882).

Im einzelnen ist folgendes hervorzuheben:

a) Die frühere Rechtsprechung des OVG. ging von dem Satze aus, daß eine Heranziehung oder Veranlagung erst vorgenommen werden könne, nachdem die Beitragspflicht entstanden. Diese entstehe aber immer mit der Errichtung des Gebäudes auch schon vor Fertigstellung der Straße (vgl. Bem. 7e oben). Nach § 15 rufe die Tatsache der Errichtung von Gebäuden an der neuen Straße die Verpflichtung der Adjazenten hervor, „sobald sie Gebäude an der neuen Straße errichten", es könnten also auch nur die Verhältnisse derjenigen Zeit, da mittels dieser Errichtung die bezügliche Verbindlichkeit begründet worden, für den Umfang der letzteren bestimmend sein (OVGE. v 17. Nov. 93 Nr. II 1267). Obwohl das OVG. mit Recht diese Judikatur schon — wie in der 4. Auflage nachgewiesen ist — länger mit Recht aufgegeben hat, muß sie hier doch noch beleuchtet werden, um das Verständnis der Rechtsprechung und seiner Änderung klar zu stellen. In dem Erk. v. 13. März 94 Nr. II 384 (PrVerwBl. 15 S. 321) ist des Näheren ausgeführt, die Zeit der Entstehung der Verpflichtung, d. i. der Errichtung des Gebäudes, sei maßgebend für das Maß der Verpflichtung des Anliegers, also u. a. für die Entscheidung der Frage, was als einheitliches Grundstück in bezug auf die Frontlänge und die Berechnung des Beitrages anzusehen sei usw Es ist für diese Judikatur u. a. auf die folgenden Entscheidungen hinzuweisen: OVGE. Bd. 12 S. 126; v. 13. März 94 Nr. II 384 (PrVerwBl. 15 S. 320); v. 14. Nov. 94 Nr. II 1545 (PrVerwBl. 16 S. 162); v. 12. Jan 95 Nr. II 74; v. 6. Febr. 95 Nr. II 216; v. 16. März 95 Nr. II 406; v. 25. Mai 95 Nr. II 856; v. 15. April 96 Nr. II 761. Überall ist ganz bestimmt zum Ausdruck gekommen, daß die Erstattungspflicht des Anliegers durch die Errichtung des Gebäudes entstehe und daß diese Zeit also auch u. a. maßgebend sei für die Entscheidung der Frage, was als einheitliches Grundstück in bezug auf die Bestimmung der Frontlänge und der Berechnung des Beitrages anzusehen ist, daß es ferner z. B. bezüglich der Voraussetzung, wonach das Grundstück des bauenden Eigentümers die Straße unmittelbar berühren müsse, auf die Zeit ankomme, wo das bezügliche Gebäude errichtet werde.

Das OVG. war zu dieser Auslegung des § 15 d. G. wesentlich durch den Wortlaut gekommen: „von letzteren (den Eigentümern), sobald sie Gebäude an der neuen Straße errichten", indem es annahm, daß durch diese Worte der Zeitpunkt bestimmt werden sollte, in welchem die Verpflichtung der Eigentümer entstände (vgl. u. a. die OVGE. v. 17. Nov. 93 Nr. II 1267). Dabei hat das OVG. sich allerdings nicht verhehlt, daß die Erstattung der Kosten zu diesem Zeitpunkte seitens der Gemeinde nur dann schon gefordert werden kann, wenn die Straße schon fertig und die Gemeinde in der Lage ist, die Kosten festzustellen, daß dieses aber nicht angängig ist, wenn das Gebäude während der Anlegungsperiode, also bevor die Straße fertig ist, errichtet wird. Das OVG. hat deshalb das Rechtsverhältnis so konstruiert, daß es sich in dem letzteren Falle um die Entstehung einer eventuellen Erstattungspflicht handle (E. v. 15. April 96 Nr. II 761), daß mit dem Bau für den angrenzenden Eigentümer eine bedingte oder betagte Pflicht entstehe, die erst dann geltend gemacht werden könne, wenn die Straße als fertiggestellt anzuerkennen sei (E. v. 1 Febr. 98 Nr. I 205; v. 17 Nov. 94 Nr. II 1561, PrVerwBl. 16 S. 310). Zu einer solchen, privatrechtlichen Rechtsgrundsätzen entnommenen Konstruktion mußte wohl gegriffen werden, schon weil nach § 87 des KAG. auch bezüglich der Anliegerbeiträge die Berechtigung der Gemeinden zur Nachforderung auf die Frist von drei Jahren seit dem Ablaufe desjenigen Jahres, in welchem die Forderung entstanden ist, beschränkt wurde.

Schon in der 3. Auflage dieses Werkes sind gelegentlich des Nachweises, daß die Abgabe einen dinglichen Charakter trägt (Bem. 10c), freilich ohne sonst die Konsequenzen ausdrücklich zu ziehen, Bedenken gegen den aufgestellten Grundsatz geltend gemacht.

Die bisherige Ansicht des OVG. wurde auch vom Reichsgericht verteidigt. In dem Erk. des V. ZS. v. 30. Nov. 92 (PrVerwBl. 14 S. 320, vgl. auch 18 S. 120) wird ausgeführt, die Verpflichtung zur Entrichtung des Beitrages zu den Anlagekosten der Straße entstehe durch die Errichtung eines Gebäudes an der neuen Straße; ob zu dieser Zeit die Höhe des Beitrages schon feststehe, oder ob diese Feststellung, sei es, weil die Aufwendungen, auf deren anteiligen Ersatz die Stadtgemeinde Anspruch habe, von ihr selbst noch nicht oder nicht vollständig gemacht seien, sei es, weil nur die Berechnung und Verteilung der Beiträge noch ausstehe, erst später erfolgen könne, habe nur auf die Fälligkeit, nicht auf das Bestehen der Zahlungspflicht desjenigen Besitzers Einfluß, in dessen Besitzzeit die Errichtung des Gebäudes fällt. Auch diese Ausführungen beruhen auf rein privatrechtlichen Anschauungen. Nun haben zwar die Anliegerbeiträge mit den zivilrechtlichen Vergütungen eine gewisse Verwandtschaft, aber sie sind doch öffentliche Abgaben, was jetzt durch das KAG. auch ausdrücklich anerkannt ist. Eine **öffentlich-rechtliche Abgabenforderung** entsteht aber in wesentlich anderer Weise als eine privatrechtliche Forderung und hat eine andere Natur. Sie entspringt **unmittelbar** aus dem **Gesetz** oder einer auf Grund des Gesetzes geschaffenen **Norm** des **öffentlichen Rechts** (Ortsstatut). Die Abgabenforderung entsteht immer da, wo die Voraussetzungen, an welche die Rechtsnorm sie — ausdrücklich oder der Natur der Sache nach — knüpft, erfüllt sind. Vorher ist weder ein Forderungsrecht des berechtigten Verbandes, noch eine Verpflichtung des anderen Teils vorhanden. Eine bedingte oder eventuelle Steuerpflicht in der Weise, daß zwar die Verpflichtung des Steuerpflichtigen zu einer bestimmten Abgabe — Staatseinkommensteuer, Gemeindeeinkommensteuer usw. — vorhanden ist, die Möglichkeit der Geltendmachung des dieser Verpflichtung gegenüberstehenden Forderungsrechts aber von einer erst in der Zukunft liegenden Voraussetzung abhängt, gibt es nicht.

Aus dem Wortlaute des § 15 selbst ist der Zeitpunkt, an welchem das Forderungsrecht der Gemeinde entsteht, nicht zu entnehmen. Aus dem Satze „sobald sie Gebäude an der neuen Straße errichten" allein ist gar nichts zu schließen. Denn einmal bedeutet das Wort „sobald" nicht nur den Zeitpunkt des Eintrittes eines Ereignisses „wann", sondern wird auch gleichbedeutend mit „wenn" gebraucht und bedeutet so das Vorhandensein einer Voraussetzung überhaupt (OVGE. v. 2. Dez. 01, Bd. 40 S. 101). In welchem Sinne es im Einzelfalle gebraucht ist, hängt von dem Zusammenhange und dem inneren Wesen der Sache ab. Im vorliegenden Falle wurde der Gesetzgeber wohl gerade durch die nicht eben glückliche Zusammenziehung der verschiedenartigen Fälle in einen Satz dazu veranlaßt, diesen Ausdruck zu gebrauchen, da er sich nicht nur auf die neuen und noch in der Anlegung begriffenen Straßen, sondern auch auf den Anbau an schon vorhandene Straßen beziehen sollte. Möglicherweise hat dem Gesetzgeber auch nur der normale Fall vorgeschwebt, daß die anliegenden Grundeigentümer ihr Grundstück erst bebauen, wenn die Straße fertig ist. Der Zeitpunkt, wann das Forderungsrecht der Gemeinde entsteht, kann deshalb nicht aus diesen Worten, sondern nur aus dem Wesen der Sache entnommen werden. Das Gesetz stellt für die Geltendmachung der Ersatzforderung durch die öffentlich-rechtliche Abgabe inhaltlich **zwei Voraussetzungen** auf: die **eine** ist das **Vorhandensein** einer neuen oder vorhandenen unbebauten **Straße** und die **Möglichkeit**, die **Kosten** für ihre Anlage zu berechnen und festzusetzen. Daß auch das letztere eine notwendige Voraussetzung für das Entstehen des Forderungsrechtes ist, geht aus dem Absatz 2 des § 15 und daraus hervor, daß es sich inhaltlich um die Geltendmachung einer Ersatzleistung handelt (vgl. Bem. 9d). Die **zweite** Voraussetzung ist das **Errichten** eines **Gebäudes** an der neuen oder vorhandenen unbebauten Straße. Liegen aber nach der maßgebenden Rechtsnorm zwei verschiedene tatsächliche Voraussetzungen für das Entstehen des Forderungsrechtes vor, so kann der erste Zeitpunkt für das Entstehen nur der sein, in welchem **zuerst** das Vorhandensein b e i d e r tatsächlichen Voraussetzungen zusammentrifft. Nie ist es möglich, daß das alleinige Vorhandensein der einen Voraussetzung ein Abgabenforderungsrecht erzeugt In dem Falle, wenn zuerst die Straße fertig ist und ihre Gesamtkosten festgestellt werden können und nachher ein Gebäude an der Straße errichtet wird, ist dieses sowohl vom OVG. (E. Bd. 12 S. 128, PrVerwBl. 7 S. 218; v. 21. Febr. 98 Nr. IV 142) als auch vom RG. (E. des V. ZS. v 16. Febr. 89 im PrVerwBl. 10 S. 349) in aller Schärfe hervorgehoben und ausgesprochen, daß auf seiten der zeitigen Eigentümer der unbebauten, an der fertiggestellten Straße belegenen Grundstücke gar keine Verpflichtung zur Tragung der entstandenen und spezifizierten Kosten bestehe, auch nicht eine betagte oder bedingte. Ist dieses aber für solchen Fall richtig, so ist nicht einzusehen, weshalb es rechtlich anders liegen soll, wenn (nach Beginn der Anlegung der neuen Straße) zuerst das Gebäude errichtet und nachher die Straße fertig und die Berechnung ihrer Kosten möglich wird. Auch hier kann die Errichtung des Gebäudes allein nicht die Abgabenpflicht entstehen lassen, der Gemeinde nicht das Recht geben, zur Abgabenforderung zu schreiten; es kann also damit allein auch für den Anlieger noch keine Verpflichtung zur Tragung der Straßenkosten entstehen, weder eine bedingte noch betagte. Dieser schon in der 4. Auflage vertretenen Ansicht ist das OVG. in seiner Rechtsprechung gefolgt und geht davon aus, daß nach § 15 für die Entstehung der Forderung nur die beiden objektiven im Gesetz genannten Voraussetzungen maßgebend sind: die Anlegung der Straße — wobei auch die Möglichkeit, die Kosten der Anlegung überhaupt berechnen zu können, zu berücksichtigen ist — und die Errichtung des Gebäudes. **Trifft beides zusammen, dann entsteht die Forderung der Gemeinde.** Daran haben auch die Vorschriften der KAG. nichts geändert (s. unten) (vgl. die OVGE. v. 4. u. 18. April 98, Bd. 33 S. 126, 129, 130). Zu verweisen ist auch auf die Erkenntnisse in der E. Bd. 36 S. 64, 65, Bd 38 S. 127, Bd. 40 S. 98, Bd. 41 S. 110, Bd. 43 S. 13; OVGE. v 15. Juni 00 Nr IV 1093; v. 18. Juni 00 Nr. IV 1848; v. 24. Febr. 02, PrVerwBl. 23 S 761; v. 4. Febr. 04, PrVerwBl. 25 S. 509, 21 S. 115 Unklar und mit irrigem Ergebnis d. E. d. RG. V. ZS. v 25. Jan. 02, PrVerwBl. 23 S. 538.

Besteht noch kein Ortsstatut, so kann durch den Bau eines Hauses überhaupt noch keine Beitragspflicht entstehen. Wird nach dem Bau ein Statut erlassen und dann die Straße ausgebaut, so ist erst eine der Voraussetzungen vorhanden, da die zweite für die Beitragspflicht — Errichten eines Gebäudes unter dem Ortsstatut — fehlt. Daß beide Voraussetzungen sich unter demselben Ortsstatut vollziehen, ist nicht nötig, aber für den Umfang der Pflicht gilt immer das, unter dem beide Voraussetzungen zusammentreffen (OVGE v. 25. Juni 00 Nr. IV 1093; vgl Bem. 7a am Schluß S. 189, und diese Bem. a am Schluß).

In der 4. Auflage war der Verf. davon ausgegangen, daß

für den Umfang der Verpflichtung des Anliegers nicht dieser Zeitpunkt der Entstehung der Forderung, sondern der der Heranziehung maßgebend sei (s. auch Nöll im PrVerwBl. 21 S. 286) und die damals angegebenen Gründe haben auch von mancher Seite Billigung gefunden. Das OVG. hat in seiner Rechtsprechung diesen Standpunkt nicht gebilligt. Der Verfasser hat sich dem Gewicht der darin vorgetragenen Gründe nicht verschließen können. Er schließt sich, auch aus praktischen Gründen, nunmehr der Rechtsprechung des OVG. an. Das OVG. führt folgendes aus:

Richtig ist, daß die Beitragsforderung erst mit der Heranziehung fällig, zahlbar wird, erst von da an rückständig werden kann. Aber der Inhalt und Umfang der Forderung kann sich nicht nach diesem Zeitpunkt der Fälligkeit, sondern lediglich nach dem ihrer Entstehung richten. Das Forderungsrecht besteht schon vor seiner Geltendmachung und muß vorher bestehen, damit es überhaupt geltend gemacht werden kann. Dieses vorher bestehende Forderungsrecht muß aber notwendig einen bestimmten Inhalt und Umfang haben, und es ist klar, daß die Forderung nur so ins Leben treten, geltend gemacht werden kann, wie das Forderungsrecht selbst vorher schon bestand. Der Moment der Einforderung kann für das Bestehen und die Höhe der Beitragspflicht nicht entscheidend sein Die Einforderung setzt vielmehr voraus, daß der Anspruch schon in seinen rechtlichen und tatsächlichen Voraussetzungen völlig bestimmt ist, mag er auch nicht ziffermäßig berechnet sein. Diese ziffermäßige Berechnung des einzelnen Beitrages kann sich nur nach dem Inhalt des Forderungsrechtes richten, diesen Inhalt aber nicht ändern oder selbständig erzeugen. Für das Entstehen und den Umfang des Forderungsrechtes können nur die objektiven vom Gesetz gegebenen Voraussetzungen maßgebend sein, nicht der, so lange nicht Verjährung eingetreten ist, ganz im Belieben der Gemeinde stehende Zeitpunkt der Heranziehung. Auch der die Beitragspflicht regelnde § 15 d. G. enthält nicht den geringsten Anhalt dafür, daß das Entstehen der Verpflichtung und ihr Umfang von dem Zeitpunkt der Heranziehung abhängig sein soll. Er statuiert nur die beiden Voraussetzungen der Entstehung, die Anlegung der Straße (wobei auch die Möglichkeit, die Kosten der Anlegung überhaupt berechnen zu können, zu berücksichtigen ist) und die Errichtung des Gebäudes. Und daran haben die Vorschriften des Kommunalabgabengesetzes nichts geändert. Im Gegenteil ergibt sich aus den auf die Anliegerbeiträge anwendbaren Bestimmungen in §§ 87², 88 daselbst, daß das Gesetz die Entstehung des Forderungsrechts ausdrücklich der Fälligkeit der Forderung gegenüberstellt Deshalb sind auch zwei Arten der Verjährung konstituiert. Das der Gemeinde zustehende Forderungsrecht, das Recht zur Heranziehung, verjährt, wenn es nicht in der Frist von drei Jahren „seit dem Ablauf des Jahres, in welchem die Forderung entstanden ist," ausgeübt wird. Durch diese fristzeitige Ausübung wird der Beitrag fällig, und dieser „zur Hebung gestellte" Beitrag verjährt, wenn er „im Rückstande verblieben oder befristet ist," in vier Jahren. Auch hier ist also vorausgesetzt, daß der, zur Hebung gestellte Beitrag schon **vorher** als „Forderung" bestanden hat; sein Inhalt und Umfang kann daher nicht von dem Zeitpunkt des Zur-Hebung-Stellens abhängen, sondern muß sich notwendig nach dem Zeitpunkt richten, in welchem die „Forderung" (das Forderungsrecht), d. h. die Möglichkeit, daß die Gemeinde zur Geltendmachung ihres Rechtes schreiten kann, entstanden ist (OVGE. v. 24. Febr 02, Bd. 41 S. 107; PrVerwBl. 23 S. 761; v. 28. April 04, PrVerwBl. 26 S. 44).

Ist das Forderungsrecht durch Errichten eines Gebäudes an der ausgebauten Straße entstanden, so wird es durch den späteren **Abbruch des Gebäudes** nicht wieder aufgehoben, die Gemeinde bleibt vielmehr berechtigt, den Anlieger innerhalb des Zeitraums des § 87 Nr. 2 KAG. trotz der Beseitigung des Gebäudes zu dem Beitrage heranzuziehen. Dem steht auch das OVGE. v. 22. Febr. 96, Bd. 29 S. 19 nicht entgegen. Dort ist ausgesprochen, daß, wenn einmal das Band, welches eine Person mit einer Gemeinde verbinde — der Wohnsitz, der Aufenthalt, der Grundbesitz, der Gewerbebetrieb — gelöst sei, eine Heranziehung zu Gemeindelasten nicht mehr erfolgen könne, auch nicht nachträglich hinsichtlich der Zeit des Bestehens der Steuerpflicht (E. Bd. 37 S. 82; vgl. zur Kritik dieser Ansicht überhaupt den Artikel von Stadtrat Dr. **Bail** in Danzig im PrVerwBl. 26 S. 651 ff., auch Nöll, Komm., 5. Aufl. S. 288). Aber dieser Grundsatz kann für Beiträge aus § 15 in der Regel nicht zur Anwendung kommen; denn bei diesem besteht das Band, welches den Pflichtigen mit der Gemeinde, als steuerberechtigter Korporation verknüpft, in dem Eigentum an dem bebauten

Grundstück. Dieses Band muß natürlich auch bei der Heranziehung noch vorhanden sein, das Grundstück muß noch existieren und noch zu dem Bezirk der Gemeinde gehören, es folgt aber nicht daraus, daß das Gebäude dann noch bestehen muß. Kraft der Dinglichkeit der Beitragsforderung haftet der Gemeinde der jeweilige Eigentümer, insbesondere der, welcher bei der Heranziehung Eigentümer ist (E. Bd. 33 S. 125). Das Errichten des Gebäudes ist notwendige Voraussetzung für das Entstehen des Forderungsrechtes, das entstandene Recht ist aber in seinem Fortbestande von dem weiteren Bestehen des Gebäudes nicht abhängig (OVGE. v. Febr. 03, Bd. 43 S. 13).

Unter derselben Voraussetzung, daß ein Haus an der ausgebauten Straße errichtet wird, kann, da die Errichtung als eine sich notwendig über einen gewissen längeren Zeitraum erstreckende Einheit aufzufassen ist, nicht auf den Zeitpunkt des Beginnens der Errichtung Wert gelegt werden. So lange ein Haus nicht fertig und zur Benutzung, der es dienen soll, im wesentlichen hergestellt ist, ist es noch in der Errichtung begriffen, und erst in dem Zeitpunkte, wo diese vollendet ist, kann übersehen werden, welchen Umfang das mit dem Gebäude besetzte Grundstück, auch bezüglich der Frontlänge an der Straße, hat. Eine Vergrößerung der Grundstücksfront vor diesem Zeitpunkte der Vollendung des Gebäudes ist also auch von Einfluß auf das durch die Länge der die Straße berührenden Grenze festzustellende Maß der Heranziehung zu den Beiträgen (OVGE. v 5. Febr. 00, Bd. 37 S. 30; v. 2. Dez. 01, Bd. 40 S. 101). Deshalb kann auch erst von diesem Zeitpunkte an der Beginn der Verjährung rechnen (OVGE. v. 24. Okt. 04, PrVerwBl. 26 S. 372). Anders liegt die Sache für den § 11 des Gesetzes (vgl. oben Bem 5 zu § 11 S. 98f.).

Wird die Straße erst nach Errichtung des Gebäudes fertig, so tritt der Zeitpunkt der Entstehung der Forderung erst dann ein, wenn die Kosten der Gesamtanlage (der ganzen Straße oder bei ortsstatutarischer Spaltung der einzelnen Einrichtung) berechnet und festgestellt werden können (OVGE. v. 3 Jan 03 Nr. IV 22; v. 13. Juni 99 Bd. 36 S. 61, PrVerwBl. 21 S. 115). Auch nach diesem Zeitpunkt richtet sich der Umfang der Verpflichtung, und nach dem dann geltenden Statut (OVGE. v. 25. Juni 00 Nr. IV 1093). Eine Repartition und Feststellung der Erstattungsverbindlichkeit gegenüber den Eigentümern der noch unbebauten Grundstücke findet nicht statt (OVGE. Bd. 12 S 126ff.).

Aus obigen Darlegungen ergibt sich auch von selbst, daß das zur **Zeit der Entstehung** des **Anspruchs geltende Ortsstatut** zur Anwendung kommen muß (OVGE. v. 29. Juni 99, Bd. 35 S. 78, Bd. 36 S 64, 65, Bd. 38 S. 126, 130). Die Bestimmung eines Statuts, wonach die Pflicht zur Zahlung der Beiträge auf einen bestimmten Zeitraum nach Eröffnung der Straße festgesetzt wird, ist rechtsungültig (OVGE. v. 19. Okt. 03, PrVerwBl. 25 S. 386). Nöll, Komm. z. KAG, 5. Aufl., Anm. 10 zu § 87 S. 291 meint, daß die Zahlungsverpflichtung des Anliegers durch das Ortsstatut hinausgeschoben werden könnte und dadurch auch der Zeitpunkt, in welchem die Forderung entsteht, also auch der Anfang der Verjährungsfrist. Das ist irrig. Eine solche Bestimmung des Statuts würde gegen das Gesetz verstoßen. War demnach bei der ersten Anforderung aus Irrtum der Rechnungsaufstellung zu wenig verlangt, so kann die frühere Heranziehung berichtigt und das etwaige Mehr nachgefordert werden, aber natürlich nur nach Maßgabe desjenigen Statuts, welches der zu berichtigenden Heranziehung zugrunde lag (OVGE. v 15. Jan. 00 Nr. IV 1733).

b) Ob die aus geschriebene Abgabe richtig bemessen ist, kann der Pflichtige nur dann beurteilen, wenn ihm **Einsicht** in die von der Gemeindeverwaltung aufgemachte **Rechnung** gestattet wird; er muß folglich hierauf einen **Anspruch** haben (OVGE. v. 20. Mai 96 Nr. II 953; v. 9. Dez. 96 Nr. II 2434; v. 21. Febr. 98 Nr. IV 142; v. 21. Febr. 98 Nr. IV 361. Dies erscheint als eine Abweichung von denjenigen Grundsätzen, welche sonst im allgemeinen für Gemeindeabgaben und insbesondere für Gemeindesteuern gelten; hier kann der Herangezogene regelmäßig nicht einwenden, die auf sämtliche Pflichtige verteilte Summe übersteige den Bedarf; er ist deshalb auch nicht befugt, irgend welche Rechnungslegung oder einen anderweiten Nachweis über die Höhe der im ganzen aufzubringenden Summe von der Gemeindebehörde zu fordern. Die Abweichung rechtfertigt sich aber aus der besonderen Natur dieser Gemeindelast. Während sonst die Abgaben nach bestimmten, durch die Beschlüsse der Gemeindebehörden und erforderlichenfalls durch die Genehmigung der Aufsichtsbehörden festgestellten Sätzen erhoben und diese letzteren entweder den allgemeinen Bedürfnissen des Gemeindehaushaltes oder dem besonderen Zwecke der Abgabe nach dem pflichtmäßigen Ermessen der genannten Organe angepaßt werden, ist bei den Anliegerbeiträgen dasjenige, was verteilt und aufgebracht werden soll, durch das Gesetz und das Ortsstatut genau vorgeschrieben; deshalb fällt hier die Frage, ob die Gesamtsumme der Kosten richtig berechnet ist, mit der Frage zusammen, ob die für die Heranziehung geltenden Normen innehalten sind. Kann dies nun nicht ohne Einsicht der Rechnung beurteilt werden, so stellt sich ihre Offenlegung als unerläßlich dar, sowohl für die Pflichtigen, um Einspruch und Klage erheben zu können, wie für die Verwaltungsgerichte, um bei obwaltendem Streite entscheiden zu können. Umgekehrt hat allerdings das RG. II. HilfsS. in der E. v. 28. Nov. 81 (PrVerwBl. 3 S. 174) gegenüber dem Berliner Regulative v. 31. Dez. 38 ausgesprochen, die Anlieger könnten eine Rechnungslegung nicht verlangen; die dafür geltend gemachten Gründe sind aber als durchschlagend nicht zu betrachten; sie gehen im wesentlichen dahin, es sei nicht anzunehmen, daß den städtischen Behörden, welche die Herstellung der Straße nicht für die Anlieger, sondern aus eigenem Rechte bewirkten, und genügend beaufsichtigt würden, bei Verleihung des Privilegs die Pflicht der Rechnungslegung habe auferlegt werden sollen. Hierbei hat der eigentümliche Charakter der Abgabe nicht genügend Beachtung gefunden; dies tritt namentlich dann hervor, wenn der Streit vor die Verwaltungsgerichte gebracht wird. Es ist unmöglich, dem Anlieger z. B. die Einwendung abzuschneiden, er sei in dem geforderten Beitrage gesetzwidrig zu den Kosten einer nur für die Versorgung der Hausgrundstücke bestimmten Wasserleitung mitherangezogen, oder es seien Aufwendungen in die Rechnung eingestellt, welche die Gemeinde früher für die jetzt in eine Straße verwandelte Chaussee gemacht habe; es ist aber ebenso unmöglich, von seiten des Gerichts hierüber eine Entscheidung zu fällen und den etwaigen Minderbetrag der auf den Pflichtigen entfallenden Abgabe festzustellen, wenn nicht die Abrechnung in den einschlagenden Posten klargelegt wird. Das OVG. hat denn auch, von der hier vertretenen Auffassung ausgehend, stets einzelne bestrittene Ansätze der Abrechnung näher geprüft und eintretendenfalls berichtigt. So war der Einwand gemacht und ist vom OVG. geprüft worden, ob bei der Heranziehung gesetzwidrig die ganze

Straßenbreite der Berechnung zugrunde gelegt worden sei; desgl. bezüglich der Frage, ob im Falle eines Vorgartens die Baufront oder die etwas längere Frontlänge des Vorgartenlandes zur Berechnung zu ziehen sei (vgl Bem. 9a) (OVGE. v. 21. Febr. 98 Nr. IV 142; weiter die Behauptung, die Anlagekosten der im Streite befindlichen Straße seien mit den Kosten anderer Straßen zusammengeworfen und es habe eine oberflächliche sachlich unzutreffende Repartition stattgefunden (OVGE. v. 21. Febr. 98 Nr. IV 361). Daß der Einwand, es seien Rechnungsfehler zuungunsten der Herangezogenen untergelaufen, der Prüfung unterliegt, versteht sich von selbst. In allen solchen Fällen muß aber der Einsprechende, und deshalb ist ihm Einsicht in die Rechnungen zu geben, seine Überbürdung ziffermäßig nachweisen, die allgemeine Behauptung, die Berechnung sei falsch, genügt nicht; dem Verwaltungsrichter liegt nicht ohne weiteres die Pflicht ob, die Berechnung von Amtswegen nachzuprüfen (OVGE. v. 9. Dez. 96 Nr. II 2434; v. 20. Mai 96 Nr. II 953). Festzuhalten bleibt hierbei nur immer der schon oben (Bem. 8d) betonte Grundsatz, daß die Art und Weise, wie die Straßenanlage ausgeführt ist, an sich von den Pflichtigen nicht angefochten werden kann.

Wenn hiernach dem Pflichtigen auch das Recht zur Einsicht in die Rechnungen zugestanden werden muß, so hat er aber keinen Anspruch darauf, daß ihm von der Gemeindebehörde eine vollständige Abschrift der Rechnung geliefert wird (OVGE v. 30. Okt. 99 Nr. IV 1731; v. 6. Mai 01 Bd. 40 S. 107).

c) Wie das RG. wiederholt (II. HilfsS. E. v. 5. Juni 80, 11. Juli 81 u. 2. Jan. 83, PrVerwBl. 1 S. 358, 3 S. 14 u. 5 S. 132, V. ZS. E. v. 22 Sept. 94, Bd. 34 S. 246; V. ZS. v. 28. Okt. 96 im PrVerwBl. 18 S. 119; vgl. indes V. ZS E. v. 26. April 90, PrVerwBl. 11 S. 411) und das OVG. in unveränderter Rechtsprechung (E. Bd. 17 S. 181 ff, Bd. 23 S. 51, 56, PrVerwBl. 10 S. 283, 16 S. 310, 15 S. 321; E. v. 13 März 94 Nr. II 384; v. 7. Juni 94 Nr. II 983; v. 17. Nov. 94 Nr. II 1561; v. 4. April 98 Nr. VI 629, Bd. 33 S. 125; v. 18. April 98 Nr. IV 722; v. 23. Mai 98 Nr. IV 977; v. 15. Jan. 00 Nr. IV 1735 u. a.) anerkannt hat, ruht die Abgabe auf dem betr. Grundstücke in der Art, daß eventuell der Besitznachfolger für die Entrichtung mit dem Grundstücke haftet, trägt also dinglichen Charakter an sich (OVGE. v. 13 Juni 99 Bd. 35, S. 68; v. 7. Dez.

03, Bd. 44 S. 106; v. 24. Febr. 02 Bd. 41 S. 107, PrVerwBl. 23, S. 761). Allerdings ist dies in dem Gesetze selbst nicht ausdrücklich ausgesprochen, es muß aber nach den getroffenen Bestimmungen und nach dem Wesen der Sache angenommen werden. Das RG. drückt sich in einem Erk v. 23. Febr. 99 Nr. IV 308/98 — JW 1899 S. 251, PrVerwBl. 20 S. 505 — so aus: Die Beiträge der Straßenanlieger zu den Pflasterkosten gemäß § 15 d. G. sind gemeine Lasten im Sinne des § 175 ALR. I, 11 und gehen daher bei einem Eigentumswechsel kraft Gesetzes auf den Besitznachfolger derart über, daß der Vorbesitzer ohne weiteres befreit wird, wenn sie gegen ihn noch nicht (durch Heranziehung) fällig geworden sind (vgl. auch E. d RG. V. ZS. v. 13. Juli 00, JW. 00 S. 680; v. 10. Febr. 04 Nr. V 336/1903. Es kommt dabei in Betracht, daß der Gesetzgeber sich bei der Frage, wie die Pflicht des Ersatzes der von der Gemeinde für Straßenanlegungen aufgewendeten Kosten zu regeln sei, naturgemäß an den normal und regelmäßig verlaufenden Fall hielt, nämlich den, daß die anliegenden Grundeigentümer ihr Grundstück erst dann bebauen, wenn die neue Straße fertig hergestellt und die Gemeinde so in der Lage ist, von denen, welche Gebäude an der Straße errichten, sofort den auf sie entfallenden Beitrag zu fordern. Deshalb spricht das Gesetz auch nicht allgemein von denen, welche Gebäude an der neuen Straße errichten, sondern lediglich von den angrenzenden Eigentümern, welche und sobald sie Gebäude daran errichten. Auch der Abs. 2 des § 15 ermächtigt die Gemeinde, nur den Eigentümern die betreffenden Kosten zur Last zu legen. Diese Ausdrucksweise wäre nicht erklärlich, wenn der Gemeinde nur eine persönliche Forderung an diejenigen zustände, welche ein Gebäude an der neuen Straße errichtet haben Es läßt die Ausdrucksweise des Gesetzes klar erkennen, daß der Grund der Verpflichtung in dem Eigentume an den die Straße begrenzenden Grundstücken wurzelt. Wäre es anders, so wäre die Möglichkeit der Durchführung des Gesetzes der Willkür der an neuen Straßen Bauenden Preis gegeben, welche in den Fällen, wo nach der Entstehung der Verpflichtung die Zahlung nicht sofort erfolgt, durch herbeigeführten Besitzwechsel es unmöglich machen könnten, daß die Gemeinde gegen den Eigentümer eine Ersatzforderung geltend zu machen in der Lage wäre. Daß der Gesetzgeber einen solchen Rechtszustand habe schaffen wollen, muß von vornherein als ausgeschlossen gelten. In Betracht kommt noch weiter, daß eben, weil der Eigentümer einen wesentlichen Vorteil von der Straßenanlage hat, die Last auf ihn soll abgewälzt werden können; dieser Vorteil aber ist unzertrennlich mit dem Grundstücke verbunden; es entspricht daher nur dem durch das Gesetz geschaffenen Rechtsverhältnis, wenn die Abgabe als auf dem Grundstücke ruhend behandelt wird. Diese Auffassung gewinnt eine wirksame Unterstützung durch den Umstand, daß den gleichen Verpflichtungen, die den Anliegern aus dem Berliner Regulative v. 31. Dez. 38 erwuchsen, von den Gerichten stets dinglicher Charakter beigelegt ist (vgl. OTE. v. 12. Mai 68, Bd. 60 S. 35ff.). Wenn nun der Gesetzgeber diesen Rechtszustand als anerkanntermaßen bestehend vorfand, so wird nicht vorausgesetzt werden können, daß eine Abweichung davon bei der Uebernahme der Vorschriften des Regulativs in das Gesetz beabsichtigt sei. Dies ist um so unwahrscheinlicher, als damit eine erhebliche Verschlechterung in der Lage der Gemeinden herbeigeführt, unter Umständen sogar die Durchführung des Gesetzes unmöglich gemacht wäre. Auch folgende Erwägung wird das klarlegen. Ist die Neuanlegung einer Straße, etwa durch Festsetzung von Fluchtlinien, beschlossen, wird aber nicht sofort mit dem Ausbau vorgegangen — ein Fall, her häufig genug eintritt —, so kann zwar die Bebauung der angrenzenden Grundstücke mit Wohnhäusern, die einen Ausgang nach der neuen Straße haben, nicht aber der Anbau mit anderweiten Gebäuden verhindert werden (§ 12); die Anlieger sind also imstande, ihre Grundstücke mit Fabriken, Niederlagen und sonstigen Baulichkeiten in einer Weise zu besetzen, daß die spätere Errichtung von Gebäuden überhaupt nicht mehr in Frage kommt. Dadurch entsteht eine Ersatzpflicht zunächst nicht, wie schon oben dargelegt ist. Wird nun demnächst die Straße hergestellt und ist inzwischen das Grundstück in andere Hände übergegangen, so würde nicht bloß tatsächlich die Einziehung des Beitrages von dem früheren Eigentümer leicht untunlich werden, sondern auch von vornherein rechtlich als unstatthaft erscheinen. Denn in dem Zeitpunkte, wo die Ersatzpflicht durch Heranziehung eintritt, besteht keinerlei rechtliche Verbindung mehr zwischen der Gemeinde und dem früheren Eigentümer, wenn dieser nicht etwa — was indes hier unerheblich sein würde — der Gemeinde durch Wohnsitz oder Aufenthalt persönlich angehört; es fehlt deshalb an jeder Rechtsgrundlage für die Annahme, daß eine Beitragspflicht für den früheren Eigentümer entstehe (E. Bd. 24 S. 20). Die Gemeinde kann sich also, wenn nicht der Beitrag ganz ausfallen soll, nur an den gegenwärtigen Eigentümer halten; das setzt aber eben den dinglichen Charakter der Last voraus Dieser ist übrigens auch von dem Minister des Innern mehrfach anerkannt (vgl. das Berliner Statut § 7 am Schlusse und den Erlaß v. 6. Juni 88, MBl. S. 125); hier wird freilich bloß eine den Besitznachfolger verpflichtende Bestimmung im Ortsstatute als rechtlich zulässig angesehen; indes besteht kein Zweifel, daß eine solche ortsstatutarische Anordnung nur dann gültig sein kann, wenn der dingliche Charakter schon durch das Gesetz gegeben ist; denn sonst würde das Statut den Kreis der Verpflichteten über den Rahmen des Gesetzes hinaus erweitern

Für den Verkehr mit Grundstücken ist dieser Rechtszustand allerdings einigermaßen hinderlich; wer ein bereits bebautes Grundstück an einer neuen Straße erwirbt, sei diese nun fertiggestellt oder noch nicht vollständig ausgebaut, muß sich im ersteren Falle vergewissern, ob die Anliegerbeiträge schon bezahlt sind, und hat im zweiten Falle für die Bemessung des Kaufpreises zu beachten, daß ihn jedenfalls demnächst die Ersatzpflicht trifft. Namentlich das letztere kann unter Umständen unbequem werden, weil sich die Höhe des Beitrages vielleicht nicht übersehen läßt; im Grunde steht aber ein solcher Käufer nicht anders als derjenige, welcher ein unbebautes Grundstück an der neuen, noch in der Anlegung begriffenen Straße erwirbt, um es zu bebauen; auch hier wird die später von ihm zu entrichtende Summe meistens nicht genau im voraus festgesetzt werden können. Um für den Grundstücksverkehr die Nachteile möglichst zu mindern, wird beim Amtsgericht Berlin von den Richtern der Zwangsversteigerungsabteilungen die Übung befolgt, bei Erlaß der Versteigerungsbekanntmachung, an die Städtische Baudeputation II zu Berlin die Anfrage zu richten, ob und welche Beiträge für Anlegung und Regulierung der Straße von dem Eigentümer des zur Versteigerung stehenden Grundstücks noch zu erfordern sind. Infolgedessen ist auch den Grundbuchrichtern zur Erleichterung des Verkehrs von der Baudeputation ein Verzeichnis überreicht, in welchem diejenigen Straßen aufgeführt sind, für welche keine Anliegerbeiträge mehr zu zahlen sind, von den Grundbuchrichtern wird dann denjenigen Interessenten, welche sich zu einer vorzunehmenden Auflassung melden, vor Aufnahme der Erklärung eine Mitteilung darüber gemacht, ob nach dem genannten Verzeichnisse feststeht, daß von dem Grundstücke Anliegerbeiträge nicht mehr zu zahlen sind; findet sich die betreffende Straße da nicht, so werden die Interessenten darauf aufmerksam gemacht, daß sie nähere Auskunft bei der städtischen Baudeputation nachsuchen müssen. Auch den Notaren sind gleiche Verzeichnisse zugesandt. Diese Einrichtung, die sich sehr bewährt hat, ist allen, namentlich größeren Ortschaften, zur Nachahmung zu empfehlen (vgl. MBl. f. d. i. V. 1904 S. 239)

Über das in solchen Fällen zwischen dem Käufer und Verkäufer entstehende Rechtsverhältnis, insbesondere die Regreßpflicht des letzteren vgl. E. des RG. II. HilfsS. v. 5. Juni 80, PrVerwBl. 1 S. 358; V. ZS. v. 11. Juli 85 u. v. 30. Dez. 92, PrVerwBl. 6 S. 405, 7 S. 262 u. 24 S. 320; v. 26. April 90, JW. 1890 S. 195 Nr. XIX, PrVerwBl. 11 S. 401; v 30. Nov. 92; E. des RG. in ZS. Bd. 30 S. 234 u. a. Über die Anmeldung der Rückstände im Konkurse II. HilfsS. v. 11. Juli 81, PrVerwBl. 3 S. 14; über den Begriff der Rückstände OVGE. Bd. 17 S. 181 ff., PrVerwBl 10 S. 283, vgl. auch Bd. 19 S. 292 ff.; OVGBesch. v. 3. Juli 99 Nr. IV 865. Nach den Darlegungen zu a dieser Bem. können Straßenbaubeiträge als „rückständig" (§ 88 d. KAG) im Sinne der Zwangsvollstreckungsgesetze erst dann behandelt werden, nachdem sie zur Hebung gestellt, ausgeschrieben sind, wenn deren Zahlung verlangt aber nicht erfolgt ist (OVGE. v. 20. Jan. 98 Nr. IV 143, PrVerwBl. 19 S. 358; v. 18. April 98 Nr. IV 722; Bd. 33 S 131, E des RG in ZS. Bd. 42 S 279, 280; OVGE. v. 23. März 03 Nr. IV 566). Ist die Forderung entstanden, so geht die Verpflichtung zur Zahlung der Beiträge als dingliche auf dem Grundstück ruhende Last auch auf den über, welcher das Grundstück in der Zwangsversteigerung erworben hat und gegen diesen kann sie dann durch Heranziehung noch geltend gemacht werden, wenn die Frist aus § 87 Nr. 2 des KAG. noch nicht verstrichen ist. § 28 u. § 22 Abs. 3 des PrZwangsvollstrG. v. 13. Juli 83 (für die Rheinprovinz v. 12. April 88); OVGE. Bd. 33 S. 129, 131; Besch. v. 3. Juli 99 Nr. IV 865. Für die Landesteile, in denen das Grundbuch eingeführt ist: §§ 18 u. 156 des RG. v. 24. März 97 (RGBl.

S. 971); PrAusfG. v. 23. Sept. 99 (GS. S. 291) Art. 1 u. 2. RGE. v. 10. Febr 04 Nr. V 336/03, PrVerwBl. 25 S. 593. Die Verpflichtung des Eigentümers wird dadurch, daß er das Eigentum durch Auflassung nach der Heranziehung auf einen anderen überträgt, an sich nicht wieder aufgehoben. Denn wenn auch die Anliegerbeiträge als öffentliche Last dinglich auf dem Grundstücke ruhen — und deshalb der Käufer auch ev. herangezogen werden kann — so bleibt doch der Eigentümer für die Beiträge, für welche er während seiner Besitzzeit pflichtig geworden ist, und welche durch die Heranziehung fällig geworden sind, auch nach der Veräußerung verpflichtet (OVGE. v. 23. Mai 98 Nr. IV 977; vgl. E. v. 10. Juli 97 Nr. II 1265; v. 20. Jan. 98 Nr. IV 143, PrVerwBl. 19 S. 358; OVGE. v. 12. Mai 02 Bd. 41 S. 132). Wird der neue Erwerber nachträglich herangezogen, so steht ihm bei Ergreifung der Rechtsmittel der §§ 69 u. 70 d. KAG. die Verteidigung gegen die Veranlagung in demselben Umfange frei, wie dem früheren Eigentümer. Ein früheres Urteil, welches den geltend gemachten Anspruch konsumiert und daher jede weitere Verfolgung desselben ausschließt, steht auch der Gemeinde gegen den neuen Erwerber entgegen (OVGE. v 13. Juni 99 Bd. 35 S. 68).

Da die Beiträge dinglichen Charakter nach dem Gesetze an sich tragen, bedarf es einer ausdrücklichen Hervorhebung dieser ihrer Eigenschaft im Ortsstatute nicht; solange das Statut nicht etwas Abweichendes anordnet, bleibt es bei dem Inhalte des Gesetzes (PrVerwBl. 28 S. 119). Der Gemeinde aber ist es unbenommen, unter Verzichtleistung auf das ihr nach dem Gesetze zustehende Recht von einer Heranziehung der Besitznachfolger abzusehen und die Angelegenheit in anderer Weise zu regeln; einen solchen Fall behandelt die OVGE. v. 20. Jan. 88 Nr. II 78, PrVerwBl. 9 S. 239.

d) Die Eigentümlichkeit der Abgabe machte es vor Erlaß des Kommunalabgabengesetzes schwierig, ihr Verhältnis zu dem Gesetze über die Verjährungsfristen bei öffentlichen Abgaben v. 18. Juni 40 festzustellen. Der Minister des Innern erkannte in dem Erl. v. 6. Juni 88 (MBl. S. 125) die obwaltenden Bedenken an, gelangte schließlich aber zu dem Ergebnisse, die Vorschrift im § 5 d. G. von 1810 sei mit der Maßgabe anzuwenden, daß die hier vorgesehenen Wirkungen erst in demjenigen Jahre eintreten, in welchem der Anspruch der Gemeinde liquide geworden sei und der Einziehung des Beitrages nichts mehr im Wege stehe. Die Abgabe wurde also den direkten Steuern und zwar den Grundsteuern gleichgestellt, bei denen eine Nachforderung nur für das Kalenderjahr oder Etatsjahr zulässig war, worin die Nachforderung geltend gemacht wird. Die üble Lage, in welche die Gemeinden bei einer solchen Handhabung des Gesetzes geraten konnten, mußte zu anderen Erwägungen führen. Wenn nun auch jetzt durch das Kommunalabgabengesetz (§§ 10, 69ff, 87ff.) feststeht, daß die Anliegerbeiträge zu den Gemeindeabgaben gehören, so trifft dieses doch eben nur für die Beiträge zu, die Verpflichtung der Unternehmer und der Anlieger, soweit es sich um die Herstellung der Straße und ihre Unterhaltung während fünf Jahren handelt, fällt überhaupt nicht unter das Kommunalabgabengesetz. Es sind deshalb auch heute noch die Untersuchungen über die Natur der Verpflichtung von wenn auch geringerer Bedeutung. In der 3. Auflage dieses Werkes ist darüber folgendes ausgeführt:

„In erster Linie fragt sich dabei, ob der Anliegerbeitrag zu den direkten (§ 1 d. G.) oder den indirekten Steuern (§ 2) gehört. Das RG., das in der E. d II. HilfsS. v. 28. Nov. 81 (PrVerwBl. 3 S. 174) den Anliegerbeiträgen des Berliner Regulativs v. 31. Dez. 38 die Eigenschaft als Steuern überhaupt abgesprochen hat, faßt nach der E. des IV. ZS. v. 8. Juli 86 (PrVerwBl. 8 S. 53) die Beiträge aus § 15 d. G. v. 2. Juli 75 als indirekte Gemeindesteuern auf; eine Begründung dafür ist allerdings nicht gegeben, die Anschauung des Gerichts vielmehr nur durch Beifügung des eingeklammerten Wortes: „indirekte" gekennzeichnet. — Unter die direkten Steuern des § 1 lassen sich die Beiträge denn auch nicht wohl bringen. Jene werden — wie es in der OVGE. Bd. 6 S 105 heißt — in gewissen regelmäßigen Zwischenräumen nach einer besonders vorher festgestellten Heberolle auf die Pflichtigen umgelegt; das stimmt mit den Merkmalen, die das Staatsministerium bei Vorlegung des Gesetzentwurfes in dem Immediatberichte v 30. Nov. 38 für die Unterscheidung zwischen direkten und indirekten Steuern aufgestellt hat; die betr. Stelle lautet (vgl. OTE. Bd. 74 S. 118):

Die direkten Steuern unterscheiden sich dadurch sehr wesentlich von den indirekten Steuern, daß erstere wiederkehrend nach Jahressätzen — wenngleich in monatlichen Raten zahlbar — auf den Grund jährlich im voraus angefertigter oder für längere Zeit feststehender Heberollen erhoben, letztere dagegen nur dann entrichtet werden, wenn der nicht im voraus zu bestimmende Fall der Steuerverpflichtung eintritt. Der Betrag der direkten Steuer wird dem Steuerpflichtigen für einen bestimmt bevorstehenden Zeitraum bekannt, die indirekte Steuer aber erst dann, wenn er sich in den Fall der Entrichtung versetzt — —

Wie ohne weiteres einleuchtet, können die Anliegerbeiträge als direkte Steuern in diesem Sinne nicht betrachtet werden. Hierbei ist ganz davon abzusehen, ob für die von den Anliegern zu ersetzenden Kosten der fünfjährigen Unterhaltung, wenn deren Erstattung alljährlich erfordert wird, die Vorbedingungen zur Annahme einer direkten Steuer als gegeben anzusehen sein möchten; denn es erscheint von vornherein untunlich, den Beiträgen zur Herstellung und zur Unterhaltung der Straße einen völlig verschiedenen rechtlichen Charakter beizulegen; sollen aber beide gleich behandelt werden, so kann nur der einmalige Beitrag zur Herstellung ausschlaggebend sein, weil er sich entschieden als die Hauptsache darstellt, der die Beiträge zur Unterhaltung gewissermaßen als ein Anhang (Annexum) folgen. — Daß nun die alljährlich wiederkehrende Erhebung vom Gesetzgeber in der Tat bei den direkten Steuern als ein notwendiges Erfordernis vorausgesetzt ist, erhellt auch zur Genüge aus dem Gesetze selbst, insbesondere aus den Bestimmungen der §§ 1, 5 u. 6; auf ihren Inhalt soll nicht näher eingegangen, sondern bloß hervorgehoben werden, wie der Ausschluß der Nachforderung nach Ablauf des Kalender- oder Etatsjahres sich wohl bei regelmäßig wiederkehrenden Leistungen rechtfertigen läßt, dagegen bei einer Abgabe, die nur einmal zu entrichten ist, jeden inneren Grundes entbehren würde. Der § 7 des Gesetzes gewährt demgemäß auch bei den indirekten Steuern für die Nachforderung die Frist eines vollen Jahres, vom Tage des Eintritts der Zahlungsverpflichtung an gerechnet. — Hiernach wäre die Einreihung der Anliegerbeiträge unter die indirekten Steuern eher möglich; dem würde auch insofern, als die Verpflichtung zur Zahlung durch die Errichtung eines Gebäudes auf dem angrenzenden Grundstücke, also durch eine lediglich von der

Entschließung der Zensiten abhängige Handlung entsteht, begrifflich nichts im Wege stehen; auf der anderen Seite haben aber die Anliegerbeiträge mit den im § 2 aufgeführten indirekten Steuern kaum irgend eine Ähnlichkeit. Schon der Umstand, daß § 2, wie die Eingangsworte lehren, nur von solchen Abgaben handelt, die bei Eintritt der Verpflichtung stets oder doch der Regel nach sofort erhoben werden und wenigstens nicht erst einer Umlegung sowie einer besonderen Ausschreibung bedürfen, deutet auf eine erhebliche Verschiedenheit hin Vor allem aber kommt in Betracht, daß die Verpflichtung der Anlieger ihrem eigentlichen Grunde nach in dem Eigentume an den die Straße begrenzenden Grundstücken beruht; sie wird freilich erst wirksam, wenn der Eigentümer ein Gebäude an der Straße errichtet; aber jene Verknüpfung der Last mit einem bestimmten, zur Gemeinde gehörigen Grundstücke ist etwas dem Wesen der indirekten Steuer durchaus Fremdes, und völlig unvereinbar damit erscheint der dingliche Charakter der Last, wie er doch nach Bem. 10c angenommen werden muß. — Es paßt daher weder § 1 noch § 2 und es bleibt somit nur übrig, den Beiträgen den steuerartigen Charakter im Sinne des Gesetzes überhaupt zu bestreiten. An sich mag sonst für diesen Charakter die Art und Weise sprechen, wie die Beiträge umgelegt und ausgeschrieben werden; auf der anderen Seite ist aber auch schon oben unter b ausgeführt, daß die Anliegerbeiträge eine grundsätzliche Abweichung von den übrigen, als Steuer zu behandelnden Gemeindeabgaben aufweisen. Der Minister des Innern bemerkt denn auch in dem angezogenen Erlasse v. 6. Juni 88, den Steuern und steuerartigen Gefällen könne die Abgabe nicht ohne weiteres zugerechnet werden. Der besonderen Eigentümlichkeit der Last entspricht es jedenfalls am meisten, die Anwendung des Gesetzes von 1840 ganz auszuschließen. Dafür kann auch noch geltend gemacht werden, daß es immerhin das Naturgemäßeste bleibt, den drei im Gesetze nebeneinander gestellten Arten der Heranziehung — Herstellung der Straße, Ersatz der dafür aufzuwendenden Kosten und Beitrag zu den letzteren — denselben rechtlichen Charakter beizulegen, und daß der an erster Stelle genannten Art, die doch an sich, so wenig sie für die Anlieger paßt, als die prinzipale anzusehen ist, zweifellos ein steuerartiger Charakter nicht beiwohnt (OVGE. Bd. V S. 98).

Das OVG. hat sich diesen Ausführungen im wesentlichen angeschlossen (E. Bd. 23 S. 50, PrVerwBl. 14 S. 170 und v. 15. Nov. 92 Nr. II 1101).

Aus der Unanwendbarkeit des Gesetzes von 1840 folgt, daß die Beiträge nicht innerhalb eines Jahres nach Eintritt der Zahlungspflicht gemäß § 7 d. G. eingefordert zu werden brauchen (OVGE. v. 3. März 93 Nr. II 262), daß durch die Einziehung eines Teils der Beitragssumme die spätere Nachforderung des Restbetrages nicht ausgeschlossen wird und daß auf Rückzahlung der zu Unrecht eingezogenen Beiträge geklagt werden kann, auch wenn gegen die Heranziehung Rechtsmittel nicht ergriffen sind (OVGE. Bd. 23 S. 57 u. 50)."

Es soll mit Bezug auf die vorstehenden Erörterungen noch auf die E. Bd. 24 S. 76; E. v. 7. April 94 Nr. II 528; v. 30. März 95 Nr. II 492, PrVerwBl. 16 S. 523; v. 15. Jan. 00 Nr. IV 1735; v. 15. März 00 Bd. 37 S. 51ff. hingewiesen werden.

Jetzt kommen die §§ 69ff., 87ff. des KAG. zur Anwendung (vgl. OVGE. v. 9. Dez. 96 Nr. II 2439; AusfAnw. zum KAG. v. 10. Mai 94 Art. 45 Nr. I). Im allgemeinen ist auf die Kommentare zu dem KAG. hinzuweisen. Hier soll nur folgendes bemerkt werden:

Die §§ 18 u. 34 d. ZustG. (vgl. § 37 d. LGemO. v. 3. Juli 91) lassen gegen die Heranziehung oder die Veranlagung zu den Gemeindelasten außer dem Rechtsmittel des Einspruchs auch die Beschwerde zu. Diese stand nach der Rechtsprechung des OVG. dem Zensiten neben dem Einspruche im engeren Sinne als Rechtsbehelf zu und war an keine Frist gebunden. Von dem eigentlichen Einspruche unterscheidet sich diese Beschwerde dadurch, daß sie, von einer ursprünglich richtigen und rechtlich unanfechtbaren Veranlagung ausgehend deren Abänderung wegen eines später eingetretenen Ereignisses (Zahlung, Verjährung usw.) verlangt, während der Einspruch gerade die ursprüngliche Rechtmäßigkeit der Veranlagung bestreitet (OVGE. Bd. 15 S. 165ff., Bd. 21 S. 152ff, Bd. 26 S 1ff., Bd. 26 S. 63). Der § 69 KAG. kennt nur den Einspruch und die Ausf.Anw. dazu Art. 45 Nr. 1 sagt: „Das Rechtsmittel des Einspruchs faßt die Beschwerde im Sinne des § 37 d. LGemO. v. 3. Juli 91 (GS. S. 233) in sich." Das OVG. hat aber in der E. Bd. 31 S. 41 angenommen, daß das KAG.

die Beschwerde weder beseitigt noch von Innehaltung der Einspruchsfrist des § 69 abhängig gemacht hat. Gründe sind für diese Ansicht nicht angegeben (vgl. OVGE. v. 31. Okt. 98 Nr. IV 1823; Nöll, Kommentar zum KAG. 5. Aufl. Note 10 zu § 69 S. 244).

Über die **Form der Heranziehungsverfügung** sagt das Gesetz nichts. Daß es ohne schriftliche Form nicht wohl möglich ist, liegt in der Natur der Sache. Die AusfAnw. z. KAG. Art. 45 Nr. 2 verlangt schriftliche Abfassung für die Beschlüsse. Nöll, 5. Aufl. S. 241 Anm. 4a, S. 252 Anm. 7 (vgl. OVGE. v. 12. Mai 99 Nr. II 34). Eine rechtswirksame Heranziehung liegt jedenfalls dann nicht vor, wenn lediglich der Verteilungsplan oder eine Hebeliste in den öffentlichen Blättern oder sonstwie öffentlich bekannt gemacht ist (OVGE v. 28. Okt. 01, Bd. 40 S. 92; v. 5. Jan. 03 Nr. IV 24).

Jedenfalls muß die Heranziehung (Veranlagung) den Adressaten (Pflichtigen) erkennen lassen, daß von ihm eine **Abgabe**, eine öffentlich-rechtliche Leistung von Gebühren, Beiträgen, Steuern gefordert wird. Nur dann kann er erkennen, welche Rechtsmittel er eventuell zu ergreifen hat. Welche Hinweise in dieser Beziehung genügen, kann im einzelnen zweifelhaft sein, wenn aber jeder Hinweis darauf, daß es sich um eine Abgabe handelt, fehlt, und vielleicht gar hervorgehoben wird, daß die geltend gemachte Forderung auf andere Rechtsgründe sich stütze, so liegt eine Heranziehung im Sinne des § 69 KAG nicht vor (OVGE. v. 26. März 00 Nr. IV 516).

Die **Klage** richtet sich direkt nur gegen den auf Einspruch ergangenen **Beschluß**, sie hat ihn zur unentbehrlichen Voraussetzung. Ob es daran fehlt, und deshalb die Klage abzuweisen und — falls die Frist gewahrt ist — als Einspruch zu behandeln ist, ist auch von dem Revisionsrichter frei zu prüfen, da es sich um die ganze prozessuale Vorbedingung der Klage handelt (OVGE. v. 14 Okt. 01 Nr. IV 1812; v. 19. Nov. 00, PrVerwBl. 22 S 194; v. 24. Okt. 04, PrVerwBl. 26 S 373).

Hat aber die Gemeindebehörde einen Beschluß als solchen erkennbar gefaßt, ohne daß eine rechtswirksame Heranziehung und Einspruch vorliegt — z B. weil nur die Hebeliste veröffentlicht war —, so fehlt dem Beschluß die gesetzliche Grundlage und er muß auf Klage aufgehoben, außer Kraft gesetzt werden. Dem Pflichtigen ist die Klage als Rechtsmittel gegeben, um einen, sei es aus formellen oder materiellen Gründen rechtswidrigen Beschluß zur Aufhebung zu bringen und dadurch die ihm aus dem Einspruchsbescheid drohende Zwangsvollstreckung abzuwehren (OVGE. Bd. 31 S. 24, 29; v 26. März 00 Nr. IV 516 [die anscheinend abweichende E. v 27. Mai 96, PrVerwBl. 17 S. 482 kann nicht maßgebend sein]). (E. Bd. 37 S. 37ff., 42.) Ist aber die Frist zur Klage versäumt, so wird der Einspruchsbescheid, selbst wenn er aus materiellen oder formellen Gründen rechtswidrig sein sollte, endgültig und die Zwangsvollstreckung kann nicht mehr abgewendet werden (OVGE. v. 28. Okt. 01, Bd. 40 S. 92).

Der Streit über die Heranziehung (Veranlagung) soll der Regel nach durch ein Streitverfahren endgültig zum Austrag gebracht werden. Deshalb hat der Verwaltungsrichter, wenn die Unterlagen zur Berechnung des Beitrags nicht ausreichen, die Gemeinde zur Einreichung des noch Erforderlichen von Amts wegen aufzufordern und eventuell nach richtigen Gesichtspunkten eine anderweite Berechnung aufzustellen und auf Grund dieser mit den Parteien zu verhandeln. Die ursprüngliche Forderung darf natürlich keine Erhöhung erfahren (E. Bd. 15 S. 123, Bd 34 S. 85, 94; OVGE. v. 13. Juni 99, Bd 36 S. 61, PrVerwBl. 21 S. 115; Nöll, 5. Aufl. S. 260, Anm. 20; v. 15. März 00, Bd. 37 S. 55).

Die Abgabenforderung darf aber im Laufe des Verwaltungsstreitverfahrens nicht auf eine neue tatsächliche und rechtliche Grundlage gestützt werden. Heranziehung, Einspruch und Einspruchsbescheid ziehen für beide Teile feste Grenzen, innerhalb deren sich das Streitverfahren zu bewegen hat. Deshalb kann auch der Magistrat nicht eine Abweisung der Klage fordern, weil der Pflichtige zwar nicht aus dem bei der Heranziehung und dem Beschluß erörterten Grunde, aber auf einer anderen Grundlage zu einem gleich hohen Beitrag hätte herangezogen werden können (E. Bd. 5 S. 185, Bd. 12 S. 101, 102, PrVerwBl. 19 S. 420, Bd. 20 S. 410; Nöll, 5. Aufl. S. 257 Anm. 17c). Verschieden davon ist es aber zu beurteilen und es ist zulässig, daß die Beitragsforderung in dem Einspruchsbescheide wegen eines anderen auf demselben Grundstücke errichteten Gebäudes aufrecht erhalten wird, welches bei der Heranziehung noch nicht erwähnt wurde, ebenso wie sie sich auf ein zwar erst nach der Heranziehung, aber vor dem Einspruchsbescheide errichtetes anderes Gebäude stützt. Denn es handelt sich dabei immer — und das ist das Wesentliche — um einen dasselbe beitragspflichtige Grundstück betreffenden Anspruch, der sich nach seinem Maß und nach seiner rechtlichen Natur auf derselben gesetzlichen Grundlage aufbaut (OVGE. v. 3. März 02, Bd. 41 S. 128, DJZ. 7 S. 463).

Bei einem Streit über die Höhe von Beiträgen muß in seiner Entscheidung der Verwaltungsrichter bestimmt und ziffermäßig zum Ausdruck bringen, inwieweit der Herangezogene freigestellt werden soll, dazu muß er entweder die bestimmte Summe, in deren Höhe der Beitrag bestehen bleibt, angeben, oder doch wenigstens in einem bestimmten Bruchteil der Forderung, z. B. $^1/_2$ des Beitrags. Es ist unzulässig, so zu erkennen, daß die Summe dessen, was der Herangezogene zahlen soll, erst noch von weiteren Ermittelungen abhängt (vgl. Nöll, 5. Aufl. S 260 Bem. 20; OVGE v. 8. Okt. 01, PrVerwBl. 24 S. 214; v. 5. Jan. 03 Nr. IV 21). Es kann auch nicht anders sein, denn sowie es eine Heranziehung zu öffentlichen Gemeindeabgaben, die nicht vollstreckbar wäre, nach den §§ 75 und 90 des KAG. nicht geben kann, ebensowenig eine durch die verwaltungsgerichtliche Entscheidung richtiggestellte (OVGE. v. 2. Juni 98 Nr. II 1081).

Ob, wenn bei versäumter Einspruchsfrist auf den Einspruch materiell entschieden ist, Wiedereinsetzung in den vorigen Stand vorliegt vgl. Nöll, 5. Aufl. S. 247 Anm. 20 und die dort angeführten Entscheidungen (vgl. OVGE. v. 10. Jan. 01 Nr. IV 1597). Es wird immer darauf ankommen, zu prüfen, ob durch den Einspruchsbescheid die Wiedereinsetzung bewilligt werden sollte.

Eine negative Feststellungsklage der Gemeinde gegenüber gibt es auf dem Gebiete des Kommunalabgabenwesens nicht. Kein Beteiligter kann Klage erheben, daß er nicht verpflichtet sei, Abgaben bestimmter Art, also auch Anliegerbeiträge, zu erheben (OVGE. v. 9 Okt. 02, Bd. 42 S. 106).

Da vor Inkrafttreten des KAG. (1. April 1895) eine Einspruchsfrist — wie oben dargetan — nicht bestand, so fragt es sich, wie es sich mit den Rechtsmittelfristen gegen die Heran=

ziehungen, welche vor dem 1. April 1895 ergingen, verhält Wird ein Einspruch nach dem 1 April 1895 erhoben, so ist diese Rechtshandlung nach dem KAG. zu beurteilen. Das folgt aus dem allgemeinen Grundsatze, daß alle Gesetze, soweit sie nicht selbst Abweichendes bestimmen, sofort mit der Publikation auf alle künftigen Fälle anzuwenden sind (vgl. § 14 der Einleitung zum ALR.). Insbesondere gilt dieses für diejenigen Gesetze, welche das Verfahren für die Geltendmachung von Rechtsansprüchen regeln, weil solche dem öffentlichen Rechte angehörigen Vorschriften wohlerworbene Rechte nicht berühren (vgl. Förster-Eccius, Pr. Privatrecht Bd. I, § 10 Nr. 8). Soweit also Gesetze über das Verfahren nicht selbst sich Schranken auferlegen, ergreifen sie die ferneren Rechtshandlungen in bereits anhängigen Sachen (vgl. Brauchitsch, Die Organis. Gesetze Bd. 1, Anm. zu § 154 d. LVG.). Dabei macht es keinen Unterschied, ob das Verfahren bei einem Gerichte oder einer anderen staatlichen oder kommunalen Behörde durchzuführen ist. Zu den Verfahrensvorschriften gehören auch die, welche die für die Ordnung als erforderlich erachteten Rechtsmittelfristen bestimmen. Die durch § 69 des KAG. für die Heranziehung zu den Anliegerbeiträgen neu eingeführte Einspruchsfrist muß deshalb für die vor dem 1. April 1895 bewirkten Heranziehungen mit dem Tage des Inkrafttretens des Gesetzes, dem 1. April 1895, beginnen und endet mit dem Ablaufe des 28. April 1895 (OVGE. v. 31. Jan. 98 Nr. IV 206; v. 5. Febr. 98 Nr. II 197; v. 2. Dez. 01, Bd. 40 S. 101).

Nur der Herangezogene hat die Rechtsmittel; hat der herangezogene Eigentümer nachher das Grundstück durch Auflassung einem anderen übertragen, so kann — bei entstehendem Streite — der Käufer nicht ohne weiteres in den Streit eintreten, denn er ist nicht herangezogen (OVGE. v. 27. Juni 98 Nr. IV 1196). Bei der **Zwangsversteigerung**, in welcher die von der Gemeinde angemeldeten Anliegerbeiträge vorweg bezahlt sind, kann ein ausgefallener Hypothekengläubiger Widerspruch gegen den Verteilungsplan nicht deshalb einlegen, weil er die Forderung der Gemeinde für materiell unberechtigt hält, denn der Rechtsweg darüber ist in diesem Falle unzulässig (E. d. RG. V. ZS. v. 17. Febr. 94, Bd. 32 S. 345; V. ZS. v. 22 Sept. 94, Bd. 34 S. 245; JMBl. 1895 S. 146, PrVerwBl. 16 S. 451f). Daß ihm die Rechtsmittel aus § 69 f. KAG. zuständen, wird sich schwerlich konstruieren lassen; die ihm mitgeteilte Anmeldung des Beitrages durch die Gemeindebehörde wird man als seine Heranziehung zum Beitrage nicht ansehen können. Hat jemand nach Herstellung der Straße bei der Zwangsversteigerung ein Haus gekauft und waren die Straßenkosten bei der Zwangsversteigerung **nicht angemeldet** und auch vom Vorbesitzer **nicht verlangt**, so geht die Verpflichtung auf den neuen Erwerber über, sofern sie (§ 87 Nr. 2 des KAG.) noch nicht verjährt ist (E. Bd. 33 S. 129, 131, Bd. 32 S. 47; OVGE. v. 3. Juli 99 Nr. IV 865). Wenn es sich im Zwangsversteigerungsverfahren (vgl. Bem. 10c dieses Paragraphen am Schluß S. 259 f.) um eine Entscheidung darüber handelt, ob überhaupt ein zur Berücksichtigung geeigneter Anspruch vorliegt, so ist auch im Rechtswege nachzuprüfen, ob eine formal rechtswirksame Veranlagung, Heranziehung stattgefunden hat (RGE. V. ZS. v. 10. Febr. 04 Nr. V 336). Daß eine Heranziehung zulässig, ja um die Frist nicht zu versäumen notwendig ist, auch während das Grundstück sich im **Konkurs** befindet, ist klar. Schwierig ist die Frage, wem dann die Heranziehungsverfügung mit Rechtswirksamkeit zuzustellen ist. Sind die Grundstücke von der Konkursmasse freigegeben und noch in der Verwaltung des Gemeinschuldners (§ 24 d. ZwangsVerstG.), so ist, solange dieses Rechtsverhältnis besteht, noch an diesen zuzustellen, er ist noch berechtigt, die Veranlagungsverfügung mit Rechtswirksamkeit für die Grundstücke entgegenzunehmen. Er ist noch derjenige, der sich zu entschließen hat, ob Einspruch erhoben oder die Veranlagung gutgeheißen werden soll. Diese Entschließung ist eine Verwaltungshandlung, die deshalb nur von dem gültig vorgenommen werden kann, der zu der Verwaltung berechtigt ist. Gehören die Grundstücke aber zur Konkursmasse, so ist der Konkursverwalter der, dem die Veranlagung zuzustellen ist (§ 6 KO.), wenn sie mit Rechtswirksamkeit für die Konkursmasse erfolgen soll. Ist das geschehen, so kann die *sachliche Richtigkeit* der Veranlagung natürlich nicht im Rechtswege entschieden werden, sondern nur in dem im KAG. vorgesehenen Verfahren. Ob der Gemeinschuldner, wenn ihm in solchem Falle zugestellt ist, außerhalb des Konkurses persönlich der Gemeinde verpflichtet bleibt, ist eine andere Frage, welche zu bejahen sein dürfte (E. d. RG. V. ZS. v. 10. Febr. 04 Nr. V 336).

Nach denselben Gesichtspunkten wird es zu beurteilen sein, wenn es sich um die Vertretung des Hauseigentümers bei der Vormundschaft, Pflegschaft, Zwangsverwaltung usw. handelt. Rechtswirksam kann immer nur demjenigen zugestellt werden, der durch seine Verwaltung allein berechtigt ist, die Verwaltungshandlung des Einspruches auszuüben. Sind die Erben eines eingetragenen Eigentümers unbekannt oder unbekannt wo abwesend, so bleibt nichts übrig, als daß die Gemeindebehörde — etwa durch einen Hypothekengläubiger — veranlaßt, daß baldigst ein Nachlaßpfleger bestellt wird.

Nach Inkrafttreten des KAG. ist eine **Klage auf Rückerstattung** eines eingezogenen Beitrages nicht zulässig, wenn gegen die Heranziehung nicht fristzeitig die Rechtsmittel eingelegt waren (OVGE. v. 20. Mai 96 Nr. II 1032).

Der § 94 des KAG. sagt ganz allgemein: „Alle in dem gegenwärtigen Gesetze vorgeschriebenen Fristen sind **Ausschlußfristen**." Das OVG. hat in dem Erk. v 12 Juli 00, Bd. 38 S. 131, PrVerwBl. 22 S 103 ausführlich namentlich an der Hand der Entstehungsgeschichte der Bestimmung dargelegt, daß der § 94 trotz der allgemeinen Fassung **einschränkend** verstanden werden muß, so daß er sich im wesentlichen auf die für die Geltendmachung der Rechtsmittel gegebenen Fristen beziehe, nicht auf die im achten Titel des Gesetzes für die „**Nachforderungen und Verjährungen**" normierten Fristen. Über den Unterschied beider Arten von Fristen wird in der angeführten Entscheidung folgendes ausgeführt:

„Der Unterschied zwischen beiden Fristen besteht, wie in der E. v 28 Nov 88 (OVGE. Bd. 17 S 234) näher dargelegt, darin, daß durch Verjährung ein zeitlich an sich unbeschränktes Recht infolge der Nichtausübung innerhalb der bestimmten Frist aufgehoben wird, während die Ausschlußfrist schon die Entstehung des Rechts einer zeitlichen Schranke unterwirft, dergestalt, daß dasselbe nur durch Ausübung innerhalb der Frist zur Entstehung gelangen kann. Prüft man hieran die Natur der in § 87 cit. normierten Frist, so muß sie als **Verjährungsfrist** aufgefaßt werden. Denn das Recht der Gemeinden, die Pflichtigen zu Steuern, Gebühren und Beiträgen heranzuziehen, ist an sich ein unbeschränktes; der Gesetzgeber hat aber seine Ausübung aus Gründen der Zweckmäßigkeit an bestimmte Fristen gebunden mit deren Ablauf das Recht erlischt. Diese Auffassung wird auch durch den Wortlaut des § 87 Nr. 2 bestätigt. Denn wenn dort die Frist bestimmt wird auf drei Jahre „seit dem Ablauf desjenigen Jahres, in welchem die Forderung entstanden ist", so geht das Gesetz ersichtlich davon aus, daß das Recht der Gemeinde nachträglich durch den Ablauf der Frist wieder aufgehoben wird, und nicht davon, daß das Recht infolge des Fristablaufs gar nicht zur Entstehung gelangt."

Das Erk. führt dann weiter aus, es müsse bei den Fristen, welche sich nicht auf das Verfahren beziehen, jedesmal nach ihrer innenrechtlichen Natur geprüft werden, ob sie unter die „Ausschlußfristen" des § 94 fallen und das müsse jedenfalls für die Frist des § 87 Nr. 2 verneint werden. Es wird dieses näher aus der Entstehungsgeschichte des Gesetzes und der Beziehung dieser Bestimmung zu dem Inhalte des G v. 18. Juni 40 nachgewiesen, worauf hier verwiesen werden muß Das Erk fährt dann fort:

„Mit dieser Auffassung des G. v. 18. Juni 40 und auch des § 87 des KAG. steht auch die bisherige Rechtsprechung im Einklang. Dies ergibt sich aus der E d. RG. Bd. 13 S. 330, wo gerade die Frist in § 7 des G. v 18. Juni 40 für eine Verjährung erklärt ist (vgl. auch E. d. Obertribunals Bd. 21 S. 30, Striethorst Arch. Bd 95 S. 201; ferner E d RG. Bd. 43 S 329/330, wo von dem „Einwand der Verjährung" aus § 5 des gedachten Gesetzes gesprochen wird). Und der unterzeichnete Gerichtshof hat wiederholt ausgesprochen, daß die im G. v. 18. Juni 40 gegen den zur Erhebung der Steuern Berechtigten aufgestellten Fristen (also die Fristen für die Nachforderungen) als Verjährungsfristen aufzufassen sind im Gegensatz zu Präklusivfristen (vgl. OVGE. Bd. 17 S 214 und namentlich Bd. 17 S. 234/235). Auch in der E. v. 22. Mai 97 (Bd 32 S. 47) ist hervorgehoben, daß gleich wie die Fristen im § 7 des G. v. 18. Juni 40, so auch die Frist in § 87 Nr. 2 des KAG. als Verjährungsfrist anzusehen sei, und nur das neue Gesetz hier die Verjährungsfrist erweitert habe (vgl. noch Bd. 32 S. 46, wo auch die Frist in § 84 des KAG. als Verjährungsfrist bezeichnet ist; ferner Adickes „Das Kommunalabgabengesetz" S. 387: „Der Beginn der Verjährung der Nachsteuer ist in allen drei Fällen — §§ 83, 84 und 87 — verschieden festgestellt")."

In der 5. Aufl des Komm. z KAG. von Nöll S. 303 wird

zugegeben, daß für den § 88 KAG. diese Anschauung richtig ist, sie wird aber für die §§ 83—87 bestritten. Zur Begründung wird nur angeführt: „Denn die Nachforderungen können nur innerhalb der für eine jede derselben vorgesehenen Frist und nur durch Anforderung geltend gemacht werden; mit dem Ablauf der Frist ist jedes Recht auf Nachforderung erloschen.“ Das ist zur Widerlegung der Ausführungen des OVG. zu dürftig. Die Ansicht des OVG. unterliegt zwar einigen Bedenken, da sie aber der geschichtlichen Entwickelung der Bestimmungen und außerdem dem praktischen Bedürfnisse entspricht, so ist ihr der Vorzug zu geben. Hier wird davon ausgegangen.

Aus der Natur der Frist des § 87 Nr. 2 a. a. O. als Verjährungsfrist folgt, daß die sich darauf stützende Behauptung der Verjährung nicht zu berücksichtigen ist, wenn sie erst in der Revisionsinstanz neu aufgestellt wird; denn ein solcher Angriff muß sich notwendig auf eine Reihe von tatsächlichen Behauptungen gründen, die den Beginn und Ablauf der Verjährungsfrist dartun sollen. An sich wird allerdings der Verwaltungsrichter nicht gehindert, die Einhaltung der Frist auch von Amts wegen zu prüfen, und wenn das von den Parteien vorgelegte und zum Gegenstande der Verhandlung gemachte Aktenmaterial die Verjährung ergibt, so würde sich eventuell der Verwaltungsrichter eines wesentlichen Verfahrensmangels schuldig machen, wenn er den Ablauf der Frist ganz unberücksichtigt ließe, auch wenn Verjährung nicht ausdrücklich behauptet wurde (E. Bd. 29 S. 61, Bd. 38 S. 131, PrVerwBl. 22 S. 108).

Über die Zulässigkeit von Nachforderungen ist bereits in Bem. 9d zu diesem Paragraphen S. 240 das Erforderliche gesagt. Grundsätzlich waren und sind Nachforderungen trotz einer früheren Heranziehung für Beiträge aus § 15 d. G. (§ 10 d. KAG.) zulässig, aber nunmehr nur mit der in § 87 KAG. gezogenen zeitlichen Schranke (OVG. v. 15. März 00, Bd. 37 S. 51, PrVerwBl. 21 S. 35, 281; 22 S. 194). „Nachforderungen“ im Sinne dieses § 87 KAG. bedeutet aber keineswegs, daß schon vorher eine Heranziehung stattgefunden haben müsse, sondern bildet vielmehr den Gegensatz zu den Forderungen, die geltend gemacht werden, als sie fällig wurden oder zur Entstehung gelangten. Der Zweck ist, das Recht der Gemeinden, Abgaben nachträglich noch zur Hebung zu stellen, auf gewisse Fristen zu beschränken (E. Bd. 33 S. 130; OVGE. v. 11. Juni 00 Nr. IV 994, Bd. 37 S. 46).

Nach den Darlegungen zu a dieser Bem. läuft die Frist für die Nachforderung des § 87 KAG. vom Ablauf des Jahres (Rechnungsjahres, s. unten) ab, in welchem die Gemeinde in die Möglichkeit versetzt war, den Pflichtigen zu der Abgabe heranzuziehen. Das tritt — wenn der Anlieger gebaut hat — ein, wenn die Straße fertig und die Gemeinde in der Lage ist, die Gesamtkosten (bei Spaltung: die Gesamtkosten der betr. Einrichtung) festzustellen. Diesen Zeitpunkt genau zu fixieren mag in Einzelfällen sehr schwierig sein; es wird dazu einer genauen Prüfung und Würdigung der tatsächlichen Verhältnisse bedürfen. Allgemeine Grundsätze lassen sich dafür nicht aufstellen (vgl. Bem. 9d).

Die Verjährungsfrist des § 87 KAG. beginnt also mit dem Ablauf des Jahres „in welchem die Forderung (d. h. das Forderungsrecht der Gemeinde) entstanden ist". Es soll hier noch einmal wiederholt werden, daß die Beitragsforderung entsteht, wenn die beiden Voraussetzungen des Gesetzes § 15 erfüllt sind: das Errichten eines Gebäudes an der Straße und die Fertigstellung der Straße mit der Möglichkeit, die Kosten festzustellen (vgl. Anm. 9d dieses Paragraphen S. 240, E Bd. 33 S. 127; OVGE. v. 26. März 03 Nr. IV 595). Wie schon oben dargelegt, kann der Beginn der Verjährungsfrist, wenn die Straße fertig ist, erst von der Vollendung des Gebäudes an gerechnet werden (OVGE. v. 24. Okt. 04, PrVerwBl. 26 S. 372). Dafür kommt noch der Gesichtspunkt in Betracht, daß die Möglichkeit der Berechnung des Beitrags und damit der Heranziehung vielfach erst mit der Vollendung des Baues gegeben ist. Das Jahr, in welches die Vollendung fällt, ist noch ein solches, innerhalb dessen der Bau errichtet wird, erst mit dem auf die Vollendung folgenden 1. April beginnt das erste Jahr nach der Errichtung (OVGE. v. 2. Dez. 01, Bd. 40 S. 101; v. 24. Okt. 04, PrVerwBl. 26 S. 372). Da jedes neue Gebäude eine neue Pflicht erzeugt, so ist auch für jede einzelne dieser Verpflichtungen die Verjährung selbständig zu beurteilen. Wenn bezüglich eines Gebäudes auf einem Grundstück die Frist aus § 87 Nr. 2 abgelaufen ist, so verjährt dadurch nicht die Beitragspflicht des Grundstücks überhaupt, sondern nur für das durch dieses Gebäude entstandene Forderungsrecht. Wird ein weiteres Gebäude errichtet, so entsteht ein neues Forderungsrecht auf seiten der Gemeinde, und eine neue Verpflichtung auf seiten des Grundeigentümers, und damit beginnt der Lauf der Verjährungsfrist von neuem (OVGE. v. 2. Dez. 01, Bd. 40 S. 98; v. 27. April 03, PrVerwBl. 25 S. 132; v. 10. März 02 Nr. IV 445). Selbstverständlich trifft eine eingetretene materielle Tilgung, sei es durch Zahlung oder Erlaß und Verzicht seitens der Gemeinde, den allen Verpflichtungen gemeinsamen Gegenstand und läßt sie alle erlöschen. Wird aber nachher die Grundstücksfront an der Straße verlängert und dann auf dem Gesamtgrundstück ein neues Gebäude errichtet, so entsteht für die Verlängerung der Front eine neue Verpflichtung.

Bei der Frist des § 87 Nr. 2 d. KAG. handelt es sich — was in der Judikatur und der Literatur allgemein anerkannt wird — um das **Rechnungsjahr** (Etatsjahr) v. 1. April bis 31. März (OVGE. v. 11. Juni 00, Bd. 37 S. 46; v. 2. Dez. 01, Bd. 40 S. 101; v. 15. Febr. 04 Nr. IV 262).

Fällt der genannte Zeitpunkt in die Zeit vor dem 1. April 95, so läuft die dreijährige Frist erst v. 1. April 95 an (siehe oben) (OVGE. v. 1. Febr. 98 Nr. I 205; v. 30. Okt. 99 Nr. IV 1731; v. 15. Jan. 00 Nr. IV 1735 u. 1734).

Die Berechnung der Frist für § 88 KAG. hat im allgemeinen keine Schwierigkeiten.

e) Nach dem Vorgange des Berliner Statutes (§ 7 Abs. 2) haben viele Gemeinden dem Anlieger in gewissen Fällen, namentlich dann, wenn sein Beitrag bei der Errichtung des Gebäudes noch nicht feststeht (entweder weil die Straße noch nicht ausgebaut oder weil die Rechnung noch nicht abgeschlossen ist), die **Leistung einer Sicherheit** für die Abgabe auferlegt. Das OVG. hat aber in feststehender Rechtsprechung eine **Kautionsforderung** nach öffentlichem Rechte für unzulässig erklärt, weil es an einem gesetzlichen Grunde für einen solchen, bei Gemeindeabgaben an sich nicht bestehenden und im G. v. 2. Juli 75 nicht vorgesehenen Anspruch fehlt (E. Bd. 15 S. 157 ff.; OVGE. v. 20. April 99 Nr. IV 657; v. 24. Febr. 02, Bd. 41 S. 107, PrVerwBl. 23 S. 761). Dem ist der Minister des Innern in dem Erl. v. 13. Dez. 87 (MBl. S. 264) beigetreten. Hieran ist auch gegenüber der E. d. RG. V. ZS. v. 30. Nov. 92, PrVerwBl. 14 S. 320 festzuhalten; darin wird die Vorschrift des

Berliner Statuts für gerechtfertigt erklärt, weil die Gemeinde zur Sicherung der bereits mit der Bebauung des Grundstücks entstandenen und nur noch nicht fälligen Abgabenforderung von dem Eigentümer eine Kaution beanspruchen könne. An einer solchen Befugnis fehlt es aber gerade, wie das OVG. überzeugend dargetan hat. — Die Verfügung der **Gemeindebehörde**, durch welche eine Sicherstellung zukünftiger Anliegerbeiträge verlangt wird, stellt sich als eine **Heranziehung** zu solchen Beiträgen im Sinne des § 69 des KAG. dar. Es sind gegen eine solche Verfügung also die **Rechtsmittel** aus dem genannten Paragraphen gegeben; die Anforderung ist allerdings, wie dargetan, eine rechtswidrige (OVGE. v. 7. Nov. 94 Nr. II 1509). Über den Fall, wenn die **Polizeibehörde** bei ihrer Tätigkeit aus § 12 die Leistung einer Sicherheit für zukünftige Anliegerbeiträge fordert, vgl. zu f dieser Bemerkung.

Eine Sicherheitsleistung kann indes, ohne als eine dem Anlieger auferlegte öffentlich-rechtliche Last gefordert zu sein, von dem Beteiligten im Wege einer dem Gebiete des **Zivilrechts** anheimfallenden Verpflichtung **freiwillig** übernommen werden. Es kommt dies insbesondere häufig gegenüber einem auf Grund des § 12 erlassenen Bauverbote vor, indem die Errichtung von Gebäuden an unfertigen Straßen — sei es unter im Statute selbst festgestellten Bedingungen, sei es nach besonderen, im Einzelfalle von den städtischen Behörden zu treffenden Anordnungen — ausnahmsweise gestattet und dabei auch eine Kautionsbestellung für die eingegangenen Verbindlichkeiten verlangt wird. Hier ist die Sicherheitsleistung den Anliegern als ein Recht nachgelassen, um das ihnen entgegenstehende Bauverbot abzuwenden. Ebenso würde der Fall liegen, wenn die Abgabe bereits fällig geworden, dem Pflichtigen aber auf Grund besonderer Verabredung etwa Stundung, ratenweise Abzahlung 2c. gegen Kautionsleistung gewährt wäre (vgl. das Berliner Statut § 8). Der Umstand, daß bestimmte Normen hierüber in das Statut aufgenommen sind, verleiht dem zwischen der Gemeinde und dem Anlieger aus solchen Abmachungen entstehenden Verhältnisse nicht einen öffentlich-rechtlichen Charakter in dem Sinne, daß die Kautionsleistung als eine Gemeindelast behandelt werden könnte. Etwaige Streitigkeiten sind daher vor den Zivilgerichten auszutragen (E. d. RG. IV. ZS. v. 24. März 81, PrVerwBl. 3 S. 348 u. v.

8. Juli 86, Bd. 17 S. 200; OVGE. Bd. 15 S. 152, 163; v. 12. Okt. 88 Nr. II 973; v. 2. April 89 Nr. II 325; v. 6. Sept 89 Nr. II 735 u. v. 24. Juni 93 Nr. I 620, PrVerwBl. 14 S. 630; v. 3. Febr. 97 Nr. II 181, Bd. 23 S. 23; v. 9. Dez. 96 Nr. II 2436; v. 13. Juni 98, Bd. 34 S. 428; v. 2. Juni 02, Bd. 41 S. 145).

Schwierigkeiten kann die Frage bereiten, wenn die Gemeinde **Privatabkommen, Verträge** mit dem Anlieger oder seinem Besitzvorgänger über die Leistung von Beiträgen **vor** Eintritt der Voraussetzungen abgeschlossen hat. Unzweifelhaft ist es, daß es rechtlich unzulässig und nicht bindend ist, wenn eine Gemeindebehörde durch Abschluß eines Vertrages auf die Ausübung des den Gemeinden durch das G v. 2. Juli 75 verliehenen Finanzhoheitsrechts verzichtet. Ein Abkommen, welches einen **privatrechtlichen Verzicht** auf die Regelung und Handhabung der städtischen Abgabenverfassung enthielte, hätte keine rechtliche Wirkung. Das ist auch vom OVG. und dem Reichsgerichte in zahlreichen Fällen ausgesprochen (vgl u. a. OVGE. Bd. 12 S. 123ff., Bd. 18 S. 79ff., Bd. 21 S. 166f., PrVerwBl. 10 S. 428; E. d. RG. Bd. 12 S. 272, PrVerwBl. 19 S. 132f.; E. v. 23. März 98 Nr. II 495; v. 21. Febr. 98, Bd. 33 S. 106, Bd. 37 S. 32, Bd. 38 S. 146, Bd. 42 S. 44, PrVerwBl. 22 S. 122). Ein solcher Verzicht würde vorliegen, wenn von der städtischen Vertretung ein Beschluß gefaßt würde, in allen vorkommenden Fällen einen bestimmten geringen Beitrag pro Meter zu erheben. Das wäre ein genereller unzulässiger Verzicht (OVGE. v. 10. Dez 03 Bd. 44 S. 111). Anders ist es zu beurteilen, wenn die Gemeindebehörde mit Bezug auf eine **bestimmte**, eventuell zur Hebung zu stellende Abgabenforderung durch Privatabkommen verzichtet hat. Ein aus solchem Abkommen zu entnehmender Einwand der (vorher verabredeten, antizipierten) Tilgung ist ebenso zulässig, wie einer einzelnen bereits entstandenen Abgabenforderung gegenüber der Einwand des Erlasses. Über die Leistung einer e i n z e l n e n bestimmten Abgabenforderung, eines e i n z e l n e n Anliegerbeitrages können zwischen der Gemeinde und dem Beitragspflichtigen sehr wohl Abmachungen stattfinden, die Gemeinde kann den einzelnen Beitrag mit Rücksicht auf andere Leistungen oder auf sonstige besondere Umstände für abgegolten erklären, den Beitrag herabsetzen oder von der Einziehung gänzlich absehen. In manchen Ortsstatuten ist das noch besonders hervorgehoben. Das ist kein Verzicht auf das Besteuerungsrecht im allgemeinen, sondern betrifft nur die einzelne Abgabenforderung, über deren Tilgung gerade in Ausübung und Verwaltung des Besteuerungsrechts mit dem Pflichtigen verhandelt wird (OVGE. v. 21. Febr. 98, Bd. 33 S. 106; v. 24. Jan. 01, Bd. 38 S. 145, PrVerwBl. 22 S. 122; v. 12. Jan. 03, Bd. 42 S. 44, v. 7. Dez. 03, Bd. 44 S. 106; v. 10. Dez. 03, Bd. 44 S. 111).

Es kann im einzelnen schwierig sein, zu entscheiden, ob ein solcher **Verzicht**, eine **Abgeltung**, im voraus vorliegt (E. Bd. 33 S. 107) und welche Tragweite, welchen Inhalt er hat (E. Bd. 37 S. 32). So kann in dem Kaufpreise, den die Gemeinde für das Straßenland an den Anlieger zahlt, schon die Entschädigung für die Beiträge liegen. Dafür wird dann auch nicht unbedingt erforderlich sein, daß ein solches Abkommen schriftlich oder doch ausdrücklich abgeschlossen ist, auch ein stillschweigendes Abkommen über eine solche Abgeltung oder Entschädigung kann genügen. Erfordernis ist aber, daß beide Kontrahenten übereinstimmend eine allgemeine Befreiung von den Beiträgen zu den Kosten oder von bestimmten Teilen derselben (Grunderwerb, Pflasterung) zum Gegenstand des Vertrages gemacht haben, daß sie darin wenigstens ausdrücklich oder stillschweigend übereinstimmten, diese Kosten von der Beitragspflicht ausschließen zu wollen (OVGE. v. 8. Okt 00, Bd. 38 S. 141, PrVerwBl. 22 S. 122). Lehrreich dafür ist die OVGE. v. 24. Febr. 02, Bd. 41 S. 117.

Ein Verzicht kann aber nur dann in Betracht kommen, wenn er in rechtswirksamer und daraufhin vom Verwaltungsrichter zu prüfender Weise — Beschluß der Stadtverordneten und Zustimmung des Magistrats (§§ 35, 56 der Städteordnung v. 30 Mai 53) — erklärt und dadurch dem Anlieger die rechtliche Sicherheit gegeben ist, daß er sich gegenüber etwaiger späterer Heranziehungen zu den weiteren Kosten auf den Verzicht berufen kann (OVGE. v. 16. März 03, Bd. 43 S. 19; v. 19. April 00 Nr. IV 636).

Ein solcher Einwand kann auch nur im Verwaltungsstreitverfahren geltend gemacht werden, da die ordentlichen Gerichte für eine gegen eine Gemeindelast und Gemeindeabgabe gerichtete Klage nicht zuständig sind (OVGE. Bd. 17 S. 217; v. 26. Mai 98 Nr. IV 991; v. 17. Okt. 93 Nr. II 1136, PrVerwBl. 15 S. 153, Bd. 33 S. 107; v. 7. Dez 03, Bd. 44 S. 106).

Hat eine Gemeinde sich von den Anliegern an einer Straße die Entrichtung von bestimmten Beiträgen zu den Kosten der Anlegung der neuen Straße, ohne Rücksicht auf eine etwaige Errichtung von Gebäuden, versprechen lassen, so hindert sie dieses nicht, die Rechte aus einem auf Grund des § 15 d. G. erlassenen Ortsstatute geltend zu machen (OVGE. v. 17. Nov. 94 Nr. II 1561; v. 24. Febr. 98 Nr. IV 391). Ebensowenig wenn etwa der Gemeindevorstand in dem Irrtum war, daß das Statut ihm für irgend eine bestimmte Leistung eine Ersatzforderung nicht gewähre. Hat er auf der Basis eines solchen Irrtums erkennbar ein Abkommen getroffen, so kann er, sobald er seinen Irrtum erkennt, innerhalb der Verjährungsfrist die statutarischen Rechte geltend machen (OVGE. v. 25. Sept. 99 Nr. IV 1493).

Unzulässig ist es, daß die Anlieger mit **anderen** grundrechtlichen Forderungen an die Gemeinde **kompensieren** wollen. In dem Verfahren nach §§ 69, 70 des KAG., in dem lediglich durch den Magistrat die Rechtskontrolle über die Handhabung des kommunalen Finanzhoheitsrechtes ausgeübt wird, können privatrechtliche Ansprüche an die Gemeinde nicht geltend gemacht werden. Der Magistrat ist gar nicht berufen und legitimiert, in solchem Verfahren die Stadtgemeinde in privatrechtlichen Beziehungen zu vertreten. Nur solche Rechtsakte der Gemeinde, welche die Tilgung usw. der konkreten Beitragsforderung betreffen, hat der Magistrat bei der Verwaltung und Ausübung des kommunalen Steuerrechts zu beachten und ist an sie gebunden, weil dann insoweit eine Pflicht zur Zahlung des Beitrags nicht mehr besteht (OVGE. v. 5. April 00 Nr. IV 582).

f) Öfters ist von den **Polizeibehörden** der Versuch gemacht worden, die Erfüllung der den Anliegern obliegenden Leistungen oder deren vorgängige Sicherstellung durch Versagung des Baukonsenses oder durch Auferlegung von besonderen Bedingungen bei Erteilung des Baukonsenses zu erzwingen. Einzelne Ortsstatute ordnen selbst ein derartiges Verfahren ausdrücklich an. Das OVG. ist dem stets entgegengetreten, da es weder nach allgemeinen Grundsätzen noch nach den besonderen Vorschriften unseres Gesetzes Aufgabe der Polizei ist, die einzelnen Gemeindeglieder zu ihren Verpflichtungen gegen die Gemeinde, die nicht auf dem Gebiete des der Fürsorge der Polizei anvertrauten öffentlichen Rechtes liegen, mittelbar oder unmittelbar anzuhalten. (Vgl. den Aufsatz von Bürgermeister Rütgers in Oppeln (jetzt in Eupen), PrVerwBl. 25 S. 603). Bei einem Ortsstatut aus § 15 handelt es sich nur um die Heranziehung der Bauenden zu Gemeindelasten und die Polizeibehörde ist nicht befugt, aus dieser Bestimmung etwa ein Bauverbot herzuleiten, und dadurch den Bauenden zu den ihm obliegenden Leistungen an die Gemeinde anzuhalten (OVGE. v. 24. Okt. 94 Nr. IV 1295; v. 27. April 95 Nr. IV 665, Bd. 4 S. 364, Bd. 19 S. 242ff.; v. 18. Nov. 78 Nr. II 1085 und v. 6. Febr. 79 Nr. II 343). Soweit das Gesetz hier ein Einschreiten für zulässig und angemessen erachtet, finden sich die Voraussetzungen dafür in dem § 12; darüber hinaus hat die polizeiliche Einwirkung keine Berechtigung. — Die bei Erteilung des Baukonsenses der Polizeiverwaltung gegenüber eingegangenen Verpflichtungen können für die Gemeinde nie einen im Verwaltungsstreitverfahren verfolgbaren öffentlich-rechtlichen Anspruch begründen (OVGE. v. 23. Jan. 97 Nr. II 171; v. 26. März 00 Nr. IV 515). Auch die an die Baugenehmigung geknüpfte Bedingung zur Leistung eines Beitrages zu den Straßenbaukosten ist nicht als eine Heranziehung (§ 69 KAG.) zu betrachten (OVGE. v. 2. Juni 94 Nr. II 825; v. 4. Juli 94 Nr. II 958; v. 9. Dez. 96 Nr. II 2436).

11. Durchaus unklar bleibt nach dem Gesetze das Rechtsverhältnis des **Unternehmers zu der Gemeinde.** Das Gesetz behandelt die Anlieger und den oder die Unternehmer — ob die Straßenanlage von einer Person oder von einer Mehrzahl unternommen wird, macht rechtlich keinen Unterschied, auch nicht, wenn die Anlieger gemeinschaftlich als Unternehmer auftreten — im wesentlichen gleich (Bem. 4 und 5 oben); danach sollte man annehmen, daß auch die Verpflichtung des Unternehmers den Charakter einer Gemeindelast trüge. Dem widerspricht aber einigermaßen das Wesen der Sache, welches an sich dahin führen würde, ein privatrechtliches Verhältnis als gegeben anzusehen. Unter diesen Umständen bleibt nichts anderes übrig, als in jedem einzelnen Falle zu prüfen, wie das Verhältnis durch das maßgebende Ortsstatut geregelt ist. Gegenüber dem Gesetze muß es jedenfalls gestattet sein, den Verpflichtungen des Unternehmers den Charakter einer öffentlich-rechtlichen Last aufzuprägen und insbesondere zu be-

stimmen, daß bei Nichterfüllung der Verpflichtungen im Wege des Verwaltungszwangsverfahrens gegen den Unternehmer vorgegangen werden könne (vgl. das Berliner Statut §§ 10, 13, 15). Einen anderen Sinn kann die Vorschrift des Gesetzes, daß dem Unternehmer bestimmte Verpflichtungen durch Ortsstatut auferlegt werden dürfen, füglich nicht haben. Denn den Gemeinden konnte das ihnen zweifellos zustehende Recht, einem Unternehmer vertragsmäßig privatrechtliche Verpflichtungen aufzuerlegen, schon an sich nicht erst gesetzlich verliehen werden, am wenigsten aber in der Form, daß ihnen die Ermächtigung erteilt würde, eine Verpflichtung des Unternehmers durch Erlaß eines Ortsstatutes einzuführen. Die Entstehungsgeschichte zeigt denn auch deutlich, daß die Last des Unternehmers mit der Last der Anlieger auf eine Linie gestellt und gemeinsam gewissen Beschränkungen unterworfen werden sollte. Das ist nur dann zu erklären, wenn dafür andererseits der Last des Unternehmers der Charakter einer öffentlich-rechtlichen Verpflichtung aufgeprägt wurde. Liegt dies aber im Gesetze, so bedarf es auch keiner besonderen dahin gehenden Bestimmung im Statute; es bleibt solange bei der Anordnung des Gesetzes, als das Statut nicht etwas Gegenteiliges vorschreibt. Letzteres würde nicht ausgeschlossen sein; die Gemeinde kann auf die ihr aus der öffentlich-rechtlichen Natur der Last erwachsenden Vorteile verzichten und das Verhältnis zu dem Unternehmer als ein rein privatrechtliches gestalten. Je nachdem die Regelung in der einen oder anderen Weise erfolgt ist, wird die Behandlung etwaiger Streitigkeiten eine verschiedene sein müssen. Das RG. V. ZS. hat in zwei Urteilen v. 22. Sept. 88 (E. Bd. 22 S. 285) und v. 10. Okt. 88 (PrVerwBl. 10 S. 233) einen Fall entschieden, in welchem die Stadtgemeinde einen Unternehmer auf Fertigstellung der Straße, wozu er sich nicht verpflichtet erachtete, im Rechtswege belangt hatte; es wurde die Zuständigkeit der Zivilgerichte anerkannt, dann aber angenommen, daß weder ein Vertrag zwischen Gemeinde und Unternehmer abgeschlossen, noch auch sonst von dem Unternehmer eine bindende Verpflichtung zur Fertigstellung der Straße eingegangen sei; allein aus dem Ortsstatute, worauf die Gemeinde bei den Verhandlungen verwiesen hatte, könne eine Verpflichtung nicht abgeleitet werden. Hieraus geht zur Genüge hervor, in welche mißliche Lage die Gemeinden geraten können, wenn das Verhältnis nicht von vornherein klar geregelt wird. Soll es auf eine privatrechtliche Grundlage gestellt werden, so empfiehlt es sich, dem durch Abschluß eines Vertrages Rechnung zu tragen. Ist dagegen durch Statut ein öffentlich-rechtliches Verhältnis geschaffen, so wird man schließlich nicht umhin können, das Vorhandensein einer Gemeindelast im Sinne des § 18 Nr. 2 und § 34 Nr. 2 d. ZustG. anzuerkennen; das mag auf den ersten Blick befremdlich erscheinen, ist aber nur eine Folge der unnatürlichen Verbindung, in welche das Gesetz die Pflicht des Unternehmers und der Anlieger gebracht hat. Vom RG. wurde es in den beiden erwähnten Urteilen anscheinend in Abrede genommen; wenn hier aber das wesentliche Gewicht darauf gelegt war, daß zwar den Anliegerbeiträgen, nicht aber den Verpflichtungen des Unternehmers die Eigenschaft von Gemeinde*steuern* zukomme, so traf diese Begründung nicht zu. Auch die Anliegerbeiträge waren keine Steuern (Bem. 10d oben); es fragt sich nur, ob die Verpflichtungen des Unternehmers unter den sehr viel weiter gehenden Begriff der Gemeinde*lasten* (vgl. v. *Brauchitsch*, Die neuen Preuß. Verwaltungsgesetze, 10. Aufl., Bd. 1 S. 220 Note 52 — in der neuesten Auflage nicht wiederholt — und E. d. RG. V. ZS. v. 13. Jan. 92, Bd 29 S. 160) gebracht werden können. Das ist nicht wohl zu leugnen, wenn anerkannt wird, daß durch Statut ein öffentlich-rechtliches, dem Verwaltungszwangsverfahren unterworfenes Verhältnis geschaffen werden kann. Naturalleistungen ähnlicher Art, die zweifellos unter den Begriff der „Gemeindelasten" fallen, kommen übrigens auch sonst, namentlich auf dem Gebiete des Wegewesens vor; sie unterscheiden sich freilich wesentlich dadurch, daß sie entweder allen Gemeindegliedern oder wenigstens bestimmten Klassen derselben obliegen; indes ist dies an sich kein notwendiges Erfordernis für die Annahme einer Gemeindelast, wie sich bei denjenigen Gemeindeabgaben zeigt, welche in Form einer indirekten Steuer erhoben werden. Trotzdem soll nicht verkannt werden, daß die Behandlung der fraglichen Verpflichtungen als Gemeindelast großen Bedenken unterliegt; sie dürfte aber immerhin noch demjenigen Rechtszustande vorzuziehen sein, welcher sich ergeben würde, wenn als Basis der Verpflichtung ein öffentlich-rechtliches, dem Verwaltungszwangsverfahren unterworfenes Verhältnis angenommen, diesem aber zugleich die Eigenschaft einer Gemeindelast abgesprochen wird. Dann wäre die Zuständigkeit der Verwaltungsgerichte ausgeschlossen und bliebe nur die Möglichkeit, für berufen zur Entscheidung etwaiger Streitigkeiten entweder ausschließlich die Kommunalaufsichtsbehörden oder neben diesen auch die Zivilgerichte zu erklären. Beides stände in offenbarem Widerspruch mit denjenigen Grundsätzen, welche für die Abgrenzung der Zuständigkeit auf diesem Gebiete maßgebend gewesen sind; vor allem erscheint ein Eingreifen der Zivilgerichte, wie es in jenem oben erwähnten Falle stattgefunden hat, mit der Tendenz der neueren Gesetzgebung nicht wohl vereinbar. Daß durch das Gesetz den Gemeinden die Möglichkeit eröffnet ist, durch Ortsstatut den Unternehmern, die eine neue Straße anlegen oder eine bestehende verlängern, bezüglich der Herstellung und Erhaltung der Straße Gemeindelasten in Gestalt von Naturalleistungen aufzuerlegen, nimmt jetzt auch das Reichsgericht an, es führt aber aus, daß dadurch, daß eine Gemeinde von diesem Rechte Gebrauch mache, an deren öffentlich-rechtlicher Verpflichtung zur Erhaltung der öffentlichen Straßen ihres Bezirks nichts geändert werde (E. d. RG. VI. ZS. v. 13. Juni 01, PrVerwBl. 23 S. 89 f.).

Die Ansprüche der Gemeinden gegen die Unternehmer der neuen Anlagen können aber nur unter der Voraussetzung den Charakter von Gemeindelasten haben und nach den für diese geltenden Bestimmungen zur Einziehung gelangen, daß sie im gegebenen Falle durch ein gültiges Ortsstatut nach Maßgabe des § 15 d. G. als öffentlich-rechtliche Lasten auch wirklich gestaltet sind. Wie schwierig das ist, wenn der Gemeinde daraus wirklich Vorteile erwachsen sollen, hat sich in der Praxis zur Genüge ergeben (OVGE. v. 7. Febr. 98 Nr. IV 257, Bd. 33 S. 99). Selbst aus dem Statut für Berlin §§ 9 ff. (s. Anlage) wird man sich schwer einen praktischen Fall konstruieren können. Es ist denn auch, soweit dies bekannt geworden, die Regel, daß mit den Unternehmern seitens der Gemeinden privatrechtliche Verträge abgeschlossen werden, welche die gegenseitigen Rechte und Pflichten näher bestimmen.

Daß die öffentlich-rechtliche Verpflichtung des Unternehmers keine dingliche Last darstellt, ist selbstverständlich (PrVerwBl. 16 S. 88).

Häufiger ist es von den Gemeinden versucht worden, das Verhältnis so zu gestalten, daß sie den Unternehmern die Zusicherung erteilen, ihnen nach Fertigstellung der Straße die von den bauenden Anliegern zu erhebenden Beiträge zu geben, oder daß sie dem Unternehmer ihr angebliches Recht auf Beiträge vertragsmäßig vorher zedieren. Dem liegt ein rechtlicher Irrtum zugrunde. Ist tatsächlich ein Unternehmer da, so hat die Gemeinde überhaupt keinen Anspruch auf Anliegerbeiträge. Das ist selbstverständlich, denn wenn der Unternehmer die Straßenanlage für seine Rechnung herstellt, so fehlt es den Anliegern gegenüber auf seiten der Gemeinde an einem Objekte der Erstattung, an einer Leistung der Gemeinde, der die Beiträge sich als das, was sie nach dem Grundgedanken des Gesetzes sein sollen und sind, nämlich als Gegenleistung gegenüberstellen lassen (OVGE. v. 9. Mai 94 Nr. II 701, Bd. 26 S. 77; v. 14. Okt. 96 Nr. II 2033; v. 10. April 96 Nr. I 473). Dabei ist es unerheblich, ob etwa die Ausführung einzelner oder aller für die Herstellung der Straße erforderlichen Arbeiten durch Organe der Gemeinde erfolgt ist, wesentlich ist, daß die Herstellung auch durch diese Organe nur im Auftrage, auf Kosten und für Rechnung des Unternehmers bewirkt wird, so daß immer der Unternehmer der Anleger der Straße bleibt. Entscheidend bleibt immer, ob die Stadtgemeinde ihrerseits Kosten für die Anlegung der Straße aufgewendet hat. Statuten, welche es anders regeln wollen, sind insoweit rechtsungültig (OVGE. v. 9. Mai 94, Bd. 26 S. 77, 84 hinsichtlich § 15 des Berliner Statuts). Zugunsten des Unternehmers darf die Gemeinde Beiträge von den Anliegern nicht fordern (OVGE. v. 4. Juli 01, Bd. 40 S. 103; v. 11. Nov. 01, Bd. 40 S. 10; v. 2. Mai 02, Bd. 41 S. 132. E. d. RG. VI. ZS. v. 15. Nov. 00, JW. 00 S. 881; v. 15. Mai 02, JW. 02 S. 371).

Auch ist versucht worden, formell den Unternehmer nur als Beauftragten oder Werkführer der Gemeinde hinzustellen, während der materielle Inhalt des Vertrages zwischen Gemeinde und Unternehmer dem widerspricht; in solchen Fällen kommt es natürlich nur auf den materiellen Inhalt der Abmachungen an. Liegt es danach so, daß der Ausführende nicht technisch ausführendes Organ der Gemeinde, sondern selbst Unternehmer ist, so können Beiträge von den Anliegern nicht erhoben werden. Zur Beurteilung kommt es darauf an, festzustellen, wer das finanzielle Risiko trägt, auch ob der Ausführende ein Recht auf die Ausführung der Straßenherstellung haben sollte, oder nur ein Recht auf die Gegenleistung (E. Bd. 26 S. 83, Bd. 40 S. 110).

In den öfter vorkommenden Fällen, wo ein Unternehmer die Herstellung der Straße begonnen, die Gemeinde aber — etwa weil der Unternehmer seinen Verpflichtungen nicht mehr nachkam oder nicht mehr nachkommen konnte — die Weiterführung auf eigene Rechnung bewirkt hat, oder umgekehrt, wo die Gemeinde auf eigene Rechnung die Herstellung der Straße angefangen, die Arbeit aber durch einen Unternehmer für seine Rechnung vollendet wird, kann die Gemeinde die Anlieger zur Erstattung nur der Kosten heranziehen, welche ihr selbst für ihre Arbeiten entstanden sind (OVGE. Bd. 26 S. 77; v. 21. Okt. 96 Nr. II 2084; v. 16. April 96 Nr. I 473; v. 12. Jan. 98 Nr. II 51; v. 29. Juni 99, Bd. 35 S. 78; v. 3. Jan. 01, PrVerwBl. 22 S. 479; v. 4. Juli 01, Bd. 40 S. 103; v. 11. Nov. 01, Bd. 40 S. 110). Da kein Anlieger verpflichtet ist, die Kosten einer von einer Gemeinde angelegten Straße anteilig zu erstatten, wenn er vor dem Beginn der Anlegung durch die Gemeinde auf seinem Grundstück ein Gebäude an der Straße errichtet hat, so kann er auch nicht herangezogen werden, falls die Errichtung des Gebäudes stattgefunden hat, ehe die Straße, die von einem Unternehmer begonnen ist, zu einer solchen, welche von der Gemeinde angelegt wird, geworden, also ehe der bezügl. Beschluß der Vollendung der Straße durch die Gemeinde gefaßt und nach außen kund gegeben ist (OVGE. v. 2. Juni 97 Nr. II 1027; v. 12. Mai 02, Bd. 41 S. 132).

Daß die Verpflichtung des Unternehmers nicht den Bestimmungen des Gesetzes über die Verjährungsfristen v. 18. Juni 40, auch nicht den Vorschriften der §§ 69ff., 87 u. 88 des KAG. unterworfen ist, bedarf keines weiteren Beweises; hier ist ohne Frage die Herstellung der Straße, also ein von der Leistung bloßer Naturaldienste völlig verschiedenes Werk als dasjenige anzusehen, was über den Charakter der Pflicht entscheidet Die Rechtsmittel richten sich also noch jetzt nach den §§ 18 u. 34 des ZustG.

§. 16.

[Gegen die Beschlüsse des Kreisausschusses steht dem Betheiligten in den Fällen der §§. 5, 8, 9 die Beschwerde bei dem Bezirksrathe innerhalb einer Präklusivfrist von einundzwanzig Tagen zu.

In den Fällen, in denen es sich um Wiederbebauung ganzer durch Brand oder andere Ereignisse zerstörter Ortstheile handelt, tritt an die Stelle dieser Präklusivfrist eine solche von einer Woche.]

Der § 16 ist zwar nicht ausdrücklich aufgehoben, aber seinem Inhalte nach durch die Bestimmungen der neueren Gesetzgebung vollständig ersetzt. Daß gegen die Beschlüsse des Kreisausschusses die Beschwerde an den Bezirksausschuß gegeben ist, würde auch beim Mangel der Vorschrift im § 16 aus § 121 (vgl. auch § 153) des Landesverwaltungsgesetzes folgen. Die in den Abs. 1 und 2 normierte Frist von 21 Tagen und einer Woche beträgt gegenwärtig zwei Wochen (§ 51 a. a. O.); an sich hatte freilich die Frist des Abs. 2 ihre volle Berechtigung; man fühlte aber das dringende Bedürfnis, soweit tunlich für alle Fristen eine gleiche Zeitdauer vorzuschreiben, und sah daher auch hier von einer Ausnahme ab. Die präklusivische Eigenschaft der Frist von zwei Wochen ist ebenfalls durch § 52 des Landesverwaltungsgesetzes vorgesehen.

Zu den „Beteiligten" gehören der Gemeindevorstand, die Ortspolizeibehörde, die etwa sonst in das Verfahren eingetretenen Behörden (§ 6) und alle übrigen Interessenten, welche Einwendungen gegen den Plan erhoben hatten. Daß solche Behörden oder Personen, welche in erster Instanz am Verfahren nicht beteiligt waren, auch keine Beschwerde erheben können, folgt aus der präklusivischen Natur der für die Anbringung von Einwendungen im § 7 vorgeschriebenen Frist. Eine Ausnahme hiervon möchte nur etwa dann zuzulassen sein, wenn die Beschlußbehörde erster Instanz den Plan wesentlich umgestaltet hat (vgl. Bem. 2 zu § 8); hier kann sich die Sachlage so gestalten, daß Interessenten, welche mit dem ursprünglichen Plane einverstanden waren, nunmehr allen Grund zur Beschwerde haben; sie damit auszuschließen, würde der Billigkeit zuwiderlaufen und wird auch durch § 7 wohl nicht geboten.

§. 17.

[Die durch die §§. 5, 8 und 9 dem Kreisausschusse und in höherer Instanz dem Bezirksrathe beigelegten Befugnisse und Obliegenheiten werden in den einem Landkreise angehörigen Städten mit mehr als 10,000 Einwohnern, oder wenn unter mehreren betheiligten Gemeinden (§. 9) sich eine solche Stadt befindet, von dem Bezirksrathe und in höherer Instanz von dem Provinzialrathe, in den Stadtkreisen, oder wenn unter mehreren betheiligten Gemeinden (§. 9) sich ein Stadtkreis befindet, von dem Provinzialrathe und auf Ansuchen der Gemeinde in höherer Instanz von dem Minister für Handel wahrgenommen.

In den Hohenzollernschen Landen tritt an die Stelle des Kreisausschusses der Amtsausschuß und steht auch diesem die Bestätigung der Ortsstatuten (§§. 12 und 15) zu. Die Beschwerde-Instanz bildet der Landesausschuß.]

§. 18.

[Bis dahin, daß in den verschiedenen Provinzen der Monarchie die Kreisausschüsse und die Bezirks- und Provinzialräthe gebildet sind, hat die Bezirksregierung (Landdrostei) die denselben durch dieses Gesetz überwiesenen Geschäfte wahrzunehmen.

Die Beschlußfassung in der höheren Instanz steht in den Fällen der §§. 5, 8 und 9 dem Minister für Handel, im Falle der §§. 12 und 15 dem Oberpräsidenten zu.

Für die Stadt Berlin liegt bis zur Bildung einer besonderen Provinz Berlin die Wahrnehmung der in den §§. 5, 8 und 9 dem Kreisausschusse beigelegten Funktionen dem Minister für Handel rc., die Bestätigung der Statuten nach den §§. 12 und 15 dem Minister des Innern ob.]

Diese beiden Paragraphen sind durch § 146 des Zuständigkeitsgesetzes v. 1. Aug. 83 aufgehoben. Die Behördenorganisation ist nunmehr, wie bereits am Schlusse der Einleitung angegeben, in folgender Weise geregelt:

für ländliche Ortschaften und die zu einem Landkreise gehörigen Städte mit einer Einwohnerzahl bis zu 10000 Seelen beschließt in erster Instanz der Kreisausschuß, in zweiter Instanz der Bezirksausschuß,

für die zu einem Landkreise gehörigen Städte mit mehr als 10 000 Einwohnern und für Stadtkreise beschließt in erster Instanz der Bezirksausschuß, in zweiter Instanz der Provinzialrat,

für den Stadtkreis Berlin beschließt in den Fällen der §§ 5, 8 und 9 der Minister der öffentlichen Arbeiten, in den Fällen der §§ 12 und 15 der Minister des Innern.

Hiermit ist auch die Ungleichheit beseitigt, welche früher darin lag, daß nach § 17 bei Stadtkreisen an sich nur eine Instanz (der Provinzialrat) bestand und lediglich der Gemeinde das Recht gegeben war, als höhere Instanz noch den Minister anzurufen.

§. 19.

Alle den Bestimmungen dieses Gesetzes entgegenstehenden allgemeinen und besonderen gesetzlichen Vorschriften werden hierdurch aufgehoben.

Alle Bestimmungen der im Verwaltungswege erlassenen Bauordnungen, sonstigen polizeilichen Anordnungen und Ortsstatuten, welche mit den Vorschriften dieses Gesetzes in Widerspruch stehen, treten außer Kraft.

Bereits bei den einzelnen Paragraphen ist darauf hingewiesen, welche Änderungen in dem früheren Rechtszustande durch das Gesetz herbeigeführt sind; sie ergeben sich meistens von selbst und bedürfen deshalb keiner Begründung. Zweifelhaft erscheint dagegen die **Rückwirkung** des Gesetzes und insbesondere des § 19 auf die Befugnis der Gemeinden zur Heranziehung der Gemeindeglieder zu den Straßenherstellungskosten. Die Schwierigkeit liegt darin, daß der Gesetzgeber von unzutreffenden Voraussetzungen ausgegangen ist. Wie die Entstehungsgeschichte überzeugend ausweist, wurde angenommen, es bestehe — abgesehen von dem Berliner Regulative aus dem Jahre 1838 — für die Gemeinden keine Möglichkeit, einzelnen Klassen der Gemeindeglieder, namentlich den Anliegern die gesamten Straßenherstellungskosten aufzuerlegen oder sie auch nur zu Vorausleistungen heranzuziehen. Nirgends wird einer solchen Möglichkeit als schon bestehend gedacht; ihr gegenüber hätten auch die verschiedenen, in Erwägung genommenen, schließlich aber von der Staatsregierung verworfenen Auskunftsmittel (s. Einleitung) gar nicht in Frage kommen können Bei der ersten Beratung des Entwurfs im AH. (StenB. S. 77 u. 79) wurde denn auch von den Abgeordneten Miquel und Dr. Baehr betont, wie den Gemeinden nicht generell die Befugnis beigelegt werden könne, zur Deckung der Kosten für solche Einrichtungen, die einzelnen Eigentümern besonders zum Vorteil gereichten, diese vorweg heranzuziehen; es wurde geradezu ausgesprochen, das müsse zur Auflösung der Gemeindegemeinschaft führen. Dies entsprach durchaus dem bisher in der Verwaltung von der Ministerialinstanz festgehaltenen Grundsatze, wonach die Belastung einzelner Klassen der Gemeindeangehörigen mit Vorausleistungen nur insoweit zulässig sein sollte, als die Gesetze eine solche Ausnahme ausdrücklich gestatteten. Nun ist aber durch die Rechtsprechung des OVG. festgestellt, daß die vor dem Jahre 75 ergangenen Städte- und Gemeindeordnungen mit wesentlich gleichen Bestimmungen, wie sie in den §§ 4, 11 u. 53 der Städteordnung für die östlichen Provinzen vom 30. Mai 53 enthalten sind, den Gemeinden die Einführung solcher Vorausleistungen ermöglichten. Weiter hat sich ergeben, daß von dieser Ermächtigung in den westlichen Provinzen auch mehrfach Gebrauch gemacht war und die betr. Statuten die Genehmigung der zuständigen Behörden gefunden hatten. Endlich ist ermittelt worden, daß auch anderen Städten außer Berlin durch besondere Gesetze die Einziehung der Straßenherstellungskosten von den Anliegern freigegeben war (OVGE. v. 23. Febr. 92 Nr. II 177; v. 22. April 92 Nr. II 445; v. 24. Jan. 93 Nr. II 104; v. 3. Nov. 94 Nr. II 1489, Bd 27 S. 58, v. 23. Juni 97 Nr. II 1175, PrVerwBl. 12 S. 507, 14 S. 174, 16 S. 310, 525). Dem gegenüber fragt es sich, ob diese Vorschriften neben dem § 15 d. G. in voller Geltung bestehen geblieben sind.

Vorab ist zu betonen, daß es sich beim § 15 nur um eine **Erleichterung der Gemeinden** in der ihnen obliegenden Wegebaulast handelt; soweit also die Gemeinde nicht einzutreten hat, kommt § 15 überhaupt nicht zur Anwendung. Infolgedessen werden solche Verhältnisse nicht berührt, wo die Verpflichtung zur Herstellung der Straße, sei es ganz, sei es teilweise, der **Polizeibehörde** gegenüber einen Dritten trifft; dies ist namentlich der Fall, wenn die Anlieger, wie in den Städten durchweg die Regel, **observanzmäßig** zur Anlegung und Unterhaltung der Bürgersteige verbunden sind. Vgl. OVGE. Bd 6 S. 219, wo allerdings eine abweichende, nicht ganz zutreffende Begründung gegeben ist. Neuere Erkenntnisse (E. v. 28. April 94 Nr. IV 491; v. 14. Okt. 96 Nr. IV 1561) gaben eine mit Obigem im Einklange stehende Begründung. Es wird folgendes ausgeführt: Die Vorschriften des § 15 regeln die Verpflichtungen der Anlieger gegenüber der Gemeinde. Die Gemeinde sollte durch diese Vorschriften in der ihr obliegenden Straßenbaulast erleichtert werden, indem sie das Recht erhielt, einen Teil dieser Last auf die Anlieger zu übertragen. Der § 15 kann deshalb gar nicht zur Anwendung kommen, insoweit nach dem bestehenden Recht die Straßenbaulast oder ein Teil derselben nicht der Gemeinde, sondern einem Dritten oder den Anliegern selbst obliegt. Eine Observanz, welche den angrenzenden Eigentümer zur Anlegung und Unterhaltung der Bürgersteige verpflichtet, begründet keine Verpflichtung der Anlieger gegenüber der Gemeinde, sondern verpflichtet die Anlieger gegenüber der Wegepolizeibehörde. Den Anliegern ist durch eine solche Observanz ein Teil der Straßenbaulast direkt auferlegt und zwar nicht als eine Gemeindelast, sondern als eine **polizeiliche Wegebaulast**. Die Verpflichtungen der Anlieger aus der Observanz liegen deshalb ganz außerhalb des Rahmens des § 15 und werden durch die Bestimmungen des § 15 gar nicht berührt. Der § 15 setzt eine Verpflichtung der Gemeinde zur Straßenbaulast voraus, die Bestimmungen einer Observanz, wie der in Frage stehenden, stehen daher den Vorschriften des § 15 nicht entgegen, sie bestehen neben denselben und sind mithin auch nicht durch § 19 des G. v. 2. Juli 75 aufgehoben, sondern in vollem Umfange in Geltung geblieben (OVGE. v. 6. Juni 01 Nr. IV 1109; v. 16. Jan. 02 Nr. IV 108). Übrigens kann die Gemeinde in solchen Fällen die Last den Anliegern freiwillig abnehmen; dann ist sie auch befugt, den § 15 in vollem Umfange anzuwenden; ob dieser Weg eingeschlagen ist, muß in jedem einzelnen Falle geprüft werden.

Das Recht zur Erhebung von Anliegerbeiträgen ist durch das Gesetz nur den Gemeinden erteilt. Zweckverbände, wie die Kommunalgesetzgebung sie zuläßt, haben das Recht nicht (OVGE. v. 2. Okt. 02, Bd. 42 S. 102). Ebensowenig Amtsbezirke. Vgl. § 12 Bem. 2 S. 103.

Weiter bezieht sich § 15 nur auf neue und unbebaute vorhandene Straßen in dem oben (Bem. 2 u. 3 zu § 15) erläuterten Sinne; für andere Straßen war es also bei dem früheren Rechtszustande geblieben und es treten jetzt die Vorschriften der §§ 9 und 20 des KAG. ein; die Anlieger können hier zu den Herstellungskosten namentlich auch durch ein Steuerregulativ in besonderer Weise herangezogen werden (OVGE. Bd. 19 S. 77ff.; v. 22. April 92 Nr. II 445; v. 7. Mai 92 Nr. I 524, PrVerwBl. 13 S. 473; v 14. Juni 92 Nr. II 655; v. 1. Nov. 92 Nr. II 1049; v. 11. Nov. 92 Nr. II 1088; v. 24. Jan. 93 Nr. II 104, PrVerwBl. 14 S. 329; v. 17. März 93 Nr. II 306 und v. 5. Mai 93 Nr. II 496; v. 30. März 95, PrVerwBl. 16 S. 525 u. v. a.). Siehe auch das in Bem. 9b zum § 15 Ausgeführte.

Hinsichtlich der neuen und unbebauten vorhandenen Straßen dagegen unterliegt es zunächst keinem begründeten Zweifel, daß die Gemeinden nicht nach Erlaß des Gesetzes den Anliegern durch Ortsstatut weitergehende Leistungen, als § 15 sie vorsieht, auferlegen können. Die Vorschriften der Gemeindegesetze, die ein solches Vorgehen früher gestatteten, müssen insoweit als aufgehoben betrachtet werden. Es sind hiergegen Bedenken angeregt worden, weil das Gesetz doch eine Erweiterung der den Gemeinden zustehenden Rechte bezwecke und somit nicht angenommen werden könne, daß schon vorhandene Befugnisse hätten eingeschränkt werden sollen. Dieser Gesichtspunkt trifft indes nach der dargelegten Entstehungsgeschichte des Gesetzes nicht zu; man wollte den Gemeinden ein Recht neu verleihen, hielt aber eine Begrenzung, wie sie im § 15 vorgenommen ist, für notwendig; über die hier gezogenen Schranken sollten die Gemeinden nicht hinausgehen dürfen. Das würde schon an sich im § 15 liegen; der § 19 macht es aber völlig zweifellos, daß mit den Normen des Gesetzes eine **erschöpfende, jedes andere Recht beseitigende** Regelung hat geschaffen werden sollen. Hat der Gesetzgeber sich hierbei in seinen Voraussetzungen geirrt, so trägt das nichts aus; dadurch wird die Vorschrift selbst ihrer Wirksamkeit nicht entkleidet und zwar um so weniger, als nicht bloß nicht erhellt, daß der Gesetzgeber anderenfalls die weitergehenden Bestimmungen aufrecht erhalten haben würde, sondern auch nach dem unten noch näher zu besprechenden Abs. 4 des § 15 das Gegenteil angenommen werden muß. Diese Sätze sind der Hauptsache nach in der OVGE. v. 23 Febr. 92 Nr. II 177 anerkannt; sie stehen auch in Einklang mit der E. v. 24. Sept. 89 Nr. IV 425, wo ausgesprochen ist, daß durch den § 12, der ebenfalls den Gemeinden ein genau abgegrenztes Recht verleiht, etwaige weiterreichende, auf früheren Gesetzen beruhende Befugnisse der Gemeinden beseitigt seien. Sie führen aber mit Notwendigkeit dahin, daß auch älteren, vor Erlaß des Gesetzes rechtsgültig zustande gekommenen Statuten die Wirksamkeit insoweit abgesprochen werden muß, als sie den Rahmen des § 15 überschreiten. Dagegen bleiben sie in Kraft, soweit sie den Anliegern unter denselben Voraussetzungen und in demselben Umfange, wie § 15, eine Beitragspflicht auferlegen (OVGE. v. 12. Nov. 92 Nr. I 1106, PrVerwBl. 14 S. 174). Der gleichen Beurteilung müssen endlich die vorhin erwähnten Sondergesetze für einzelne Städte unterliegen; denn es ist nicht abzusehen, weshalb nicht auch sie mit dem § 15 in Widerspruch stehen sollten, soweit sie über die Grenzen des § 15 hinausgehen. Von besonderer Bedeutung ist hierfür noch der letzte Absatz des § 15, wonach es für Berlin bis zu dem Zustandekommen eines Statuts bei den Bestimmungen des Regulativs v. 21. Dez. 38 bewendet Er fand sich in dem Entwurfe der Staatsregierung nicht, wurde aber von dem Abg. Grafen v. Wintzingerode vorgeschlagen, damit nicht für Berlin eine Übergangszeit eintrete, in der eine Heranziehung der Anlieger ausgeschlossen sei. Er beruhte also auf der Voraussetzung, daß an sich mit Erlaß des Gesetzes das Regulativ hinwegfalle. Nun empfahl freilich der Berichterstatter die Annahme nur der Sicherheit wegen, da seiner Meinung nach das Regulativ dem § 15 nicht widerspreche und deswegen nicht notwendig unter § 19 falle (StenB. des AH. S. 2044); allein dabei ist jedenfalls übersehen, daß bei dieser Ansicht nicht füglich in einer lediglich zugunsten der Stadtgemeinde Berlin vorgeschlagenen Bestimmung die künftige Aufhebung des Regulativs angeordnet werden konnte. Nach dem Regulative waren die Anlieger zur Herstellung des ersten Straßenpflasters ohne jede Einschränkung, nicht aber zur Freilegung, sowie zur Einrichtung der Entwässerungs- und Beleuchtungsanstalten verpflichtet; das Regulativ ging also einerseits über den § 15 hinaus und blieb andererseits hinter ihm zurück; es ließ sich daher nicht ohne weiteres übersehen, ob nicht unter Umständen das Regulativ für die Stadtgemeinde vorteilhafter war, als der § 15. Wenn trotzdem das Gesetz ausdrücklich anordnet, daß das Regulativ zwar einstweilen, aber nur bis zu einem Zeitpunkte, wo die Stadtgemeinde sich die Anwendbarkeit des § 15 gesichert hatte, Gültigkeit behalten soll, so kann nicht angenommen werden, daß ähnliche Sondergesetze unverändert in Kraft geblieben sind. Abweichend hiervon wird in der OVGE. v. 17. März 91 Nr. II 302, PrVerwBl. 12 S. 507 ausgeführt, eine Großherzoglich Bergische Verordnung v. 29. Juli 14, die eine Heranziehung der Anlieger zu den Kosten der Straßenpflasterung ebenfalls ohne Einschränkung gestattet, bestehe neben dem § 15 zu Recht, da die beiden gesetzlichen Bestimmungen sich zwar auf verwandte, keineswegs aber auf die nämlichen Gegenstände bezögen, also ein Widerspruch nicht vorhanden sei Dieser Begründung kann jedenfalls nicht zugestimmt werden; beide Vorschriften beschäftigen sich mit demselben Gegenstande, nämlich mit der Heranziehung der Anlieger zu den Straßenherstellungskosten; sie unterscheiden sich nur in dem Umfange, in dem sie die Heranziehung gestatten, zufällig gerade ebenso, wie das Berliner Regulativ und der § 15. Auch noch zwei weitere Erkenntnisse v. 24. Nov. 94 Nr. II 1602 im PrVerwBl. 16 S. 310 u. v. 23. Juni 97 Nr. II 1175 nehmen die fernere Gültigkeit der genannten Verordnung v. 29. Juli 14 an, während das Erkenntnis v. 3. Nov. 94

(E. Bd. 27 S. 58ff.) sich im wesentlichen auf den hier vertretenen Standpunkt stellt, den auch schon das oben erwähnte E. v. 23. Febr. 92 Nr. II 177 einnahm, während die E. v. 22. April 92 Nr. II 445 und v. 24. Jan. 93 Nr. II 104 eine bestimmte Stellung zu der Frage zu vermeiden suchen. Das Erk. d. OVG. v. 9. Okt. 03 Nr. II 1695, Bd. 45 S. 74, PrVerwBl. 25 S. 327 legt dar, daß die Verordnung v. 29. Juli 14 (sog. Grunersche) ebenso wie das für Düsseldorf erlassene Napoleonische Dekret v. 11. Jan. 09 durch den § 96 d. KAG. seine Gültigkeit verloren habe; was dem KAG. entgegenstehe, werde nicht dadurch mit ihm vereinbar, daß es mit dem aufrechterhaltenen Baufluchtgesetze übereinstimme, nur diesem selbst werde der Fortbestand gesichert, im übrigen aber sei jede gesetzliche Vorschrift über Straßenkostenbeiträge beseitigt, wenn sie, wie es die Grunerschen Verordnung tue, dem § 9 des KAG. entgegenstehe. Nöll, Kommentar z. KAG. 5. Aufl. Anm. 7a zu § 96 S. 307.

Hier muß der obige Standpunkt festgehalten werden, daß der § 15 d. G. die von ihm behandelte Materie für neue und vorhandene unbebaute Straßen erschöpfend geregelt hat und daß alle gesetzlichen, statutarischen rc. Vorschriften, die sich nicht nach jeder Richtung hin — auch bezüglich des Maßstabes für die Heranziehung der Anlieger rc. — mit den Bestimmungen des § 15 in Einklang befinden, durch den § 19 außer Wirksamkeit gesetzt sind, selbstverständlich nur soweit es sich um das geographische Gebiet handelt, für welches der § 15 gegeben ist, nämlich um neue Straßen und vorhandene unbebaute Straßen und Straßenteile (OVGE. v. 30. März 95, PrVerwBl. 16 S. 523f., bezügl. der Stadt Hannover mit Bezug auf § 34 d. Vdg. v. 27. Mai 59 siehe d. OVGE. v. 1. März 99 Nr. II 292). Da die entgegenstehenden Bestimmungen durch das Gesetz aufgehoben sind, so folgt auch daraus für die Gemeinden, in deren Bezirk ältere ähnliche, aber dem § 15 nicht entsprechende Bestimmungen für alle Straßen bestanden, daß mit dem Inkrafttreten d. G. v. 2. Juli 75 diese Bestimmungen für neue Straßen und vorhandene unbebaute Straßen und Straßenteile ihre Wirksamkeit verloren und daß, falls die Gemeinde für solche Straßen kein Ortsstatut erlassen hatte, eine Abwälzung der Kosten der Straßenbaulast auf die Anlieger nicht mehr möglich war, auch jetzt auf dem Wege des § 9 des KAG. nicht möglich ist. Dieselbe Anschauung liegt auch, wie schon oben in der Bem. 9b zu § 15 ausgeführt ist, den Bestimmungen des § 9 u. § 10 des KAG. zugrunde, wodurch die diesseitige Auffassung eine wirksame Unterstützung gewinnt.

Der Rechtszustand, wie er sich aus vorstehenden Darlegungen ergibt, ist ein wenig befriedigender; vor allem muß es als unhaltbar bezeichnet werden, daß eine in ihren Grundlagen ganz verschiedene Behandlung der alten und der neuen Straßen nicht bloß rechtlich möglich ist, sondern auch vielfach tatsächlich vorkommt. Der Zustand würde eine Berechtigung haben, wenn die Anforderungen an die Anlieger bei den alten Straßen geringer sein müßten; es steht aber gerade umgekehrt; bei den alten Straßen sind die Gemeinden an die Schranken des § 15 d. G. vom 2. Juli 75 und des § 10 KAG. nicht gebunden; dafür fehlt es an jedem inneren Grunde. Als unhaltbar kann man in der Tat den Rechtszustand bezeichnen, daß die Gemeinde auf Grund des § 9 des KAG. die Anlieger bei alten Straßen zur dauernden Tragung der Kosten der Unterhaltung der Straßen heranziehen kann, während ihr dieses Recht durch das G. v 2. Juli 75 bei neuen Straßen und vorhandenen unbebauten Straßen und Straßenteilen nur auf die Dauer von 5 Jahren gestattet ist und nur wenn Gebäude an der Straße errichtet sind, während die Anlieger nach Ablauf dieser Zeit dauernd von diesen Kosten befreit sind. Es dürfte zweifellos dringend geboten sein, namentlich mit Bezug auf die Kosten der Unterhaltung, diese Ungleichmäßigkeit auf dem Wege der Gesetzgebung aus der Welt zu schaffen. Über den Versuch, dieses im Wege der Auslegung des Gesetzes zu erreichen, siehe oben S. 228ff

§. 20.

Der Minister [für Handel] der öffentlichen Arbeiten wird mit der Ausführung dieses Gesetzes beauftragt.

An die Stelle Ministers für Handel ist der Minister der öffentlichen Arbeiten getreten. Allerh. Erl. v. 7. Aug. 78 (GS. 79 S. 25).

Anlagen.

Vorschriften für die Aufstellung von Fluchtlinien und Bebauungsplänen vom 28. Mai 1876.

(MBl. S. 131.)

143. Vorschriften für die Aufstellung von Fluchtlinien und Bebauungsplänen, vom 28. Mai 1876.

Auf Grund des § 20 des Gesetzes, betreffend die Anlegung von Straßen und Plätzen in Städten und ländlichen Ortschaften, vom 2. Juli 1875 (GS. S. 561 ff.) werden zur Herbeiführung eines zweckentsprechenden und möglichst gleichförmigen Verfahrens bei Festsetzung von Fluchtlinien, sowie zur Beschaffung genügender Grundlagen für die Beurteilung der Zweckmäßigkeit der beabsichtigten Fluchtlinienfestsetzung nachstehende Ausführungsvorschriften erlassen.

Allgemeine Bestimmungen.

§ 1. Für die Festsetzung von Fluchtlinien (§§ 1—4 d. G. v. 2. Juli 1875) sind der Regel nach und soweit nicht nachstehend (§ 13) Ausnahmebestimmungen getroffen werden, folgende Vorlagen zu machen:

I. Situationspläne, und zwar

a) Fluchtlinienpläne, sofern es um die Festsetzung von Fluchtlinien bei Anlegung oder Veränderung von einzelnen Straßen oder Straßenteilen sich handelt,

b) Bebauungspläne, sofern es um die Festsetzung von Fluchtlinien für größere Grundflächen und ganze Ortsteile sich handelt,

c) Übersichtspläne.

II. Höhenangaben. Hierunter werden verstanden:

a) Längenprofile,

b) Querprofile,

c) Horizontalkurven und Höhenzahlen in den Situationsplänen.

III. Erläuternde Schriftstücke:

§ 2. Diese Vorlagen sollen:

A. den gegenwärtigen Zustand,

B. den Zustand, welcher durch die nach Maßgabe der beabsichtigten Fluchtlinienfestsetzung erfolgende Anlegung von Straßen und Plätzen herbeigeführt werden soll,

klar und bestimmt darstellen. Dieselben müssen durch einen vereidigten Feldmesser aufgenommen oder als richtig bescheinigt und durch einen geprüften Baumeister oder einen im Kommunaldienste angestellten Baubeamten, durch welche die Richtigkeit der Aufnahme gleichfalls bescheinigt werden kann, mindestens unter der Mitwirkung eines solchen bearbeitet und dem entsprechend unterschriftlich vollzogen sein.

A. Darstellung des gegenwärtigen Zustandes.

I. Situationspläne.

§ 3. Der Maßstab, in welchem die Situationspläne (Fluchtlinien- und Bebauungspläne) entworfen werden, darf in der Regel nicht kleiner sein, als 1 : 1000. Zusammenhängende Straßenzüge sind im Zusammenhange zur Darstellung zu bringen. Erhalten infolgedessen größere Bebauungspläne eine für ihre Benutzung unbequeme Ausdehnung (§ 12), so darf für dieselben zwar ein kleinerer Maßstab, bis 1 : 2500, angewendet werden, es ist in diesem Falle aber für jede Straße, deren Fluchtlinien festgesetzt werden sollen, ein besonderer Fluchtlinienplan im Maßstabe von mindestens 1 : 1000 beizubringen.

Jedes Projekt erfordert die Beifügung eines Übersichtsplanes, für welchen ein vorhandener gedruckter oder gezeichneter Plan oder auch ein Auszug aus einem solchen verwendet werden kann.

§ 4. Durch die Situationspläne soll das in Betracht zu ziehende Terrain mit seinen Umgebungen in solcher Ausdehnung dargestellt werden, daß die im Interesse des Verkehrs, der Feuersicherheit und der öffentlichen Gesundheit zu stellenden Anforderungen (§ 3 d. G. v. 2. Juli 1875) ausreichend beurteilt werden können.

Alle vorhandenen Baulichkeiten, Straßen, Wege, Höfe, Gärten, Brunnen, offene und verdeckte Abwässerungen 2c., ferner alle Gemarkungs-, Besitzstands- und Kulturgrenzen müssen in den Plänen mit schwarzen Linien dargestellt und, soweit es zur Deutlichkeit erforderlich, mit charakterisierenden Farben, jedoch nur blaß angelegt sein. In die Situationspläne sind ferner die Nummern oder sonstigen Bezeichnungen, welche die einzelnen Grundstücke im Grundbuche, beziehungsweise, wo Grundbücher nicht vorhanden sind, im Grundsteuerkataster führen und die Namen der Eigentümer einzuschreiben.

Die auf den gegenwärtigen Zustand bezüglichen Schriftzeichen und Zahlen sind schwarz zu schreiben. Jeder Plan ist mit der geographischen Nordlinie und einem Maßstabe zu versehen.

II. Höhenangaben.

§ 5. Die Höhenangaben müssen sich auf einen speziell zu bezeichnenden, möglichst allgemein bekannten festen Punkt, etwa auf dem Nullpunkt eines in der Nähe befindlichen Pegels, am besten auf den Nullpunkt des Amsterdamer Pegels beziehen und ausschließlich in *positiven* Zahlen erscheinen.

Von jeder in einem Fluchtlinien- oder Bebauungsplan projektierten Straße ist, insoweit nicht nach den Ausnahmebestimmungen des § 13 davon abgesehen werden darf, ein *Längenprofil* im Längenmaßstabe des dazu gehörigen Situationsplanes und im Höhenmaßstabe von 1 : 100 beizubringen.

Die Linie des in der Regel durch die Mitte des Straßendammes zu legenden und in Stationen von je 100 m Länge mit den erforderlichen Zwischenstationen von mindestens je 50 m Entfernung einzuteilenden Nivellementszuges ist mit ihrer Stationierung in den zugehörigen Situationsplänen rot punktiert anzugeben.

Wo erhebliche Änderungen in der Terrainoberfläche in Aussicht genommen werden, oder wo nahe liegende Gebäude, Mauern, abgehende Wege rc. eine besondere Berücksichtigung verlangen, sind Querprofile aufzunehmen. Diese sind in einem Maßstabe, der nicht kleiner als 1 : 250 sein darf, zu zeichnen und zur Numerierung, sowie zu den Ordinaten des Längenprofils übersichtlich in Beziehung zu bringen. Sind dieselben nicht rechtwinklig zum Hauptnivellement aufgenommen, so ist ihre Lage auch im Situationsplane anzugeben.

In den Bebauungsplänen ist außerdem bei hügeligem oder gebirgigem Terrain auf Grund eines Nivellementsnetzes die Gestaltung der Terrainoberflächen durch Horizontalkurven in Höhenabständen von je 1 m bis 5 m mittels schwarz punktierter Linien und beigeschriebenen Höhenzahlen übersichtlich darzustellen.

Alle Höhenzahlen werden in Metern angegeben und auf zwei Dezimalstellen abgerundet.

§ 6. Aus den Höhenangaben muß die Höhenlage sowohl der vorhandenen Straßen und Wege, als auch ihrer Umgebungen in solcher Ausdehnung hervorgehen, daß die Forderungen des Verkehrs und der zukünftigen Entwässerung, nicht minder die Bedingungen einer etwaigen späteren Fortsetzung vollständig beurteilt werden können.

Die höchsten und niedrigsten Stände aller Gewässer, welche auf die projektierten Anlagen von Einfluß sein können, sowie vorhandene Fachbäume und Pegel, insbesondere die Grundwasserstände, soweit deren Ermittelung bereits ausgeführt ist oder im speziellen Falle notwendig erscheint, die Tiefen der etwa vorkommenden Moore oder sonstiger, die Straßenanlegung benachteiligender Bodenschichten, die Türschwellen der vorhandenen Gebäude, die Schienenhöhe nahe liegender Eisenbahnen rc., ebenso alle Festpunkte, an welche das Nivellement angeschlossen worden, müssen in den Profilen vollständig bezeichnet sein. In denselben werden die Wasserspiegel blau ausgezogen und beschrieben, dagegen alle sonstigen bestehenden Gegenstände, nicht minder die Ordinaten in schwarzer Farbe und Schrift angegeben, die Terrain-Linien braun unterwaschen, die Bodenschichten mit charakterisierenden Farben angelegt.

B. Darstellung des Zustandes, welcher durch die nach Maßgabe der beabsichtigten Fluchtlinienfestsetzung erfolgende Anlegung von Straßen und Plätzen herbeigeführt werden soll.

Allgemeines.

§ 7. Die Aufstellung der Projekte bedingt eine sorgfältige Erwägung der gegenwärtig vorhandenen, sowie des in der näheren Zukunft voraussichtlich eintretenden öffentlichen Bedürfnisses unter besonderer Berücksichtigung der in dem § 3 d. G. v. 2. Juli 1875 hervorgehobenen Gesichtspunkte.

Im Interesse der Förderung der öffentlichen Gesundheit und Feuersicherheit ist auch auf eine zweckmäßige Verteilung der öffentlichen Plätze sowie der Brunnen Bedacht zu nehmen.

Betreffs der Straßenbreiten empfiehlt es sich, bei neuen Straßenanlagen die Grenzen, über welche hinaus die Bebauung ausgeschlossen ist,

a) bei Straßen, welche als Hauptadern des Verkehrs die Entwickelung eines lebhaften und durchgehenden Verkehrs erwarten lassen, nicht unter 30 m,

b) bei Nebenverkehrsstraßen von beträchtlicher Länge nicht unter 20 m,

c) bei allen anderen Straßen nicht unter 12 m

anzunehmen.

Bei den unter a und b bezeichneten Straßen ist ein Längengefälle von nicht mehr als 1 : 50, bezw. von 1 : 40, bei Rinnsteinen ein solches von nicht weniger als 1 : 200 nach Möglichkeit anzustreben.

Besonderes.

I. Situationspläne.

§ 8. Die anzulegenden oder zu verändernden Straßen und Plätze sind in dem Übersichtsplane mit roter Farbe deutlich zu bezeichnen.

In die Situationspläne sind die projektierten Baufluchtlinien mit kräftigen zinnoberroten Strichen einzutragen. Fallen dieselben mit den Straßenfluchtlinien nicht zusammen, so sind die letzteren mit minder kräftigen Strichen auszuziehen und ist der Raum zwischen beiden blaßgrün anzulegen. Die projektierten Rinnsteine werden durch scharfe dunkelblaue Linien, verdeckte Abwässerungen punktiert, unter Bezeichnung der Gefällrichtung mittels blauer Pfeile, angedeutet, die Straßen und öffentlichen Plätze blaßrot, diejenigen Straßenseiten, welche nicht bebaut werden sollen, grün angelegt. Vorhandene Gebäude oder Teile derselben, welche bei der späteren, nach Maßgabe der Fluchtlinienfestsetzung erfolgenden Freilegung nicht beseitigt zu werden brauchen, sind in ihren charakterisierenden Farben dunkler anzulegen, als die abzubrechenden.

Die Namen, Nummern oder sonstigen Bezeichnungen der projektierten Straßen und Plätze, ingleichen die Breiten derselben werden mit zinnoberroten Schriftzeichen und Zahlen in die Situationspläne eingeschrieben.

II. Höhenangaben.

§ 9. In den Längenprofilen werden die projektierten Höhenanlagen der Straßenzüge, speziell die Kronenlinien der künftigen Straßenbefestigung mit zinnoberroten Linien ausgezogen und die Aufträge blaßrot, die Abträge grau angelegt. In dieselben sind ferner die Brücken, Durchlässe, unterirdischen Wasserabzüge 2c. unter Angabe der lichten Weiten und Höhen einzutragen.

An allen Brechpunkten der Gefälle, an sämtlichen Kreuzungs- oder Abzweigungspunkten von Straßen, und an sonst charakteristischen Stellen werden die betreffenden Ordinaten zinnoberrot ausgezogen und mit den zugehörigen Zahlen ebenso beschrieben. Dagegen erhalten die auf die Abwässerung bezüglichen Höhenzahlen die blaue Farbe.

Die Längen der Straßenzüge von einem Brechpunkte des Gefälles bis zum nächstfolgenden werden, zusammen mit der Verhältniszahl des Gefälles in zinnoberroter Farbe über das Profil, die Namen, Nummern oder sonstigen Bezeichnungen der Straßen, übereinstimmend mit dem Situationsplane, über oder unter dasselbe geschrieben.

Wenn zu einem Situationsplane mehrere Längenprofile gehören, so ist auf eine deutliche und übereinstimmende Bezeichnung der Anschlußpunkte unter schärferer Hervorhebung der Anschlußordinate zu achten.

§ 10. Von jeder Straße, deren Fluchtlinien festgesetzt werden sollen, sind mindestens so viele Querprofile zu entwerfen, wie dieselbe voneinander abweichende Breiten erhält. Wo die im § 5 angegebenen besonderen Verhältnisse obwalten, sind die Querprofile entsprechend zu vermehren und zu erweitern.

Die graphische Behandlung der Querprofile entspricht derjenigen der Längenprofile.

III. Erläuternde Schriftstücke.

§ 11. Den Schriftlinien- und Bebauungsplänen sind schriftliche Erläuterungen beizufügen, in welchen unter Darlegung der bisherigen Beschaffenheit, Benutzungsart und Entwässerung des zu bebauenden Terrains und der Veranlassung zur Aufstellung des Projekts die bezüglich der Lage, Breite und sonstigen Einrichtung der Straßen, der Entwässerung derselben 2c. beabsichtigten Anordnungen zu beschreiben und, wo es erforderlich ist, eingehend zu motivieren sind.

Dem Erläuterungsbericht sind beizufügen:

1. Ein Straßenverzeichnis, d. i. eine tabellarisch geordnete Übersicht der Straßen und Plätze, welche verändert, verlängert oder neu angelegt werden sollen.

In das Verzeichnis sind aufzunehmen:

a) die Namen, Nummern oder sonstigen Bezeichnungen,
b) die Breiten jeder Straße zwischen den Baufluchtbezw. den Straßenfluchtlinien,
c) die Gefällverhältnisse und Längenausdehnung der Straßen nach ihren verschiedenartigen Abschnitten und im ganzen.

2. Ein Vermessungsregister des von der Festsetzung der neuen Fluchtlinie betroffenen Grundeigentums.

Dasselbe muß gleichfalls tabellarisch geordnet, unter angemessener Bezugnahme auf den Situationsplan und das Straßenverzeichnis enthalten:

a) den Namen, Wohnort 2c. des beteiligten Eigentümers,
b) die Nummer oder sonstige Bezeichnung, welche das Grundstück im Grundbuche bezw. im Grundsteuerkataster führt,
c) die Größe der zu Straßen und Plätzen für den öffentlichen Verkehr abzutretenden Grundflächen,
d) deren Benutzungsart,
e) die Bezeichnung und Beschreibung der vorhandenen Ge-

bäude- oder Gebäudeteile, welche von einer Straßen- oder Baufluchtlinie getroffen werden oder sonst zur Freilegung derselben beseitigt werden müssen,

f) die Größe der Restgrundstücke,

g) die Angabe, ob dieselben nach den baupolizeilichen Vorschriften des Orts noch zur Bebauung geeignet bleiben oder nicht.

§ 12. Die Zeichnungen und Schriftstücke sind nicht gerollt, vielmehr in einer Mappe oder in aktenmäßigem Formate zur Vorlage zu bringen. Den einzelnen Plänen, welche auf Leinwand zu ziehen, mindestens aber mit Band einzufassen sind, ist kein größeres Format, als dasjenige, von 0,50 zu 0,66 m zu geben, und sind dieselben erforderlichenfalls klappenartig aneinander zu fügen.

Ausnahmebestimmungen.

§ 13. Die beizubringenden Vorlagen können auf einen Situationsplan mit den erforderlichen Erläuterungen beschränkt bleiben:

a) bei einer einfachen Regulierung oder Veränderung vorhandener Straßen, mit der eine Veränderung in der Höhenlage des Straßendammes nicht verbunden ist,

b) bei einer nicht erheblichen Erweiterung ländlicher Ortschaften und kleiner Städte, die nicht in unmittelbarer Nähe großer Städte liegen, sofern die Erweiterung nicht zu größeren Fabrikanlagen, zu Eisenbahnhöfen, Begräbnisstätten oder sonstigen Anlagen, die auf die Feuersicherheit, die Verkehrsverhältnisse und die öffentliche Gesundheit von Einfluß sein können, in Beziehung stehen,

c) bei einer Fluchtlinienfestsetzung, die wegen besonderer Dringlichkeit schleunig zu erfolgen hat, und für die nach dem übereinstimmenden Urteile des Vorstandes und der Vertretung der Gemeinde, sowie der Ortspolizeibehörde die Beibringung ausführlicherer Vorlagen entbehrlich erscheint.

Außerdem bleibt es derjenigen Behörde, welche zunächst über die Fluchtlinienfestsetzung zu befinden hat, vorbehalten, in sonstigen besonders motivierten Fällen die Vereinfachung der Vorlagen ausnahmsweise für zulässig zu erklären und zu bestimmen, welche Teile der vorstehenden Vorschriften (§§ 1—12) unausgeführt bleiben dürfen.

In allen diesen Ausnahmefällen einschließlich der unter a, b und c aufgeführten, kann von den Behörden, die über die Fluchtlinienfestsetzung nach dem Gesetze vom 2. Juli 1875 zu beschließen haben, in jedem Stadium des Verfahrens die weitere Vervollständigung der Vorlagen nach Maßgabe der in den §§ 1—12 gegebenen Vorschriften gefordert werden.

Berlin, den 28. Mai 1876.

Der Minister für Handel, Gewerbe ꝛc.

Dr. **Achenbach.**

Ortsstatut I für Berlin.

Auf Grund des § 11 der Städteordnung v. 30. Mai 1853 und des § 12 d. G. v. 2. Juli 1875 (GS. S. 561) wird für den hiesigen Gemeindebezirk folgendes bestimmt:

§ 1.

Wohngebäude dürfen an Straßen oder Straßenteilen, nach welchen sie einen Ausgang haben, nur errichtet werden, wenn diese Straßen oder Straßenteile den baupolizeilichen Vorschriften gemäß befestigt, entwässert und mindestens mittels einer regulierten Straße zugänglich sind.

§ 2.

Ausnahmen in Einzelfällen mit Rücksicht auf Umfang, Bestimmung, örtliche Lage 2c. der beabsichtigten Bauten können vorbehaltlich der Zustimmung der Baupolizeibehörde von der städtischen Bauverwaltung bewilligt werden.

Berlin, den 8. Oktober 1875.

Magistrat hiesiger Königl. Haupt- und Residenzstadt.
gez. Hobrecht.

Vorstehendes Ortsstatut wird auf Grund der §§ 12 und 18 d. G. v. 2. Juli d. Js., betreffend die Anlegung und Veränderung von Straßen und Plätzen in Städten und ländlichen Ortschaften (GS. S. 561) hierdurch bestätigt.

Berlin, den 19. November 1875.

Der Minister des Innern.
gez. Graf **Eulenburg**.

Ortsstatut II für Berlin.

Auf Grund des § 11 der Städteordnung v. 30 Mai 1853 und des § 15 d. G v. 2. Juli 1875 (GS. S. 561) wird fur den hiesigen Gemeindebezirk folgendes bestimmt:

A. Anlage neuer Straßen durch die Stadtgemeinde.

1. Verpflichtung der Adjazenten zur Erstattung der Anlagekosten.

§ 1.

Bei der seitens der Stadtgemeinde erfolgenden Anlage einer neuen, oder bei der Verlängerung einer schon bestehenden Straße, welche zur Bebauung bestimmt ist, sind die Besitzer der angrenzenden Grundstücke, sobald auf denselben Gebäude an diesen Straßen errichtet werden, verpflichtet, der Stadtgemeinde diejenigen Kosten zu erstatten, welche ihr für die Freilegung, erste Einrichtung, Pflasterung und Entwässerung[1]) der Straße erwachsen.

§ 2.

Zu den Kosten, der Freilegung gehören auch die Kosten der Erwerbung des Grund und Bodens der Straße einschließlich des Bürgersteiges.

Ist das Straßenland zum Teil unentgeltlich von angrenzenden Grundstücken abgetreten worden, so wird behufs Feststellung des auf die einzelnen adjazierenden Grundstücke entfallenden Anteils an den Grunderwerbskosten das unentgeltlich abgetretene Terrain mit dem vom Magistrat, unter Berücksichtigung des Preises des entgeltlich erworbenen Terrains, festgestellten Werte bei der Ermittelung

---

[1]) Vgl. S. 211.

der Gesamtkosten in Rechnung gestellt, demnächst aber denjenigen Adjazenten auf ihren Beitrag zu den Gesamtkosten in Abzug gebracht, von deren Grundstücken das Straßenland unentgeltlich abgetreten ist.[1])

§ 3.

Zu den Kosten der ersten Einrichtung und Pflasterung gehören insbesondere auch diejenigen der Herstellung des Anschlusses an Nebenstraßen, sowie der Überfahrts- und Übertrittsbrücken.[2])

Als Kosten des zur ersten Pflasterung verwendeten Materials inkl. Arbeitslohn wird ein alljährlich durch Kommunalbeschluß pro Quadratmeter festzustellender Preis in Rechnung gestellt. Derselbe soll für Haupt- und Nebenstraßen verschieden sein und den Preis der nach Kommunalbeschluß für derartige Straßen zulässigen geringsten Qualität Pflaster nicht übersteigen.

Ob eine Straße als Haupt- oder Nebenstraße zu erachten, wird durch den Magistrat festgestellt.

Die Kosten der Herstellung von Promenaden, Baum- und anderen Pflanzungen sind nicht zu erstatten.[2])

2. Feststellung und Verteilung der Anlagekosten auf die zur Erstattung Verpflichteten.

§ 4.

Für Verteilung der Gesamtkosten gilt derjenige zusammenhängende Straßenteil als Einheit, dessen Regulierung zu derselben Zeit erfolgt ist.[3])

§ 5.

Bei Straßen von mehr als 26 Metern Breite ist von den Kosten der Gesamtanlage ein, nach dem Verhältnis von 26 Metern zu der Gesamtbreite der Straßen berechneter Beitrag von den Adjazenten zu erstatten, der Überrest fällt der Stadtgemeinde zur Last.[4])

§ 6.

Der nach §§ 1—5 zur Einziehung gelangende Betrag wird

---

[1]) Vgl. S. 206 u. 242.
[2]) Vgl. S. 210.
[3]) Vgl. S. 233.
[4]) Vgl. S. 179.

durch den Magistrat vorbehaltlich des Beschwerdeweges endgültig festgestellt und auf die angrenzenden Grundstücke nach Verhältnis der Länge ihrer, die Straße berührenden Grenze verteilt.[1])

§ 7.

Die Zahlung der nach §§ 1—6 zu leistenden Beiträge hat gegen Erteilung der Bauerlaubnis zur Errichtung von Gebäuden an neuen Straßen resp. Straßenteilen zu erfolgen.[2])

Steht zur Zeit der Erteilung derselben der Beitrag des betreffenden Adjazenten noch nicht fest, so ist von demselben, sofern es der Magistrat für erforderlich und angemessen erachtet, eine von letzterem der Höhe nach zu bestimmende Kaution[3]) in barem Gelde oder in depositalmäßigen Papieren zu bestellen, aus welcher die Tilgung des demnächst ermittelten Beitrags in erster Linie erfolgt. Für den etwaigen Überrest bleibt das Grundstück verhaftet.[4])

§ 8.

Der Magistrat ist befugt, mit Rücksicht auf die Vermögenslage der Zahlungspflichtigen für die Entrichtung der Beiträge Ratenzahlung oder Zahlungsfrist bis zu höchstens 2 Jahren von der Fälligkeit ab zu bewilligen.[5])

B. Anlagen und Unterhaltung neuer, im Bebauungsplan festgestellter Straßen durch Unternehmer[6]) oder Adjazenten.

1. Anlage der Straßen.

§ 9.

Wenn Unternehmer oder Adjazenten eine im Bebauungsplan festgestellte Straße oder einen Teil einer solchen anlegen wollen, so ist die Genehmigung dazu bei dem Magistrat nachzusuchen, abgesehen von der außerdem erforderlichen Genehmigung der Baupolizei.

---

1) Vgl. S. 218.
2) Vgl. S. 198 u. 245.
3) Vgl. S. 245.
4) Vgl. S. 262.
5) Vgl. S. 275.
6) Vgl. S. 174.

Zu dem Behufe ist ein Situationsplan und ein Nivellementsplan derselben, aus welchen insbesondere auch der Anschluß der herzustellenden Entwässerungsanlagen an die bestehenden öffentlichen Anlagen ersichtlich ist, und zwar in je 5 Exemplaren einzureichen.

Den Unternehmern 2c. stehen für die Ausarbeitung der betreffenden Pläne die bei dem Magistrat befindlichen einschlagenden Materialien zur Benutzung auf ihre Kosten durch ihre Sachverständigen offen, soweit das Verwaltungsinteresse es gestattet.

Der Situationsplan muß die in die Straße fallenden und an dieselbe angrenzenden Grundstücke bis auf 30 Meter Entfernung von den Straßenfluchtlinien, deren Grundbuchbezeichnung und Besitzer ersichtlich machen.

Die Genehmigung kann nur versagt werden, wenn Gründe des öffentlichen Interesses der Herstellung der Straße entgegenstehen.

Die betreffenden Gründe sind in dem Versagungsbescheide anzugeben.

§ 10[1])

Erklären sich die Unternehmer resp. Adjazenten zur Ausführung der Straßenanlage gemäß der erteilten Genehmigung bereit, oder nehmen sie die Ausführung tatsächlich in Angriff, so sind sie verpflichtet, die Straßenanlage innerhalb der in der Genehmigung gestellten Frist zu vollenden, widrigenfalls die erforderlichen Arbeiten von der Stadtgemeinde für Rechnung der Unternehmer resp. Adjazenten ausgeführt werden können. Das zur Straßenanlage erforderliche Terrain ist vor Beginn der Arbeiten zur Herstellung derselben an die Stadtgemeinde zu übereignen und auf deren Verlangen pfandfrei zu stellen.

Ob die Herstellung bedingungsmäßig erfolgt ist, entscheidet der Magistrat, bei welchem die Abnahme, abgesehen von der baupolizeilichen Abnahme, beantragt werden muß.

2. Unterhaltung.

§ 11.

Die Unterhaltung der gemäß §§ 9ff. angelegten Straßen geht,

---

1) Vgl. S. 280 u 282.

sobald dieselben bedingungsmäßig hergestellt sind, auf die Stadtgemeinde über, dagegen haben die Unternehmer resp. Adjazenten — letztere soweit sie nach diesem Statute zu den Kosten der neuen Straßenanlage beitragspflichtig sind — entweder

a) die Kosten dieser Unterhaltung oder
b) einen alljährlich durch Kommunalbeschluß festzusetzenden Beitrag zu denselben

bis zum Ablauf des auf das Jahr des Beginnes der Unterhaltung folgenden vierten Kalenderjahres zu tragen.

In dem Falle a wird der Betrag der Kosten durch den Magistrat definitiv festgestellt.

Die Kosten der Unterhaltung oder der Beiträge zu diesen werden erforderlichenfalls im Wege der administrativen Exekution eingezogen.

§ 12.

Es soll gestattet sein, die im § 11 auferlegte Unterhaltungspflicht durch Zahlung eines Kapitals abzulösen, welches nach dem Flächeninhalte der zu unterhaltenden Straßenstrecke und nach dem pro Quadratmeter alljährlich durch Kommunalbeschluß festzustellenden Einheitssatze zu berechnen ist.

C. Anlage neuer, im Bebauungsplane noch nicht festgestellter Straßen durch Unternehmer.

§ 13.

Den Anträgen auf Genehmigung von Straßenanlagen in Abänderung oder Ergänzung des Bebauungsplans sind Situations- und Nivellementspläne in der vom Magistrat für notwendig erachteten Anzahl und Beschaffenheit beizufügen.

Auch ist auf Erfordern der Nachweis zu führen, in welcher Weise die Ausführung der Anlagen gesichert ist.

D. Anbau an vorhandenen unbebauten Straßen.

§ 14 [1])

Von den Grundstücken, welche an einer zur Zeit des Erlasses dieses Statuts schon vorhandenen, bisher unbebauten Straße oder

---

[1]) Vgl. S. 171 u. 224.

einem solchen Straßenteile liegen, ist, sobald diese Grundstücke an der Straße bebaut werden, das zur Freilegung der Straße in der durch den Bebauungsplan oder sonst in vorgeschriebener Weise festgestellten Breite erforderliche Terrain bis zur Mittellinie der Straße unentgeltlich abzutreten, freizulegen, in das vorgeschriebene Niveau zu bringen und zu pflastern. Bei Straßen von mehr als 26 Metern Breite erstreckt sich diese Verpflichtung auf 13 Meter der Straßenbreite.

E. Allgemeine Vorschriften.

§ 15.

Der Stadtgemeinde steht das Recht zu, in den Fällen der §§ 9 und 13 dieses Statuts die Ausführung der Straßenanlagen im öffentlichen Interesse selbst für Rechnung der Unternehmer zu übernehmen. In diesem Falle finden, soweit nicht besondere Vereinbarungen getroffen sind, die Vorschriften der §§ 1 bis 8 dieses Statuts Anwendung.

§ 16.

Als Anlage einer neuen Straße im Sinne dieses Statuts gilt auch die Umwandlung eines unregulierten Weges oder einer Landstraße in eine städtische Straße.

Berlin, den 7. März 1877.

Magistrat hiesiger Königl. Haupt- und Residenzstadt.
gez. Hobrecht.

Vorstehendes Ortsstatut wird auf Grund der §§ 15 und 18 d. G. v. 2. Juli 1875, betreffend die Anlegung und Veränderung von Straßen und Plätzen in Städten und ländlichen Ortschaften (GS. S. 561), hierdurch bestätigt.

Berlin, den 19. März 1877.

(L. S.)

Der Minister des Innern.
gez. Graf **Eulenburg**.

Sachregister.

(Die Zahlen bedeuten die Seiten.)

A.

G.

L.

M.

N.

O.

R.

S.

FSC
www.fsc.org
MIX
Papier | Fördert
gute Waldnutzung
FSC® C083411

Kolibri 360 GmbH
Ferdinand-Jühlke-Straße 7
99095 Erfurt, Deutschland
produktsicherheit@kolibri360.de